高等职业教育资产评估专业产学研结合系列教材

U0648628

Evaluation of
Intangible Assets

无形资产评估

（第二版）

刘淑琴 主编

东北财经大学出版社
Dongbei University of Finance & Economics Press　大连

图书在版编目（CIP）数据

无形资产评估 / 刘淑琴主编 . —2版 . —大连：东北财经大学出版社，
2023.2（2025.6重印）
（高等职业教育资产评估专业产学研结合系列教材）
ISBN 978-7-5654-4788-4

Ⅰ . 无… Ⅱ . 刘… Ⅲ . 无形资产管理–资产评估–高等职业教育–教材
Ⅳ . F273.4

中国国家版本馆CIP数据核字（2023）第021248号

东北财经大学出版社出版
（大连市黑石礁尖山街217号 邮政编码 116025）
网 址：http://www.dufep.cn
读者信箱：dufep@dufe.edu.cn
大连天骄彩色印刷有限公司印刷 东北财经大学出版社发行
幅面尺寸：185mm×260mm 字数：456千字 印张：20
2023年2月第2版 2025年6月第3次印刷
责任编辑：王天华 周 慧 责任校对：周 慧 刘晓彤
蔡 丽 孙 平
封面设计：冀贵收 版式设计：原 皓
定价：46.00元

第二版前言

在知识经济时代，无形资产是企业实力和竞争力的重要组成部分。正确认识和准确判断无形资产价值，对于有效提升企业综合竞争力具有重要意义。因此，无形资产评估日益成为经济社会发展的一个热点问题。

"无形资产评估"课程是资产评估与管理专业核心课程。本书以习近平新时代中国特色社会主义思想为指导，以职业教育国家教学标准为基本遵循，立足高职人才培养特色，体现资产评估行业特点，贯彻落实党的二十大精神以及《国家职业教育改革实施方案》，结合《高等职业学校资产评估与管理专业教学标准》确定的人才培养目标、就业岗位要求、职业素质、知识和能力要求，根据中国资产评估协会发布的有关无形资产评估最新的评估准则、评估指南、评估指导意见，着重针对主要类型无形资产评估的基本要素、基本程序、评估方法选取和评估报告撰写而设计编写。

本书是高等职业教育资产评估与管理专业产学研结合系列教材之一，自2020年4月出版以来被众多院校采用并受到好评。

此次修订在《无形资产评估》上一版的基础上，贯彻了2021年国务院办公厅印发的《关于推动现代职业教育高质量发展的意见》《高等学校课程思政建设指导纲要》文件精神，按照"习近平新时代中国特色社会主义思想进教材进课堂进头脑，全面贯彻党的教育方针，落实立德树人根本任务"教学思想，以及全国教材工作精神，促进学生全面发展，增强综合素质，全面提高教材质量，遵循教材建设规律和职业教育教学规律，满足技术技能人才需求变化，依据职业教育国家教学标准体系，对接职业标准和岗位能力要求，落实立德树人根本任务，培根铸魂、启智增慧，适应新时代精品教材要求。

本次修订在保持原有"推行项目教学、案例教学、工作过程导向教学等教学模式"基础上，主要突出以下特色：

1. 坚持立德树人，突出课程思政。本次修订以社会主义核心价值观为引领，精心提炼思政元素，着重在每个项目开篇设置思政目标，明确本项目学习要点，使学生对标清楚思政元素，实现无形资产理论专业知识和思政融通，同时，在每个项目结束时，增加思政园地，将知识技能点与思政教育有机结合，使学习者在学习中自觉接受思政教育，提高职业素养，培育"评估发现价值、诚信铸就行业"评估精神。

2. 引进最新前沿动态，注重"课、岗、证、赛、训"融合。教材设计以"产教融合，校企合作，校企'双元'合作开发教材"为指引，按照"无形资产评估"课程学习逻辑关系，"项目化"教学，以技能知识等内容为主线，与无形资产评估职业岗位密切联系，结合资产评估师考试大纲及全国高职资产评估技能大赛知识与技能范围，设计教材体系、知识点和案例，满足"课、岗、证、赛、训"要求。本次修订秉承与时俱进的态度，严谨认真地将无形资产最新理论知识、法律法规、前沿动态和案例等引入教材，更新练习数据信息，以期实现最大限度呈现无形资产评估最新视角。

3. 精炼专业理论知识，彰显高等职业教育育人特色。本次修订结合职业教育特点和教材管理办法，从高职学生实际出发，设置符合高职学生难度的理论知识。同时根据课时要求和特点，删减不必要内容和章节，紧凑精炼教材内容，增强教材的适用性。

4. 配套教学资源丰富。一是针对本书重点难点制作了21个微课和18个拓展知识，并以二维码的形式添加在书中。二是制作了电子课件、电子教案、课程标准等数字化教学资源，用书教师登录东北财经大学出版社网站可以免费下载。三是同步编写《无形资产评估习题与实训》辅助用书，便于教师组织教学和学生课后强化训练和自主测试，提高教学效率和效果。

本书此次修订由山西省财政税务专科学校刘淑琴副教授担任主编，对全书进行总纂、策划和设计，并带头组织具有丰富教学和实践经验的教师及评估行业第一线的国家首席评估师对本书进行进一步完善和提高；山西省财政税务专科学校李艳担任副主编，对全书进行了校对；山西省财政税务专科学校冯婵、李越，广东农工商职业技术学院苏惠霞，山西世信资产评估有限公司张力生参与编写。具体编写情况如下：刘淑琴编写项目一和项目二，李艳编写项目三和项目四，冯婵编写项目五和项目九，李越编写项目六，苏惠霞编写项目七，张力生编写项目八。

本书不仅可以作为高等职业院校资产评估与管理专业的教学用书，也可以作为评估师考试、评估行业人员业务培训及自习用书，可以帮助广大评估人员尽快理解和掌握《资产评估执业准则——无形资产》、《知识产权资产评估指南》及相关无形资产评估指导意见的内涵和实际应用。

本书在此次修订过程中得到有关资产评估协会和资产评估机构大力支持和帮助，也得到校领导和同仁帮助，在此一并感谢。虽然我们在修订过程中和在教材特色建设中尽了最大努力，但由于编者经验、水平有限，书中可能会存在一些疏漏之处，恳请各相关单位和读者在使用过程中给予关注并提出宝贵意见，以便我们进一步修订和完善。

编　者
2022 年 11 月

目 录

项目一
无形资产评估概述

【学习目标】
- 了解无形资产的概念、特征；
- 了解无形资产的相关法律、法规；
- 掌握无形资产评估的概念、基本要素；
- 掌握无形资产评估的特征。

【能力目标】
- 能够正确分辨各类无形资产；
- 掌握影响无形资产价值的因素；
- 掌握无形资产评估的基本要素。

【思政目标】
- 树立正确的价值观；
- 树立法律意识，要懂法守法；
- 从《资产评估执业准则——无形资产》的修订，看到我国无形资产评估从无到有的发展历程，树立爱国、敬业思想。

项目导入

对某铁路公安处铁通软件盗毁案引发评估问题的思考

某铁路集团的下属W企业，主要生产铁路系统专业电子产品。2019年1月10日，W企业任命技术人员侯某作为项目组长，研究Q铁通软件，同年10月5日研发成功，当时与购货单位（包括路外单位）签订了3个总值为1 180万元的供货合同。侯某因一己私利没得到满足而怀恨在心，竟将该Q铁通软件覆盖、压缩、加密，将其他文件毁掉，自带软件拷贝，擅离岗位到路外与人合作开发相似软件，造成W企业停产，合同不能执行，经集团总公司批准再次投入人、财、物力进行开发。2019年11月13日，W企业向路内公安处报案，但没有就其经济损失提出民事索赔要求。2020年3月13日，路内公安处将侯某抓捕归案，侯某对自己盗毁软件的行为供认不讳。公安处随即将此案报告给公安局，公安局派员参与路内公安处进一步侦查，核算其损失额。路内公安处委托中青资产评估师事务所对其损失进行评估。

请思考：本案例的评估基准日是哪个日期？评估对象和评估目的是什么？评估的依据是什么？作为评估师，你将如何作出评估计划，计算Q铁通软件的经济损失额。

【思政融通】通过项目导入案例不仅使学生懂得资产评估的专业知识，还要有正确的人生价值观和良好的职业道德，要懂法守法。

任务一　无形资产概述

◗ 任务描述 ◖◖◖

在知识经济时代，无形资产是企业实力和竞争力的重要组成部分。本任务主要通过对无形资产的认识，使学生了解无形资产的分类、特点，为无形资产的评估奠定基础。

◗ 相关知识 ◖◖◖

一、无形资产的定义

无形资产概念的形成与发展是与科技的进步和发展紧密相连的。它是一个在会计学、经济学、资产评估等学科和专业领域均被广泛使用的概念，到目前为止，尚无统一的无形资产概念或定义。关于无形资产的外延和具体内容，世界各国有着不同的观点，人们通常站在不同的角度来定义无形资产。

（一）会计准则中无形资产的定义

关于无形资产的概念，各国根据本国的实际情况，采用列举法来界定无形资产的概念，具有不同的论述：

1.中国会计准则对无形资产的定义

2006年企业会计准则对无形资产的定义：企业拥有或控制的没有实物形态的可辨认非货币性资产。企业自创商誉以及内部产生的品牌、报刊名等，不应被确认为无形资产。

2016年政府会计准则对无形资产的定义：政府会计主体控制的没有实物形态的可辨认非货币性资产，如专利权、商标权、著作权、土地使用权、非专利技术等。

资产满足下列条件之一的，符合无形资产定义中的可辨认性标准：

（1）能够从政府会计主体中分离或者划分出来，并能单独或者与相关合同、资产或负债一起，用于出售、转移、授予许可、租赁或者交换。

（2）源自合同性权利或其他法定权利，无论这些权利是否可以从政府会计主体或其他权利和义务中转移或者分离。

2.国际会计准则对无形资产的定义

国际会计准则第38号中无形资产的定义：无形资产，指为用于商品或劳务的生产或供应、出租给其他单位，或管理目的而持有的、没有实物形态的、可辨认非货币性资产。

（二）资产评估准则中无形资产的定义

1.中国评估准则对无形资产的定义

2017年9月，中国资产评估协会对《资产评估准则——无形资产》进行了修订，制定了《资产评估执业准则——无形资产》，第二条规定"本准则所称无形资产，是指特定主体拥有或者控制的，不具有实物形态，能持续发挥作用并且能带来经济利益的资源"。第十四条规定"可辨认无形资产包括专利权、商标权、著作权、专有技术、销售网络、客户关系、特许经营权、合同权益、域名等。不可辨认无形资产是指商誉"。这也是本书采用的无形资产定义。

2.国际评估准则对无形资产的定义

国际评估准则对无形资产的定义是"一种能通过经济属性来证明其自身价值的非货币性资产。不具有实物形态，但能为所有者产生经济利益"。

综合以上对无形资产定义的介绍，无论是国际会计准则对无形资产的定义，还是我国会计准则对无形资产的定义，尽管各种表述有所差异，但对无形资产本质的认识已基本取得一致，即均是从会计核算角度，或者是从其存在形态或表现形式方面对无形资产进行定义。由于会计准则考察无形资产的角度不同，所以不能完整反映无形资产从评估角度存在的属性及分析无形资产的外延和具体内容。而《资产评估执业准则——无形资产》恰当地概述了无形资产的基本特征，强调了控制主体是所有者，即企业、团体和自然人。另外，无形资产评估准则的关键是从无形资产获利能力和带来经济利益资源的角度来定义无形资产的，这符合资产评估的属性。为此，我们在学习无形资产评估时，应该以评估准则的无形资产定义来分析和掌握，了解无形资产定义，并以该标准来界定无形资产、评价无形资产。

【思考1-1】会计准则和资产评估准则对无形资产定义的异同。

二、无形资产的分类

无形资产是一个复杂的综合性概念，涉及和包含的内容和种类较广，其内涵和外延从不同的角度理解也不尽相同。所以对无形资产进行正确的分类，对把握无形资产评估非常必要。

（一）按无形资产评估准则对无形资产分类

《资产评估执业准则——无形资产》第十四条规定：可辨认无形资产九类，包括专利权、商标权、著作权、专有技术、销售网络、客户关系、特许经营权、合同权益、域名等；不可辨认无形资产一类，是指商誉。

从资产评估的角度分析，土地使用权、矿业权、水域使用权等符合无形资产的定义，但由于这类权利性资产是一种特殊的资产，所以在无形资产评估执业准则中没有把它们纳入无形资产范畴。无形资产评估执业准则第四条明确规定："涉及土地使用权、矿业权、水域使用权等的评估另行规范。"

（二）按无形资产的性质和属性分类

无形资产按其性质和属性可分为：知识型无形资产、权利型无形资产、关系型无形资产和组合型无形资产。

（1）知识型无形资产。知识型无形资产一般指通过人类智力劳动创造形成的成果，以及包含、凝结和体现人类智力劳动成果的无形资产，通常包括工业产权和著作权（或称版权）。工业产权一般包括专利权、商标权和非专利技术等。

（2）权利型无形资产。权利型无形资产是指特定当事人经由政府、企业，或他人授权，并通过书面或非书面契约的形式，以特定当事人付费（或非付费）为代价，获得的能给特定当事人带来超额收益的相关权利。权利型无形资产包括特许经营权、合同权益等。

（3）关系型无形资产。关系型无形资产是指特定权利主体通过提高企业经营管理水平、商品质量、服务质量和商业信誉等方面逐渐建立起来的经济资源。这种能够持续给特定权利主体带来经济利益的非契约型商业信任关系构成了关系型无形资产的基本内容。关系型无形资产包括销售网络、客户关系等。

【提示】权利型无形资产和关系型无形资产的不同点在于：关系型无形资产主要依赖与相关业务当事人建立非契约型商业信任关系。

（4）组合型无形资产。组合型无形资产是指运用多种因素综合形成的无形资产。这类资产的价值源泉无法和具体的因素对应起来，是不能一一区分的各种因素的综合结果。组合型无形资产是各种难以独立存在和辨识的无形资产的总和，如企业的商誉，属于企业管理和企业文化范畴的无形资产，像合理的企业组织体系和管理制度、企业文化、企业信誉和人力资源等。

【提示】组合型无形资产中的某些过去难以单独存在或难以辨识的无形资产，有可能会转变为可以独立存在或可以辨认的无形资产，从一个较长的时间周期来看，组合型无形资产的边界并不确定，具有动态变化的特征。

无形资产与相关具体概念的关系区分如图1-1所示。

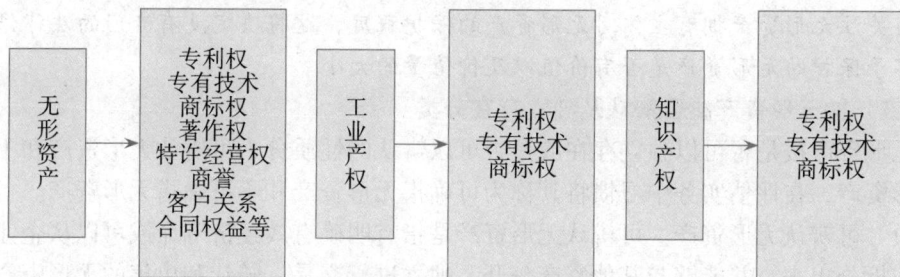

图1-1 无形资产与相关具体概念的关系区分

（三）按无形资产的获得方式分类

无形资产按其取得渠道分为外购无形资产和自创无形资产。

（1）外购无形资产。外购无形资产是指企业或自然人从外部购入或接受投资形成的无形资产。从外部取得无形资产的方式有很多，如以货币性资金购买取得的无形资产；通过非货币性资产交换以资产换入的无形资产；投资者按照注册资本和投资合同的规定投入的无形资产；企业通过债务重组取得的无形资产；接受捐赠取得的无形资产等。

（2）自创无形资产。自创无形资产是指企业或自然人在生产经营和科学研究过程中，内部自行研究、开发和设计而形成的无形资产，如专利权、专有技术、商标权、著作权等。

【提示】无形资产按其取得渠道进行的分类意味着不同获得方式下的无形资产价值在企业账面上的反映有较大的不同，即企业无形资产可能包括账面无形资产和账外无形资产两部分。对于外购无形资产和自创无形资产的计量和计价，我国在已颁布的《企业会计准则第6号——无形资产》中对不同类型取得方式已作了详细的规定，评估专业人员应当参考账面价值进行分析、核实，作为评估的参考依据。

（四）按无形资产有无专门法律保护分类

无形资产按其是否受法律保护可分为有专门法律保护的无形资产和无专门法律保护（法律不保护）的无形资产两种。

（1）有专门法律保护的无形资产。有专门法律保护的无形资产即法定无形资产，一般需要按照一定的法律程序才能取得，在一定期限内受到国家法律的保护。如经过国家专利部门登记和批准认可的专利权（受《中华人民共和国专利法》保护），经国家商标管理部门批准公布的商标权（注册商标）（受《中华人民共和国商标法》保护），以及著作权、特许经营权、合同权益等受国家法律保护。它们依托于法律发挥作用，一旦失去法律保护，将失去其资产属性和价值。

（2）无专门法律保护的无形资产。无专门法律保护的无形资产也叫非法定无形资产，一般不受专门法律保护，如专有技术、技术秘密、商业秘密和企业商誉等。此类无形资产主要受企业自身保密原则的保护，一旦该类无形资产被公开，便失去原有的价值。

【提示】在实际评估中，对于有专门法律保护的无形资产的评估，需要关注特定法律法规及保护条件对无形资产的约束以及企业是否已经依法及时获取法律保护，这是此类无形资产具有价值的先决条件；对于无专门法律保护的无形资产的评估，评估专业人员应当关注无形资产拥有主体对无形资产的保护程度，这将决定没有专门的法律保护或法律不予保护的无形资产是否有价值以及价值量的大小。

（五）按无形资产能否辨认及独立存在分类

无形资产按是否可以独立存在或是否可以辨认的性质分为可辨认无形资产和不可辨认无形资产，在评估实务中习惯将其称为可确指无形资产和不可确指无形资产。

（1）可辨认无形资产。可辨认无形资产是指有明确有效经济寿命或可以从企业总体分离或拆分出来，并能够与其他资产分开，独立进行交易、转让和出售的无形资产。可辨认无形资产包括专利权、专有技术、商标权、著作权和特许经营权等。此类无形资产一般具有专门名称，来源于合同性权利或其他法律权利，受法律保护。

（2）不可辨认无形资产。不可辨认无形资产是指无明确有效经济寿命或不可以单独取得，无法与其他资产区分开来独立进行交易、转让和出售的无形资产，或离开企业整体就不复存在的无形资产，通常指企业商誉。不可辨认无形资产不能单独转让，其价值包含在企业整体价值之中，其价值依赖企业的持续经营，不能离开企业整体单独存在，如通过企业整体转让或并购获得的企业商誉。我国在企业会计准则中对企业商誉的界定和核算已作出了相应的规定。

【提示】评估专业人员在具体评估实务中需要考虑不同的价值影响因素。可辨认无形资产在评估中作为独立的评估对象具有独立价值影响因素和单独的评估值；不可辨认无形资产不能单独转让，其评估不能脱离企业整体而单独进行。

【思考1-2】什么是可辨认无形资产和不可辨认无形资产？

三、无形资产的特点

无形资产作为一类专门的资产形式，有其自身的特征，具体体现为无形资产的形式特征和无形资产的功能特征。

（一）无形资产的形式特征

1.非实体性

无形资产没有具体的物质形态，非实体性是无形资产在物理形态上的本质特征。相对于有形资产而言，它并不占用空间，隐形存在于有形资产之中，所以无形资产本身没有物质实体，不存在实体性贬值；另外，无形资产发挥作用的形式也是无形的，具体体现在无形资产在生产经营过程中不直接作用于劳动对象发挥作用，而是以特殊的方式将其作用体现在有形资产和企业生产经营过程中。

【提示】有形资产和无形资产的根本区别在于有形资产的价值主要取决于有形要素的贡献，而无形资产的价值取决于无形要素的贡献。

2.排他性

排他性，也称垄断性或独占性，是指无形资产特定权利只与特定主体有关。凡不能排他或不需要任何代价即能获得的，都不是无形资产。其排他性是通过企业自身保护来实现的，或是通过法律保护取得的。

3. 效益性

无形资产能持续地为企业或所有人增加和带来超额收益。并非任何无形的事物都是无形资产，成为无形资产的前提是其必须能够以一定的方式为其控制主体创造效益，而且必须能够在较长时间内持续产生经济效益。

【提示】排他性和效益性并非无形资产独有的特征，也不是无形资产和有形资产的区别所在，是无形资产和有形资产都具有的特点，只不过要完整研究把握无形资产的概念和内容，必须了解此特点。

4. 成本与价值的弱对应性

无形资产属于创造性劳动成果，其研发往往需要较长时间，研究成果的出现还带有很大的不确定性。这种不确定性，一方面表现在研发投入与研发成果之间的投入产出关系的不确定性上，另一方面表现在研发数量与研发成果质量之间的不确定性上。无形资产常常是在一系列努力与失败、投入与浪费后才取得的一些成果，而失败的损失代价很难被预计和确切量化。因此，无形资产价值与其研发成本之间往往缺乏明确的对应性，即无形资产的成本与价值具有弱对应性。

拓展知识

无形资产存在的一般判断

（二）无形资产的功能特征

1. 依附性

无形资产没有实物形态，必须依附于一定的物质载体才能存在并发挥作用。无形资产所依附的载体主要分为直接载体和间接载体。直接载体的表现形式多以证书、商标标记、图纸资料、工艺文件、软盘、标牌等存在。例如，专利权是通过专利证书、图纸表现出来的；商标权是通过注册商标来表现的。间接载体是与此项无形资产相关的有形资产及其他资产，通过其内容和价格反映，它的价值与间接物质载体的价值不可分离地构成物质的总体价值。例如，商誉蕴含在企业的整体资产和工作人员的经济活动之中等。

2. 共益性

共益性是无形资产区别于有形资产的重要特征，它可以作为共同财产存在，即一项无形资产可以在不同的地点、同一时间，由不同主体同时共享而不减少其有用性。或者说，一些人对某种产品的使用不会影响其他人对这一产品的使用，使用者之间不存在利益冲突。例如，一项专利，经过契约支付费用可取得专利使用权；商标、品牌经过特许，可取得商标品牌的特许经营权。无形资产虽具有排他性特征，但排他性一般体现在排他性地占有，而无须排他性地使用。一项无形资产可以在不同的地点、同一时间，由不同的主体所使用，而有形资产却不可能做到这样。因此，在评估无形资产时要慎重考虑其权益边界。

【提示】无形资产的共益性也受市场的有限性和竞争性的制约，由于追求自身利益的需要，各主体对无形资产的使用还必须受相关合约的制约。

3. 积累性

无形资产的积累性主要体现在两个方面：一是无形资产的形成基于其他无形资产的发展；二是无形资产自身的发展也处在不断积累和演变的过程中，包括它的成熟程度、影响范围、获利能力等。例如，微软公司开发的操作系统软件Windows95、Windows98、

Windows2000、WindowsXP等的演变就是一个典型的继承和创新相结合的积累过程。

【提示】无形资产的成熟程度、影响范围和获利能力处在变化之中，不断积累和演进。

4.替代性

在承认无形资产具有积累性的同时，还要考虑它的替代性，即一项先进的技术替代另一项技术，一种工艺替代另一种工艺等，其特性不是共存或积累，而是替代、更新。无形资产的创造和产生是替代性和积累性共同作用的结果，没有积累、不存在继承，很难创造出和以前没有任何联系的新产品；而没有替代性，产品就没有创新，也就没有进步。

【提示】一种无形资产总会被更新的无形资产所替代，这也是社会发展的自然规律，为此，评估时须考虑无形资产的先进性、成熟度、未来收益、作用年限等诸多因素。

微课

无形资产的
特点

【思政融通】无形资产评估可以使无形资产具有市场价值定位并使其价值不断得以发掘和提升，进而在资本扩张中成为旗帜并参与经营。将无形资产加以有效运营，还可以优化企业尤其是高新技术企业资产的构成比例，提升企业总体资产的质量。中国工程院院士、"杂交水稻之父"袁隆平品牌价值为1 008.9亿元，这也是迄今为止，我国无形资产评估价值额最大的一宗项目。以其名字命名的在长沙成立的"袁隆平农业高科技股份有限公司"，成为知识经济与品牌结合的典型例子。

任务二　无形资产评估概述

任务描述 ●●●

伴随着无形资产的广泛利用，无形资产评估的重要性日益凸显。通过对无形资产评估概念、特点的描述，说明无形资产评估对象、范围和目的。

相关知识 ●●●

一、无形资产评估的概念及特征

（一）无形资产评估的概念

2017年9月，中国资产评估协会颁布的《资产评估执业准则——无形资产》第三条规定：无形资产评估是指资产评估机构及其资产评估专业人员遵守法律、行政法规和资产评估准则，根据委托对评估基准日特定目的下的无形资产价值进行评定和估算，并出具资产评估报告的专业服务行为。把握此概念需要理解以下两点：

1.无形资产评估必须基于无形资产的具体属性

从不同的角度考虑，无形资产有不同的属性：物理属性、功能属性、法律属性、经济属性等。这里讲的无形资产评估特指从无形资产的经济属性出发来确定无形资产的某种经济属性，尤其是众多经济属性中的价值属性。在实际评估中，无形资产的价值有多种表现形式，需要评估专业人员根据实际情况，运用专业判断来确定。

2.确定无形资产的价值量必须基于特定时间点

资产评估是在特定评估基准日的条件下对某项资产进行评估。不同时间点，无形资产的价值量是不一样的。无形资产价值量的确定和时间点相联系，没有时间点，评估专业人员确定的无形资产价值量就没有使用价值量，是毫无意义的。

（二）无形资产评估的特征

无形资产评估不同于其他资产的评估，它有其自身的内在特点和要求。无形资产评估的主要特征是：

1.复杂性

无形资产评估的复杂性，是说其评估工作复杂。其原因如下：一是无形资产项目多、种类多，而且同类无形资产的可比性较低；二是预测无形资产的预期收益难，由于各种无形资产评估对象不同、功能不同，因而预期有效使用年限测定难度大，且收益预测甚为艰难复杂；三是客观经济环境与无形资产作用的发挥有密切关系，因而也给无形资产评估增加了难度；

拓展知识

无形资产的经济价值

四是多数无形资产更替较快，而具体测定某一技术更替时间很难，这也增加了无形资产评估工作的复杂性。

2.动态性和预测性

动态性是指无形资产评估是从动态的角度去考察评估对象和评价无形资产价值的。这是因为：一方面，技术类无形资产是处在发展过程中的，任何一项技术成果终会被另一种新的技术成果所替代；另一方面，有些无形资产自身也有发展变化的可能，比如商誉、商标，或因某种原因而更完善、更出名，也会因某种原因向相反的方向变化。同时，货币时间价值变化在无形资产评估中也显得特别突出。因而，从动态的角度评估无形资产价值是无形资产评估的一个基本要求。

无形资产评估大多采用收益法进行，收益法评估涉及的多个参数，如收益额、风险、收益期限的确定，都是对未来收益、风险、有效发挥作用时间的预测，每一个参数的微小偏差都可能给最终结果造成巨大差异。

3.广泛应用收益法

从无形资产的特征来看，每一项无形资产都是独特的，无法简单复制或批量生产，其成本与价值之间存在弱对应性，这就使得在评估无形资产时市场法和成本法的运用受到限制；而收益法估算原理与无形资产特征相吻合，无形资产具有价值是因为它在未来有效时间内能够获取经济效益，并以此为主要依据评估无形资产的价值，这是其他形态的资产评估中所少见的。所以，广泛使用收益法评估无形资产价值，是无形资产评估中一个十分明显的特征。

4.需要结合无形资产的载体和作用空间进行评估

无形资产若想发挥作用，必须依附于有形资产或者相关载体。而且无形资产作用的大小与其依附的有形资产及相关载体的质量、规模等都有着密切的联系，无形资产价值与其附着载体以及无形资产发挥作用的空间具有较强的对应性。

5.需结合无形资产的法律保护状况进行评估

无形资产中大部分是受专门法律保护的无形资产，其权利的存在与维持都需要法律作为支撑和保护。评估过程中其权益的确定程度、受法律保护程度，都会对无形资产的价值确定有影响。

6.需要结合无形资产所属行业性质进行评估

无形资产所属行业性质不同，对产品和服务收益的贡献程度也会产生差异。以文化企业无形资产评估为例，评估专业人员需要了解文化企业是提供精神产品、传播思想信息、担负文化传承使命的特殊企业，必须始终坚持把社会效益放在首位、实现社会效益和经济效益相统一，关注文化企业社会效益对文化企业无形资产价值的影响，如关注不同类型的文化企业在政治导向、文化创作生产和服务、受众反应、社会影响、内部制度和队伍建设等方面产生的社会效益对其无形资产价值的影响。

二、无形资产评估的基本要素

资产评估的基本要素通常包括评估主体、评估对象和范围、评估目的、评估程序、评估方法、评估基准日、价值类型及评估假设。

下面主要对无形资产评估的目的、评估对象和范围、评估假设等要素做介绍。

（一）无形资产的评估目的

无形资产评估目的是无形资产评估过程中的关键评估要素。它既可以规范无形资产评估报告的使用，将评估值控制在客观合理的范围内，避免无形资产评估报告被误用，又能直接决定和制约无形资产评估的价值类型与评估方法的选择，还会对无形资产评估其他后续流程产生关键性影响。无形资产的评估目的具有以下多种情形。

1.以交易为目的的评估

以交易为目的的评估是无形资产的传统评估业务，主要表现为单项无形资产或无形资产组合的所有权或使用权转让。其中，无形资产的使用权转让还可进一步细分为独占使用权、排他使用权、普通使用权等不同类型的使用权转让。

2.以出资为目的的评估

无形资产出资即出资人根据公司法的规定将无形资产作为非货币性资产出资设立一家公司或向一家公司增资。在实务中可以作为出资的无形资产主要有专利资产、专有技术资产、商标资产、著作权资产等。

3.以质押为目的的评估

中国金融市场越来越发达，融资手段也越来越丰富，企业在利用无形资产质押向金融机构贷款时需要对无形资产价值进行评估。可用来抵押的无形资产包括可以转让的商标权、专利权、著作权等知识产权。

【提示】一般情况下，以质押为目的的无形资产评估选用市场价值作为价值类型，同时结合质押率进行无形资产价值确定。

4. 以法律诉讼为目的的评估

以法律诉讼为目的而涉及无形资产评估的情形主要包括以下几种：一是因无形资产侵权损害而导致的无形资产纠纷，是较为常见的一种情形；二是因毁约导致的无形资产损失纠纷；三是因无形资产买卖交易等引起的仲裁；四是因公司、合伙关系解散或者股东不满管理层的经营、决策等而涉及的无形资产纠纷。

5. 以财务报告为目的的评估

中国资产评估协会于2017年9月印发了《以财务报告为目的的评估指南》（中评协〔2017〕45号），对以财务报告为目的的评估业务进行了规范。

以财务报告为目的的无形资产评估主要涉及商誉减值测试、可辨认无形资产减值测试等业务情形。以财务报告为目的的无形资产评估已成为企业资产管理的重要环节。

6. 以税收为目的的评估

以税收为目的的无形资产评估主要适用于企业重组涉税、内部无形资产转移等情形。根据税法的规定或合理避税的需要，以税收为目的的无形资产评估能够为企业提供无形资产公允价值的合法证据。

7. 以保险为目的的评估

以保险为目的的评估包括两方面的内容：一是在投保前，评估被保险的无形资产的价值，为投保人确定投保额；二是损失发生后，评估被毁损无形资产的价值，确定赔偿额，为保险机构提供依据。

8. 以管理为目的的评估

以管理为目的的无形资产评估主要服务于政府部门和企业主体。前者体现为政府部门基于行政事业单位资产管理、国有资产保值增值等需要所产生的无形资产评估需求；后者体现为企业基于资产经营管理、实现价值提升等需要所产生的无形资产评估需求。

9. 其他评估目的

如以租赁为目的的无形资产评估。租赁根据具体目的可分为融资租赁和经营租赁两种类型。以融资租赁为目的的无形资产评估主要有两种情形：一种是在承租期满后，无形资产所有者将无形资产所有权转给承租方；另一种是在租赁期满后，无形资产出租方将无形资产收回。以经营租赁为目的的无形资产评估，主要是为出租方将无形资产使用权租赁给承租方时提供价值参考。

【提示】在评估实务中，评估专业人员须区分具体租赁形式，并根据具体形式判断无形资产状态和选择合适的评估方法。

（二）无形资产评估对象和范围

1. 无形资产评估对象

从某种意义上讲，无形资产评估的难点之一就是如何把握无形资产的评估对象。2017年修订的《资产评估执业准则——无形资产》第十二条规定：执行无形资产评估业务，应当要求委托人明确评估对象，关注评估对象的权利状况及法律、经济、技术等具体特征。所以，进行无形资产评估首先要解决的问题就是明确评估对象。

（1）无形资产评估对象的界定标准

无形资产评估对象的界定标准。无形资产评估对象需要依据明确的标准对其进行界定。以下主要介绍经济学、法律、市场三种不同的界定标准。

①界定的经济学标准。界定无形资产评估对象的经济学标准重点体现为无形资产的获利能力与获利方式等经济属性。如果无形资产不能带来显著、持续的可辨识经济利益，则不能被认定为无形资产评估对象。

②界定的法律依据。界定无形资产评估对象的法律依据主要体现在法律法规对无形资产的认定和保护上。一部分无形资产处于法律法规保护范围内，一旦这类无形资产失去法律保护及认可，也就不再被认定为无形资产。

③界定的市场标准。许多学者曾围绕无形资产的交易、投资、质押等方面提出过市场界定依据，并根据国家有关无形资产的制度和规定进行无形资产范围和分类研究。此类研究体现了市场对无形资产的认可和接受程度，属于对经济、法律方面的扩展和补充，能够使我们更好地认识无形资产，并且扩大我们对无形资产认识的视野。

（2）无形资产的性质和特征。综合以上三种界定标准，在实际操作中，可以从以下三个方面综合分析判断无形资产的性质、特征。

①从无形资产目前和历史上的发展状况以及无形资产实施的地域范围、领域范围、获利能力与获利方式，判断无形资产是否能带来显著、持续的可辨识经济利益。

②从委托人提供的法律文件、权属有效性文件或者其他证明资料来判断无形资产的存在、剩余经济寿命和法定寿命。

③从无形资产以往的评估及交易情况或相关无形资产的市场转让、出资、质押等情况，判断市场对被评估无形资产的认可程度。

2.无形资产评估范围

在进行无形资产评估时，需明确无形资产的评估范围。评估对象是解决评估什么的问题，评估范围则是解决评估多少的问题，即所评估无形资产对象的具体内容，它不仅包含无形资产具体名称的内涵和外延，也包含所评估无形资产的具体数量。评估实务中只有先确定了评估对象是什么，是无形资产中的商标权或是企业商誉或是特许经营权后，才能确定评估多少的问题。根据无形资产的类型，无形资产评估范围可分为单项无形资产的评估范围、可辨认无形资产组的评估范围和其他无形资产组的评估范围。

（1）单项无形资产的评估范围。

单项无形资产主要指单项可辨认无形资产，其评估范围包括该无形资产权属的不同种类、同种权属的不同限制条件下的权利以及该无形资产所受具体限制等内容。

（2）可辨认无形资产组的评估范围。

微课

无形资产评估
对象和范围的
界定

可辨认无形资产组的评估范围除了含有与单项无形资产评估一致的评估范围之外，还需要考虑其包含的各种单项无形资产的种类和数量。

（3）其他无形资产组的评估范围。

其他无形资产组的评估范围除包含不同单项无形资产的种类、数量的具体内容外，还包括不可辨认无形资产——商誉的有关内容，同时也会涉及所依托的有形资产的种类、数量等具体内容。

（三）无形资产评估假设

无形资产评估的对象是各类无形资产。从动态的角度看，无形资产的价值无时无刻不在变化之中，如果不做一些基本假设，则根本无法对其价值进行评估和确认。从无形资产评估的目的可知，无形资产要服务于交易，而评估的价值是要通过市场上买卖双方作为交易依据而完成的。因此，无形资产评估不能脱离市场，并且被评估的无形资产不是一次性消耗掉的，而应有连续使用和创造收益的功能。目前较为认同的无形资产评估假设，主要有公开市场假设和继续使用假设，有时还包括清算假设。

1.公开市场假设

公开市场假设是指被评估资产可以在市场上自由买卖。这旨在说明一种充分竞争的市场条件，在这种条件下，资产的交换价值受市场机制的制约并由市场行情决定，而不是由个别交易决定。按照这一假设推断凡是对于出让方和受让方双方都有利的交易资产都可以评估。但无形资产独占性（垄断性）的特性，又为公开市场假设制造了一些麻烦。具有垄断性的无形资产是否需要评估，我们认为，只要不是以营利为目的的转让，垄断性资产不必进行评估。对于被迫的资产转让，公开市场假设也不再适用。其理由如下：一是垄断资产的转让违背了市场公开、公正、公平的原则，其价值不具有可比性，评估价值也失去了可依据的作用；二是被迫转让的资产违反了市场自由买卖的规则，所评估的价值不可能对买卖双方都有利。

2.继续使用假设

继续使用假设是对无形资产使用状态的一种假定性描述，指无形资产能够为企业持续经营所使用，并且它能够对企业其他资产作出贡献。

3.清算假设

当企业面临被迫出售时，单项无形资产不是作为持续经营企业的一部分出售，而是分开出售。其假设无形资产须被快速变现。

三、无形资产评估原则

无形资产的特性决定了无形资产评估不但要遵循资产评估共同的原则，即遵循公平性、客观性、合理性、独立性、系统性和替代性原则，而且还要遵循自身的独特原则。

（一）适用性原则

适用性原则是指一项无形资产要发挥出功能所要求的具体条件。评估人员要凭借当时、当地的具体环境，包括自然条件、技术条件、社会条件和经济条件等评估无形资产，要结合这些环境因素考察它的适用性。否则，即使是最先进的无形资产，也不一定带来很好的经济效益。

（二）先进性原则

先进性原则是指无形资产在技术工艺等方面具有领先的水平。在对技术类无形资产评估时，应该通过对相关技术经济指标的考察，来反映评估对象能够对劳动生产率提高的贡献程度。无形资产利用效果主要通过无形资产利润率、超额利润率、无形资产投资回收期和投资报酬率四个指标来反映。

（三）可靠性原则

可靠性原则是指所评估的无形资产技术成熟，在应用中能够发挥出预期的效益。无形资产不可靠，将会给使用者带来重大浪费和损失。因此，在对某些无形资产评估时，应看该项无形资产是否经过运用，其运用的效果如何，以便增强评估的准确性。

（四）安全性原则

安全性原则是指无形资产的使用应该安全、稳定、保密。首先要符合国家有关法律规定，合法而无害。其次无形资产涉及的技术秘密、商业秘密等极易扩散，且一经扩散就失去了生命力。所以要求评估人员必须严守秘密，遵守职业道德和行业纪律。

（五）科学性原则

科学性原则是指对无形资产评估的结果要符合客观实际，不能造成评估的任意化和主观化。只有坚持科学的评估程序，选择科学的评估方法，制订科学的评估计划，才能使评估结果趋于真实、可靠、公正和严肃。

【思考1-3】在进行无形资产评估时应注意哪些事项？

任务三　影响无形资产评估价值的因素

● 任务描述 ◗◖◗◖

进行无形资产评估，首先要明确影响无形资产评估价值的因素。通过对影响无形资产价值因素的学习，使学生熟练掌握影响无形资产价值的九个基本因素的内容，每个因素对无形资产价值的影响范围和程度。

● 相关知识 ◗◖◗◖

一、无形资产的取得成本

无形资产的取得与有形资产一样，也需要成本，一般来说，一项无形资产的成本越高，其价值越高，这是运用成本法计算无形资产价值的理论基础，但也不是绝对的。

无形资产相对于有形资产来说，其成本确定不够明晰且不易计算。对于企业来说，外购无形资产的取得成本较易确定，其入账的历史成本基本能反映出无形资产的基本价值；但自创无形资产的成本包含内容多（如开发成本、转化成本、法律保护成本、交易成本、广告宣传成本等），计量较为困难。自创的无形资产在研发过程中的投入、在研发中失败的因素、研发的周期等均制约着无形资产的成本计算。一般情况下，无形资产评估考虑的成本因素有三方面：

（一）研发成本

自行研发的无形资产成本包括开发该无形资产时耗费的材料、劳务成本、注册费、在开发该无形资产过程中使用的其他专利权和特许权的摊销、按照《企业会计准则第17号——借款费用》的规定资本化的利息支出，以及为使该无形资产达到预定用途前所发生的其他费用。

创造发明无形资产的研发成本，须剔除失败或超出社会劳动的平均成本因素。

（二）法律保护成本

依法取得无形资产时发生的注册登记费、律师费用；向注册登记机关缴纳的无形资产年费等。

（三）发行推广成本

无形资产在发行推广时的发行费用、广告宣传费，包括在电视上播放广告、在报纸杂志上刊登广告、印发宣传品等成本。

二、无形资产的机会成本

无形资产的机会成本是指因将无形资产用于某一确定用途后所导致的不能将无形资产用于其他用途所受的损失。该成本一般用该项无形资产转让、投资、出售后失去市场而损失收益的大小来计量。

无形资产的机会成本是影响无形资产评估价值的重要因素，同时也是在评估过程中评估师需关注和考虑的因素之一。如企业转让无形资产使用权或特许经营权时，往往让渡了部分销售市场，从而使本企业的销售市场的份额有所减少，削弱了产品垄断市场的地位，失去了创造收益的机会；如果转让无形资产的收益和取得的使用费收益低于创造收益的价值，将对无形资产评估价值影响较大。

三、预期效益

成本是从对无形资产补偿角度考虑的，但就无形资产来说，更重要的是其创造收益的能力。一项无形资产，在环境、制度允许的条件下，获利能力越强，其评估值越高；获利能力越弱，其评估值越低。有的无形资产，尽管成本很高，但若不适应市场需求或收益能力低微，其评估值也会很低。无形资产的价值体现了无形资产所拥有的未来超额获利能力，这是运用收益法评估无形资产价值的理论基础。

运用收益法评估无形资产，其未来预期收益额的确定，主要考虑以下几个因素：

（1）被评估无形资产的获利能力因素，包括技术因素、法律因素、经济因素等；

（2）被评估无形资产的获利方式；

（3）被评估无形资产获利的取得与其他资产的相关性；

（4）收益与成本费用、现金流量；

（5）收益期限与收益风险因素。

四、使用期限

无形资产使用期限的长短，直接影响无形资产的评估价值，也是评估师评估实务中需特别关注的因素之一，无形资产使用期限的长短可决定未来收益折现的大小，从而决定评估价值的高低。

每一项无形资产一般都有使用期限，除了考虑法律保护期限外，更主要的是考虑其具有实际超额收益的经济寿命期限。

五、技术成熟程度

无形资产从开发到收益都要经历一个过程：发展-成熟-衰退，这是竞争规律作用的结果。其成熟程度如何直接影响到评估值的高低呢？科技成果的开发程度越高，技术越成熟，运用该技术成果的风险越小，评估值就会越高。一项成熟程度不高的无形资产，在使用中可能会遇到多种类型的风险，包括：开发风险、转化风险、实施风险、市场风险等，这些风险因素使无形资产价值的实现存在一定的不确定性，从而对无形资产价值产生影响。

评估师在判断其成熟程度时，主要应掌握无形资产的经济技术参数；另外还需关注无形资产的先进性、可靠性和无形资产的适用性。

六、转让内容因素

确切定义无形资产转让的具体内容是任何无形资产估价的重要起点。如果不对交易的内容进行确切定义，买卖双方就不能进行估价和定价。

无形资产从转让内容来看一般分为所有权转让（完全产权转让）和使用权转让（部分产权转让）。转让过程中的有关条款规定，会直接影响其评估值。同一无形资产的所有权转让的评估值要高于使用权转让的评估值。另外，在技术贸易中，同是使用权的转让，其许可程度、范围和期限不同，评估价值也会不同。同时，出让方在转让时承诺的内容、转让次数、转让后的使用地区范围等转让条件也影响无形资产的评估值。

七、无形资产的市场供需状况

市场供需状况对无形资产价值的影响一般表现在两个方面：一是无形资产市场需求情况；二是无形资产的适用程度。无形资产的市场供需存在于两个方面：

（一）无形资产的市场需求情况

一般而言，出售、转让的无形资产价值随市场需求变动而变动，市场需求大，则价值就高；市场需求小，且有同类无形资产替代的，其价值就低，如制药企业取得的药证，老药证价值低，收益也低，而新研究开发的药证，市场开发潜力大，市场的需求也大，其无形资产的价值就高。

（二）无形资产的适用程度

无形资产的适用范围越广，适用程度越高，需求量越大，价值就越高。

此外，同类无形资产的市场价格水平也直接制约着待估无形资产的价值。

八、无形资产的发展趋势、技术成熟程度、更新换代情况和速度

一项无形资产的寿命期，主要取决于其损耗程度。无形资产更新换代越快，其价值损耗越大，评估值越低。无形资产价值的损耗和贬值，不取决于自身的使用损耗，而取决于自身以外的行业发展趋势、新经济带来的新技术进步、同类技术或替代无形资产的技术变化情况、新技术的发展速度和更新换代情况等。所以，国内外该种无形资产的发展趋势、技术成熟程度、更新换代情况和速度等因素都将影响技术类无形资产的价值。

九、同行业同类无形资产的交易方式

无形资产评估值的高低，还取决于无形资产交易、转让的价款支付方式、各种支付方式的提成基数、提成比率等。无形资产交易价格的支付方式对无形资产的价值也有一定的影响。所以，在评估无形资产的价值时应综合考虑，了解无形资产的交易方式。

十、其他因素

除了上述因素会对无形资产的价值产生影响外，还有其他因素如法律因素、风险因素及国家的产业政策、行业发展规划、地区发展政策等，对无形资产的价值也会产生影响。

无形资产评估时需考虑的基本因素，尽管角度和侧重点不同，但是最终都会通过被评估无形资产的预期效益的量体现出来。无形资产的预期效益是影响无形资产价值的决定性因素，也是评估者在评估无形资产时需考虑的最根本的因素。

以上列举了影响无形资产价值评估的主要因素，以上因素并非影响无形资产价值评估的所有因素，也不是每一项无形资产评估都必须考虑的因素。在实际评估中，评估人员必须结合具体的评估对象，具体情况具体分析，从以上因素中找出影响评估对象价格的因素，同时，要考虑是否存在上面没有列举的影响评估对象价值的因素。

思政园地

民族自信、文化自信——无形资产评估准则的逐步完善

我国第一部资产评估准则发布于2001年，迄今已20余年。如果说2001年至2011年10年里，我国资产评估准则建设的主要成就是搭建了既适应中国国情又与国际基本接轨的准则体系，那么党的十八大以来的10年则是我国资产评估准则从国际跟行逐步发展到并行且部分领行的阶段，逐步形成了新时代中国特色资产评估准则体系。尤其是2016年资产评估法颁布之后，中评协在财政部的指导下，依法对新形势下资产评估准则框架体系进行了科学合理的顶层设计，并对基本准则、职业道德准则和具体执业准则进行了系统性修订。

例如，组织修订知识产权评估准则，研究制定体育无形资产评估指导意见和文物资源资产评估指导意见，规范执业行为。《体育无形资产评估指导意见》已于2022年1月

发布，旨在规范体育无形资产评估业务行为，保护资产评估当事人的合法权益和公共利益，服务体育产业高质量发展。

当前我国已形成"1+6"的无形资产评估准则体系，不仅在基本准则的基础上制定了无形资产评估准则，还发布了知识产权评估指南，专利、商标和著作权3类常见无形资产的评估指导意见，以及文化和体育2个典型行业的无形资产评估指导意见。这些准则不仅借鉴了国际评估准则的相关经验，也充分考虑了中国无形资产发展现状和典型特征，为现阶段我国各类无形资产评估提供了很好的技术标准和行为规范。

资料来源：中国资产评估协会.非凡十年：谱写资产评估行业高质量发展新篇章［EB/OL］.［2022-10-14］.http://www.cas.org.cn/xwbd/zhxx/15baded9b60741ad9dd0371817fced49.htm.

项目小结

无形资产是指特定主体所拥有或控制的，不具有实物形态，能持续发挥作用且能带来经济利益的资源。我国会计准则和评估准则及国际评估准则对无形资产的定义都有差异，但无形资产都具有非实体性、排他性、效益性、附着性、共益性、积累性、替代性等特征。无形资产是一个复杂的综合性概念，涉及和包含的内容和种类较广，需要对无形资产进行正确的分类。

无形资产评估是指评估师依据相关法律、法规和资产评估准则，对无形资产价值进行分析、估算并发表专业意见的行为和过程，具有复杂性、效益性、动态性等特点；其评估对象主要有：专利权、商标权、著作权、专有技术、销售网络、客户关系、特许经营权、合同权益、商誉等；其评估目的一般包括转让、许可使用、出资、拍卖、质押、诉讼、损失赔偿、财务报告、纳税等；评估假设主要有公开市场假设和继续使用假设；在评估时要坚持适用性、先进性、可靠性、安全性、科学性等原则。

无形资产的取得成本，无形资产的机会成本，预期效益，使用期限，技术成熟程度，转让内容因素，无形资产的市场供需状况，无形资产的发展趋势、更新换代情况和速度，同行业同类无形资产的交易方式等都会影响无形资产价值，所以评估师应勤勉尽责，进行无形资产评估时必须加以明确。

实训设计

一、实训目标

无形资产评估是为无形资产业务提供价值尺度的行为。通过对无形资产评估基本要素的认知训练，使学生明确无形资产评估目的，准确界定无形资产评估对象和范围，熟悉无形资产评估假设，掌握无形资产评估原则，能准确判断影响无形资产价值的各项因素。

二、实训项目与要求

1. 实训组织

无形资产评估实训以学生为中心，分组训练，集中交流，集体总结。教师主要担任辅导者、具体组织者和观察员，向学生布置任务，进行必要指导；解答有关问题；进行进度控制与质量监督。学生按每组6~8人分为若干小组，每组为一个实训团队开展实际操作训练，每个团队分别确定一位负责人，具体组织和管理实训活动。

2. 实训项目

（1）判识无形资产的存在及种类；

（2）掌握无形资产评估目的和无形资产评估的特征；

（3）界定无形资产评估对象和范围；

（4）判断无形资产价值的影响因素。

3. 实训要求

（1）依照《资产评估执业准则——无形资产》的规定，正确识别无形资产的种类、划清可辨认无形资产和不可辨认无形资产。

（2）对具体的评估事项会分析无形资产价值影响因素。

三、成果与检测

1. 每个团队自由选取无形资产评估案例，结合案例说明无形资产评估基本要素和影响其价值的基本因素，在班级进行交流。

2. 教师与同学们共同总结无形资产评估基本事项实训中存在的问题，明确今后教学过程中应当改进的方面。

3. 由各团队负责人组织小组成员进行评价打分。

4. 教师根据各团队对选取的无形资产评估案例汇报的实训情况及各位同学的表现予以评分。

项目二
无形资产评估程序

【学习目标】
- 掌握无形资产的评估程序；
- 掌握无形资产评估委托合同的内容；
- 熟悉执行资产评估程序的基本要求。

【能力目标】
- 能够拟订无形资产评估计划；
- 能够根据资产评估程序对资产评估过程中所需信息做有用性收集并能进行必要和有效的处理。

【思政目标】
- 增强学生遵守职业道德的意识；
- 树立客观、公正、真实可信的评估理念；
- 强化评估风险意识，培养谨慎执业的工作态度；
- 培养尽职调查，勤勉尽责的敬业精神。

项目导入

评估人员执行无形资产评估业务应履行怎样的工作步骤

红星电器科技有限公司因股权转让需要，需对该经济行为涉及的该公司的外购专利技术A和自行开发的专有技术B两项无形资产在2019年12月31日的价值进行评估，为股权转让事宜提供价值参考。特委托山西中青资产评估师事务所对上述两项无形资产价值进行评估。

请思考：在评估中，如何签订无形资产评估委托合同、编制评估计划和工作底稿。作为评估师，在此项业务评估中应履行怎样的工作步骤评估该两项无形资产的价值。

【思政融通】因为无形资产的特殊性，在确定评估对象时，应尽职调查，勤勉尽责，熟悉评估的每一个过程，谨慎执业，要有不怕吃苦的敬业精神。

任务一　无形资产评估程序概述

● 任务描述 ◗◗◗

无形资产评估程序是评估专业人员在无形资产评估中要履行的工作步骤，评估程序由八项基本程序组成，每项基本程序包括具体的工作步骤。通过学习，使学生认识在无形资产评估中履行评估程序的重要性，每一项程序都必不可少。

● 相关知识 ◗◗◗

一、无形资产评估程序概述

（一）无形资产评估程序的概念及内容

1.无形资产评估程序的概念

无形资产评估程序是指执行无形资产评估业务所履行的系统性工作步骤。

2.无形资产评估程序的内容

根据《中华人民共和国资产评估法》《资产评估基本准则》《资产评估执业准则——资产评估程序》，资产评估机构及其资产评估专业人员开展资产评估业务，履行的无形资产评估基本程序的内容如图2-1所示。

资产评估机构及其资产评估专业人员应当根据资产评估业务的具体情况以及重要性原则确定所履行各基本程序的繁简程度。

【提示】资产评估机构及其资产评估专业人员不得随意减少资产评估基本程序。

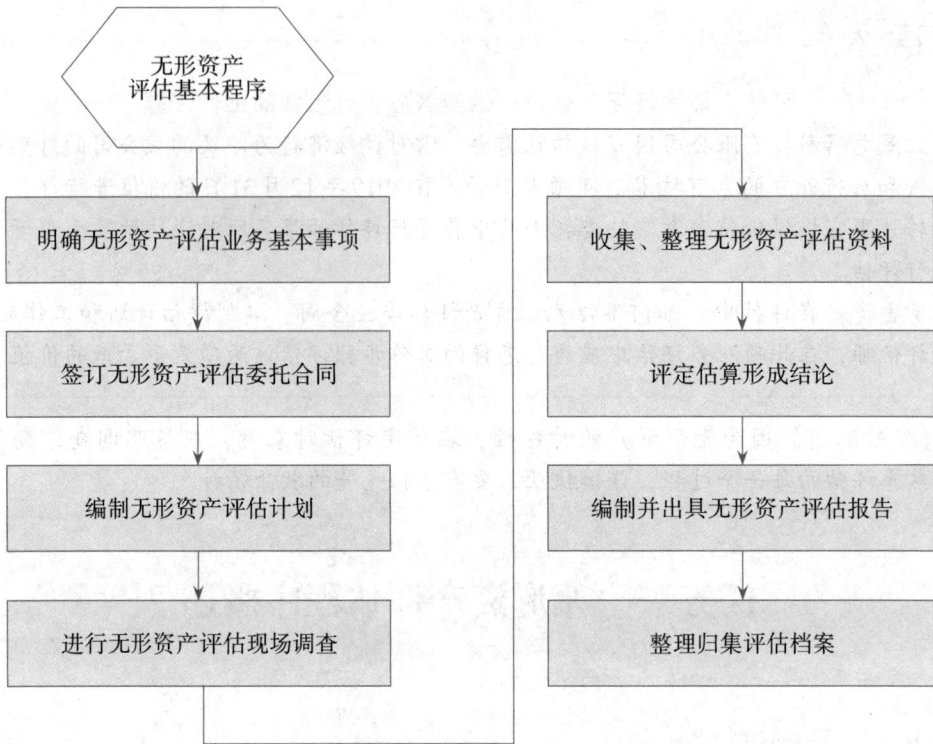

图2-1   无形资产评估基本程序

（二）无形资产评估程序阶段划分

无形资产评估程序可概括为以下四个阶段：

1.无形资产评估前期工作阶段

此阶段包括洽谈无形资产评估业务、签订无形资产评估委托合同、编制无形资产评估计划等具体工作。

2.无形资产评估现场工作阶段

此阶段包括对无形资产现场调查、确认无形资产的存在和收集、验证评估资料等具体工作。

3.无形资产价值评定估算形成结论阶段

此阶段包括确定评估技术思路、选择评估方法、估算评估值和形成评估结论等具体工作。

4.无形资产评估后期工作阶段

此阶段包括评估报告初稿形成和评估报告制作、提交和归档等具体工作。

二、无形资产评估程序的重要性

随着我国无形资产评估事业的发展，当前无形资产评估操作程序已列入执行无形资产评估业务、形成无形资产评估结论所必须履行的系统性的工作步骤，无形资产评估程序是无形资产评估的操作规范，对于提高资产评估机构业务水平乃至资产评估行业整体业务水平都具有重要意义。

（一）保证无形资产评估行为的合法性

履行无形资产评估程序是资产评估法对评估机构和评估专业人员的基本要求。资产评估机构和评估专业人员在执行无形资产评估业务时也必须执行评估程序，按照评估程序有计划地进行无形资产评估业务。如果评估机构和专业人员未能按照资产评估法的要求，履行必要的无形资产评估程序，将可能导致违反法律，需要承担相应的法律责任。执行评估程序，一方面，有利于规范资产评估机构和评估专业人员的执业行为，避免工作疏漏和减少评估人员的随意性，突出评估机构专业形象，切实保证无形资产评估业务质量。另一方面，作为一项专业性较强的中介服务工作，评估专业人员履行评估程序规定的工作内容和工作步骤是赢得客户和社会公众信任，提高评估行业社会公信力的重要保证。

（二）保证无形资产评估业务质量

履行无形资产评估程序是保障无形资产评估结论合理的要求。从接受委托到出具无形资产评估报告，评估专业人员必须通过履行必要的工作步骤，才能保障评估结论的合理性，有效服务于评估目的。资产评估结论是相关当事方进行决策的重要参考依据之一，资产评估机构出具的评估报告和评估服务必然受到许多相关当事方（包括委托方、资产占有方、相关利益当事人、资产评估行业主管协会、社会公众及新闻媒体）的关注。资产评估程序不仅为资产评估机构和资产评估专业人员执行资产评估业务提供了必要的指导和规范，也为上述相关当事方提供了评价无形资产评估服务内容与质量的重要依据。

（三）防范评估执业风险

无形资产自身的复杂性、评估业务本身的特点使评估结论的形成过程存在判断的因素，如果在评估结果出现较大偏差的情况下，很难验证说明哪个评估结果是合理的、正确的。如果无形资产评估业务出现法律纠纷，有关部门在对资产评估机构和评估专业人员应承担的法律责任进行认定时，一个重要的方面是看资产评估机构和人员是否履行了必要的资产评估程序。因此，履行无形资产评估程序为有关部门提供了监督管理的依据，也是资产评估机构和评估专业人员防范评估执业风险的主要手段。

任务二　无形资产评估前期工作阶段

任务描述

资产评估机构实施无形资产评估前要进行一系列的准备工作，包括洽谈资产评估业务、明确评估业务基本事项、签订无形资产评估委托合同、编制资产评估计划等具体工作。

相关知识

一、明确无形资产评估业务基本事项

明确无形资产评估业务的基本事项是无形资产评估程序的第一个环节，包括在签订无形资产评估委托合同以前所进行的一系列基础工作。资产评估机构和评估专业人员在接受无形资产评估业务委托之前，应当根据无形资产评估业务的具体情况，对自身的专业胜任能力和相关经验、独立性（与相关当事方有无利害关系）和业务风险（是否超出合理范围）进行综合分析和评价，并由资产评估机构决定是否承接此项无形资产评估业务。

（一）无形资产评估业务基本事项

资产评估机构受理无形资产评估业务前，应当明确下列资产评估业务基本事项：

（1）委托人、产权持有人和其他资产评估报告使用人；

（2）评估目的；

（3）评估对象和评估范围；

（4）价值类型；

（5）评估基准日；

（6）资产评估报告使用范围；

（7）资产评估报告提交期限及方式；

（8）评估服务费及支付方式；

（9）委托人、其他相关当事人与资产评估机构及其资产评估专业人员工作配合和协助等需要明确的重要事项。

（二）明确业务基本事项工作的主要内容及要求

明确无形资产评估业务基本事项，是指资产评估机构在受理评估业务前，对评估业务的背景、基本情况、委托要求、可能的工作条件等有一个全面、充分的了解，进而对资产评估机构和评估专业人员的专业胜任能力、独立性、业务风险进行评价，决定是否承接相关业务，并在决定承接的情况下，为商洽签订无形资产评估委托合同做好准备。

1.明确委托人、产权持有人和其他资产评估报告使用人

（1）明确委托人、产权持有人的基本状况。一般包括但不限于以下内容：①委托人及产权持有人全称；②委托人及产权持有人类型、所属行业、注册地址和注册资本；③委托人及产权持有人所属行业、经营范围。

（2）明确评估报告使用人。明确评估报告使用人是接受委托时要了解的另一方面内容。对应所服务的经济行为，资产评估报告具有特定的使用群体。在可能的情况下，评估机构洽谈人应要求委托人明确资产评估报告的使用人或使用人范围以及资产评估报告的使用方式，是否还存在规定以外的其他的评估报告使用者。这有利于最大限度地把握潜在风险和个性要求，计划和控制评估操作与成果披露的重点，规避不必要的报告使用

风险，对于已经明确的评估报告其他使用者，应该在签订的资产评估委托合同中作出约定。

（3）了解委托人与相关当事人之间的关系。一般情况下，委托人与产权持有人存在某种关系（委托人为被评估企业或被评估无形资产的投资方、债权人等），评估机构洽谈人应当清晰了解委托人与产权持有人、委托人与评估报告使用人、产权持有人与评估报告使用人之间的关系。这主要关系到评估业务有关资料收集与现场调查等工作的配合程度。如果评估业务委托人与评估对象的产权持有人不是同一主体，评估机构洽谈人就应该考虑是否在委托环节重点提出有关的配合问题，以引起委托人的重视并明确责任。同时，还要评价委托人对评估方的协调能力和对评估配合要求的响应能力，使评估专业人员了解到在委托人配合力度很弱的情况下，评估专业人员能不能完成现场调查和资料收集等评估程序，是否能形成可靠的评估结论。因此，第三者委托评估机构对拟评估无形资产进行评估，一般应事先通知产权持有人、资产管理人或征得资产管理人的同意，这是执行评估业务的先决条件。

2.明确评估目的

无形资产因其评估目的不同，其评估的价值类型和选择的方法也不一样，评估结果也会不同。评估目的由发生的经济行为决定，无形资产评估目的一般包括转让、许可使用、出资、拍卖、质押、诉讼、损失赔偿、财务报告、纳税等。评估目的是委托方基于将要进行的商业交易等经济行为而提出的需要价值估算服务的要求，评估结论仅对评估报告中披露的唯一评估目的有效。评估目的决定了选取的价值类型，进而影响对具体评估方法的选择。资产评估专业人员在开展评估业务时应当向委托方及相关当事方充分了解相关经济行为，以及未来如何使用评估报告，这样方能正确把握评估目的，恰当选择价值类型及评估方法，满足相关经济行为的需要。

评估机构洽谈人员应详尽了解委托人具体的评估目的及与评估目的相关的事项，如评估目的的依据、评估目的的相关方、计划实施的经济行为及其对评估目的的要求、经济行为的进展等，并尽可能从委托人处取得经济行为文件、合同协议、商业计划书等与评估目的相关的资料。

3.确定无形资产评估对象和评估范围

评估对象和评估范围是资产评估的基本要素。资产评估机构洽谈人应与委托人沟通、了解委托人拟委托评估对象和评估范围，并结合评估目的、理解评估对象和评估范围，同时考虑评估对象和评估范围与经济行为的匹配度，对评估对象和评估范围予以界定。评估范围的界定应服从于评估对象的选择。

在对无形资产评估对象和评估范围予以界定后，评估机构洽谈人员还应对评估对象的基本情况予以初步了解（如是单项无形资产评估还是无形资产组合评估），以确定评估范围与评估目的相适应，并由委托人就具体评估对象所对应的评估范围明细清单进行确认。

【提示】实务中只有先确定了评估对象是什么，是无形资产中的商标权或是企业商誉或是特许经营权后，才能确定评估多少的问题。例如，我们对无形资产——特许经营权的岸线进行评估分析，发现我们的评估对象是无形资产——特许经营权的岸线，而具体的评估范围是××公司拥有的岸线。所以，资产评估机构和专业人员应当了解评估对象及其权益的基本情况，包括法律、经济等状况，如该无形资产类型、使用状况、所属企业名称、注册资本、在企业中的地位和影响等。

4.价值类型

资产评估机构洽谈人员应当在明确无形资产评估目的的基础上，恰当确定价值类型，并确定选择的价值类型与无形资产评估目的相匹配，并就价值类型的选择、定义及对应的假设前提与委托人进行沟通，达成一致，避免出现歧义。

5.确定评估基准日

评估基准日是评估业务中极为重要的基础，它是确定无形资产评估价值的某一时点。评估机构洽谈人员应当提示委托人合理选取评估基准日，在选取时应当考虑与评估目的实现日接近，应当有利于评估结论有效地服务于无形资产评估目的，减少和避免不必要的评估基准日期后事项。目前按照评估行业的有关规定，评估报告的有效期为评估基准日后一年，同时评估基准日也要满足评估经济行为实现的要求。

6.明确无形资产评估报告使用范围

评估机构洽谈人员应当在前期洽谈时，与委托人就评估报告的使用范围加以明确，评估报告使用范围包括评估报告使用人、目的及用途、使用时效、报告的摘抄引用或披露等事项。

7.确定资产评估报告提交期限及方式

评估机构洽谈人员应了解委托人实现评估所服务经济行为的时间计划，根据评估报告提交对时间的限制约束因素（如预计的评估工作量、委托人和相关当事方的配合力度等）的预计和把握，与委托人约定提交报告的时间和方式（当面提交或邮寄等），在评估委托合同中加以明确。

【提示】评估报告的递交时间不宜确定具体日期，一般确定为开始现场工作、委托人提供必要资料（包括评估所依据和引用的专业报告送达）后的一定期限内。

8.明确评估服务费及支付方式

评估服务费及支付方式是评估机构与委托人洽谈沟通的重要内容。评估机构洽谈人员根据了解的情况提出评估收费标准及报价，并与委托人就评估费用、支付时间和方式进行沟通，需要给委托人讲明评估收费报价的确定依据和口径，除专业服务费以外，差旅及食宿费用、现场办公费用等是否在预计数额内也需要商定。商定好的服务费和支付方式应体现在评估委托合同中。

9.明确委托人、其他相关当事人与资产评估机构及其资产评估专业人员工作配合和协助等重要事项

评估机构洽谈人员应根据评估业务具体情况与委托人沟通，明确委托人与资产评估专业人员工作配合和协助等其他需要明确的重要事项。其具体包括落实资产清查申报、提供资料、配合现场及市场调查，协调与相关中介机构的对接和交流等。当委托人不是评估对象的产权持有人时，需约定委托人协调产权持有人配合评估工作的责任。目的是在资产评估委托合同签订之前将一切可能需要委托人尽责的事项沟通明确，为在资产评估委托合同中形成约束性条款做好准备。

（三）对其他需要明确的事项评价、分析

资产评估机构和人员在明确无形资产评估业务基本事项的基础上，也应当对自身专业胜任能力、独立性和业务风险进行综合分析与评价，决定是否承接此无形资产评估业务。

1.对承接无形资产评估项目的专业胜任能力评价、分析

评估机构洽谈人员应当根据所了解的无形资产评估业务基本事项，分析和评价是否具有执行该业务的专业胜任能力，以决定是否承接该项业务。考核和评价评估机构及其人员专业胜任能力可以从以下两个方面来考虑：

（1）评估机构与专业人员是否具有与拟受理的项目相应的专业胜任能力及相关经验。

（2）对于缺乏专业胜任能力的业务，是否有弥补对评估对象评估经验和能力不足的可行措施。

通过对专业胜任能力的评价，决定是否可以接受委托。

2.对独立性的分析与评价

资产评估机构应当根据了解的评估业务基本事项，按照资产评估法的规定和资产评估职业道德准则的要求，对资产评估机构和专业人员的独立性进行分析与评价，判断独立性是否受到影响，进而决定是否承接业务或在独立性受到影响时拟采取的应对措施。

3.对资产评估项目的风险分析

评估机构洽谈人员对无形资产评估项目的风险分析是评估机构控制和降低评估风险的最重要环节之一。对于评估项目存在的客观风险，首先要了解和发现风险，然后分析风险、评估风险、制订控制风险的方案，最后化解风险，或确定评估机构能承受和容忍风险的程度，决定是否接受委托，或在评估委托合同中附加相关的限制条款后再承接该评估项目。

二、签订评估委托合同

评估机构应当在决定承接无形资产评估业务后与委托方签订评估委托合同，评估委托合同具有法定的约束力。

（一）无形资产评估委托合同的含义及签订要求

1.无形资产评估委托合同的含义

无形资产评估委托合同是指资产评估机构与委托人订立的，明确无形资产评估业务基本事项，约定资产评估机构和委托人权利、义务、违约责任和争议解决等内容的书面合同。资产评估机构开展资产评估业务应当与委托人订立无形资产评估委托合同。

2.无形资产评估委托合同的签订要求

根据自2017年10月1日起施行的《资产评估执业准则——资产评估委托合同》的规定，评估委托合同应当由资产评估机构统一受理，并由评估机构与委托方双方的法定代表人（或者执行合伙事务合伙人）签字并加盖资产评估机构印章，约定资产评估机构和委托人的权利、义务、违约责任和争议解决等内容。

【提示】资产评估师不得以个人名义签订资产评估委托合同。

（二）无形资产评估委托合同的基本内容

无形资产评估委托合同应包含以下基本内容：

1.资产评估机构和委托方的名称和住所

委托方是代表资产占有方或是所有权人与评估机构洽谈评估业务，确定如何开展评估业务和程序的委托代理人。一般情况下委托方可以是资产占有方或是所有权人，也可以是控股企业的投资股东或上级主管集团等，而受托方则是资产评估机构。资产评估机构按照"谁委托谁付款"的原则，接受委托后对委托方在评估委托合同中承诺的委托事项负责。

2.无形资产评估目的

评估委托合同中评估目的应当唯一，表述应当明确、清晰。

3.无形资产评估对象和评估范围

资产评估师应与委托方进行沟通，根据评估业务的要求和特点，在评估委托合同中以适当方式表述评估对象和评估范围，划分清楚评估范围是整体还是部分或单项评估，确定评估对象是评估所有权还是使用权或是部分使用权。

4.评估基准日

评估委托合同载明的评估基准日应当唯一，以年月日表示，一般基准日选取确定在年末、季末、月末等会计期间的截止日。

5.评估报告使用范围

评估报告仅供业务委托方和评估委托合同约定的其他评估报告使用者使用，法律、法规另有规定的除外。

6.出具评估报告的时间、数量和方式

实务操作中必须在评估委托合同中明确提交报告的具体时间要求，出具报告的份数、报告是否需要翻译为外文等需要明确的条款。

7.评估服务费总额、支付时间和方式

评估委托合同应当明确评估服务费总额、计价货币种类、支付时间和方式，并明确评估服务费总额未包括的其他费用及其承担方式。资产评估收费是资产评估师提供劳务后应该得到的劳务报酬。评估收费有两种方式：其一是按照工作小时收费，国外的评估同行基本采用计时收费方式；其二是按照被评估资产的总额采用比率费率差额累进收费，国内目前均按此收费。收费中一般需要载明是否另计差旅费。付款方式为先预付50%，出具正式报告后再收取其余的50%。

8.委托方和受托方的权利和义务及违约责任

权利和义务是合同必需的条款，委托人可以将对被评估公司的合理要求、工作程序、特定程序和特殊问题的处理均在合同中明确，便于委托方按照合同条款监督评估工作进度，要求受托方履行合同，同时也是划分责任的依据。

签约各方因不可抗力无法履行评估委托合同的，根据不可抗力的影响，部分或全部免除责任，法律另有规定的除外。同时应当约定履行评估委托合同过程中产生争议时的解决方式和地点。

9.双方代表签字盖章

签字盖章包括三个方面，企业法人盖公章，法定代表人签字或盖章，企业联系人签字。具体还需写明企业法人的地址、邮政编码、联系电话和传真以及电子邮箱等通信和联系方式。

10.签约时间

评估委托合同应当列明签约的具体时间。

11.双方认为应当约定的其他重要事项

订立资产评估委托合同时未明确的内容，资产评估委托合同当事人可以采取订立补充合同方式或者法律允许的其他形式作出后续约定。

【学中做2-1】

无形资产评估委托合同参考格式

甲方（委托方）：_____有限公司

乙方（受托方）：_____资产评估有限公司

资产占有单位：

甲方委托乙方进行无形资产评估，双方经协商，就委托无形资产评估事项协议如下：

一、业务内容

无形资产评估项目名称：

无形资产评估目的：

无形资产评估范围：

无形资产评估基准日： 年 月 日

二、甲方（委托方）的责任和义务

1.甲方必须按约定的日期为乙方及时提供评估所需的会计资料、产权证书及与评估相关的文件、资料，并对其真实性、合法性、完整性负责。

2.在乙方的指导下，按时间进度的要求完成对所评估无形资产范围的清查工作；按评估要求填报被评估无形资产清查评估申报明细表，负责所填申报明细表与实际情况和财务账面相符；对清查中产生的无形资产损溢，提供有关鉴定依据，办理有关审批手续，并按现行会计制度调整账户；并应当对其提供的评估申报明细表及相关证明材料以签字、盖章或者其他方式进行确认。

3.配合乙方进行现场勘察，如实提供被评估无形资产的资料和真实情况。

4.对评估基准日前后重大事项作充分揭示。

5.为乙方提供必要的工作条件和协助，指定专人配合工作，使评估工作顺利进行。

6.按照约定条件及时足额支付评估费用。

三、乙方（受托方）的责任和义务

1.乙方应当委托并组织资产评估专业人员实地勘察，按照评估委托合同中约定的评估目的，遵循法定的或公允的标准和程序，运用科学的方法，坚持独立、客观、公正的原则，实事求是地处理评估中各具体事项，完成资产评估业务。

2.遵守相关法律、法规和资产评估准则，对评估对象在评估基准日特定目的下的价值进行分析、估算并发表专业意见，出具独立、公允的评估报告。

3.乙方应遵守职业道德，对在执业过程中所知悉的有关委托方及被评估单位的商业秘密及其他不宜公开的信息、数据负有长期保守秘密的义务，未经甲方授权，乙方不得向任何第三方泄漏。

4.在甲方提供全部清查申报资料之日起＿＿＿＿日内，及时提交无形资产评估报告。

四、评估报告使用

法律、法规另有规定的除外：

本次评估形成的《无形资产评估报告》共计＿＿＿＿＿＿＿份，仅供甲方＿＿＿＿＿＿＿办理＿＿＿＿＿＿＿（业务）时提交＿＿＿＿＿＿＿（部门）使用。

未经甲方许可，乙方及注册资产评估师和评估机构不得将评估报告的内容向第三方提供或者公开。

未征得乙方同意，评估报告的内容不得被摘抄、引用或者披露于公开媒体，因甲方和其他评估报告使用者不当使用评估报告所造成的后果，乙方不承担责任。

五、评估收费

1.收费标准：按规定标准经双方协商，本次无形资产评估服务费总计为人民币＿＿＿＿＿＿＿＿＿元整（￥××××.00）。在本合同签订后预付＿＿＿＿＿＿＿%的评估费用，其余在提供评估报告时全部结清。

2.结算方式：

甲方采取转账方式，将以上款项汇入乙方指定的下列账户。

乙方账号：＿＿＿＿＿＿＿＿＿＿＿＿＿＿＿＿＿＿＿＿＿＿＿＿＿＿＿＿＿＿＿＿＿＿＿＿

开户银行：＿＿＿＿＿＿＿＿＿＿＿＿＿＿＿＿＿＿＿＿＿＿＿＿＿＿＿＿＿＿＿＿＿＿＿＿

账户名称：＿＿＿＿＿＿＿＿＿＿＿＿＿＿＿＿＿＿＿＿＿＿＿＿＿＿＿＿＿＿＿＿＿＿＿＿

3.如因特殊情况，需进行专项调查、检测、鉴定等，由双方协商酌情增加评估费用。乙方进入评估现场后，甲方应免费提供工作场所、通信、食宿及现场交通等条件。

六、评估委托合同的有效期限

本评估委托合同的有效期限自签订之日起至双方履行完该约定的义务止。

七、约定事项的变更

由于出现不可预见的情况，影响评估工作如期完成，或需提前提交评估报告时，甲、乙双方应及时通知对方，并经协商变更约定事项。

八、违约责任

1.因甲方原因违约而终止合同，乙方有权终止评估并且不退还预付款，超过预付款部分的服务，甲方应根据超过部分的工作量向乙方支付费用。

2.因乙方原因违约而终止合同，乙方应当全部退还预付款，并赔偿甲方为乙方提供的食宿、交通、通信等其他费用。

3.签约各方因不可抗力无法履行约定业务的，根据不可抗力的影响，部分或者全部免除责任，法律另有规定的除外。

4.因本评估委托合同或者执行本评估委托合同所产生的任何争议，应由甲、乙双方协商解决；协商不成，提交＿＿＿＿仲裁委员会仲裁或直接向＿＿＿＿市人民法院起诉。

九、其他事项

涉及国有资产占有单位的无形资产评估项目的，须按规定，由甲方报送审核无形资产评估报告。

1.本合同未尽事宜，由签约双方友好协商解决。

2.本合同一式两份，甲、乙双方各执一份，并于各方法定代表人或授权代表签字盖章之日起生效。

委托方：　　　　　　　　　　　　受托方：

甲方（盖章）：　　　　　　　　　乙方（盖章）：

地址：　　　　　　　　　　　　　地址：

电话：　　　　　　　　　　　　　电话：

法定代表人或授权代表（签字）：　法定代表人或合伙人（签字）：

时间：____年____月____日　　　时间：____年____月____日

三、编制无形资产评估计划

无形资产评估委托合同签订后，在正式开展现场工作之前，应当编制无形资产评估计划。评估计划是无形资产评估工作的基本准绳，也是指导评估工作的行动指南。

（一）无形资产评估计划的概念

无形资产评估计划是指评估机构和评估专业人员为执行无形资产评估业务，履行评估合同而拟定的无形资产评估工作思路和实施方案，是对无形资产评估过程中的每个具体工作步骤、时间进度、人员安排和技术方案进行的规划和安排。

编制评估计划对合理安排工作和工作进度，调配专业人员，保证在预计时间内完成无形资产评估业务都具有重要意义。所以，无形资产评估计划应当涵盖现场调查、收集评估资料、评定估算、编制和提交评估报告等评估工作的全过程，通常包括评估的具体步骤、时间进度、人员安排和技术方案等内容，评估人员可以根据评估业务的具体情况确定评估计划的繁简程度，同时应当根据评估业务实施过程中的情况变化进行必要的调整，并报评估机构相关负责人审核、批准。

评估机构和评估专业人员从接受评估业务委托至评估项目完成的整个过程中，都应执行评估计划。

（二）编制无形资产评估计划需考虑的主要因素

编制无形资产评估计划应当重点考虑以下因素：

（1）无形资产评估目的、评估对象状况以及相关管理部门对无形资产评估业务开展过程的管理规定；

（2）无形资产评估业务风险、评估项目的规模和复杂程度；

（3）无形资产评估对象的性质、行业特点、发展趋势；

（4）无形资产评估项目所涉及的无形资产的类别、数量及分布状况；

（5）拟调查收集的资料及其来源渠道；

（6）评估作业步骤和时间进度安排；

（7）资产评估专业人员的专业胜任能力、经验及专业、助理人员配备、预计经费等情况；

（8）委托人、评估对象产权持有人（或被评估单位）过去委托无形资产评估的情况、诚信状况及提供资料的可靠性、完整性和相关性。

【提示】在编制无形资产评估计划之前，应对无形资产评估项目进行尽职调查。尽职调查是制订无形资产评估计划最核心的步骤，它是了解被评估企业基本情况、分析评估风险、选择评估方法、防范风险、规避风险、提高评估质量和评估工作效率最有效的环节。目前，评估机构在评估前均需花费较长的时间做尽职调查，详细了解无形资产评估中可能涉及的每一个细节和步骤，提前设计和规划出切合实际的评估计划，使评估风险降到最低，评估质量达到最好。

（三）无形资产评估计划的内容

无形资产评估计划一般包括无形资产评估业务实施的主要过程、时间进度、人员安排等内容。

1.无形资产评估实施过程中应考虑的主要因素

资产评估专业人员在确定资产评估业务实施的各主要过程的具体评估步骤时，应当明确以下因素：

一是评估项目的背景和相关条件，包括评估目的、评估对象和评估范围、价值类型、评估基准日、本次评估操作的重点和难点、参与本项目的其他中介机构等。

二是采用的评估方法。

三是无形资产清查的工作重点及具体要求，如现场调查工作目标、现场调查工作总体时间安排、现场调查主要工作内容、现场调查的协调方式等内容。

四是与参与本项目的审计、律师等其他中介机构的对接安排及注意事项等。

2.无形资产评估业务实施的时间进度安排

明确无形资产评估业务实施的时间进度安排，就是明确评估工作各阶段的工作重点、难点和措施，以对无形资产评估工作进度进行跟踪，保证在报告提交期限内提交报告。

资产评估专业人员在编制无形资产评估计划时，应当结合评估报告提交期限、评估业务实施主要过程的具体步骤、业务实施的重点和难点等来确定评估业务实施的进度安排。

3.无形资产评估业务实施的人员安排

合理的评估业务实施人员安排是高效保质完成评估项目的保障。资产评估专业人员在编制无形资产评估计划时，应当根据评估项目的资产规模、资产分布、资产结构、业务风险因素等情况以及评估方法、评估业务实施主要过程的主要步骤、业务实施的时间安排、费用预算等，综合考虑评估业务实施对评估专业人员的工作经验、技术水平、专业分工等的配置要求，组建项目团队，配备合理或能够胜任的项目经理、项目技术协调人和项目负责人。如果需要利用专家的工作，在计划中应指定需要哪一类专家，如何利用专家工作解决评估中的技术性问题。

（四）制订无形资产评估计划的前期准备

无形资产评估计划涵盖了无形资产评估业务的整个过程，这就要求在编制无形资产评估计划之前，需做好一定的准备工作，具体分为以下几个步骤。

1.接受业务委托

资产评估机构作为从事社会中介服务行业的机构，必定是接受业务委托人的委托开展评估业务的。委托人可以是资产占有方，也可以是资产占有方以外的第三者，但必须与资产占有方有某种关系。评估机构在评估无形资产时，首先要与业务委托方进行洽谈，一般应明确以下内容：委托方和资产占有方各自的情况、评估目的、评估要求、评估范围、时间安排和评估收费等事项。

2.进行现场工作

在资产评估机构与业务委托方签订无形资产评估委托合同之前，资产评估机构有必要进行现场考察，主要是对资产占有方进行现场考察。在现场工作阶段主要了解的内容是资产占有方的基本情况，具体包括资产占有方的组织结构、内部管理状况、资产管理水平及财务会计核算等基础情况，被评估无形资产的基本情况等。在现场工作阶段，应重点了解以下内容：

（1）与评估目的相关的经济行为的法律依据、交易特点及有关的经济关系。

（2）无形资产的状况，包括无形资产产权归属情况、注册申请及审查情况、具体内容、适用领域、使用情况、成本费用及历史收益情况等。

（3）委托方对无形资产评估报告的使用范围，包括委托方对无形资产评估报告的预期使用目的、使用方式及使用范围。

（4）评估基准日的会计报表，即评估基准日的资产负债表、利润表和现金流量表。

（5）对技术类无形资产的评估，如对复杂技术的评估，应在编制评估计划时考虑是否需要聘请有关专家参与。

（6）其他与编制评估计划相关的重大情况，如项目责任程度高而要求较多的专业人员参与，或者委托方对评估项目有特殊的时间要求，或者评估工作或评估结论依赖第三方的工作成果等。

3.评估项目风险评价

评估项目风险是指与评估项目和评估工作有关的不确定性的总和，主要包括市场风险、评估人员在评估项目工作过程中产生的风险以及客户风险等。在业务洽谈过程中，要对以下几个内容进行考察：评估报告有无特殊使用情况、被评估无形资产的特殊性、被评估无形资产的权属状况、评估专业人员的专业知识技能、被评估单位的内部管理状况、客户对时间的要求以及人员安排状况等。通过对可能来自客户及其他方面的项目风险进行初步评价，考虑是否接受委托或据此在评估工作过程中采取相应的措施以降低风险。

4.签订评估委托合同

评估机构在对委托评估事项进行了前期调查，合理评价评估业务可能存在风险的基础上，应充分考虑评估机构自身的专业人员配备情况、特点及执业能力，与委托方签订评估委托合同，就评估业务的有关事项达成一致意见。

（五）无形资产评估计划的制订

做完前期准备后，即可编制无形资产评估计划。无形资产评估计划编制完成后，应当经评估机构负责人审核和批准后才能付诸实施。在无形资产评估业务执行过程中，如果出现新情况、新问题，应及时对原评估计划进行调整、修正和补充，以保证评估计划的适时性和有效性。无形资产评估计划主要有两种：一种是无形资产评估项目工作计划；另一种是无形资产评估程序计划。

1.无形资产评估项目工作计划

无形资产评估项目工作计划是资产评估师对无形资产评估项目的工作范围和实施方式所做的整体规划，是完成评估项目的基本工作思路，也是编制评估程序计划的指导性文件。评估项目工作计划的主要内容应当包括以下几点：

（1）评估项目的背景。委托方和资产占有方的基本情况，过去委托资产评估的经历、诚信状况，以及提供资料的可靠性、完整性和相关性，涉及交易的背景信息，委托单位对评估项目的要求等。

（2）无形资产评估目的和评估对象状况对无形资产评估技术路线的影响及评估机构的对策与措施安排。

（3）根据评估对象的性质、行业特点和发展趋势，确定评估程序及主要评估方法。在对被评估企业、评估对象及评估范围进行了解的基础上，评估专业人员应运用专业判断及评估经验，确定评估重点，从而制定相应的重要评估程序，选择主要评估方法。

（4）资产评估专业人员的专业胜任能力、经验及专业、助理人员配备情况。评估专业人员应充分考虑小组成员的工作经验、独立完成某项工作的胜任能力，并根据各自的专业合理分工，同时对专家和其他评估人员合理利用。

（5）评估进度及各阶段的时间和费用预算。评估专业人员应对各评估程序实施进度的时间及业务进程作出规划。

（6）评估项目对相关资料收集的要求及具体安排。

（7）资产评估业务风险、资产评估项目规模和复杂程度，对评估专业人员安排及构成的要求，限定评估精度、对评估风险的估计及控制措施。

（8）评估报告撰写要求、完成时间及委托方制定的特别分类和披露要求。

（9）评估工作协调会议安排。

（10）其他。

在无形资产评估中，由于评估客体千差万别，评估计划也不尽相同，其详略程度取决于评估业务的规模和复杂程度。资产评估机构和人员应当根据无形资产评估项目的情况，编制合理的无形资产评估计划（参考表2-1无形资产评估项目工作计划），并根据执行资产评估业务过程中的具体情况，及时修改、补充。

2.无形资产评估程序计划

无形资产评估程序计划是资产评估师依照无形资产评估项目工作计划确立的基本思路，对无形资产评估程序的目标、时间、应用范围以及操作要求所作的详细计划和说明。评估程序计划旨在向评估小组成员提供操作指南，帮助评估师实现对无形资产评估具体工作过程和结果的控制。

评估程序计划的主要内容包括：无形资产评估工作目标、工作内容、方法、步骤、执行人、执行时间、评估工作底稿的索引等。

【学中做2-2】

无形资产评估项目工作计划（参考格式）见表2-1。

表2-1   无形资产评估项目工作计划（参考格式）

项目名称			项目负责人	
委托方		名称	联系人	
		法定代表人	电话	
		住所	E-mail	
被评估企业		名称	联系人	
		法定代表人	电话	
		住所	E-mail	
项目风险评价				
风险控制手段				
评估目的				
评估对象			评估基准日	
评估范围				
价值类型				
评估方法				

工作内容及具体时间安排	时间安排		工作内容	协助部门
	起止日	天数		
			培训无形资产清查评估明细表的填报要求，向被评估企业提出无形资产评估所需资料清单	财务部门
			核对账表、资产清查、填报无形资产清查评估明细表	财务部门
			进行现场勘察分析与记录、收集评估资料	财务及技术部门
			市场调查与资料整理	生产厂家
			评定估算、编制评估汇总表、评估明细表及各项目评估技术说明、评估报告	评估人员
			征求委托方意见，在此基础上进行适当修改、调整	委托方及被评估企业
			三级复核，出具正式报告	评估人员

	评估内容	评估人员 （第一人为组长）	评估方法	需注意的问题
评估人员安排	无形资产			
清查工作重点				
评估工作重点				

与评估有关的其他中介机构	审计	联系人		律师	联系人	
		电话			电话	
		E-mail			E-mail	
	其他	联系人		其他	联系人	
		电话			电话	
		E-mail			E-mail	
评估工作其他注意事项						

编制人：　　　　日期：　　　　审核人：　　　　日期：

说明：本评估项目工作计划仅适用于单项无形资产评估项目。

（六）无形资产评估计划的审核

评估计划经评估机构负责人审核并批准后才能付诸实施。

1.对评估项目工作计划的审核

对评估项目工作计划的审核内容主要包括：

（1）评估目的与评估对象的确定是否恰当；

（2）评估的价值类型是否与评估目的相吻合；

（3）评估程序和评估方法的确定是否恰当；

（4）评估人员（包括专家和其他评估人员）的选派与分工是否恰当；

（5）时间进度安排及各阶段费用预算是否合理；

（6）对评估风险的评价是否恰当，控制手段是否合理。

2.对评估程序计划的审核

对评估程序计划的审核内容主要包括：

（1）评估总体程序能否达到评估工作目标；

（2）重要评估对象的评估程序是否恰当；

（3）重要评估程序的执行人是否恰当；

（4）重要计价依据、参数和原始数据的选取过程及来源是否恰当。

【提示】资产评估项目的执行是一个复杂、动态的过程，如果原编制的评估计划不能适应项目要求，资产评估机构应当对评估计划进行必要的调整。

任务三 无形资产评估现场工作阶段

任务描述

无形资产评估现场工作阶段是资产评估专业人员正式进入评估现场工作，包括对无形资产进行现场调查、确认无形资产的存在和收集、验证评估资料等具体工作，取得评估第一手资料。通过学习，使学生了解评估资料的来源、取得、整理、分析等工作，为无形资产评估值测算打基础。

相关知识

一、进行无形资产评估现场调查——清查核实

现场调查是了解资产状况的重要方法，是其他方法不能替代的。对资产状况的准确判断，依赖对资产真实状况的全面了解。现场调查，即针对评估对象，在法律允许的范围内，通过勘察、检查、核实等手段，收集与资产状况相关的信息，对资产进行客观、全面的了解，为判断资产状况提供合理依据的过程。因为无形资产的特殊性，其现场调查主要是进行无形资产的清查核实。

（一）清查核实目的

清查核实的目的主要是明确评估对象并确认无形资产的存在性，了解评估对象特征，核实其价值实现的方式、途径和可行性，分析对应的价值影响因素，收集内外部信息，为分析量化这些价值影响因素并形成最终评估结果提供支持。

清查核实是确认无形资产存在，对无形资产现实状况进行准确判断，以全面了解无形资产真实现状的重要方法，是其他方法不能代替的。因此，执行无形资产评估业务，应当对无形资产评估对象进行现场清查核实，获取评估业务需要的相关信息资料，了解评估对象现状，关注评估对象法律权属。

1.明确评估对象和评估范围

分层次划分评估对象和范围。无形资产评估对象比较复杂，一般可以从三个层次来识别：

第一个层次是无形资产评估对象所属的类型，如专利权、专有技术、著作权等。对

于专利，需要明确是属于实用新型专利、外观设计专利还是发明专利等。对于著作权，还需要进一步明确是十几项财产权益，如复制权、发行权、信息网络传播权等的哪些项。在鉴别无形资产种类时，应注意商标权和商誉、商标权和专利权、商标权和非专利技术之间的关系。对于知识产权类无形资产，可通过核查权属文件、申请登记材料、技术文件、第三方证明文件等核实其存在性。

第二个层次是被评估的无形资产是单项无形资产，还是两个或者多个无形资产的组合。有些无形资产是由若干项无形资产综合构成的，应加以确认和分离，避免重复评估或漏评。例如，在企业生产经营过程中，某商标权的价值往往包含了某项专利权或非专利技术的价值，但因为专利权、非专利技术与商标权同属于工业产权，都有其独立的特征，应分别进行评估。

第三个层次是被评估无形资产的法律权属状态，如所有权、使用权（独占、非独占等）以及其他权利等。比如委托人拟以某电视剧作品著作权资产进行质押，通常需要将著作权全部财产权益进行质押。实务中，为避免出现评估对象与经济行为不一致等风险，就需由委托人按照经济行为要求和评估目的，明确评估对象是否为该电视剧作品著作权全部财产权益（发行权、信息网络传播权等），并在评估委托合同中约定。清查核实也需要围绕所涉及的相应权利开展。因此，在现场调查中，评估专业人员要关注评估对象的权属状态，以保障评估结论的合理性。在进行现场调查时，应当取得评估对象的权属证明。

【提示】评估专业人员在确定评估对象和范围时应注意的事项。从理论上讲，评估对象和范围的确定是委托方的责任，但实务中由于无形资产评估对象的复杂性和专业性，很多委托人需要评估机构专业人员协助其完成这项工作。评估专业人员此时需要注意以下几个问题：

一是对无形资产评估对象界定要符合相关准则的要求。这就要求评估专业人员自己对无形资产有比较清晰的概念。

二是不要越位，评估专业人员只是按照准则的要求提出针对某一特定经济行为，无形资产可能的评估对象都有哪些。最终该经济行为需要评估哪些、能够评估哪些对象，还是要由委托方确定，在评估委托合同中明确约定，由委托人进行申报确认。《文化企业无形资产评估指导意见》也明确要求"执行文化企业无形资产评估业务，应当明确评估范围。文化企业无形资产评估范围应当服从评估对象的选择，最终确定权在于委托方。评估机构和资产评估师应当根据专业经验建议委托方合理确定评估范围，并在业务约定书中明确约定评估范围"。

2.了解无形资产评估对象特征，确认无形资产的存在

无形资产没有实体，看不见，摸不着，所以对无形资产进行评估时，评估专业人员在明确了无形资产评估对象后，还需要对无形资产是否真实存在进行确认。这也是无形资产清查核实的重要环节，是进行无形资产评估的基础工作，直接影响评估范围和评估价值的科学性。此环节可以从以下三个方面进行：一是确认无形资产的存在；二是确定无形资产种类；三是确定其有效期限。

（1）确认无形资产的存在。这主要是验证无形资产来源是否合法，产权是否明确，

可以从以下几方面进行：

①验证无形资产来源的合法性。通过查询被评估无形资产的内容、国家有关规定、专业人员评价情况、法律文书（如专利证书、商标注册证、著作权登记证书等），核实有关资料的真实性、可靠性和权威性。

②分析无形资产的适用性。分析无形资产使用所要求的与之相适应的特定技术条件和经济条件，鉴定其适用能力。

③核查无形资产的归属。确定无形资产是否为委托者所拥有或为他人所有。

④分析委托评估的资产是否形成了无形资产。有的专利并没有实际经济意义，尽管已获得专利证书。而且有的商标还没有使用，在消费者中间就没有了影响力。这些专利、商标没有形成无形资产。

⑤分析无形资产的产权是否明确。确定无形资产的产权是否为资产占有方所有；考虑其存在的条件和要求，尤其要鉴别剽窃、仿制的无形资产，分析该无形资产的历史渊源，衡量是否符合国家有关法律的规定。

从法律、经济、技术及获利能力等方面分析判断无形资产是否存在。

（2）确定无形资产种类。无形资产主要有专利权、专有技术、著作权、商标权、商誉、销售网络、客户关系、特许经营权、合同权益、域名等。在评估时要确定无形资产种类，不能混淆商标权和商誉、商标权和专利权、商标权和非专利技术、专利权和非专利技术。

（3）确定无形资产的有效期限。无形资产的有效期限是指有关权证的法律保护期，如商标权、专利权等法律存续期，是无形资产存在的前提。某项专利权，如超过法律保护期，就不能作为专利权资产评估。有的未交专利年费，被视为撤回，专利权失效，也不能作为专利权资产评估。有效期限对无形资产评估值有很大影响，如有的商标历史越悠久，价值越高；然而有的商标时间很长，却并不代表具有较高的价值。

【提示】确认无形资产的存在，不但要确认无形资产在法律意义上是否存在，是否满足法律规定的各种要件，而且要确认无形资产在经济意义上是否存在。即使无形资产满足了法律意义上的要件，但如果不能带来收益，也不能作为评估对象。有的无形资产虽然取得了法律文书（如专利证书、技术鉴定书等），但如果不能带来收益，没有实际经济意义，也不能形成无形资产；有的商标还没有使用，在消费者中间没有影响力，也不能形成无形资产。所以，在确认无形资产存在时要分析无形资产的先进性和效益性。

3.进一步验证收集信息资料的支持性

清查核实的过程，也是对所收集的无形资产评估信息进行分析和验证的过程。比如通过对客户提供的无形资产对应产品的销售量、销售收入的数据进行清查核实，可以验证其真实性。对于无形资产共同产生收益的其他贡献资产，经过清查核实可以验证其作用方式、贡献水平。对于无形资产经济寿命期限的清查核实，可以对其法律保护期限、经济寿命期限等有更好的判断。因此，清查核实可以进一步验证收集信息资料的支持性，同时也满足了评估准则"对评估活动中使用的有关文件、证明和资料进行核查和验证"的要求。

（二）无形资产清查核实的主要方法

无形资产清查核实的主要方法包括查验资料、访谈、函证、现场查勘等，方法本身与其他资产没有差别，只是在方法的具体应用过程中要符合无形资产特征。

1. 查验资料

（1）查验权属证明资料。在进行无形资产评估时，要检查核实评估对象有关权利的情况。有关无形资产权利的法律文件或其他证明资料是确定无形资产是否存在以及以何种方式存在的主要依据，也是评估无形资产价值的主要出发点。在评估时，我们需采取必要的措施检查、复核相关法律文件或其他证明资料，并在评估过程中充分考虑这些文件所载明的具体无形资产权利对价值的影响。对有关无形资产权利的法律文件或其他证明资料不仅要核实，同时也要收集作为工作底稿保存。在核实有关无形资产权利的法律文件或其他证明资料时，还应注意掌握其真实性和可靠性。

权属证明查验除采用通常的核对原件方式外，还可以充分利用政府网络平台，通过查询国务院专利行政部门的信息等进行。

（2）查验生产经营资料。评估专业人员在进行无形资产评估时，应当对与无形资产相关的生产经营资料进行查验。无形资产不能单独产生收益，需要与其他贡献资产共同作用，比如需要有生产经营的场地、厂房、设备及配套资金，还需要有生产、技术、经营管理及市场营销人员的配备。对于已经实施应用的无形资产，需要查验提供的资料与实际情况的一致性。对于尚未实施的无形资产，则需要分析相关资料的可行性。只有通过对无形资产的生产经营条件的了解，才能对其形成过程、成熟程度、发展状况和开发支出等情况进行分析，进而进行正确的价值评估。

（3）查验财务资料。与企业经营财务资料不同，无形资产相关财务资料往往不是单独核算的，需要从相关账、表甚至原始凭证等财务资料中筛选获取。因此，如果委托人提供了相关无形资产的财务资料，对这些资料的真实性、合理性进行核实查验，是下一步合理利用财务资料的基础工作。比如无形资产的成本构成，可能涉及资本化的"研发支出"科目，也可能涉及费用化的"管理费用""主营业务成本"等科目。不进行查验就无法直接判断无形资产成本构成的内容、金额，也难以合理测算其重置成本。

2. 访谈

评估专业人员为了获得完整准确的无形资产信息资料，常常要走访无形资产所有者及相关人员。评估专业人员一般从无形资产开发创造、使用、管理、无形资产产品（或服务）的使用几个角度，对管理人员、无形资产发明创造人员、利用无形资产进行加工生产的人员以及客户进行访谈。

3. 函证

在无形资产评估中，函证并不是必需的。但在一些情况下，为核实无形资产销售收入的真实性，或核实无形资产许可费的合理性，评估专业人员可能需要采用函证的方法。

4. 现场查勘

在实务中，对无形资产的现场调查往往容易被忽视。由于无形资产并无实物形态，让人感觉无"现场"可去，而把调查只局限在非现场调查部分。而实际上，无形资产只有与相关硬件设施、原材料、营运资金、人力资源、市场渠道等相结合，才能为企业创造经济利益。要对无形资产进行科学合理的评估，必须全面了解并充分掌握这些相关情况，所以应当视具体情况，考虑赴相关资产所在地现场开展适当的实地调查。

实地调查的目的可能是获得对目标企业及其经营范围的总体感性认识，也可能是补充必要的细节。一般来说，对无形资产研发、实施或将要实施的企业进行现场查勘，通过观察其日常经营，或许可以得到比仅仅从财务报表或其他书面材料中收集到的信息更具有实质性的内容。

二、收集整理评估资料

（一）对收集整理评估资料的认识

收集评估资料是指资产评估专业人员根据评估项目的具体情况收集评定估算所需要的相关资料的过程。

在无形资产评估中，资料收集、分析和处理是一项基础性的工作，这项工作直接影响评估结果的客观性、准确性和公平性。评估人员对无形资产进行评估的过程，就是资产评估人员对与无形资产价值相关的数据资料进行收集、整理、归纳和分析的过程，充分的数据资料是控制资产评估风险的基本保证。因此，资产评估机构和评估专业人员执业能力在一定程度上体现在其收集、占有与所执行项目相关信息资料的能力上。所以，信息收集与分析是无形资产评估的基础。资产评估机构和评估专业人员在日常工作中就应当注意收集信息资料，并根据所承接项目的情况确定收集资料的深度和广度，尽可能全面、详细地占有资料，并采用必要措施确定资料来源的可靠性。

（二）评估资料分类

1. 按评估资料的内容划分

按收集评估资料的内容划分，评估资料可分为权属证明、财务会计信息和其他评估资料。

2. 按评估资料的来源划分

按收集评估资料的来源划分，评估资料可分为从委托人或者其他相关当事人渠道获取的涉及评估对象和评估范围等资料；从政府部门、各类专业机构以及市场等渠道获取的其他资料。

（1）从委托人或者其他相关当事人渠道获取的涉及评估对象和评估范围等资料包括：①收集与被评估的目标无形资产直接相关的信息，如公司历史沿革、组织结构、销售网络和渠道、客户及供应商名录。②无形资产的相关文件和产权证明、技术说明等，取得和开发无形资产过程中所花费的所有成本，无形资产目前许可他人使用的情况，以往有无历史交易等。③无形资产预期剩余使用寿命周期的信息，以及该寿命周期所涉及的法律、合同、司法、功能、技术、经济或分析等影响因素方面的信息。④翻阅和收集企业前三年的生产、销售和成本等财务历史资料，并收集被评估无形资产的历史数据及经营统计资料（产量、销量、市场占有率等）。⑤收集企业未来五年的预测资料，包括企业中长期的生产经营规划、财务计划、技术改造规划。⑥收集企业法律事项，包括权属、转让、贷款信用、或有事项及法律诉讼事项。

评估人员收集的资料不限于这些，还可以根据实际情况扩大收集资料的范围。

【提示】资产评估专业人员应当要求委托人或者其他相关当事人对其提供的资产评估明细表及其他重要资料进行确认，确认方式包括签字、盖章及法律允许的其他方式。

（2）从政府部门、各类专业机构以及市场等渠道获取的其他资料主要包括：①外部信息，如相关的行业资料、国内和国外该技术发展趋势资料、宏观经济及人口统计资料、市场交易定价资料。②国家和地方政府的相关财务、税务、行业法规、规章制度和特殊规定。③通过政府公布的与此相关的产业投资情况，如中外合资、合作企业的资料，相关产业的统计数据，涉及行业生产经营情况、市场需求情况等。④通过证券市场收集的相关企业生产、销售、经营、投资、融资、资本运作和财务及经营状况等资料，以便了解对手，或与被评估企业进行对比、分析和判断。⑤通过行业协会的刊物或出版物等了解相关信息，如产业结构与行业发展情况、生产竞争现状等。

（三）无形资产评估信息资料的收集

无形资产评估过程就是对与无形资产价值相关的数据资料进行收集、归纳推理和分析的过程。不论采用什么样的技术途径和方法，都要有充分的数据资料支持。因此，从什么渠道收集数据资料、对收集来的数据资料如何分类整理、怎样归纳与分析，都将决定无形资产评估的质量，影响评估结果的合理性和可用性。按照信息来源渠道不同，无形资产评估信息资料可分为内部信息和外部信息两大类。

1. 与无形资产相关的内部信息

（1）与无形资产权利相关的法律文件、权属有效性文件或者其他证明资料。评估专业人员在执行无形资产评估业务时，应当要求委托人和相关当事人提供无形资产的所有权或者其他财产权利的法律权属资料，并对法律权属资料及其来源予以必要的查验。

无形资产权利的法律文件或者其他证明资料是确定无形资产存在以及以何种方式存在的主要依据，也是评估无形资产价值的主要出发点。在评估时，评估专业人员应当采取必要措施检查、复核相关法律文件或其他证明资料，并在评估过程中充分考虑这些文件所载明的具体无形资产权利对价值的影响。对有关无形资产权利的法律文件或其他证明资料不仅要核实，同时也要收集作为工作底稿保存。在核实有关无形资产权利的法律文件或其他证明资料时，还应注意掌握其真实性和可靠性。

不同类型的无形资产有不同的权利法律文件或其他证明资料。如专利的权利法律文件是国务院专利行政部门颁发的专利证书、专利说明书、权利要求书等；商标的权利法律文件是商标主管部门颁发的注册商标证书、商标图案等。无形资产的性质决定了它不同于有形资产，除所有权外，无形资产的用益权，即许可使用权可以不受物理限制为多人使用，因此同一无形资产也有不同权利的法律文件或者相当于法律文件的其他证明资料，如专利的所有者权利的法律文件是专利证书、权利要求书；专利的许可使用权的法律文件是专利许可合同等。评估专业人员应当收集并查验获取的权属资料，验证权属资料的真实性和可靠性，方能恰当判断无形资产评估对象是完全权利的所有权，还是限制权利的所有权或者许可使用权，并从相关权属证明及契约、合同中正确把握评估对象的权利状况、有效期限、交易条件等信息。在评估过程中，评估专业人员要充分考虑这些文件所载明的具体无形资产权利对价值的影响，避免出现高估或者低估无形资产价值的情形。

（2）反映无形资产获利能力的相关资料。评估专业人员在执行无形资产评估业务时，应关注无形资产的获利能力，比如反映专利的实施及获得利益情况的资料、体现专有技术应用及产生效益的资料、商标与相似产品的竞争优势资料等。评估专业人员在执行无形资产评估业务时，应当辨别申报的智力成果是否能带来显著、持续的可辨识经济利益，是否符合"资产"的经济学含义，从评估对象中剔除无经济利益的智力成果，以恰当地确定评估对象的范围，避免陷入"无形"的陷阱。

（3）反映无形资产性质和特征、目前情况和历史发展状况的相关资料。评估专业人员在执行无形资产评估业务时，应当调查和了解无形资产的性质和特征、目前情况和历史发展状况。

无形资产的性质是无形资产本质特征的表现，通过对无形资产性质的了解和掌握，有利于把握其本质，并可对其进行科学的分类和价值构成要素的分析。不同类型的无形资产，其性质和特征千变万化，在企业经营活动中发挥作用的角度也不同。专利权、专有技术从发明新产品、技术创新方面对企业的经营活动发挥作用，以全面提升企业技术实力和产品竞争力。商标权从企业形象、产品知名度方面对企业的经营活动发挥作用，以扩大企业产品市场占有率和潜在购买力。销售网络与客户关系从企业市场营销、物流管理方面对企业的经营活动发挥作用，以节约企业采购和销售环节的资金及时间成本。评估专业人员执行无形资产评估业务，应当关注所评估无形资产属于哪一类无形资产，具有什么样的特征。只有把握各种无形资产的性质和特征，才能抓住重点并采取具有针对性的评估程序和方法，客观、有效地完成评估工作。

无形资产的目前情况反映其管理现状，如使用情况、维护情况、法律保护情况等。无形资产历史发展状况是指无形资产的形成、发展、管理过程，如专利的开发或者申请过程、商标的申请注册过程等。评估专业人员在执行无形资产评估业务时，要收集无形资产的目前情况和历史发展状况的信息，对其形成过程、成熟程度、发展状况和开发支出等情况进行分析，以合理测算研究开发无形资产的成本、利润和相关税费，对比分析无形资产预期收益、收益期限、成本费用、配套资产、现金流量、风险因素，从而正确评估其价值。

（4）反映无形资产的剩余经济寿命和法定寿命、保护措施的相关资料。评估专业人员在执行无形资产评估业务时，应当关注无形资产的收益年限。作为智力成果的无形资产的价值在于权利人拥有的特殊权利能带来比他人更多的经济利益。为了鼓励开拓创新、促进科技进步、加快经济发展，《中华人民共和国专利法》《中华人民共和国商标法》《中华人民共和国著作权法》等法律对智力成果的申请、实施、保护期限均作出规范，对智力成果的权益进行法律保护，保障权利人在合法的地域、范围、时间期限内独享权益以促进智力成果转化为应用。这些法律对专利权、注册商标、著作权等授予的保护期限即是此类智力成果的法定寿命。

知识形态的智力成果，其研究、开发主要是通过管理人员和科研人员的脑力劳动来完成的，这种智力成果开发成功获得法律赋予的权利，并不意味着智力成果已经形成生产力，还需进行产业化应用，如专利的产业化试验等。智力成果产业化的时间周期有时相当长，并存在开发失败的风险。因此开发成功并能够带来经济利益的无形资产，其能够获得独享收益的期限常常低于法律保护期限。

因无形资产具有无形性，所以无法采取有形资产的保全模式，无形资产的泄露和侵权使用较有形资产更不易为人所知，因此无形资产一旦发生侵权行为，侵权判断及损失认定比较困难。无形资产权利人为了杜绝侵权，常常会采取各种主动保护措施对无形资产进行保护，有效地延长无形资产的获利期限。如专利权人在专利申请过程中，对专利涉及的技术中最核心部分不予申报，将其作为专有技术进行保护，避免因专利公开产生技术泄密，提高侵权行为的技术门槛；在商标注册中对相类似或者近似的文字、图形、标识同时注册登记，以扩大保护覆盖范围。

无形资产权利人利用法律保护能够独享专属、领先的收益，这种垄断性的技术领先产生的收益通常会超过所属行业平均收益水平。为了追求专属、领先产品带来的高收益，行业内更多的企业将会增加技术、人力、资本投入，或取得许可授权或独立开发相同功能的产品。充分竞争的结果必然是替代产品的出现和技术进步，无形资产保护期满，该无形资产成为公知智力成果，原无形资产专属、领先收益或者不再独享，或者利润不再领先，无形资产收益随之接近行业平均水平。无形资产的独享收益从开始实施获取专属、领先利润到行业平均收益水平的时间阶段，即该无形资产的经济寿命。评估专业人员在采用收益法执行无形资产评估业务时，应当了解无形资产的法定寿命及相关保密措施，根据无形资产相关行业、技术发展情况估计无形资产剩余经济寿命，恰当选择无形资产的收益期限。

无形资产的寿命可能是受合同或自身生命周期限制的有限的一段时间。使用寿命的确定将包括法律规定、技术、功能和经济因素。例如，一项药物专利资产可能在其专利有效期内有五年的法律寿命，但竞争对手的更高效药物预期在三年内进入市场并可完全替代该药物，这可能会导致评估该药品专利资产的剩余年限只有三年，在法律寿命和经济寿命之间应选取较低的一个。

无形资产的经济寿命和法定寿命关系十分密切，两者可能一致也可能不一致，所以评估专业人员应当着重了解被评估无形资产的剩余经济寿命，即该无形资产从评估基准日到经济寿命完结的时间。

（5）无形资产实施的范围、获利方式、限制条件的相关资料。评估专业人员在执行无形资产评估业务时，应当关注无形资产实施的范围。无形资产是受法律保护的，虽然无形资产的实施不受地域限制，但法律的效力是有地域限制的。专利法、商标法、著作权法等法律对智力成果的保护仅限于其主权所辖的地域及相关国际公约所规定的范围。一项专利如需在更多的范围内获得独享权益，应向更多国家分别申请并获得审核通过。不同的无形资产，其实施领域范围也有所不同，如有些专利只能在所属行业很小的产品范围内实施，有的专利能够在很大的产品范围甚至跨行业实施，如商标权利人是大型综合性企业集团，同一商标可能使用在权利人所拥有的众多不同行业的产品中。无形资产的使用范围、领域范围不同，其获利能力与获利方式也不同。使用范围、领域范围决定了无形资产的获利范围，对其价值有重要影响。评估专业人员在进行无形资产评估时，要对有关无形资产的应用范围和收益情况的信息进行收集分析，不仅要把握无形资产的现时应用范围，也应当了解无形资产可能的应用地域和领域，在此基础上分析无形资产的潜在获利能力，方能正确测算其价值。

（6）无形资产交易、质押、出资情况的相关资料。评估专业人员在执行无形资产评估业务时，要了解并收集过去交易、质押、出资情况以及类似无形资产的市场价格信息的相关资料，并结合本次评估的有关情况加以考虑和分析。

对同一项无形资产，在不同时期可能存在多次交易、质押、出资的情形。此外，同一无形资产在未经许可与排他许可使用或者多家许可使用的情形下，其所有权的经济价值是不同的。同一无形资产在排他许可使用或者多家许可使用的情形下，其许可使用权的经济价值也不同。因此，了解无形资产以往的评估情况和交易情况对于其本次评估是很有必要的：第一，可以进一步了解该无形资产的历史状况和有关资料；第二，可以进行分析，为本次评估积累有用的资料，提高评估结果的可靠性。如采用市场法评估无形资产许可使用权时，收集无形资产以往的评估及交易情况，可帮助了解无形资产的可交易性、实施范围、交易条件、目前权利状况的限制，并且历史交易信息就是最好的参考交易案例。

2. 与无形资产相关的外部信息

在无形资产分析中，除依据委托人或被评估企业提供的内部信息外，还需要获得外部信息对内部分析预测资料进行独立验证。同时，外部信息在帮助评估专业人员进行无形资产收益预测、经济寿命期限确定、未来风险判断等方面都具有重要的参考价值。

（1）宏观经济资料。无形资产实施需要通过企业实现，企业的运营受国民经济宏观环境影响，国家出台的财政、货币、税收、产业政策等宏观调控措施，不仅会影响无形资产实施产品的市场供求关系，也会影响实施企业的经营成本，所以宏观经济环境直接和间接地影响着无形资产价值的实现。宏观经济和行业前景，通过对实施无形资产企业的经营前景的影响，对该无形资产的价值产生重大影响。

可能影响无形资产价值的宏观经济环境主要是国家产业政策、国家宏观调控手段和有关的经济体制改革等方面。评估专业人员在执行无形资产评估业务时，应当在评估基准日宏观经济环境的基础上，分析未来预测期间可能的宏观经济环境变化，得出宏观经济环境基本评估假设，特别是在运用收益法评估时应考虑宏观经济环境对无形资产未来盈利预测及折现率的影响。

（2）无形资产实施应用的行业状况及发展前景资料。无形资产实施应用涉及的行业在国民经济中的地位、行业发展水平、技术发展水平及未来发展前景，决定了该行业在国民经济生活中的重要性及竞争力、抗风险能力、成长性、经济周期波动性。实施无形资产的企业作为行业的一员，不可避免地受行业发展状况的影响。所属行业景气，则无形资产的实施前景向好；所属行业经济前景不乐观，则行业竞争加剧，无形资产的实施前景不乐观或者经济价值大幅降低。评估专业人员在执行无形资产评估业务时，应当分析评估基准日行业状况及未来发展前景并作出合理假设，特别是在运用收益法评估时，应考虑行业状况及发展前景对无形资产未来盈利预测、收益期间及折现率的影响。

（3）无形资产所属领域（技术、艺术）发展水平、市场交易、替代无形资产、竞争对手的相关资料。国家对行业的产业政策影响无形资产实施企业的未来发展前景，行业发展及竞争带来的技术更新及产品升级换代影响无形资产产品生命周期，企业的自身经营条件决定了实施无形资产的生产规模、装备水平、市场地位、收益水平。评估专业人员在执行无形资产评估业务时，应当关注行业（产业）政策、经营条件、生产能力、市场状况、产品生命周期等因素变化对无形资产效能的制约，并分析上述因素对无形资产产品的销售数量、销售收入、销售价格、销售成本、期间费用的影响程度，把握盈利预测期间的未来发展趋势，合理判断其对无形资产价值的影响。

（4）无形资产相关外部监管、法律法规资料。无形资产的权利受法律保护，但是并不意味其权利可以被滥用，法律同时也对无形资产权利进行了制约，如不允许利用专利权阻碍科技进步、不允许在贸易中利用专利实施垄断等行为，对于关乎国防的重大专利在一定条件下国家可进行强制许可。无形资产的实施应当借助于其他资产，实施无形资产的企业要满足所在地法律、税收、原材料供应、交通、环保等要求。评估专业人员在执行无形资产评估业务时，应当了解无形资产实施过程中所受到的国家法律、法规或者其他资产限制的具体情形，方能把握实施条件限制对无形资产价值的影响。

【提示】资产评估专业人员应当依法对资产评估活动中使用的资料进行核查验证。核查验证的方式通常包括观察、询问、书面审查、实地调查、查询、函证、复核等。

【思考2-1】无形资产评估所需收集的资料有哪些？

拓展知识

外部信息的获取途径

超出资产评估专业人员专业能力范畴的核查验证事项，资产评估专业人员应当委托或者要求委托人委托其他专业机构出具意见。因法律法规规定、客观条件限制无法实施核查验证的事项，资产评估专业人员应当在工作底稿中予以说明，分析其对评估结论的影响程度，并在资产评估报告中予以披露。如果上述事项对评估结论产生重大影响，资产评估机构不得出具资产评估报告。

【学中做2-3】

无形资产评估资料的验收

（1）验收无形资产评估申报表。无形资产评估申报表是由委托人提供的评估范围内所有需要评估的资产明细，它是划分委托方的责任和资产评估专业人员法律责任的书面凭据。一般委托方提供的无形资产评估申报表必须按要求填写委托评估的无形资产明细、企业填表人名称并加盖企业法人公章。是否符合评估要求，资产评估专业人员需认真核对验收。验收的内容包括：

①验收申报表与企业提供的账面值是否一致，主要是将申报表与企业基准日已经注册会计师审计的会计报表进行核对。

②检查各表内明细项目是否按照表格的要求一一填列，有无空项未填。

③检验企业填报的预测资料的名称、数量和金额的钩稽关系正确与否。预测资料是否按照要求的格式详细填列。如果预测资料填写得不详尽，则要求企业重新补充填列。

④清查填报申报表后，有无账外无形资产，如果有，是如何处理的，是否纳入评估的范围内，有无重复申报。

（2）验收企业提供的资料。企业提供的资料内容比较庞杂，要求也各有差异，但无外乎以下几类：

①经济行为类文件。如董事会决议、上级机关对资产评估的批复、收购转让的协议书或意向书、涉及的经济行为合同、资产重组方案。

②企业法定的资料。如企业工商登记注册资料、企业代码证书、纳税资料和税收优惠文件等。

③企业权证类资料。如无形资产取得的权证和无形资产产权登记、审批、交费等资料。

④鉴证类资料。如验资报告、历年审计报告、资产评估报告、可行性研究报告、律师意见书和工商年检、企业年检资料等。

⑤借款抵押、担保类资料、借款归还和展期资料，借款是否已发生法律诉讼资料等。

⑥企业生产经营统计资料（包括生产量、生产能力、生产规模等），营销统计资料（包括销售量、市场占有率、产品生命周期等），市场营销网络分布资料。

⑦企业生产布局、生产工艺流程图等。

⑧企业管理类资料、各种内部规章制度、工作标准和规定等。

⑨其他企业需要提供的资料等。

【学中做2-4】

无形资产评估资料的核对

（1）核对企业提供的无形资产评估申报表。企业提供的申报表必须经过资产评估专业人员的核对和验收，核对的目的是分清企业责任和资产评估专业人员的责任。首先是将提供的申报表与企业会计账面值进行核对；其次是将申报表与会计师审计后的审定数进行核对；最后是与企业的上级主管部门（一般为国有企业）对会计决算的批复核对，或与控股公司的最终决议或分配决议等进行核对。经过核对做到账账相符、账表相符。核对一致后，将数据转换填入无形资产评估软件系统。

（2）验证委托单位提供的证件和资料。

①验证法定资料。验证的内容包括：营业执照、批准证书（合资企业）、章程、合同、可行性研究报告、税务登记证书以及每年的年检资料等。验证方法是通过与原件核对确定其真实性，与年检资料核对确定其时效性和有效性。

②验证权证类资料。验证的内容包括：商标权证书、专利证书、特许经营权证书、

著作权证书及取得证书时的申报材料等。通过与原件核对，验证其有无变动、有无抵押、有无担保等他项权利存在。

③验证鉴证类资料。验证的内容包括：验证验资报告；验证律师的法律意见书，确定企业是否涉及法律诉讼，目前已进入什么法律程序阶段等。

④验证账面会计记录的真实性、可靠性和全面性。除了账面资料外，企业通常还有各种法定的资料等。通过对以上资料的验证，资产评估专业人员可以判断账面会计记录的真实性、可靠性和全面性。

⑤验证无形资产的法律权属。验证无形资产的法律权属包括：界定无形资产形成时的产权归属，核实确定是无形资产所有权还是无形资产使用权，该交的年费是否按时足额缴纳；无形资产的历史交易情况（无形资产取得、使用、摊销、转让等），查看无形资产是否进行了抵押和质押，有无法律诉讼等事项存在。

对于专利技术资产的产权证明文件（见表2-2），如技术购买合同、技术开发协议、专利证书、专利申请文件等，可以通过核对原件及通过国务院专利行政部门网站查询核实专利的产权状态等信息进行核查验证。

表2-2　　　　　　　　　　专利或专有技术的调查表

项目名称				
评估基准日		联系人		电话	
专利/非专利技术名称				
使用权人		所有权人		账面值（元）	
技术概况				
技术来源				
历史成本支出总额和摊销情况				
企业运用无形资产效果、效益情况				
备注				

（四）评估资料的分析、归纳、整理

在履行了核查验证程序后，评估专业人员需要对从各个渠道收集的评估资料进行必要的分析、归纳和整理，作为评定估算的依据。

1.评估资料的分析识别

评估资料分析识别是对信息资料的合理性和可靠性的识别过程。首先，由于收集的资料难免存在失真的情况，要对失真的资料进行鉴别和剔除；其次，要对所收集的评估资料信息、数据的合理性、相关性进行分析，以提高评估资料的可靠性。

评估资料的可靠性可以通过信息源的可靠性和信息本身的准确度来衡量。信息源的可靠性可通过对如下因素的考察进行判断：

（1）该渠道过去提供的信息的质量；

（2）该渠道提供信息的动因；

（3）该渠道是否通常被认为是该种信息的合理提供者；

（4）该渠道的可信度。

2.信息资料的分类整理

对所收集的无形资产信息资料，需要进行必要的筛选、分类和分析。

（1）定性分析资料的整理与分析。评估专业人员收集的宏观经济、行业情况、无形资产所属领域（技术、艺术）发展水平、市场交易、替代无形资产、竞争对手相关资料等，大部分属于与对无形资产未来预期收益预测、风险判断、寿命期确定、交易因素调整等进行定性分析相关的资料。

对这些资料需要按照相关性高低、信息来源级别、资料时效性进行分类整理，合理使用。

通常，能够为确定评估对象、评估范围、无形资产收益预测、经济寿命分析提供直接支持的资料，相关性最高。

一级信息是从信息源得来的未经处理的事实，可靠性高，是评估专业人员进行分析的最重要的资料。二级信息是变动过的信息，如证券分析师的投资分析报告等，可帮助评估专业人员更全面地了解目标公司及所处产业的状况，对于这类信息，评估专业人员应去伪存真和去粗取精。

资料时间越接近评估基准日，时效性越好。资料时间距基准日越长，时效性越差。评估专业人员应该尽量使用接近评估基准日的相关资料。一些历史交易数据可以作为分析评估结果合理性的参考，但由于交易时间的影响，作为定价依据可能不一定适用。

（2）定量分析资料的整理与数据提取。客户申报的无形资产评估范围，通常体现在无形资产清查评估明细表中。在该明细表中，可能会涉及评估所需要的定量数据，如无形资产的数量（评估范围中单项无形资产的数量）、规模标准（如软件的编码数量、电视剧集数、文字作品的字数等）、使用年限（如开发日期、投入使用日期等）、原始成本（如开发成本、改进成本）、退废数据（如剩余时间、历史更新率和终止率）。而收益预测表则会包含历史和预测的销售收入，销售收入增长率，成本费用金额、比率等。

评估专业人员需要通过实施查验程序，确保数据准确完备，并可用于评估分析。定量数据查验通常包括数据准确性检查（追溯数据项目的原始来源文件，以确保数据被正确记录和总结）、数据完整性检查（重建和调整某些数据，以确保没有遗漏适当的信息）、数据的记录（清楚各账目或数据中包含和不含哪些要素，如成本构成要素内容）。

对其他定量数据的分析还包括对收益预测增长率与历史趋势一致性的分析、与宏观经济及行业发展趋势一致性的分析等。其具体包括：超额收益、许可费率等是否处于行业同类无形资产的合理区间，是否能够体现无形资产自身特征和市场供需状况；无形资产法定寿命、经济寿命以及预测周期的分析；对无形资产实行的保护措施有效性及对无形资产生命周期的影响的分析等。

定量分析要围绕"量化数据"开展，分析数据的来源及可靠性、合理性。

3.评估资料的归纳整理

资产评估专业人员在对评估资料进行识别后，要根据不同的评估专业类别对评估资料进行筛选、整理和分类。

一般可将鉴定后的评估信息资料按照可用性原则和信息来源划分。

（1）按照可用性原则可以将信息划分为可用性评估资料、有参考价值的评估资料、不可用评估资料。

（2）按照信息来源可以将信息划分为未经处理的信息和有选择地加工或按一定目的改动过的信息。

（五）建立信息资料与评估方法、评估参数之间的关联

无论是定量分析还是定性分析，最终目的是选择合适的评估方法、确定评估模型的各种参数，得出无形资产评估值。因此，评估信息分析的过程，就是建立"评估信息资料–评估方法–评估模型–评估参数–评估结果"这个支持性逻辑链条的过程。

1.评估对象相关信息资料的分析

虽然评估对象、评估范围应当根据经济行为的要求，由客户申报，但评估专业人员仍然需要确定作为评估对象的无形资产的存在性。与确认评估对象存在性相关的资料包括权属证明材料、相关开发协议、相关许可使用合同、政府部门公告等信息资料。当然，除具有权属关系外，作为资产还应该具有预期带来收益的能力。因此，关于无形资产能够实施并带来经济收益的资料也应该在此考虑。

2.评估方法选择相关信息资料的分析

无形资产评估方法的选择主要取决于评估目的、评估对象及方法应用所需要资料的完备性。

当评估对象是无形资产所有权时，信息资料应该是与所有权相关的。当评估对象是使用权时，信息资料应当是对应使用权的。对于著作权资产，当评估对象是财产权益中的某一项或几项所有权或使用权时，信息资料也应该是对应财产权益相关的各项权益。

无形资产成本构成明细、研究开发时间、无形资产预期经济寿命数据、各项贬值的确认和量化资料是采用成本法所必需的。无形资产未来预期收益是否能够合理预测、贡献资产收益是否可以合理扣除、未来预期收益期限是否明确及收益实现风险是否能够量化，这些相关资料是能否采用收益法的基础。可比信息是无形资产评估市场法应用的关键。

3.评估参数确定的相关信息资料的分析

如果各种方法所需的相关资料可以满足，则需要进一步分析这些信息是否能够直接确定各方法中的参数，或者可以采用合理的量化工具得出参数数据。比如，根据相关资料统计的许可费率数据可能是区间值，对于特定无形资产，则需要考虑市场竞争状况、替代品、交易各方议价能力、无形资产功能等因素，采用合适的方法对区间值进行修正，然后得出评估对象的许可费率。或者，对于无形资产剩余经济寿命，可以

根据同类无形资产寿命统计数据，结合对无形资产研发人员的访谈情况，对比分析其法律保护年限来确定。又如，对于与客户关系相关的特定无形资产，如果能够获取客户合同或合同续签年龄资料，就可以运用保险精算技术进行定量分析，估计目标资产的寿命特征。

4.限制及瑕疵事项相关信息资料的分析

相关法律法规、合同、协议、质押担保、法律诉讼等事项对无形资产使用的限制，制约了无形资产权利运用的程度、范围、期限、方式等，这些影响有些是比较明确的，可以作为对评估参数影响的资料，有些影响则难以量化或者是或有事项，需要在评估报告中进行披露。这部分支持报告披露的资料需要归入此类。

5.建立索引关系，形成完整逻辑链条

上述不同类别的评估资料需要与分析形成的结论建立对应关系，编制索引是一种比较有效的方法。索引可以按照逻辑推理方式分为不同层级，对于支持多个分析结论的材料还可以进行交叉索引。建立索引关系，能在所有收集的资料与相关结论之间形成完整的逻辑链条。

任务四　无形资产价值评定估算形成结论阶段

任务描述

评估专业人员在完成无形资产资料收集工作后，开始进入无形资产评定估算形成结论阶段，此阶段包括确定评估技术思路、选择评估方法、形成初步评估结论、综合分析确定无形资产评估结论等具体工作；这一阶段完成了无形资产评估值的测算，得出评估结论，是至关重要的一个环节。

相关知识

资产评估专业人员在收集整理评估资料的基础上，进入评定估算形成结论阶段，该阶段主要包括：恰当选择评估方法，形成初步评估结论，综合分析确定资产评估结论等具体工作。

一、评估方法的选择

经过前面几个阶段后，我们就可以根据无形资产的具体类型、特点、评估目的、评估前提条件、评估原则、外部市场环境以及收集的资料，确定评估技术思路，选用合适的评估方法。

（一）无形资产评估的基本方法

无形资产与其他资产一样，都可以用三种基本方法进行评估，即收益法、市场法和成本法。应根据被评估无形资产的具体类型、特征、评估目的、评估前提条件、评估原则及外部市场环境等具体情况，选用合适的评估方法。

1.收益法

采用收益法评估无形资产时，要注意合理确定超额获利能力和预期收益，分析与之有关的预期变动、收益期限，以及与收益有关的资金规模、配套资产、现金流量、风险因素和货币时间价值。注意被评估无形资产收益额的计算口径与折现率口径保持一致，不要将其他资产带来的收益误算到被评估无形资产的收益中；要充分考虑法律法规、宏观经济环境、技术进步、行业发展变化、企业经营管理、产品更新和替代等因素对无形资产收益期、收益额和折现率的影响，当与实际情况明显不符时，要分析产生差异的原因。

2.市场法

采用市场法评估无形资产时，特别要注意被评估无形资产必须具有运用市场法的前提，确定具有合理比较基础的类似无形资产交易参照对象，收集类似无形资产交易的市场信息和被评估无形资产以往的交易信息。当与类似无形资产具有可比性时，根据宏观经济、行业和无形资产变化情况，考虑交易条件、时间因素、交易地点和影响价值的其他各种因素的差异，调整确定评估值。

3.成本法

采用成本法进行无形资产评估时，要注意根据现行条件下重新形成或取得该项无形资产所需的全部费用（含资本成本和合理利润）确定评估值，在评估中要注意扣除实际存在的功能性贬值和经济性贬值。

（二）选择评估方法时应考虑的主要因素

无形资产评估方法包括收益法、市场法和成本法三种基本方法及其衍生方法，每种基本方法下还有具体的评估方法，资产评估专业人员在执行无形资产评估业务过程中，应当考虑相关因素恰当选择评估方法。

1.评估方法的选择与评估要素相一致

评估方法的选择会受到许多因素的影响，其中，评估目的、评估对象、价值类型是重要的影响因素。

（1）评估方法的选择应当与评估目的相一致。无形资产评估的目的一般包括出资、交易、质押、法律诉讼、财务报告、税收、管理等，评估目的是根本，评估目的决定了评估对象和评估价值类型。评估方法的选择要与评估目的一致。

（2）评估方法的选择应当与评估对象相一致。不同的评估方法有不同的条件要求和程序要求，比如收益法主要适用于持续使用前提下的无形资产评估，并且评估对象具有预期获利能力；而市场法要求在公开市场上有可比的交易案例，并且评估对象与案例的价值影响因素差异可以合理比较和量化。这就要求资产评估专业人员充分分析评估对象的类型、现实状态、价值创造模式，考虑各种评估方法的适用性和局限性，恰当选择评估方法，避免在评估对象不具备合理条件的情况下滥用评估方法。比如以 A 技术发明专利权交易为目的进行无形资产评估，其评估对象应为"A技术发明专利所有权"。在此情况下，评估方法可以选择收益法、成本法、市场法这三种基本方法。如以B文字作品著作权许可交易为目的进行无形资产评估，其评估对象如果是"B文字作品的复制权、发行权、信息网络传播权的许可使用权"，此时针对其中部分财产权的使用权进行评估，与收益法相比，成本法、市场法的应用都会受到较大限制。因为重置成本通常对应B作品的全部财产权益的所有权，对于部分财产权利的使用权需要考虑重置成本的分割问题。而市场法不仅需要能够找到与B文字作品类似的文字作品的交易情况，还需要这些类似文字作品的交易也是针对同样几项权利的。

（3）评估方法的选择应当与价值类型相一致。无形资产评估价值类型一般包括市场价值和市场价值以外的价值两大类。假如评估目的涉及法律诉讼，针对特定诉讼对象，价值类型可能是投资价值。此时收益法的适用性高于成本法和市场法。

评估价值类型的确定首先取决于评估目的，评估目的是根本，无形资产评估方法作为获得特定价值尺度的技术规程，需要与价值类型相适应。评估价值类型的合理确定以及与之相匹配的评估方法的恰当选择，是无形资产评估价值具有科学性和有效性的重要保证。

2.可收集资料是评估方法选择的基础

可以收集的资料是指与评估对象相关的各种资料，如可比交易案例资料，被评估无形资产应用行业的发展规划、远景资料，拟实施无形资产的企业的现状以及未来发展情况，可以预计的未来利率、投资回报率等各类重要参数等。

可以收集到的资料是我们选择恰当评估方法的基础。评估方法的应用会涉及特定的数据、参数，只有评估过程中所收集的资料和确定的依据可靠、合理、有效、充分，才能保证评估结果的合理性。

所以，评估方法的适用性往往与可以收集到的资料紧密相关，例如，只有能够收集到可比的交易案例，市场法才有使用的基础；只有充分了解被评估无形资产应用行业的发展状况，并且进一步了解拟实施无形资产的企业状况，才能作出可信的无形资产未来实施的预测，这是采用收益法评估的基础。因此，具体选择评估方法时需要关注这些影响因素（详见表2-3）。在评估实践中，条件的制约往往会导致某种评估方法所需资料的数量和质量达不到要求，那么评估专业人员应当考虑采用其他替代的评估方法进行评估。

3.评估方法选择需要综合分析三种基本方法的适用性

对于无形资产评估，原则上需要综合分析三种基本方法的适用性，恰当选择一种或者多种方法。

一般情况下，具有以下特性的无形资产可以采用成本法评估：一是具有可替代性，即其功能作用易于被其他无形资产替代；二是重置该无形资产在技术上可行，重置其所需的物化劳动易于计量，也就是重置该无形资产的成本易于计量；三是重置该无形资产在法律上可行，也就是在法律上没有对重新研发该无形资产或者其替代物进行限制。通常，成本法比较适合评估第三方购买、内部开发和使用的计算机软件著作权资产。此外，由于自创的无形资产往往不能将其全部的研发费用计入账面价值，因此在实务中就

表2-3   评估资料对无形资产评估方法选择的影响

评估方法	具体方法	关键参数	资料要求	方法影响
市场法	—	可比交易信息或价值乘数	收集可比交易案例，交易案例数量、信息公开程度及可比性需要满足要求	在交易信息不完全、案例差异性超过可比性的情况下，难以采用
收益法	通用方法	收益额	能够合理预测未来预期收益	满足这两个条件后，判断收益，能否采用还取决于其他资料
		折现率	风险可以确定并量化	
	节省许可费法	许可费率	获取许可费率数据。获取方式通常包括可比许可协议的详细资料、统计的行业平均数据、行业经验值、市场投资回报率分析资料	贴近市场交易，获取数据途径较多，数据可观察性较好
	增量收益法	增量收益	需要在市场上找到一个没有无形资产的类似企业，但可能无法获得该企业的财务预测数据	通常难以找到仅存在被评估无形资产差异的可比企业
	超额收益法	超额收益	需要获取其他资产对现金流贡献的资本成本、所占比重数据	当贡献收益来源于较多类型无形资产时，较难合理扣除其他无形资产的贡献
成本法	—	重置成本	需要获得确切的成本投入资料，特别是人力资本的创造性投入	重置成本一般对应所有权价值。无形资产使用权、著作权的财产权利的某一项权利很难进行重置

会出现一种需求，这种需求是委托人希望知道：如果目前重新研发这项无形资产需要多少人力、物力的投入。这种情况也会使得成本法在无形资产评估中被选用。

收益法一般适合于评估技术、顾客关系、商标、特许经营权等类无形资产。通常，这些无形资产不具有替代性或者替代性很弱，主要是因为这些无形资产或者是一些特定主体的创造性劳动的结晶，不是可以随意获取的，如专利权、专有技术和著作权等；或者是由经营者经过长时间积累出来的，如老字号商标、商誉等，不是可以在短时间内重新积累的；或者是由特定权利许可的，其他人员不具有该许可的权利，如特许经营权。这些无形资产或者无法重置，或者其价值不能以其研发凝聚的一般物化劳动来衡量，因此这些无形资产不适合采用成本法，一般较为适合采用收益法。

市场法的适用性主要依赖可比案例的可获得性，如果可以收集到相关可比案例，则市场法适用，否则市场法就没有适用性。市场法通常适合评估技术或专利资产、域名等无形资产。

可见，虽然三种方法均适用于无形资产评估，但基于无形资产的价值特征——成本与效用的非对应性和无形资产的难以复制性以及无形资产的非实体性、共益性、价值形成的累积性、开发成本界定的复杂性等特征，收益法、市场法、成本法评估无形资产的适用程度依次降低。虽然在具备一定条件的情况下，可以采用市场法和成本法，但评估无形资产价值的首选方法通常是收益法。

资产评估专业人员应当根据评估目的、评估对象、价值类型、资料收集等情况，分析市场法、收益法和成本法三种资产评估基本方法的适用性，选择评估方法。根据所采用的评估方法，选取相应的公式和参数进行分析、计算和判断，形成测算结果。

（三）评估方法选择思路

1.确定被评估无形资产价值类型，确定评估技术思路

确定被评估无形资产的价值类型是评估工作的重要一环，不同的评估目的决定了不同的价值类型。目前较权威的价值类型有：在用价值类型、投资价值类型、市场价值类型和清算价值类型等。确定了价值类型后，就可以确定无形资产评估的基本技术思路了。

2.选择适当的评估方法和计算公式

明确了评估的基本技术思路后，根据该项目的特点和现有资料，选择适合该项目的评估方法。无形资产评估方法主要包括：收益法、成本法和市场法。

在选择方法时，首选的是收益法，但对预测尚需谨慎考虑；如果不具备收益法评估的条件，再选择市场法进行评估，一般情况下，在市场上寻找的相似的交易案例必须可靠、类似、有可比性，不具备此条件就考虑是否采用成本法进行评估。

【思考2-2】无形资产评估方法选取应当注意哪些事项？

3.选择评估技术参数（增长率、收益率、折现率等）

评估技术参数的选取是无形资产评估中的一个难点，是评估专业人员经过调查、了解、综合分析、判断得出的结果。但在判断中往往受评估专业人员执业水平的局限或信息不对称因素的影响，这种影响使评估结果与实际背离，引起评估风险。诸如企业历史水平的增长率中是否考虑了特殊因素的影响，收益水平是否正常、有无非正常的波动等，在此基础上再选择确定折现率或资本化率。

4.对评估对象预测值分析、调整、估测评估值

对企业提供的预测数据进行分析、审核和判断，是评估专业人员的重要职责。企业预测的数据是否真实、可靠，需要评估专业人员进行判断和认可。判断、认可的依据是经过评估专业人员艰苦的清查调整、收集数据资料、分析归纳汇总，从中判断发展趋势、增长速度的合理性后，得出符合实际的、客观公允的评估预测值。

资产评估专业人员应当对形成的测算结果进行综合分析，形成评估结论。对同一评估对象采用多种评估方法时，应当对采用各种方法评估形成的测算结果进行分析比较，确定评估结论。

二、评定估算形成结论

在选定评估方法之后，资产评估专业人员还需要合理选择技术参数，应用评估模型等，形成初步评估结论。例如，采用成本法，应当合理确定

微课

无形资产评估方法的选择

重置成本和各项相关贬值因素；采用市场法，应当合理选择可比案例，分析评估对象和可比参照物的相关资料和价值影响因素，通过可比因素的差异调整，得出评估对象的价值；采用收益法，应当合理预测未来收益，并合理确定收益期和与收益口径一致的折现率，通过折现计算，得出评估对象的评估值。

资产评估专业人员应当对形成的初步评估结论进行分析，判断采用该种评估方法形成的评估结论的合理性：首先应当对评估资料的全面性、有效性、客观性以及评估参数的合理性、评估模型推算和应用的正确性进行判断；其次对评估结论与评估目的、价值类型、评估方法的适应性进行分析；再次对评估增减值进行分析，确定资产评估增值或者减值的原因，并判断其合理性；最后可以通过对类似资产交易案例的分析，对评估结论的合理性进行判断。

当采用两种以上评估方法时，资产评估专业人员应当对采用各种方法评估形成的初步结论进行分析比较，对所使用评估资料、数据、参数的数量和质量等进行分析，在此基础上，分析不同方法评估结论的合理性以及不同方法评估结论存在差异的原因，综合考虑评估目的、价值类型、评估对象现实状况等因素，确定最终的评估结论。

任务五 无形资产评估后期工作阶段

任务描述

评估专业人员在完成了无形资产评估值的测算，得出评估结论后，进入评估后期工作阶段，此阶段包括评估报告初稿形成和评估报告制作、提交和归档等具体工作，评估工作结束。

相关知识

一、编制、出具评估报告

评估专业人员在形成初步评估结论的基础上，需要对信息资料，参数的数量、质量和选取的合理性等进行综合分析，形成评估结论，初步编制资产评估报告。

（一）撰写评估报告初稿

资产评估专业人员在履行评定估算程序后，应当按照法律、行政法规以及资产评估准则的规定，编制评估报告。资产评估报告准则、企业国有资产评估报告指南、金融企业国有资产评估报告指南对资产评估报告的内容和编制有具体的规范要求。

1.分析、汇总评估结果，编制评估说明和评估报告初稿

撰写评估报告初稿是由项目经理或评估师来完成的，即将各部分分析、计算、推论的结果汇总到一起，进行项目总的平衡、判断和分析，最后形成评估结果，并按照评估报告的基本格式和要求编制评估报告、评估说明和评估明细表，与评估工作底稿一并送交审核部门进行一级审核。

2.编制和整理资产评估工作底稿

编制工作底稿基本是在现场进行清查、鉴定、评估时逐步形成的。为此，工作底稿应该严格按照综合类工作底稿、业务类工作底稿和备查类工作底稿进行分类填写完成，同时做好底稿、编码和相关的交叉索引记录，装订成册，便于审核人审查。

有关资产评估报告的内容及编制要求详见本教材项目九。

（二）评估报告的内部审核

资产评估专业人员完成评估报告编制后，资产评估机构应当根据相关法律、行政法规、资产评估准则的规定和评估机构内部质量控制制度，对资产评估报告初稿进行内部审核。

1.评估机构内部审核的主要内容

评估机构对评估报告的审核应注重审核的内容及效果，而不应局限于审核的层次和形式。评估机构对评估报告审核的内容主要包括：

（1）对评估程序履行情况的复核；

（2）对评估资料的完整性、客观性、适时性的复核；

（3）对评估方法、评估技术思路合理性的复核；

（4）对评估目的、价值类型、评估假设、评估参数以及评估结论在性质和逻辑上的一致性的复核；

（5）对计算公式及计算过程正确性的复核；

（6）对技术参数选取合理性的复核；

（7）对计算表格之间链接关系正确性的复核；

（8）采用多种方法进行评估时，对各种评估方法所依据的假设、前提、数据、参数可比性的复核，并对不同评估方法结论合理性以及差异合理性进行复核；

（9）对最终评估结论合理性的复核；

（10）对评估报告合规性的复核。

2.评估机构内部审核制度

评估机构的内部审核可以采用多种层次和形式，目前实践中多实行三级审核制度。各级审核的内容一般如下：

（1）评估项目负责人（或部门经理）对评估工作底稿和报告初稿进行一级复核，其主要内容包括：

①是否对企业的经营状况进行了了解，是否正确地评价了评估风险；

②评估程序是否按计划的要求进行，如果计划调整，是否经过批准；

③是否取得了必备的原始资料，并经过客户认可盖章；

④是否按照规定的资产评估程序进行评估，并编制了相应的工作底稿；

　　⑤ 评估依据是否真实可信，评估方法的运用是否合理、正确；
　　⑥ 评估对象是否存在重复或遗漏；
　　⑦ 评估假设、计算是否正确，结论是否合理；
　　⑧ 评估报告的格式是否符合规定的格式，推理是否符合逻辑，文字、数据有无错误。
　　（2）评估项目复核人（总审核师）进行专业技术审核（二级审核），其主要内容包括：
　　① 资产权属关系是否清晰无疑义；
　　② 评估对象是否有重复或遗漏；
　　③ 评估方法是否合理恰当，重要的参数确定是否有依据，假设是否恰当；
　　④ 评估结论是否合理充分、是否符合逻辑判断；
　　⑤ 报告是否符合规定的格式，重大事项是否已充分披露。
　　（3）评估机构负责人进行最终审核（三级审核），其主要内容包括：
　　① 重大问题是否按规定进行请示汇报和处理；
　　② 重大问题的处理结果是否合理；
　　③ 评估结论及披露是否恰当。
　　上述三个步骤是评估报告的三级复核过程，是评估机构规避风险的关键控制点。
　　（三）提交评估报告
　　按照约定的时间和方式向委托人提交无形资产评估报告，是评估机构履行评估委托合同约定的责任要求。评估机构应当以资产评估委托合同约定的方式向委托人提交无形资产评估报告。提交无形资产评估报告需要完成以下三个步骤：
　　1.与委托人进行交流和沟通
　　资产评估机构出具无形资产评估报告前，在不影响对评估结论进行独立判断的前提下，可以与委托人或者委托人同意的其他相关当事人就无形资产评估报告有关内容进行沟通。与委托人进行交流和沟通是评估工作中最重要的环节之一。沟通是语言的交流、信息的交融、评估结果的初步验证。对客户提出的合理的、有依据的、客观的要求，评估师经过调查核实后可以修改，但对客户提出的无理的，或站在自己的立场上提出的有悖公正、合理的要求，评估师不能迁就或者妥协，必须坚持客观、公正的原则谨慎处理解决。
　　2.补充、修改评估报告初稿
　　对委托方提出的部分补充资料进行分析、调整、补充和修改，但必须验证资料的真伪、相关性和充分性，如果有必要可以继续进入现场进行核对和抽查。
　　3.出具和提交无形资产评估报告
　　根据规定或委托方的要求，资产评估机构应正式出具无形资产评估报告，并向委托方提交无形资产评估报告，同时向委托人收款。如果是需要国有资产管理部门核准或备案的报告，应按照规定及时上报、等待批复。资产评估机构及其资产评估专业人员完成上述无形资产评估程序后，由资产评估机构出具并提交资产评估报告。

二、整理归集评估档案

资产评估机构应当对工作底稿、资产评估报告及其他相关资料进行整理，形成资产评估档案。

（一）整理归集评估档案的意义

评估档案是评价、考核资产评估专业人员专业胜任能力和工作业绩的依据，是判断评估机构和承办评估业务的资产评估专业人员执业责任的重要证据，也是维护评估机构及评估专业人员合法权益的重要依据。评估档案的整理归集是资产评估工作不可忽视的环节，是资产评估程序的重要组成部分。

（二）整理归集评估档案的要求

资产评估机构和人员在向委托方提交资产评估报告后，应当及时将资产评估工作底稿归档，并由所在评估机构按照国家有关档案管理法律、法规及规定妥善管理。

一是将留底的报告连同工作底稿一并整理后，交档案管理部门存档，建立资产评估业务档案。

二是跟踪经济行为实现后的信息反馈，建立交易案例数据库。

有关评估底稿、评估档案的详细内容详见本教材项目九。

思政园地

评估发现价值、诚信铸就行业

因公司乙欠自然人丙加工费未付，公司乙法定代表人丁同意用公司的部分资产作价偿还自然人丙的债务。自然人丙在经公司乙法定代表人丁书面同意后，委托某资产评估有限公司对公司乙的部分资产进行评估。2015年8月，a资产评估有限公司作出"×××评报字〔2015〕第009号"资产评估报告，对该报告资产评估结果明细表中的财产进行了评估，评估价值为81957元，公司乙法定代表人丁在该评估报告签字同意评估结果。且评估报告中清楚载明：此次评估的目的是为自然人丙本人了解评估对象的资产价值提供参考意见，不能用于其他目的，a资产评估有限公司不承担任何因使用报告不当而造成的责任。随后，自然人丙将评估报告中涉及的资产拉走，用以抵偿公司乙的欠款。2015年9月7日，公司乙另一股东自然人甲以资产未经同意被拉走向公安机关报案，公安机关以属于债务纠纷，未立案受理。故自然人甲、公司乙对法定代表人丁、a资产评估有限公司提起诉讼。

自然人甲、公司乙以a资产评估有限公司出具的"×××评报字〔2015〕第009号"资产评估报告侵害其财产权利为由向河南省许昌市魏都区人民法院提起诉讼。上诉人认为涉案评估报告系在上诉人未参加下，自然人丙擅自带领a资产评估有限公司所作的单方评估，程序违法，评估报告无效。2018年9月19日，河南省许昌市中级人民法院对本案进行了二审。关于自然人甲、公司乙提出的：a资产评估有限公司所作的资产评估报告程序违法，且a资产评估有限公司不具备相关资质，所作的资产评估报告应属无效，河南省许昌市中级人民法院根据查明事实认为，a资产评估有限公司作为河南省财政厅核准的资产评估机构，具备相应的评估资质，不存在评估程序违规情形。

评估机构和评估专业人员接受委托，开展评估业务，应严格履行基本的评估程序。一方面，可以规范评估机构和评估专业人员的执业行为，有效避免可能出现的疏漏，保证评估业务质量。另一方面，严格履行评估程序是评估机构和评估人员防范执业风险的重要手段，也是在产生评估纠纷或诉讼后，合理保护自身权益、合理抗辩的重要手段。在评估机构和评估专业人员与其他当事人之间就评估服务引起的纠纷和法律诉讼越来越多的背景下，评估服务越来越多地引起了相关方的关注，特别是司法和行政监管部门，评估机构和评估专业人员在履行必要资产评估程序方面是否存在疏漏，已经成为司法部门追究评估机构和评估专业人员责任的重要方面。

资料来源：北京市资产评估协会. 北京资产评估协会惩戒委员会资产评估机构诉讼案例集［EB/OL］.［2022-10-24］. https://law.esnai.com/view/198366.

项目小结

无形资产评估程序是指资产评估机构及评估专业人员执行无形资产评估业务所履行的系统性工作步骤，按照其相互联系排列出的先后次序，通常包括明确无形资产评估业务基本事项、签订无形资产评估委托合同、编制无形资产评估计划、进行无形资产评估现场调查、收集整理无形资产评估资料、评定估算形成结论、编制出具无形资产评估报告、整理归集评估档案等基本评估程序。

无形资产评估计划是资产评估机构和人员为执行无形资产评估业务，履行评估合同而拟定的评估工作思路和实施方案。计划内容应当涵盖无形资产评估业务的整个过程，通常包括评估的具体步骤、时间进度、人员安排和技术方案等内容。

无形资产评估工作底稿是资产评估师在无形资产评估过程中，在计划评估工作、执行评估程序和报告评估意见的具体程序中形成的工作记录。它以书面的形式完整反映无形资产评估工作的全过程，包括管理类工作底稿、操作类工作底稿和备查类工作底稿。在编写时应遵循真实性、完整性和一致性原则，并要求妥善保管。

无形资产评估风险是指由于各种不确定性因素的影响使评估结果严重偏离无形资产真实价值或客观价值，乃至误导交易方而引发纠纷的可能性。无形资产评估风险有来自内部的风险，也有来自外部的风险，具有客观性、利害双重性、可控性等特点，主要包括评估对象风险、评估方法风险、评估机构和人员的执业风险、评估结果使用风险和评估管理风险等五项内容，受多种因素的影响，在评估时应注意对其防范与控制。

实训设计

一、实训目标

通过对无形资产评估过程的实际操作训练，使同学们能够熟练地掌握评估程序，执行评估程序的要求，独立组织和开展无形资产评估工作，尤其是能够根据评估对象的具体情况签订无形资产评估委托合同、编制评估计划、编写工作底稿。

二、实训项目与要求

1.实训组织

首先，实训指导教师将学生分组，每组10人左右，指定组长负责，明确目标和任务；然后，分组开展业务训练，发挥小组集体智慧的力量和成员的主观能动性，得出实训结果；最后，组长总结汇报实训活动。

2.实训项目

实训项目包括无形资产评估程序的基本训练和签订无形资产评估委托合同、编制评估计划、编写工作底稿等具体训练。

3.实训要求

（1）规范执行无形资产评估程序。

（2）熟练签订无形资产评估委托合同、编制评估计划、编写工作底稿等。

（3）学会防范和控制无形资产评估风险。

三、成果检测

资料：A股份有限公司拟收购B投资公司商标权

2022年11月底，委托方与有关各方就本次评估目的、评估基准日、评估范围等问题协商一致，并制订资产评估工作计划，向委托方和产权持有者提交评估资料清单、评估明细表等，配合资产占有方进行资产清查、填报资产评估申报明细表等工作。2022年12月19日，评估项目人员进入现场对委估资产进行了初步了解，协助企业进行委估资产申报工作，收集资产评估所需文件资料。其主要工作如下：

（1）听取委托方及资产占有方有关人员介绍总体情况和委估商标权资产的历史及现状，了解企业的财务制度、经营状况、固定资产技术状态等情况。

（2）对企业提供的资产清查评估申报明细表进行审核、鉴别，并与企业有关财务记录数据进行核对，对发现的问题协同企业作出调整。

（3）根据资产清查评估申报明细表和评估规范的要求，对商标权资产进行了全面清查核实。

（4）查阅收集委估商标权资产的产权证明文件。

（5）根据委估资产的实际状况和特点，确定商标权资产的具体评估方法。

（6）对企业提供的权属资料进行查验。

（7）对评估范围内的资产，在清查核实的基础上作出初步评估测算。

项目组经过几天的时间进行现场评估，并对各类无形资产评估审核的初步结果进行分析汇总，对评估结果进行必要的调整、修改和完善。在上述工作的基础上，起草无形资产评估报告，与委托方就评估结果交换意见，在全面考虑有关意见后，按公司内部资产评估报告三审制度和程序对报告进行必要的修改、校正，最后出具正式无形资产评估报告。提交无形资产评估报告的时间为2022年12月22日。

（1）每个团队根据以上资料，请写出A股份有限公司拟收购B投资公司商标权的评估程序、工作计划，并在班级进行交流。

（2）教师与同学们共同总结在执行无形资产评估程序中存在的问题，明确今后教学过程中应当改进的方面。

（3）由各团队负责人组织小组成员进行评价打分。

（4）教师根据各团队编写的无形资产评估程序、工作计划的实训情况及各位同学的表现予以评分。

项目三

无形资产评估方法

【学习目标】
- 掌握无形资产评估三种基本方法的概念和技术思路；
- 掌握市场法的具体评估方法；
- 掌握收益法的基本程序；
- 掌握收益额、收益期限和折现率的测算；
- 掌握成本法的基本程序和重置成本、各种贬值的计算；
- 熟悉无形资产成本特性。

【能力目标】
- 能够准确计算收益法中的收益额和折现率；
- 会运用市场法中比较实例的调查思路确定比较实例和范围；
- 会估算重置成本和各种贬值。

【思政目标】
- 树立正确的价值观；
- 树立大国"工匠精神"；
- 恪尽职业操守，精益求精；
- 严谨地选择评估方法，规范执行评估流程。

项目导入

评估人员采取何种方法评估该两项无形资产价值

红星电器科技有限公司因股权转让需要，需对该经济行为涉及的外购专利技术A和自行开发的专有技术B两项无形资产在2022年12月31日的价值进行评估，为股权转让事宜提供价值参考。特委托山西中青资产评估师事务所对上述两项无形资产的价值进行评估。

请思考：无形资产评估方法有哪些，作为评估师，在此项业务中你将采取何种评估方法评估该两项无形资产的价值，为什么？

【思政融通】资产评估方法是资产评估执业人员估算资产价值的重要体系。在无形资产评估实务中，需要资产评估人员对无形资产评估方法进行有效整合，并发挥资产评估方法优势，这就需要评估人员不断提升自我素质，树立正确的价值观，秉承严谨认真、公平公正、精益求精的"工匠精神"，选择科学合理的评估方法。

无形资产评估方法是实现评定估算无形资产价值的技术手段，其体系由多种具体无形资产评估方法构成，这些方法按分析原理和技术路线的不同可以归纳为三种基本类型，即收益法、成本法和市场法。根据我国2017年修订的《资产评估执业准则——无形资产》第21条的规定，"确定无形资产价值的评估方法包括市场法、收益法和成本法三种基本方法及其衍生方法。执行无形资产评估业务，资产评估专业人员应当根据评估目的、评估对象、价值类型、资料收集等情况，分析上述三种基本方法的适用性，选择评估方法"。国际评估准则委员会发布的《评估指南4——无形资产》规定，三种方法均适用于无形资产评估，但基于无形资产的价值特征——成本与效用的非对应性和无形资产的难以复制性，以及无形资产的非实体性、共益性、价值形成的累积性、开发成本界定的复杂性等特点，收益法、成本法、市场法评估无形资产价值的适用程度依次降低。虽然在具备一定条件的情况下，可以采用成本法和市场法，但评估无形资产价值的首选方法应是收益法。

任务一　收益法在无形资产评估中的应用

任务描述

收益法是无形资产评估中采用较多的一种评估方法，也是实现该评估技术思路的若干评估技术方法的集合基本方法之一，运用收益法评估出的无形资产价值反映了评估对象预期产出能力和获利能力，容易被资产各方所接受。通过对该方法适用范围、收益额、折现率、收益期限估算的学习，有助于全面认识、了解收益法，以便在各类无形资产评估中能够正确、科学地选择收益法评估技术路线。

相关知识

一、收益法的评估技术思路

无形资产评估的收益法也称收益现值法或收益还原法，是指通过估算被评估无形资产所产生的未来预期收益并将其折算成现值，借以确定被评估无形资产价值的一种资产评估方法总称。采用收益法对无形资产进行评估时所确定的资产价值，是指为获得该项无形资产以取得预期收益的权利而支付的货币总额，即无形资产的评估价值与无形资产的效用或有用程度密切相关。无形资产的效用越大，获利能力越强，价值也就越大。收益法评估无形资产的具体应用形式包括节省许可费法、增量收益法和超额收益法。

（一）节省许可费法

1.节省许可费法相关概念

（1）节省许可费法的评估思路。节省许可费法是基于拥有无形资产等评估对象可以产生未来节省许可费的预期，并对所节省许可费采用适当的折现率折现后累加从而确定无形资产价值的一种评估方法，也称收益分成许可法。其具体思路是：测算由于拥有该项无形资产而节省的向第三方定期支付许可使用费的金额，并对该项无形资产经济寿命期内每年节省的许可费支出考虑税收影响后，通过适当的折现率折现到评估基准日时点，以此作为该项无形资产的价值。节省许可费通常是由与无形资产等评估对象类似或者相近的无形资产的平均许可费水平或者一般许可费率水平决定的。许可使用费可能包括一笔期初入门费和建立在每年经营业绩基础上的分成费。

（2）节省许可费法的计算公式。

$$无形资产评估价值 = Y + \sum_{t=1}^{n} \frac{KR_t}{(1+r)^t}$$

式中：

Y——最低收费额/入门费；

K——无形资产分成率，即许可费率；

R_t——第t年分成基数（可以是销售收入或销售利润或超额收益，考虑税收影响）；

n——许可期限；

r——折现率。

2.节省许可费法的操作步骤

（1）确定入门费。

① 入门费的含义。入门费即最低收费额，是指在无形资产转让中，根据购买方实际生产和销售情况收取转让费时所确定的一笔可能的"旱涝保收"收入，并在确定比例收费时预先扣除，一般也称之为"保底费"。在某些无形资产转让中，转让方按照固定额收费时把最低收费额规定为转让最低价，也可作为无形资产竞卖的底价。

② 无形资产最低收费额的内容。无形资产转让的最低收费额由重置成本净值和机会成本两部分构成。重置成本净值和无形资产转让的机会成本是无形资产最低收费额的决定性因素。

a.重置成本净值。购买方使用无形资产，就应由购买方补偿成本费用。当购买方与转让方共同使用该项无形资产时，则由双方按运用规模、受益范围等来分摊。

b.机会成本。无形资产的转让，可能会使由该无形资产支撑的营业收益减少，也可能会因为自己制造了竞争对手而减少利润或者增加开发支出。这些构成无形资产转让的机会成本，应由无形资产购买方来补偿。

③最低收费额的计算公式。

$$\frac{无形资产}{最低收费额} = \frac{重置成本}{净值} \times \frac{转让成本}{分摊率} + \frac{无形资产转让的}{机会成本}$$

$$\frac{转让成本}{分摊率} = \frac{购买方运用无形资产的设计能力}{运用无形资产的总设计能力} \times 100\%$$

$$\frac{无形资产转让的}{机会成本} = \frac{无形资产转出的}{净减收益} + \frac{无形资产再开发}{净增费用}$$

式中：

"购买方运用无形资产的设计能力"，可以根据设计产量或按设计产量计算的销售收入确定。

"运用无形资产的总设计能力"，是指运用无形资产的各方汇总的设计能力，由于是分摊无形资产的重置成本，所以不应按照实际运用无形资产的规模确定权重，而应按照设计规模来确定。当购买方独家使用该无形资产时，转让成本分摊率为1。

"无形资产转出的净减收益"，一般是指在无形资产尚能发挥作用期间转出而减少的净现金流量。

"无形资产再开发净增费用"，包括保护无形资产追加的科研费用和其他费用、员工再培训费用等。

【例3-1】A公司拟向B企业转让一项专利技术，经双方商议利用该专利技术设计的生产能力分别是：A公司生产800万件产品，B企业生产400万件产品。该专利技术的开发成本为400万元，已使用5年，5年通货膨胀率累计为15%，剩余经济使用年限为3年。该专利技术转让后对A公司的生产影响较大。由于市场竞争激烈，产品销售额下降，减少净收入的现值为80万元，增加技术开发成本30万元。试评估该无形资产转让的最低收费额。

第一，计算该专利技术的重置成本净值。

$$重置成本净值 = 400 \times (1 + 15\%) \times \frac{3}{3 + 5} = 172.5 （万元）$$

第二，计算转让成本分摊率。

$$转让成本分摊率 = \frac{400}{400 + 800} \times 100\% = 33.33\%$$

第三，计算该专利技术转让的机会成本。

机会成本＝80＋30＝110（万元）

第四，计算该专利技术转让的最低收费额。

最低收费额＝172.5×33.33%＋110＝167.5（万元）

（2）确定许可费率。许可费率即虚拟的许可费比率。许可费率的取得一般有两种方式：

第一种方式是：以市场上可比的或相似的许可费率为基础确定。使用这一方式的先决条件是，必须存在可比较的无形资产，且这些无形资产是在公开市场上定期被许可使用的。

第二种方式是：基于收益的分成确定。该收益分成是指假设在一个公平交易中，一个自愿的被许可方为获取使用目标无形资产的权利而愿意支付给许可方的一个金额比率，通常包括边际分析法、经验数据法等不同确定方法。因此，节省许可费法也称收益分成许可法。

（3）确定许可年限。无形资产的许可年限一般短于其经济寿命年限。如果是针对有专门法律保护的无形资产，无形资产的许可年限还会短于其法定保护年限。在无形资产评估实践中，通常依据与被评估无形资产相同或相近的无形资产在法律合同、企业申请书中规定的许可使用年限确定被评估无形资产的许可年限。

（4）确定折现率。折现率是将未来有限期预期收益折算成现值的比率，用以衡量获得未来预期收益所须承担的风险大小。采用节省许可费法评估无形资产价值时，折现率就是指将该项资产假定的许可费转换成现值的比率，通常采用风险累加法、回报率拆分法等方法测算。同时，折现率与预期收益须保持一致的口径：如果无形资产预期收益预测口径为收益或利润口径，则折现率也应该是收益或利润口径；又因为无形资产预期收益预测口径一般为考虑税收影响后的收益口径，所以折现率也应该是税后收益口径。此外还应该注意，采用节省许可费法评估无形资产价值的折现率有别于企业价值评估中的折现率。

（5）许可使用费折现。

按照节省许可费法的公式，假设建立在每年经营业绩基础上的分成费是在各年年末产生的，即进行年末折现。假设被评估无形资产建立在每年经营业绩基础上的分成费并非在每年年末产生，则应当对上述具体模型中的折现年期进行调整。比如，如果节省的许可使用费在年度中差不多是均匀产生的，可使用年中折现法进行调整，即将分母中的折现年期减去半年。本书如无特别说明均采用年末折现法。

【例3-2】现对一部电影作品A进行评估，其评估目的是为电影作品版权人进行院线市场发行提供价值参考，即判断其在国内院线的放映权价值。根据评估师的预测，该电影在国内院线的放映期限为40天，能获得20 000万元的票房收入。许可费按照行业平均方法确定，按照统计的电影行业许可费平均值，取K＝40%。假设日折现率为0.03%，不考虑税收影响，要求计算该电影作品放映权的价值。

具体计算如下：

$$日均收益 R_{日均}＝\frac{20\,000}{40}＝500（万元）$$

$$评估值 P = \sum_{t=1}^{40} \frac{500 \times 40\%}{(1+0.03)^t} = 7\,951.01（万元）$$

3.节省许可费法使用的注意事项

（1）许可费率的可获得性与可靠性。采用节省许可费法评估无形资产价值时，对许可费率的使用需要注意以下几点：

① 对于相关财务数据的预测，应注意所取得的适当收益以及对该项无形资产寿命年限的估计应当与所采用的许可费率相对应。

② 应注意所采用的许可费率是否可以使许可费在税前抵扣。

③ 应注意所采用的许可费率是否包括对营业成本和被许可方所承担的使用该项资产的任何成本的考虑。

④ 市场上明显相似的资产的许可费率可能会存在显著的不同，此时以经营者所要求的毛利率作为许可费率参数衡量的参考基准是较为谨慎的做法。

（2）节省许可费法的适用情形。节省许可费法多用于无形资产使用权转让、出租的评估，主要包括商标、专利以及技术特许。节省许可费法须在可比资产存在、经济行为双方独立、熟悉情况并自愿的情形下适用。

【提示】采用节省许可费法评估一项无形资产的所有权价值，由于无形资产许可费只能反映无形资产的部分权利收益，即被许可部分的价值，因此利用此种方法得到的评估结果一般只反映无形资产的使用权价值，比无形资产的所有权价值低。然而这并不意味着节省许可费法对无形资产评估毫无意义，相反这一方法的相关数据可以成为重要的参考依据，尤其是在无形资产侵权损失评价过程中。

除此之外，无形资产评估对象存在"权利束"，加之在涉及具体经济行为时，无形资产评估具有明确的标的设定，这种情况下采用节省许可费法较为可行。在无形资产评估实务中，评估对象也并不是无形资产的所有权利，而是组成"权利束"的部分或许可权利，故节省许可费法在实务中具有重要意义。

微课

节省许可费法
的应用

（二）增量收益法

1.增量收益法相关概念

（1）增量收益法的评估思路。增量收益法是基于对未来增量收益的预期并对增量收益采用适当的折现率折现后确定无形资产价值的一种评估方法。该增量收益来自对被评估无形资产所在的企业和另一个不具有该项无形资产的企业的财务业绩进行对比，即预测由于使用该项无形资产而使企业得到的利润或现金流量，与一个没有使用该项无形资产的企业所得到的利润或现金流量进行对比，将两者的差异作为被评估无形资产所创造的增量收益。随后，再采用适当的折现率，将预测的每期的增量利润或现金流量转换成现值，或者运用一个资本化率，将恒定的增量利润或现金流量进行资本化，以得到无形资产的价值。

增量收益法也称"溢价利润法"，主要用于评估两种无形资产的价值：第一种是使用无形资产可以产生额外的利润或现金流量，即增加收入；第二种是使用无形资产可以带来成本的节省，即节省成本。

（2）增量收益法的计算公式。

$$无形资产评估价值 = \sum_{t=1}^{n} \frac{R_t}{(1+r)^t}$$

式中：

R_t——第 t 年无形资产预期增量收益；

n——收益期限；

r——折现率或资本化率。

2.增量收益法的操作步骤

（1）确定增量收益。增量收益是企业拥有被评估无形资产时所产生的收益与不拥有该无形资产时所产生的收益的差异，即被评估无形资产所在的企业由于使用该项无形资产相比于不具有该项无形资产或另一个不具有该项无形资产的相似（或模拟）企业多获得的利润或现金流量。

增量收益是假定其他资产因素不变的情况下，通过将未使用无形资产与使用无形资产的前后收益情况对比分析得出的，具体分为收入增长型和费用节约型两种效果。评估专业人员应根据情况，明晰无形资产形成增量收益的来源情况，对其进行综合性运用和测算。

（2）确定收益期限。采用增量收益法评估无形资产价值时，无形资产具有获得增量收益能力的期限才是真正的无形资产收益期限。在无形资产评估实践中，通常依据法律或合同、企业申请书的规定来确定无形资产的有效期限。对无形资产收益期限可以采用法定年限法、更新周期法以及剩余经济寿命预测法等具体方法进行确定。

（3）确定折现率或资本化率。采用增量收益法评估无形资产价值时，折现率或资本化率就是用于将该项资产的未来增量收益转换成现值或进行资本化的比率，用以衡量获得增量收益所须承担的风险大小，可以采用风险累加法、回报率拆分法等方法进行测算，同时须注意保持预期收益口径与折现率或资本化率口径一致。

（4）增量收益折现。按照增量收益法的公式，假设被评估无形资产的增量收益是在各年年末产生或实现的，即进行年末折现。假设被评估无形资产的增量收益并非在每年年末产生，则应当对上述具体模型中的折现年期进行调整。比如，如果增量收益在年度中差不多是均匀产生的，可使用年中折现法进行调整。本书如无特别说明均采用年末折现法。

【资料】"保持口径一致"的内涵包括：如果无形资产增量收益预测口径为利润口径，则折现率也应该是利润口径；如果无形资产增量收益预测口径为现金流量口径，则折现率也应该是现金流量口径；如果无形资产增量收益预测口径为税前（或税后）收益口径，则折现率也应该是税前（或税后）收益口径。

【提示】采用增量收益法评估无形资产价值的折现率有别于企业价值评估中的折现率。

【例 3-3】红星电器科技有限公司有一种已经使用了 15 年的注册商标。根据历史资料，该公司近 5 年使用这一商标的产品比同类产品的价格每件高 0.8 元，该公司每年生产 100 万件产品。该商标目前在市场上有良好趋势，产品基本上供不应求。根据预测统计，如果在生产能力足够的情况下，这种商标产品每年生产 150 万件，每件可获得增量利润 0.6 元，预计该商标能够继续获取增量利润的时间是 10 年，前 5 年保持目前增量利润水平，后 5 年每年可获取的增量利润为 30 万元。试评估该商标权的价值。

第一，计算其预测期内前 5 年每年的增量利润。

前5年每年的增量利润＝150×0.6＝90（万元）

第二，根据公司的资本成本及相应的风险率，确定其折现率为10%。

第三，确定该商标权的价值。

商标权的价值＝90×（P/A，10%，5）＋30×（P/A，10%，5）×（P/F，10%，5）

　　　　　　＝90×3.7903＋30×3.7903×0.6209＝341.127＋70.602＝411.73（万元）

如果不考虑税收的影响，由此确定商标权转让评估值为411.73万元。

3.增量收益法使用的注意事项

（1）增量收益的合理性。在使用增量收益法的过程中，合理判断和计算被评估无形资产所产生的增量收益至关重要，尤其是企业因战略管理需要或多种因素的综合影响，在未来可能对生产经营规模进行调整，这些都可能导致预期收益出现异动。评估专业人员应根据情况，对增量收益进行综合性的运用和测算，既不能简单地把增量收益归为仅由无形资产形成的增量收益，也不能将实际由无形资产带来的增量收益错误地归属于其他因素，从而避免"多评"或"漏评"。

（2）增量收益法的适用情形。增量收益法通常无法在市场上获得许可费率或在数据不可靠的情况下采用。一般情况下，增量收益法多用于评估两种情形下无形资产的价值，即可以使企业产生额外的现金流量或利润的无形资产，以及可以使企业获得成本节约的无形资产。

（三）超额收益法

1.超额收益法相关概念

（1）超额收益法的评估思路。**超额收益法是用归属于目标无形资产的各期预期收益进行折现累加以确定评估对象价值的一种评估方法。**其具体思路是：先测算无形资产与其他相关贡献资产共同创造的整体收益，在整体收益中扣除其他相关贡献资产的相应贡献，将剩余收益确定为超额收益，并作为目标无形资产所创造的收益，再将上述收益采用适当的折现率转换成现值，或者运用一个资本化率，将恒定的超额收益进行资本化，以获得无形资产价值。这里其他相关贡献资产一般包括流动资产、固定资产、其他无形资产和组合劳动力成本等。

（2）超额收益法的计算公式。

$$无形资产评估价值 = \sum_{t=1}^{n} \frac{R_t}{(1+r)^t}$$

式中：

R_t——第t年无形资产预期超额收益；

n——收益年限；

r——折现率或资本化率。

（3）超额收益法的分类。超额收益法按照超额收益的预测期间可分为单期超额收益法和多期超额收益法。

①单期超额收益法。单期超额收益法的超额收益是由一期的现金流量预测得出的。这一方法仅以一期超额收益的预测判断被评估无形资产的价值，因预测期限过短而较少被采用。

②　多期超额收益法。多期超额收益法的超额收益使用多个期间的现金流量进行预测。相比单期超额收益法，多期超额收益法更为常用，这是因为在一般情况下无形资产将在较长的时间范围内产生经济收益。其适用于对现金流量有较大影响的无形资产或无形资产组合的情形，并且只考虑扣除该无形资产或无形资产组合的使用费用后剩余部分的贡献。

2.超额收益法的操作步骤

（1）确定超额收益。如果一项或多项无形资产与相关联的资产对企业整体或资产组收益的贡献是可以分割的，贡献之和与企业整体或资产组正常收益相比后仍有剩余，这个剩余收益就被称为超额收益，借以反映无形资产对收益的贡献。其收益方式主要分为三类：一是直接收益方式，直接销售无形资产产品获取收益，例如销售著作权、计算机软件等多是直接收益方式；二是间接收益方式，主要利用无形资产设计、制造产品，通过销售无形资产产品或提供服务获取收益，例如利用专利权、专有技术、商标权等多是间接收益方式；三是混合收益方式，将上述两种收益方式混合使用。

确定超额收益需要将被评估无形资产与其他共同发挥作用的相关资产组成资产组，然后调整溢余资产（包括资产能力溢余），完成后对资产组的预期经营业绩进行估计，并且剔除非正常项目的收益及费用，调整经营业绩预期，以便预测固定资产折旧及无形资产摊销并预测未来资本性支出，从而确定贡献资产价值、贡献资产贡献率，并估计贡献资产的全部合理贡献，最后从经营收益中扣除全部贡献资产的贡献，得出超额收益。在实务中，评估专业人员可以将被评估无形资产所属企业和另外一个不具有该项无形资产的相似（或模拟）企业的财务业绩进行对比，通常是对两者的利润或现金流量分别进行预测后，再对比计算其利润或现金流量差额，据此得到短期超额收益。

（2）确定收益期限。采用超额收益法评估无形资产价值时，无形资产具有获得超额收益能力的期限才是真正的无形资产收益期限。在无形资产评估实践中，通常依据法律或合同、企业申请书的规定确定无形资产的有效期限。与增量收益法中对收益期限的确定相同，这里对无形资产收益期限可以采用法定年限法、更新周期法以及剩余经济寿命预测法等具体方法进行确定。

（3）确定折现率或资本化率。采用超额收益法评估无形资产价值时，折现率或资本化率就是用于将该项资产的未来超额收益转换成现值或进行资本化的比率，用以衡量获得超额收益所须承担的风险大小，可以采用风险累加法、回报率拆分法等方法进行测算，同时也须注意保持预期收益口径与折现率或资本化率口径一致。

（4）超额收益折现。按照超额收益法的公式，假设被评估无形资产的超额收益是在各年年末产生或实现的，即进行年末折现。假设被评估无形资产的超额收益并非在每年年末产生，则应当对公式中的折现年期进行调整。比如，如果超额收益在年度中差不多是均匀产生的，可使用年中折现法进行调整。本书如无特别说明均采用年末折现法。

【思考3-1】预期收益和折现率如何"保持口径一致"？

【提示】采用超额收益法评估无形资产价值的折现率有别于企业价值评估中的折现率。

3.超额收益法使用的注意事项

（1）超额收益与组合收益。在使用超额收益法的过程中，合理判断和计算目标无形资产所产生的超额收益至关重要。尤其是从组合收益中扣除来源于其他相关贡献资产的相应贡献过程中，评估专业人员应根据情况，对超额收益进行综合性的运用和测算，既不能简单地把组合收益归为仅由无形资产创造的超额收益，也不能将实际由无形资产带来的超额收益错误地归属于其他资产的贡献，从而避免"多评"或"漏评"。此外，在应用多期超额收益法时，还须注意同一超额收益在多个预测期间是否重复归集至不同的资产。

（2）可辨认无形资产与不可辨认无形资产的超额收益。无形资产在使用上区别于有形资产，在一定的时空范围内可多次、多主体使用；无形资产的获利能力必须从其所依附资产的获利中体现，不同的无形资产具有不同的附着特性，所以无形资产可进一步分为可辨认无形资产和不可辨认无形资产。不可辨认无形资产一旦脱离依附对象便失去了使用价值，此时应以其当前使用所产生的超额收益为基础进行评估，比如商誉；而对于可辨认无形资产，评估时可适当考虑其更大范围内的使用价值，比如商标及通用性较强的技术类无形资产等，此时的无形资产可能创造的超额收益不再简单等同于组合收益中目前该无形资产的贡献程度。这一点可以在市场价值类型评估中的最高最佳使用原则中得以解释。

（3）超额收益法的适用情形。超额收益法在特许经营权、公路收费权、矿产等无形资产的评估中特别适用，也常用于企业合并对价分摊、商誉减值测试、可辨认无形资产减值测试等以财务报告为目的的无形资产评估。

二、主要参数指标的确定

无形资产评估的技术思路中无论是节省许可费法、增量收益法，还是超额收益法，在应用这些收益法的具体形式进行无形资产评估时，都会涉及对收益额、收益期限和折现率等主要参数指标的确定问题。

（一）无形资产评估收益额的确定

在无形资产评估收益法中，无形资产收益额的确定是采用收益法评估无形资产的关键步骤。目前，确定收益额时，主要是以净利润和现金净流量两个指标作为计算收益额的基本参数。常用的测算方法主要有增量收益估算法、超额收益估算法和收益分成估算法，见表3-1。

表3-1　　　　　　　　　　　　　　无形资产评估收益法简介

序号	测算无形资产收益额的方法	思　路	方法细分
1	增量收益估算法	直接估算无形资产带来的收益	收入增长型
			费用节约型
			与行业平均水平比较
2	超额收益估算法	先估算总资产净收益，再求出总资产的社会平均净收益，将两者做差，最后间接估算无形资产收益额	
3	收益分成估算法	先估算总的纯收益，然后计算无形资产贡献的比重——分成率，最后间接估算无形资产收益额	要素贡献法
			约当投资分成法
			经验数据法

1.增量收益估算法

增量收益估算法，主要是通过对使用无形资产和未使用无形资产的前后收益情况进行对比分析，确定无形资产带来的增量收益额的无形资产评估方法。

从无形资产为特定主体带来的收益情况看，无形资产的价值体现在能够为企业提升产品价格、降低产品成本或扩大市场份额，甚至取得这些优势的联合效果。所以，我们可以将无形资产划分为由于产品价格的提高形成的收入增长型无形资产和由于企业成本的节约形成的费用节约型无形资产。

（1）收入增长型。收入增长型无形资产是指将无形资产应用于生产经营过程，能够使产品销售收入大幅度增加。其具体包括两种情况：

①生产的产品能以高于同类产品的价格销售，形成增量收益。在销量不变、单位成本不变的情况下，无形资产的增量收益额计算公式为：

$$R = (P_2 - P_1) \times Q$$

式中：

R——无形资产增量收益额；

P_2——使用被评估无形资产后产品的价格；

P_1——使用被评估无形资产前产品的价格；

Q——产品销量（假设销量不变）。

②生产的产品采用与同类产品相同价格的情况下，销量大幅度增加，市场占有率扩大，在单位价格和单位成本不变的情况下，获得增量收益。其计算公式为：

$$R = (Q_2 - Q_1) \times (P - C)$$

式中：

R——无形资产增量收益额；

Q_2——使用被评估无形资产后产品的销量；

Q_1——使用被评估无形资产前产品的销量；

P——产品价格（假设价格不变）；

C——产品的单位成本。

（2）费用节约型。费用节约型无形资产是指无形资产的使用使得生产产品中的成本费用降低，从而形成增量收益。假定销量不变、价格不变时，可以用下列公式计算无形资产增量收益额：

$$R = (C_2 - C_1) \times Q$$

式中：

R——无形资产增量收益额；

C_2——使用被评估无形资产后产品的单位成本；

C_1——使用被评估无形资产前产品的单位成本；

Q——产品销量（假设销量不变）。

【思考3-2】无形资产的使用可以通过哪些途径节约成本？

（3）与行业平均水平比较。当无法对使用无形资产和未使用无形资产的收益情况进行对比时，将无形资产和其他类型资产在经济活动中的综合收益与行业平均水平进行比较，得到无形资产的增量收益。

① 具体步骤如下：

首先，需要收集使用了无形资产的产品的生产经营活动的财务资料，进行盈利分析，得到经营利润和销售利润率等基本数据。

其次，对上述生产经营活动中的资金占用情况（固定资产、流动资产和已有账面价值的其他无形资产）、企业总收益和净资产总额进行统计分析。

再次，需要收集行业平均收益率等指标。

最后，计算无形资产带来的增量收益额。

② 计算公式如下：

$$无形资产增量收益额 = 企业收益额 - 净资产总额 \times 行业平均收益率$$

或

$$无形资产增量收益额 = \frac{销售}{收入} \times \frac{销售}{利润率} - \frac{销售}{收入} \times \frac{每元销售收入}{平均占用资金} \times \frac{行业平均}{资金利润率}$$

【思考3-3】与行业平均水平比较应注意的事项有哪些？

【例3-4】某企业购买一项专利，预测购入该专利后年收益额为100万元。该企业净资产总额为200万元，企业所在行业的平均收益率为20%，请测算由该专利带来的增量收益额是多少？

该专利带来的增量收益额 $= 100 - 200 \times 20\% = 60$（万元）

微课

增量收益估算法介绍

2.超额收益估算法

超额收益估算法，主要是通过在企业的全部收益中，扣除归属于企业有形资产带来的收益，以确定企业无形资产带来的超额收益的方法。其计算公式为：

$$R = P - T$$

式中：

R——企业无形资产的超额收益额；

P——企业的全部收益；

T——企业有形资产的收益。

企业的全部收益可以通过计算企业的息税前利润或现金流而获得，有形资产的收益则是用相应有形资产价值乘以该类有形资产在经济社会中使用的投资回报率而得到。

在计算出企业无形资产的超额收益额 R 后，还需要判断该超额收益额是否完全由被评估无形资产带来，如果被评估企业还存在其他无形资产，则需要进一步分离出被评估企业的其他无形资产的收益额。

【例3-5】甲企业因投资需要，拟评估其拥有的无形资产的价值，评估基准日为2022年12月31日。经审计，甲企业2022年剔除非正常因素后的收益合计为500万元，拥有流动资产和固定资产等有形资产的价值合计为3 500万元。已知甲企业有形资产回报率的加权平均值为9%，试估算无形资产为企业带来的超额收益额。

首先，企业有形资产的收益 $= 3\,500 \times 9\% = 315$（万元）

其次，企业无形资产的超额收益额＝500－315＝185（万元）

3.收益分成估算法

收益分成可以采用收益分成估算法进行估算。

（1）收益分成估算法相关概念。收益分成估算法是指无形资产的收益是通过分成率获得的，首先计算使用无形资产的总收益，然后将其在目标无形资产和产生总收益过程中作出贡献的所有有形资产和其他无形资产之间进行分成的方法。这是目前国际和国内技术交易中常用的一种实用方法。分成率包括销售利润分成率和销售收入分成率两种。它们之间是可以转换的，要注意不同分成率口径的差异及数据统计口径的差异。

（2）选择分成率考虑的因素。确定分成率是收益分成估算法中最为重要的一个步骤，在选择分成率时，评估专业人员应考虑以下因素：一是被评估无形资产的具体类型；二是被评估无形资产所在企业的经营类型；三是被评估无形资产所在企业的行业状况；四是被评估无形资产所在企业的实际经营能力分析；五是被评估无形资产所在企业对其他资产创造收益所做贡献的相对重要性分析；六是市场上免费专利利率水平和其他无形资产转让协议中已知的分成情况；七是分析中选择的测算经济收益的指标应该以被评估无形资产所在企业其他有形及无形资产的公允价值为基础。

（3）收益分成估算法的基本公式。

$$无形资产收益额＝销售收入×销售收入分成率$$

或　　　　　$$无形资产收益额＝销售利润×销售利润分成率$$

因而，

$$销售收入分成率＝销售利润分成率×销售利润率×100\%$$

或　　　$$销售利润分成率＝销售收入分成率÷销售利润率×100\%$$

在无形资产转让的实务中，一般是确定一定的销售收入分成率，俗称"抽头"。例如，在国际市场上一般技术转让费的分成率通常不超过销售收入的1%～10%，如果我们按照10%的社会平均销售利润率推算，当技术转让费为销售收入的3%时，则利润分成率为30%（3%÷10%×100%）。从销售收入分成率中很难判断出转让价格是否合理，故在无形资产转让评估实务操作中一般以利润分成率为基础计算判断，当然也可以换算成销售收入分成率。

（4）分成率的计算方法。常用分成率的计算方法主要有：约当投资分成法、经验数据法、要素贡献法等。

拓展知识

①约当投资分成法。在很多情况下，有形资产与无形资产共同发挥作用，很难单独确定无形资产的贡献，此时应考虑使用约当投资分成法确定无形资产的利润分成率。该方法是根据等量资本获得等量报酬的原则，将共同发挥作用的有形资产和无形资产换算成相应的投资量，将无形资产的折合约当投资量与总约当投资量的比例作为无形资产利润分成率。

我国分成率确定方法

约当投资分成法的具体步骤为：

第一，计算无形资产约当投资量。确定无形资产约当投资量时使用的成本利润率按照转让方无形资产带来的利润与成本之比计算，即在无形资产成本的基础上附加适用的成本利润率计算，没有企业实际数额时，按社会平均水平确定。其计算公式为：

无形资产约当投资量＝无形资产重置成本×（1＋适用的成本利润率）

第二，计算无形资产购买方约当投资量。确定购买方约当投资量时，在购买方投资的总成本上附加适用的成本利润率计算，成本利润率按现有水平计算。其计算公式为：

购买方约当投资量＝购买方投入总资产的重置成本×（1＋适用的成本利润率）

第三，计算无形资产的利润分成率。按无形资产的折合约当投资量与购买方投入总资产的约当投资量的比例确定利润分成率。其计算公式为：

$$无形资产利润分成率 = \frac{无形资产约当投资量}{购买方约当投资量 + 无形资产约当投资量} × 100\%$$

【例 3-6】甲企业以一项专利技术使用权向乙企业投资，该技术的重置成本为 100 万元，乙企业拟投入合营的资产重置成本为 8 000 万元，甲企业的无形资产成本利润率为 500%，乙企业拟合作的资产原利润率为 12.5%，试评估无形资产投资的利润分成率。

第一，计算无形资产的约当投资量。

无形资产约当投资量＝100×（1＋500%）＝600（万元）

第二，计算乙企业的约当投资量。

乙企业约当投资量＝8 000×（1＋12.5%）＝9 000（万元）

约当投资分成
法的应用

第三，计算甲企业无形资产投资的利润分成率。

无形资产利润分成率＝600÷（9 000＋600）×100%＝6.25%

②经验数据法。经验数据法一般根据"三分"分成法、"四分"分成法或其他经验比例等原则估计无形资产的利润分成率，也是经常被采用的一种利润分成法。

以"三分"分成法、"四分"分成法为例，在无形资产许可中，许可方会得到被许可方因使用无形资产所获得总利润的 33% 或 25%。其中，"三分"分成法是假设企业的总收益是资金、劳动力和技术三项因素共同创造的，技术占比 33%，因此分成率为 33%；"四分"分成法是假设企业的总收益是资金、劳动力、技术和管理四项因素共同创造的，技术占比 25%，因此分成率为 25%。

【提示】经验数据法中的"三分"（33%）和"四分"（25%）都是基于利润计算的分成率，实务中也可以通过计算转换为收入分成率。

经验数据法作为一种基准，体现了过去的许可惯例和行业平均水平，具有一定的经验数据可信性和参考性，可用于对无形资产利润分成率的粗略估计。但在现代企业中，技术已不再是唯一的无形资产，因此采用该方法获得的"分成"收益应当被理解为企业全部无形资产所创造的收益，而不能简单地视其为技术无形资产所创造的收益。经验数据法的优势在于测算简单，容易理解，比较适合对传统行业无形资产的评估；劣势则在于方法的理论基础薄弱，在对部分单项无形资产进行评估时需要进行修正。

③要素贡献法。要素贡献法可视为经验数据法的一种特殊表现形式。与经验数据法的适用情形类似，有些无形资产已经成为生产经营的必要条件，因某些原因不可能或很难确定其带来的超额收益，这时可以根据构成生产经营的要素在生产经营活动中的贡献，利用经验数据从正常的利润中估计出无形资产带来的超额收益。

我国理论界通常将企业生产经营活动分成资金、技术和管理三大要素，企业总收益由资金收益、技术收益和管理收益组成。一般认为技术收益是由企业无形资产的运用产生的。在确定无形资产收益额时，表3-2列示的三分法可作为参考。

表3-2　　　　　　　　　　　　划分无形资产收益额的三分法

行　业	资金比例	技术比例	管理比例
资金密集型行业	50%	30%	20%
技术密集型行业	40%	40%	20%
一般行业	30%	40%	30%
高科技行业	30%	50%	20%

三者对于利润贡献的比例，基本就是三者利润的分成比例。这种方法基本参照各个要素对于利润的贡献确定利润分成率和收入分成率。

三种要素在不同行业、不同企业、不同时期的贡献额也不同。例如，需要大量资金投入的能源、交通、石化、冶金、建筑等行业，资金是决定性因素，按三分法将其资金、技术、管理贡献率，粗略划分为50%、30%、20%。

对于产品主要为满足社会和生活需求的机电、轻工、纺织、食品等行业，其技术和管理要素的贡献额增大，三要素贡献率划分为30%、40%、30%。

对于产品技术附加值高，技术更新周期短或研发周期长的电子、制药、生物、新材料等行业，其技术和资金的贡献率都高，三要素贡献率划分为40%、40%、20%。

个别对我国整体技术地位影响较大的高新技术行业，三要素贡献率可划分为30%、50%、20%。

（二）无形资产评估折现率的确定

折现率是无形资产评估收益法中的一个重要参数，折现率的较小差异都会对评估结果产生较大的影响，也是对无形资产评估结果最为敏感的因素。

1.折现率的含义

折现率是投资者期望的投资报酬率，是投资者在投资风险一定的情况下，对投资所期望的回报率。无形资产评估的期望投资回报率一般需要根据无形资产实施过程中的相关风险以及货币时间价值等因素估算。风险越大，则期望的投资回报率就越高；反之，则越低。所以，无形资产评估折现率的确定需要在合理考虑无形资产运营风险的基础上进行适当选择和使用。

2.无形资产运营中的风险分析

（1）宏观风险。宏观风险一般体现为政策风险、法律风险、市场风险、技术风险等。

政策风险意味着财政、货币、税收、汇率和产业等因素的变动可能导致社会总需求、市场利率及无形资产筹资成本的变化。

法律风险意味着在评估无形资产时要考虑无形资产法律保护的种类、范围、期限和程度等问题。

市场风险意味着无形资产评估需要重视对无形资产所处产业的成长前景、产品的市场需求、市场扩散速度、市场占有率及目前同类产品供求状况等市场指标的分析。

技术风险意味着无形资产的创新性、先进性、可替代性及其产品和服务的更新速度等因素会显著影响无形资产的预期收益。

（2）微观风险。无形资产运营的微观风险具体可分为研发风险、资产管理风险、财务风险和商业化风险等几类。

研发风险主要体现在无形资产的研发需要大量的资金投入和时间消耗，但如果外部条件在资金投入后即发生变化，则研发成果会失去商业价值。

资产管理风险体现在企业试图通过无形资产获得超额收益，就必须具备更高的管理能力，这对资产管理者而言是一个巨大的挑战。

财务风险虽然不直接影响无形资产的价值，但也是无形资产评估的间接考虑因素，因为许可人和被许可人的财务状况是否稳定对双方而言都非常重要。

商业化风险体现在无形资产处于研发和商业化的不同阶段时，对应的风险大小不同，对应的风险报酬率也呈现不同的特征，所以只有全面综合分析其处于不同时期的具体风险特征状态，才能合理测算无形资产折现率。

3.折现率确定的原则

（1）不低于无风险报酬率的原则。折现率大于无风险报酬率，也就是大于政府国债利率或银行存款利率的安全利率。投资人以是否有投资价值作为进行投资与否的判断标准，对于没有价值的投资，投资者会放弃而购买政府债券。

（2）以行业平均报酬率为基准的原则。折现率应该参考同行业平均净资产收益率水平而定，投资人之所以愿意投资某企业或项目，其目标是获得同行业平均净资产收益率的收益水平，且在同行业中处于居中水准或水准之上，为此行业平均报酬率可以取代市场平均报酬率作为确定折现率的基准。

（3）折现率和资本化率与收益额相匹配的原则。如果在预期收益中考虑了通货膨胀因素和其他因素的影响程度及变动趋势，考虑合理预期通货膨胀率对折现率的影响程度，那么在折现率中也应同样得到充分的体现；反之则不能考虑。

（4）根据实际收益率确定的原则。折现率应根据实际收益率，并充分考虑买卖双方期望的折现率水平，利用买卖双方利益上的对立及各方自相矛盾的心理状态，遵循双方均能接受的原则加以确定。

4.折现率的测算方法

无形资产折现率的常用测算方法包括风险累加法和回报率拆分法。

（1）风险累加法。风险累加法是指将无形资产的无风险报酬率和风险报酬率量化并累加，进而确定无形资产折现率的一种方法。其计算公式为：

$$r = R_g + R_r + IP（收益预测中考虑了通货膨胀因素的）$$

或

$$r = R_g + R_r（收益预测中未考虑通货膨胀因素的）$$

式中：

r——折现率；

R_g——无风险报酬率；

R_r——风险报酬率；

IP——通货膨胀率。

①无风险报酬率的确定。无风险报酬率是指在正常条件下的获利水平，是所有的投资都应该得到的投资报酬率。无风险报酬率的高低主要受三大因素的影响：平均利润率、资金供求关系、政府调节。

在评估实务操作中，无风险报酬率可以参考政府发行的中长期国债的利率或同期银行的存款利率来确定。由于国债利率和银行存款利率是用单利表示的，而资产评估中使用的折现率是复利形式，所以不能直接引用其作为无风险报酬率，必须进行修正后使用。其修正公式为：

$$R_g = \sqrt[n]{(1 + n \times r_g)} - 1$$

式中：

r_g——单利形式的国债利率或银行存款利率；

R_g——无风险报酬率。

【例3-7】评估专业人员拟采用三年期国债利率作为无风险报酬率。已知三年期国债利率为8.39%，计算修正后的无风险报酬率。

$$R_g = \sqrt[n]{(1 + n \times r_g)} - 1 = \sqrt[3]{(1 + 3 \times 8.39\%)} - 1 = 7.77\%$$

②风险报酬率的确定。风险报酬率是指投资者承担投资风险所获得的超出无风险报酬率部分的投资回报率，根据风险的大小确定，随着投资风险的递增而加大。

在计算风险报酬率时，评估专业人员应特别注意分析无形资产所面临的具体风险。特别是对于无形资产可能面临的政策风险、法律风险、市场风险、技术（替代）风险等宏观风险以及研发风险、资产管理风险、财务风险和商业化风险等微观风险，评估专业人员应进行逐项分析并通过经验判断予以量化。

（2）回报率拆分法。

①回报率拆分法的含义。回报率拆分法采用逆向研究的方式，从企业整体回报率出发，对其他有形资产、无形资产的回报率逐一量化，从而倒推出被评估无形资产的回报率，以此测算无形资产折现率。这一逆向分析方法在对一些特定的无形资产进行评估分析时具有较好的适用性。

②回报率拆分法的公式。

$$R_i = \frac{全部资产市场价值}{无形资产市场价值} \times (WACC - R_c \times \frac{营运资金市场价值}{全部资产市场价值} - R_f \times \frac{固定资产市场价值}{全部资产市场价值})$$

式中：

R_i——无形资产的投资回报率；

WACC——整个企业平均的投资回报率；

R_c——营运资金的投资回报率；

R_f——固定资产的投资回报率。

③回报率拆分法的操作步骤。

第一步，分析企业利润来源。企业向客户提供产品或服务时涉及投资和成本，当收入大于费用时即形成企业利润。但仅靠利润来衡量无形资产的价值并不充分，也不具有针对性。经济业务收益基于企业在持续经营的情况下，源于无形资产或其他贡献资产的投资期间所能产生的较高回报率。企业资产包括固定资产、无形资产、流动资产等，每项资产均能产生经济收益，最终实现企业的全面盈利。所以，企业经济效益来自对这些资产的整体利用。根据各项资产的重要性及风险，企业总收益可按一定比例分配给各组成部分。在分配企业盈利之前，须从企业的整体回报率入手，确定各组成部分恰当的回报率。

第二步，确定企业整体回报率。被投资企业的回报率应等于投资者期望获得的回报率。企业整体回报率可采用加权平均资本成本（WACC）确定。

第三步，根据业务中不同资产价值的相关投资风险大小，将无形资产收益分离出来。这一步是回报率拆分法应用的关键。

由于企业整体回报率建立在加权平均资本成本上，所以需要事先估计固定资产和流动资产的合适回报率以及各项资产的比重，然后通过分割加权平均资本成本以推算得到无形资产回报率。无形资产由于灵活性小、变通利用能力差，通常被认为是企业经营中风险最高的部分，一般应具有较固定资产和流动资产更高的回报率。

第四步是根据无形资产收益口径确定并计算对应的折现率。由于加权平均资本成本（WACC）通常是采用税后口径计算的，所以按照上述公式计算出的无形资产投资回报率 R_i 也是税后口径。当无形资产收益为税前收益时，要将计算出的税后无形资产的投资回报率 R_i 换算为税前口径，与收益口径保持一致，从而得到无形资产折现率。

（3）折现率确定应注意的事项。

一是无形资产评估中的折现率一般高于有形资产评估中的折现率；

二是无形资产评估中的折现率有别于企业价值评估中的折现率；

三是折现率口径应与收益额口径保持一致。

（三）无形资产收益期限的确定

无形资产的收益期限或称有效期限，是指在寿命年限内无形资产能够持续发挥作用，并产生经济利益流入的期限，与其寿命年限密切相关。这也是影响其评估值的一大要素。

1. 无形资产收益期限的类型

无形资产收益期限主要有法定寿命、合同有效期限、经济寿命和其他类型寿命。

（1）法定寿命。法定寿命，即法定有效期限，是指无形资产受法律保护的有效期限。许多无形资产都具有明确的法定寿命。这类无形资产主要包括商标、专利、著作权等。例如，根据《中华人民共和国专利法》的规定，发明专利权的法律保护期限为20年，实用新型专利权的法律保护期限为10年，外观设计专利权的法律保护期限为15年。

（2）合同有效期限。合同有效期限是指通过合同规定无形资产的收益期限，一般比法定寿命更为明确，操作性更强。与无形资产相关的商业合同期限可能会影响其经济寿命。这些商业合同包括使用、开发利用合同，境内和境外的许可证合同及转让价格协议。此外，已公开合同更新条款及历史更新情况都应纳入决定合同有效期限的影响因素。

在我国无形资产评估实践中，根据无形资产的特征，大多数无形资产都具有明确的法定和合同有效期限，由法律或合同规定了其有效期限和保护期限。如专利权、专营权、版权、生产许可证等均有法律或合同规定的期限。

（3）经济寿命。经济寿命是指无形资产能有效使用并创造收益的持续时间，由无形资产产生经济收入的能力决定。经济寿命是通过评估专业人员调查、论证分析和判断得出的。

在实务操作中，无形资产的经济寿命和法定寿命两者关系密切，经济寿命决定无形资产的获利期限，法定寿命决定无形资产的有效期限。无形资产的经济寿命可能比法定或合同寿命短。

（4）其他类型寿命。其他类型寿命主要包括司法寿命、技术寿命、功能寿命等。

司法寿命是指由法院或类似的权力机构判决的经济损失期限。

技术寿命是指一项无形资产所承载的技术被新技术替代的整个过程所经历的期间。

功能寿命是指一项无形资产发挥其功能的期间。相比其他类型寿命，无形资产的功能寿命受到的限制较少。

拓展知识

预期收益口径
与折现率口径
的匹配

2.无形资产收益期限的确定依据

无形资产在发挥作用的过程中，其损耗是客观存在的。无形资产损耗的价值量，是确定无形资产有效期限的前提。无形资产不存在物质实体，所以不存在有形损耗，它的价值降低是由无形损耗形成的，即由于科学技术进步而引起的价值减少。所以，从理论上讲确定无形资产有效期限的依据主要有以下三种情况：

一是新的、更为先进的、更经济的无形资产出现，这种新的无形资产可以替代原无形资产，使用原无形资产无利可图时，原无形资产价值就丧失了。

二是因为无形资产传播面扩大，其他企业普遍合法掌握这种无形资产，使拥有这种无形资产的企业获取超额收益的能力降低，它的价值也就减少了。

三是企业拥有的某项无形资产所决定的产品需求大幅度下降时，这种无形资产的价值就会减少，以致完全丧失。

3.无形资产收益期限的确定原则

无形资产具有获得超额收益能力的时间才是真正的无形资产有效期限。在预计和确定无形资产的有效期限时，可依据下列原则：

一是法律或企业合同、企业申请书分别规定法定有效期限和收益年限的，可按照法定有效期限与收益年限孰短的原则确定。

二是法律未规定有效期限，企业合同或企业申请书规定收益年限的，可按照规定的收益年限确定。

三是法律和企业合同或企业申请书均未规定有效期限和收益年限的，按预计收益期限确定。预计收益期限可以采用统计分析或与同类资产比较的方法得出。

【提示】无形资产的有效期限可能比其他法定保护期限短，因为其受许多因素的影响，如废弃不用、人们爱好的转变以及经济形势的变化等，特别是在科学技术发达的今天，无形资产更新周期变短，使得其经济寿命缩短。评估时，对这些情况都应给予重视。

4.无形资产收益期限的确定方法

（1）法定年限法。法定年限法根据无形资产受法律保护的年限确定其收益期限。无形资产中大部分是因为受到法律和合同的特定保护才会形成企业控制的资产，因此法定保护年限就是它的经济寿命上限。如专利权、专营权、版权、进出口许可证、租赁权等无形资产，均具有法定或合同规定的有效期限。

【提示】对在法定有效期限内的无形资产是否还具有剩余经济寿命进行分析是折现

年限的关键点之一。

（2）更新周期法。更新周期法是根据无形资产的更新周期确定其剩余寿命的方法，对部分专利权、版权和专有技术等无形资产评估比较适用。

无形资产的更新周期有两大参照系：一是产品的更新周期，适用于高新技术领域和新兴产业。因为这类行业的产品与科学技术联系紧密，产品的更新周期从根本上决定了依附其上的无形资产的更新周期。在 IT 等高新技术领域和新兴产业中，如电脑和移动通信工具——手机，其外观设计和应用功能等均将科学技术进步的最先进的技术应用到产品的升级、更新和换代中。所以，产品的更新周期从根本上决定了依附其上的无形资产的更新周期。二是技术的更新周期，适用于产生新一代技术并替代现有技术。

采用更新周期法通常是根据同类无形资产的历史经验数据，运用统计模型来分析的，而不是对无形资产进行更新周期的分析。

（3）剩余寿命预测法。剩余寿命预测法是直接评估无形资产尚可使用的经济年限的方法。该方法是根据产品的市场竞争状况、可替代技术进步和更新的趋势作出的综合性预测。运用此方法的关键是要与有关技术专家和经验丰富的市场营销专家沟通，利用专家的经验，作出比较接近实际的正确判断，得出综合性的结论。

任务二　市场法在无形资产评估中的应用

任务描述 ◗◗◗

市场法是无形资产评估中若干评估技术思路的一种，主要适用于市场发达的无形资产交易。通过对该方法评估技术思路的学习，有助于全面认识、了解市场法在无形资产评估中的应用，以便在无形资产评估中能正确、科学地选择该评估方法。

相关知识 ◗◗◗

一、无形资产评估市场法的评估技术思路

市场法也称市场价格比较法或销售比较法，是指通过比较被评估无形资产与可比类似无形资产（可比参照物）的异同，并对类似无形资产的市场价格进行调整，从而确定被评估无形资产价值的一种评估技术方法总称。

在采用市场法评估无形资产时，评估专业人员需要考虑现实交易中无形资产价值的计量方式和不同的价值计量方式会产生不同的评估技术思路。

（一）总价计量方式与从价计量方式

无形资产价值的计量方式可以分为总价计量方式与从价计量方式两种。

1.无形资产的总价计量方式

总价计量方式也可称为绝对计量方式，就是以一个总价值计量一项无形资产的价值，这种计量方式也是目前国内资产评估界较为普遍采用的计量方式。如一项专利资产的转让价为300万元，一项商标资产的转让价为500万元等，都是以总价计量方式计量其价值的。

一项无形资产往往不能单独发挥作用，需要与其他有形资产组成一个业务资产组共同发挥作用。该资产组发挥作用的能力通常是由资产组中的有形资产决定的。因此，该项无形资产的价值，如果采用总价方式计量，需要与这个业务资产组所产生的总收益一起计量，即该项无形资产的价值总量与该无形资产和其他有形资产可能组成的业务资产组的规模、大小是密切相关的，只有在这个有效的前提下，对该项无形资产的评估才具有采用总价计量方式的可能。

例如，对于一项用于新冠疫苗专利无形资产，将其用于年产100万剂量的生产厂家和用于年产500万剂量的生产厂家，其发挥的作用就会有差异，其可以产生的预期收益也会存在变化。对于这样一项专利无形资产，如果需要采用总价计量方式，就需要明确这项专利无形资产将要用于年产100万剂量的药品生产企业，还是将要用于年产500万剂量的药品生产企业。

2.无形资产的从价计量方式

从价计量方式也称相对计量方式，是按照无形资产所组成的业务资产组可以获得的"单位收益"计量无形资产价值的计量方式。这种计量方式最典型的形式包括以收入分成率为核心参数的从价计量方式和以利润分成率为核心参数的从价计量方式。

从价计量方式来源于特定业务资产组，但是又可以超出该特定业务资产组运用，即从某特定业务资产组中测算的分成率也可以应用到其他规模的业务资产组中。因此该种计量模式实际上可以摆脱特定业务资产组的束缚，不局限于特定能力的业务资产组。

例如，新冠疫苗专利资产的转让协议中规定，专利资产的受让方将受让的专利资产用于自身的生产业务中后，需要每年按照专利产品销售收入6%的费用支付给专利的出让方，或者是按照专利产品生产经营利润25%的费用支付给转让方，这种按照销售收入6%，或者按照经营利润的25%支付转让费的专利资产转让定价模式就是最典型的无形资产的从价计量方式。

【提示】在实际业务中，评估一项无形资产价值时可以把两种计量方式结合起来使用，也就是我们通常所说的"入门费＋分成"的计量方式。这种计量方式实际上是采用总价计量方式测算的入门费，然后再加上采用从价计量方式测算的分成。

（二）总价计量方式下的市场法评估技术思路

总价计量方式下的市场法评估程序与市场法基本评估程序大致相同，但是总价计量方式下的市场法评估技术思路需要结合总价计量方式和无形资产自身的特征，考虑可比对象选择和差异分析调整的特殊要求。

1.可比对象选择

在总价计量方式下，不但要求标的无形资产和可比无形资产具有可比性，也就是两种无形资产应该是相同或相似的无形资产，还要求标的无形资产与可比无形资产两种无形资产所依附的业务资产组具有可比性，也就是这两个业务资产组的规模应该相同或相似。因此，在总价计量方式下，无形资产可比对象的选择一般需要关注以下条件：

（1）无形资产的可比条件。在无形资产评估中运用市场法应满足下列条件：

① 标的无形资产与可比无形资产相同或相似，也就是标的无形资产与可比无形资产功效相同或相似。

② 标的无形资产与可比无形资产权利状态相同或相似，也就是标的无形资产与可比无形资产包含的"权利束"相同或相似，或者说使用、收益和处分的权利内容及状态相同或相似。

③ 标的无形资产与可比无形资产所处的发展阶段相同或相似，也就是标的无形资产与可比无形资产在其经济寿命周期内所处的发展阶段相同或相似。

（2）无形资产相关业务资产组的可比条件。

① 标的无形资产与可比无形资产相关的资产组功效相同或相似，也就是标的无形资产相关的资产组与可比无形资产相关的资产组具有相同或相似的经营业务，标的无形资产与可比无形资产在各自的资产组中所发挥的作用相同或相似。

② 标的无形资产与可比无形资产相关的资产组大小、规模相同或相似。由于不同的无形资产受让方的生产规模可能是不一样的，愿意接受的转让价就会存在差异，这样在采用总价计量方式确定无形资产的价值时，就需要考虑与无形资产相关业务资产组规模的因素。

2.差异分析调整

总价计量方式的调整包括以下两个方面的内容：一是标的无形资产与可比无形资产的差异调整；二是标的无形资产与可比无形资产所依附资产组的差异调整。

（1）标的无形资产与可比无形资产的差异调整。从实务的可操作性角度分析，标的无形资产与可比无形资产的差异调整主要是针对标的无形资产与可比无形资产所处发展阶段的差异，也就是标的无形资产与可比无形资产的剩余经济寿命的差异，可以通过分析相关业务资产组的寿命周期进行调整。

微课

总价计量方式下的市场法评估技术思路

（2）标的无形资产与可比无形资产相关资产组的差异调整。从实务的可操作性角度分析，这种差异调整主要包括以下3种情况：①对标的无形资产与可比无形资产相关的业务资产组规模、大小的差异进行调整；②对标的无形资产与可比无形资产相关的业务资产组产品毛利的差异进行调整；③对标的无形资产与可比无形资产相关的业务资产组中其他有形资产的维护支出成本的差异进行调整等。

（三）从价计量方式下的市场法评估技术思路

从价计量方式下的市场法评估程序与市场法基本评估程序大致相同，但是从价计量方式下的无形资产评估通常不需要评估出无形资产的绝对价值，而是要给出一个相对的比率，如收入分成率或利润分成率。同时，从价计量方式下的市场法评估技术思路也需要结合从价计量方式和无形资产自身的特征，考虑可比对象选择和差异分析调整的特殊要求。

1.可比对象选择

在从价计量方式下，标的无形资产与可比无形资产可比的要求主要包括标的无形资产与可比无形资产相同或相似，也就是标的无形资产与可比无形资产功效相同或相似。

对于采用"入门费＋分成"计量方式的，需要合理地分别测算入门费和分成率，或者采用一种合理的方式将入门费换算成分成，或者相反，将分成换算为总价计量的入门费。

实务中"入门费"经常是根据无形资产的转让方转让无形资产过程中所需要的成本估算的，例如，转让一项新冠疫苗的专利技术，通常需要在转让协议中约定，转让方需要派员对受让方的人员进行技术培训、操作培训，确保受让方可以掌握该技术连续生产出十批合格产品。转让方的上述成本需受让方以"入门费"的形式支付给转让方。

2.差异分析调整

从实务的可操作性角度分析，从价计量方式的差异分析调整主要包括以下2种情况：①标的无形资产与可比无形资产对各自产品收益贡献的差异调整；②入门费绝对值大小对分成影响的差异调整。

标的无形资产与可比无形资产所依附产品在各自经济寿命期内所处的位置决定了其剩余经济寿命期，同时也决定了其目前及以后产品销售利润水平。处于发展上升期的无形资产，一般其产品价格会提高，销售利润率也会提高；反之，处于下降期的无形资产，一般其产品价格会下降，销售利润率也会降低。因此，可以参考销售利润率差异，调整标的无形资产与可比无形资产对各自产品收益贡献的差异。此外，对于无形资产使用权的转让，还需关注转让协议中关于转让期限的约定对无形资产价值的影响。

二、市场法主要参数指标的确定

在从价计量方式下采用市场法评估无形资产，关键是对分成率的测算。通过市场途径测算分成率的方法主要有两种。

(一)采用对比公司法测算分成率

对比公司法是指在国内上市公司中选择与被评估无形资产拟实施企业处于同行业的公司作为"对比公司"，由于该类对比公司与被评估无形资产拟实施的企业处于同行业，因此该对比公司中应该也存在相关无形资产，其发挥作用的方式以及功能与被评估无形资产在拟实施企业中发挥作用的方式及功能相同或相似，具有可比性。因此，我们可以通过对比公司中可比无形资产所创造收益占全部收益的比例来测算对比公司无形资产的分成率。其计算公式为：

$$对比公司无形资产分成率=\frac{对比公司无形资产对总收益的贡献}{对比公司总收益}\times100\%$$

由于对比公司中可比无形资产与被评估企业的标的无形资产具有"可比性"，因此我们可以通过计算对比公司可比无形资产分成率的平均值，并进行相关影响因素的调整后，测算出被评估企业标的无形资产的分成率。其计算公式为：

被评估企业无形资产分成率=对比公司平均无形资产分成率×调整系数

式中：调整系数反映了影响该类无形资产分成率高低的关键因素，如技术类无形资产分成率的高低通常与技术类无形资产对应产品的销售利润率大小有关，高利润率的技术产品，体现出的技术分成率就高，反之则低。因此，被评估企业技术类无形资产分成率的计算公式为：

$$被评估企业技术类无形资产分成率 = 对比公司平均技术类无形资产分成率 \times \frac{被评估企业技术类无形资产产品销售利润率}{对比公司平均技术类无形资产产品销售利润率} \times 100\%$$

【学中做3-1】A化工有限公司主要生产化学原料及相应化学品，为了测算出本公司所拥有的H技术对所生产的化工产品收益的分成率，评估专业人员拟选用国内同行业中的上市公司作为对比公司，通过分析该行业中代表性公司的经营情况来确定委估H技术的分成率。

（1）对比公司的选取。

在本次评估中对比公司的选择标准如下：

①对比公司近年为盈利公司；

②对比公司为化学原料及化学品制造公司；

③截至评估基准日至少上市两年。

（2）对比公司平均H技术分成率的测算。

根据B、C、D三家对比公司2015—2019年度的财务报告，评估专业人员分别计算出各家公司历年的资产结构，见表3-3。

表3-3　　　　　　　　　　　　对比公司资产结构计算表

序　号		1	2	3	4	5
对比对象		B公司	C公司	D公司	平均值	五年平均
营运资金比重（%）	2015年12月31日	-1.1	2.7	5.0	2.2	6.2
	2016年12月31日	-1.6	12.8	15.8	9.0	
	2017年12月31日	-0.9	4.2	6.1	3.1	
	2018年12月31日	0.2	7.7	11.0	6.3	
	2019年12月31日	0.2	13.2	17.4	10.3	
有形非流动资产比重（%）	2015年12月31日	32.6	5.5	3.8	14.0	26.6
	2016年12月31日	70.0	22.3	16.9	36.4	
	2017年12月31日	44.6	13.7	6.0	21.4	
	2018年12月31日	45.5	21.6	10.5	25.9	
	2019年12月31日	61.3	27.7	17.5	35.5	
无形非流动资产比重（%）	2015年12月31日	68.5	91.8	91.1	83.8	67.2
	2016年12月31日	31.6	64.9	67.2	54.6	
	2017年12月31日	56.2	82.1	87.9	75.4	
	2018年12月31日	54.3	70.7	78.5	67.8	
	2019年12月31日	38.5	59.1	65.2	54.3	

一方面,评估专业人员进一步分析了上述对比公司的主营业务收入、利润和现金流水平,认为公司的现金流是由公司所有资本共同创造的,因此无形资产创造的现金流应该是无形资产在资产结构中所占比率与主营业务现金流的乘积。另一方面,评估专业人员还发现上述无形资产实际上是组合无形资产,包括技术、商标和商誉等。其中,H技术对产品收益的贡献相对较大,H技术的先进性与成熟程度在很大程度上决定了企业的竞争力。因此,通过客观的分析和判断,评估专业人员认为,在上述组合无形资产中H技术对现金流的贡献至少应该占据70%的份额。因此,对比公司H技术分成率的计算见表3-4。

表3-4　　　　　　　　　　　对比公司H技术分成率测算表　　　　　　　　　金额单位:万元

序号	对比公司名称	年份	无形非流动资产在资产结构中所占比重(%)	无形非流动资产中H技术所占比重(%)	H技术在资产结构中所占比重(%)	相应年份的业务息税折旧及摊销前利润EBITDA	H技术对主营业务现金流的贡献	相应年份的主营业务收入	H技术分成率(%)
			E	F	G=E*F	H	I=G*H	J	K=I/J
1	B公司	2015年12月31日	68.5	70	48.0	15 121.9	7 258.5	112 086.5	6.48
		2016年12月31日	31.6	70	22.1	18 174.3	4 016.5	104 510.8	3.84
		2017年12月31日	56.2	70	39.3	11 571.1	4 547.4	89 105.1	5.10
		2018年12月31日	54.3	70	38.0	56 481.2	21 462.9	212 792.2	10.09
		2019年12月31日	38.5	70	27.0	37 036.9	10 000.0	244 879.4	4.08
2	C公司	2015年12月31日	91.8	70	64.3	260 372.1	167 419.3	780 358.4	21.45
		2016年12月31日	64.9	70	45.4	190 706.1	86 580.6	770 439.3	11.24
		2017年12月31日	82.1	70	57.5	146 891.7	84 462.7	649 292.0	13.01
		2018年12月31日	70.7	70	49.5	188 022.8	93 071.3	942 977.7	9.87
		2019年12月31日	59.1	70	41.4	365 670.5	151 387.6	1366 230.7	11.08
3	D公司	2015年12月31日	91.1	70	63.8	10 963.2	6 994.5	73 650.5	9.50
		2016年12月31日	67.2	70	47.0	11 623.8	5 463.2	88 990.5	6.14
		2017年12月31日	87.9	70	61.5	16 288.9	10 017.7	92 353.3	10.85
		2018年12月31日	78.5	70	55.0	15 864.3	8 725.4	138 705.8	6.29
		2019年12月31日	65.2	70	45.6	13 933.2	6 353.5	169 947.3	3.74

经计算，对比公司2015—2019年平均H技术分成率为8.85%。

（3）A化工有限公司H技术分成率的确定。

本次评估我们采用销售利润率调整的方式对对比公司平均H技术分成率予以调整，测算A化工有限公司H技术分成率，计算公式为：

$$\text{A公司H技术分成率} = \text{对比公司平均H技术分成率} \times \frac{\text{A公司H技术对应产品的销售利润率}}{\text{对比公司平均H技术对应产品的销售利润率}} \times 100\%$$

对比公司前5年H技术对应产品的销售利润率数据见表3-5。

表3-5   对比公司前5年销售利润率分析表

序 号	对比公司	2015年 12月31日	2016年 12月31日	2017年 12月31日	2018年 12月31日	2019年 12月31日
1	B	20.59%	22.90%	18.07%	26.98%	14.98%
2	C	40.39%	31.28%	29.05%	25.33%	30.55%
3	D	19.70%	17.44%	22.87%	16.44%	13.67%
平均值		26.89%	23.87%	23.33%	22.92%	19.73%

经计算，三家对比公司2015—2019年销售利润率平均值为23.35%，A化工有限公司H技术对应产品的销售利润率为14.78%。因此，根据上述公式可得：

$$\text{A化工有限公司H技术分成率} = 8.85\% \times \frac{14.78\%}{23.35\%} \times 100\% = 5.60\%$$

（二）采用市场交易案例测算分成率

在从价计量方式下采用市场法评估无形资产时，还可以通过获取市场许可费交易案例数据对分成率进行测算。美国ktMINE的无形资产许可费数据库即可作为一个有效的交易数据的获取途径，该数据库目前收集了超过13 000多个无形资产的许可费交易案例，是目前国际上最为全面的无形资产许可费专业数据库之一。

例如，根据ktMINE数据库的分类标准及搜索方式，将选择的搜索标准设定为：

（1）协议类型（Agreement Type）：生产、制造类无形资产（Manufacturing/Process Intangible）。

（2）对价方式（Remuneration）：以销售收入百分比计算的许可费率（Licence based on Gross Sales，Net Sales）。

（3）无形资产许可类型（Exclusivity）：独家许可或多地区独家许可（Exclusive，Multi-exclusive）。

（4）协议执行日期（Execution Date）：从2008年1月1日到2019年12月31日（from 01/01/2008 to 31/12/2019）。

（5）标准产业分类代码（SIC）（美国）：2860（Industrial Organic Chemicals）。

根据上述搜索标准，经进一步筛选后即得到相关的可比案例，见表3-6。

序　号	协议代码	许可方	被许可方	行业代码	许可费率（%）	许可费率基础
1				2860	4	
2				2860	4	
3				2860	4	
4				2860	1.25	
5				2860	1.25	
6	平均值				2.90	
7	中位值					

表3-6　　　　　　　　　　无形资产协议许可案例表

从案例数据看，许可费率应为1.25%～4%，平均值为2.90%。

需要注意的是，采用市场许可费交易案例数据得到的许可费率2.90%应该是现金流口径、所得税前的分成率。

三、市场法使用的注意事项

（一）总价计量方式的适用性问题

无论是总价计量方式下的无形资产市场法评估还是从价计量方式下的无形资产市场法评估，找到"可比"的可比对象都非常困难，特别是针对目前国内评估无形资产最为常用的总价计量方式，因为这不但需要找到"可比"的无形资产，还需要找到"可比"的相关的业务资产组。这几乎是难以完成的，因此无形资产的总价计量方式的市场法评估一般不具有适用性。

（二）从价计量方式与节省许可费法的关系

相比于总价计量方式，从价计量方式下的无形资产评估结果可以不是一个绝对的价值量，而是以一个相对比率（利润分成率或收入分成率）的形式表现，因此可操作性更强，可比对象也可以通过市场案例获得或者采用逻辑推算过程推算获得。但是这种形式的评估结果在目前国内实务中很少被接受，市场往往在获得一项无形资产从价计量方式的分成率后，仍要将其与一个特定的业务资产组相结合，估算出一个绝对的价值量。目前在实务中，无形资产收益法评估中的节省许可费法就是采用这样一种逻辑，因此在这样的情况下，无形资产的从价计量方式的市场法评估与其说是一种独立的评估方法，还不如说是节省许可费法中的一个步骤。

（三）调整分成率应关注的问题

在无形资产市场法评估中，通常需要对可比对象的分成率进行调整。在对分成率进行调整时需要特别关注分成率的实质是单位产品收益中应该分给无形资产的比率，这是一个分配比例指标而不是一个绝对价值指标，是一项针对无形资产贡献率的指标而不是针对无形资产相关业务资产组的获利能力的指标。无形资产相关业务资产组获利能力强并不代表无形资产的贡献率高，即并不一定代表无形资产的分成率会高，这两者之间没有必然的联系。

任务三　成本法在无形资产评估中的应用

● 任务描述 ●●●

　　成本法是无形资产评估的基本评估方法之一，是以被评估无形资产的重置成本为基础的评估方法，通过无形资产的重置成本扣减各种贬值来确定无形资产价值。通过对该方法基本要素的估测、评估过程和适用范围的学习，有助于全面认识、了解成本法在无形资产评估中的应用，以便在具体的无形资产评估中能正确、科学地选择该评估方法。

● 相关知识 ●●●

一、无形资产评估成本法的评估技术思路

（一）成本法的概念

　　无形资产评估成本法是指在评估无形资产时，根据重建或重置的思路从被评估无形资产的现时重置成本中扣减其各项损耗以确定被评估无形资产价值的各种评估技术方法的总称。

　　成本法在无形资产评估中的基本思路是：在条件允许的情况下，任何一个潜在的投资者在决定投资某项无形资产时，所愿意支付的价格不会超过购建该项无形资产的现行购建成本。当被评估无形资产是全新的时，重新取得该全新资产的全部费用便是其价值的上限，如果被评估无形资产为非全新资产，其评估价值就应该是其全新取得成本扣减其已存在的各种贬值后的价值。

（二）成本法的基本公式

$$无形资产评估价值＝无形资产重置成本×（1-贬值率）$$

或　无形资产评估价值＝重置成本-有效性陈旧贬值-功能性贬值-经济性陈旧贬值

　　估算无形资产的重置成本和成新率是科学地确定无形资产评估价值的两大关键要素。

1.无形资产的有效性陈旧贬值

　　无形资产的有效性陈旧贬值也叫时效性陈旧贬值，是指从法律或具有法律效力的合同、协议等文件规定方面，来证实某项无形资产已经丧失有效年限的时间，从而确定的时效性陈旧贬值，不包含因社会科学技术的不断发展而引起的该项无形资产在功能、性能等方面出现的相对落后、欠缺等情况下的贬值。

我国具有法律保护期限的无形资产主要有：著作权为作者的终身加死亡后50年；发明专利权为20年；实用新型专利权为10年；外观设计专利权为15年；商标专用权为10年，但届满可申请续展，每次续展10年且次数不限。

确定无形资产的有效性陈旧贬值，应该根据法律及具有法律效力的出售或转让合同、协议，先计算出已失效年限占总有效年限的比率，然后以重置成本乘以失效率作为有效性陈旧贬值。其计算公式为：

$$失效率=失效年限 \div 总有效年限 \times 100\%$$
$$有效性陈旧贬值=重置成本 \times 失效率$$

2.无形资产的功能性贬值

无形资产也与固定资产一样存在功能性落后和欠缺问题。科学技术的突飞猛进，在同一领域中某些无形资产可能还处在法律保护期内，但该领域中出现了更为先进的技术，使得原先的技术显示出功能、性能或款式等方面的落后和欠缺，必然产生功能性贬值。无形资产中产生功能性贬值的主要是专利权和专有技术、计算机软件等。

3.无形资产的经济性陈旧贬值

无形资产的经济性陈旧贬值是指由于无形资产现行使用以外的事件或条件以及无法控制的影响等外界因素造成的该项无形资产价值的降低。如国家相关发展政策的影响，或是市场需求的变化等。

【提示】对某些无形资产如商标资产，在评估时可能不需要计算贬值因素。

二、无形资产的重置成本及计算

（一）无形资产成本的特性

无形资产的成本包括研发或取得、持有期间的全部物化劳动和活劳动的费用支出，其成本特性明显区别于有形资产。

1.不完整性

无形资产成本的不完整性表现在研究开发无形资产的各项费用没有完全计入无形资产的成本中。因为与研究开发无形资产相对应的各项费用是否计入无形资产成本，是以费用支出资本化为条件的。一般在企业生产经营过程中，科研费用都是比较均衡地发生的，并且稳定地为生产经营服务。我国现行的《企业会计准则第6号——无形资产》规定，自行开发并依法申请取得的无形资产，其入账价值应按依法取得时发生的注册费、律师费等费用确定；依法申请取得前发生的研究与开发费用，应于发生时确认为当期费用，并不对科研发生的费用进行资本化处理。另外在知识型无形资产创立的前期，大量费用如培训费、基础开发费或相应的试验费等往往不列入该项无形资产成本，而是通过其他途径补偿，使得账面反映出来的无形资产成本是不完整的。

2.弱对应性

弱对应性是指无形资产对应的成本范围不明确，开发无形资产的费用难以一一对应归集。知识型无形资产的创建一般要经历基础研究、运用研究和工艺生产开发等漫长的过程，成果的出现也常常伴有随机性、偶然性和关联性。于是会产生大量的研究投入仅带来极少量的研究成果的现象，由这些成果来承担大量的研究费用显然是极为不合理的；或在出现大量的先行研究成果积累的基础上产生了一系列知识型无形资产，如何承担先行的研究费用是很难判断划分的。

3.虚拟性

微课

无形资产成本的特性

由于无形资产成本的不完整性和弱对应性的特点，所以无形资产成本往往是相对的。特别是一些无形资产的内涵已远远超过了其外在的含义，如商标这种无形资产的成本只具有象征意义。

【提示】无形资产的成本特性使得其实际价值与重置成本之间可能严重脱节，这些因素会导致在评估一些无形资产时成本法不适用。

（二）无形资产重置成本的测算

无形资产的重置成本是指在评估基准日、现时市场条件下重新创造或购置一项全新无形资产所耗费的全部货币总额。根据企业无形资产取得的来源渠道，无形资产可分为企业自创无形资产和企业外购无形资产两大类，不同来源渠道形成的无形资产的重置成本构成不同，所以，测算无形资产重置成本的方法也不尽相同，需要分别进行评估。

1.自创无形资产重置成本的估算

自创无形资产的成本是由自创该项无形资产所消耗的物化劳动和活劳动费用的总和构成的。如果自创无形资产已有账面价值记载，由于它在全部资产中所占的比重一般不大，所以按照物价指数作相应的调整，即可得到重置成本。在评估的实务操作中，往往自创无形资产无账面价值或账面价值记载不完整，评估中经常采用以下方法。

（1）重置核算法。重置核算法是将无形资产开发时实际发生的各项支出，按照现行价格和费用标准逐项计算汇总，得出重置成本。其计算公式为：

$$无形资产重置成本＝直接成本＋间接成本＋资本成本＋合理利润$$

$$直接成本＝\sum(物料直接耗用量 \times 现行价格)+\sum(实耗工时 \times 现行费用标准)$$

如果无形资产在自创过程中，成本、费用的原始记录比较完整或研发项目单独核算，则应该采用重置核算法。

【提示】采用重置核算法必须注意，被评估无形资产的直接成本不是按照现行的消耗量计算的，而应该按照实际的消耗量（原始消耗量）计算。

（2）倍加系数法。倍加系数法适用于投入智力比较多的技术类无形资产，更多地考虑了科研劳动的复杂性和风险性。通常可以采用以下公式估算无形资产的重置成本：

$$无形资产重置成本＝\frac{C + \beta_1 V}{1 - \beta_2} \times (1 + L)$$

式中：

C——无形资产研究开发中的物化劳动消耗；

V——无形资产研究开发中的活劳动消耗；

β_1——科研人员创造性劳动倍加系数；

β_2——科研的平均风险系数；

L——无形资产投资报酬率。

【例3-8】某企业为了提高产品质量，研发出某种专有技术，其研发过程中消耗物料和其他费用支出共计40万元，工资费用支出10万元，经专家测算科研人员创造性劳动倍加系数为1.5，科研平均风险系数为0.15，该专有技术的投资报酬率为25%，试计算该专有技术的重置成本。

微课

倍加系数法的应用

$$专有技术的重置成本 = \frac{40 + 10 \times 1.5}{1 - 0.15} \times (1 + 25\%) = 80.88（万元）$$

2.外购无形资产重置成本的估算

外购无形资产的重置成本包括买价和购置费用两部分，一般可以采用以下两种方法。

（1）市价类比法。市价类比法是指先在无形资产交易市场中选择类似的参照物，再根据功能和技术的先进性、适用性对参照无形资产的原始购买价格进行调整，从而确定其现行购买价格的一种方法。

（2）物价指数法。物价指数法是指以无形资产账面的历史成本为主要依据，利用物价指数进行调整，进而估算其重置成本的一种方法。其计算公式为：

$$无形资产重置成本 = 无形资产账面成本 \times \frac{评估基准日物价指数}{购置时物价指数}$$

式中：物价指数一般为分类物价指数，切忌使用综合物价指数计算。

无形资产价值构成主要有两类：一类是物质消耗费用；一类是人工消耗费用。前者与生产资料物价指数相关度较高，后者与生活资料物价指数相关度较高，并且最终通过工资、福利标准的调整体现出来。不同的无形资产，两类费用的比重差别会较大，如需要利用现代科研和实验手段的无形资产，物质消耗费用的比重就比较大。在生产资料物价指数与生活资料物价指数差别较大的情况下，可依据两类费用的比重，按照结构分别适用生产资料物价指数与生活资料物价指数估算。在两种物价指数比较接近，且两类费用的比重有较大倾斜时，可按照比重较大费用类适用的物价指数来估算。

外购无形资产一般有购置费用的原始记录，同时还可以参照现行交易价格，评估相对比较容易一些。

【例3-9】某企业2017年外购一项专有技术，账面原始成本为120万元，2022年需要转让评估，试按物价指数法估算其重置成本。

（1）分析无形资产的价值构成。经鉴定，该无形资产系运用现代先进的实验仪器经过反复试验研发而成的，其中：物化劳动消耗的比重较大，可适用生产资料物价指数调整。

（2）计算物价指数调整率。评估专业人员收集此项无形资产购置时的物价指数和评估基准日的物价指数。经过调查分析，2017年购置时生产资料物价指数为125%，2022年转让时生产资料物价指数为150%，则物价指数调整率为1.20。

（3）计算无形资产重置成本。

$$专有技术重置成本 = 账面价值 \times \frac{评估时物价指数}{购置时物价指数}$$
$$= 120 \times 1.20 = 144（万元）$$

三、无形资产贬值率测算

（一）无形资产贬值率的特征

拓展知识

经济性贬值和
功能性贬值

贬值率是运用成本法评估无形资产时使用的一个重要概念，资产的贬值是指其数量或效用随时间变化而预期的损失。基于无形资产的特殊性，无形资产没有实体，因此一般不适用实体性贬值概念，但可能会具有经济性贬值和功能性贬值。

在适用贬值率的情况下，无形资产贬值率的确定应考虑无形资产使用效用与时间的关系，这种关系通常为非线性关系，有的无形资产是非线性递减（如技术类无形资产），有的无形资产在一定时间内呈非线性递增（如商标、商誉等）。如有可能，评估专业人员应对这种变化趋势予以反映与说明。

（二）无形资产贬值率的估算

1.专家鉴定法

专家鉴定法是指邀请有关技术领域的专家，对被评估无形资产的先进性、适用性作出判断，从而确定其贬值率的一种方法。

2.剩余经济寿命预测法

剩余经济寿命预测法是评估专业人员通过对被评估无形资产剩余经济寿命的预测和判断，以确定其贬值率的一种方法。其计算公式为：

贬值率＝已使用年限÷（已使用年限＋剩余使用年限）×100%

式中，已使用年限比较容易确定，剩余使用年限应该由评估专业人员根据无形资产的特征分析判断获得，或通过专家访谈调查了解，特别要关注可替代被评估无形资产的替代资产出现的时间等因素。

【提示】该公式计算贬值率的前提是被评估无形资产的贬值在其经济寿命期内呈线性变化。实务中许多无形资产的贬值趋势不是呈线性的，就无法直接用上述公式计算贬值率。例如，影视作品著作权资产，按照相关法律的规定，其经济寿命期可能超过50年，但是其经济利益的80%～90%可能在第一轮放映期内就已经实现，其后的剩余经济寿命期内仅有10%～20%的经济利益，对于这类无形资产，不能采用上述贬值率公式进行测算。

【例3-10】某企业3年前从外单位购入一项专利技术，根据专家鉴定预测，该专利技术还能使用5年，其贬值率为：

专利技术贬值率＝3÷（3＋5）×100%＝37.5%

四、采用成本法评估无形资产时应当注意的事项

采用成本法评估无形资产时应当注意以下几方面：

（一）组合劳动力价值的测算问题

无形资产发挥作用的模式是：需要与其他资产组成业务资产组，在业务资产组中必然包括组合劳动力。一般认为，组合劳动力属于商誉的组成部分，因此属于无形资产范畴，不能单独交易与转让，但是组合劳动力可以采用成本法评估其市场价值，组合劳动

力的价值组成包括劳动力的招募成本和劳动力的培训成本两部分，这两部分成本都是可以采用重置成本测算的。

（二）改编权价值的测算问题

对于一部小说作品的改编权（不是该作品的全部著作权），成本法的运用受到一定限制，因为重置成本应该是"重置"该小说作品。即便我们认为该部小说具有替代性，可以测算出其重置成本，但是该重置成本应该包含该部小说作品的全部著作权的财产权，但是如果评估标的仅是改编权，不是全部著作权，成本法也很难适用于这种类型无形资产的评估。

（三）无形资产的重置成本应当包括开发者或持有者的合理收益

重置成本是指在现行市场条件下重新购建一项全新资产所支付的全部货币总额，应该包括资产开发者和制造商的合理收益。在成本构成要素中，包括材料成本、人工成本、间接成本、开发商利润和对资产主创人员的补偿。对于无形资产来说，其开发商和资产主创人员在无形资产开发过程中所承担的风险，都应该得到补偿。

无形资产研究开发的特征和会计核算的缺陷，要求通过重置成本中收益的合理确定，来全面反映其价值构成。无形资产重置成本中收益部分的确定，应以现行社会或行业平均资产收益水平为依据。

（四）与有形资产不同，大多数无形资产无法也无须重置

如果无形资产形成时间较短，并存在另一种类似无形资产可以替代，成本法就较为适用。如评估某一种计算机软件的价值，当存在另一种虽然编写形式不同但具备同样数据处理功能的软件时，就适宜采用成本法。

（五）注意成本法的适用性

如果无形资产评估的是交易价值或在市场上的（而不是对其现行所有者的）价值，或被评估无形资产使用时间已经很长并是独一无二的，则成本法就不太适用。因为购买者通常是对无形资产的效益感兴趣，而不是对创造无形资产的成本感兴趣。

（六）无形资产评估成本法适用的条件及范围

1.无形资产评估成本法适用的条件

（1）应当具备可用的历史资料。成本法是以历史资料为基础的，许多信息和指标需要通过收集和分析历史资料获得。

（2）形成资产价值的费用是必需的。费用是形成资产价值的基础，费用包括有效费用和无效费用。采用成本法评估无形资产，首先要确定哪些费用是必需的，而且应体现社会或行业的平均水平。无效的费用即使很大，也不应计算到重置成本中。某些费用是否有效、必需，应当根据相关行业的综合发展水平而定。

（3）历史成本的数据比较齐全，并能调整得到重置成本。但评估专业人员必须注意无形资产历史成本的不完整性、弱对应性及虚拟性特征。

（4）以现行价格和实际消耗量核算得到重置成本，即按无形资产形成时实际发生的物化劳动和活劳动的消耗量，以现行市价和费用标准进行估算。根据重置成本计算原理，这些物化劳动及活劳动的消耗量反映的是社会平均水平，而无形资产的非标准性特征要求评估专业人员对所采用的社会平均消耗水平作出解释。

2.无形资产评估成本法适用的范围

运用成本法评估无形资产受到了一定限制，尤其是知识型、技术类无形资产，不仅没有物质实体，而且其研究开发成本与其功能也不完全对称，这也就使得在运用成本法评估知识型、技术类无形资产的重置成本时会遇到许多困难。成本法只适用于某些无形资产的评估，如工程图纸转让、计算机软件转让、无法预测收益额的无形资产转让等。

思政园地

用创新之手擦亮"中国品牌"

品牌是质量、服务与信誉的重要象征，是企业参与市场竞争的核心资源。加速"走出去"的中国品牌，正接受着世界全新目光的打量。品牌立起来，创新是根基。在全球市场的激烈竞争中，掌握核心技术才有话语权和主动权，激活创新引擎才能始终拥有澎湃动力。

没有落后的产业，只有落后的技术。咬定创新不放松，既是企业发展的突围之路，也是打造品牌的崛起之路。这条路前景光明，但并不平坦。对于企业来说，应摆脱急功近利的"快钱"思维，把目光放长远一些，沉下心来搞创新和研发，用今天的投入为明天的产出铺路搭桥，用创新力量和工匠精神锻造过得硬、立得住的品牌。

中国品牌的转型升级，从一个侧面折射出中国经济的实力、潜力和活力，展现了创新发展的广阔前景。英国无形资产评估和品牌战略公司在世界经济论坛2020年年会上发布的报告显示，过去10年中，在价值增长最突出的10个品牌中，中国品牌占9个。

这份全球品牌价值500强报告指出，2010年以来，上榜的中国品牌价值总和跃升了1 100%，远远超出其他所有国家与地区的品牌价值增长总和。报告显示，过去10年中，入榜品牌价值总体增长143%，中国品牌价值增速几乎是榜单整体增速的8倍。

弘扬"工匠精神"，全面提升质量水平，促进行业转型升级，打造更多享誉世界的"中国品牌"，推动中国经济发展进入质量时代。资产评估人需秉承一颗匠心，恪尽职业操守，精益求精，细心雕琢好评估程序和评估方法等诸多专业细节，努力提升行业整体专业质量水平和品牌内涵，构建和谐健康的行业环境，创造出享誉世界的"中国品牌"。

资料来源：辛识平．用创新之手擦亮"中国品牌"［EB/OL］．［2022-01-23］．https：//shareapp．cyol.com/cmsfile/News/201905/15/share219136.html？nid＝219136.

项目小结

无形资产评估方法是实现评定估算无形资产价值的技术手段，其体系由多种具体无形资产评估方法构成，这些方法按分析原理和技术路线的不同可以归纳为三种基本类型，即收益法、成本法和市场法。

无形资产评估收益法也称收益现值法或收益还原法，是指通过估算被评估无形资产的未来预期收益并将其折算成现值，借以确定被评估无形资产价值的一种资产评估方法总称。根据"将利求本"的原理和"效用价值论"的理论，其思路是：一个理智的投资者在购买和投资某项无形资产时，他所愿意支付或投资的货币数额不会高于他所购置或投资的无形资产在未来能给他带来的回报的现值。其重要参数是收益额、折现率和收益期限，这三个参数的确定是收益法运用的关键。收益法是评估无形资产常用的方法。

无形资产评估市场法也称市场价格比较法或销售比较法，是指通过比较被评估无形资产与可比类似无形资产（可比参照物）的异同，并对类似无形资产的市场价格进行调整，从而确定被评估无形资产价值的一种评估技术方法总称。其基本思路是：在同一市场上效用相同或相似的无形资产，其价值应该一致。因无形资产具有特殊性、唯一性、非标准性等特征，市场法在我国无形资产评估中很少应用，仅在租赁权等某些领域使用。

无形资产评估成本法是指在评估无形资产时，根据重建或重置的思路从被评估无形资产的现时重置成本中扣减其各项损耗以确定被评估无形资产价值的一种评估技术方法总称。其重要参数是重置成本和各项贬值。由于无形资产无实体特性，无形资产的贬值只有功能性贬值和经济性贬值。由于无形资产成本具有不完整性、弱对应性、虚拟性等特征，所以，运用成本法评估无形资产受到了局限。

实训设计

一、实训目标

通过对无形资产评估三大评估方法的实际操作训练，使同学们能够熟练掌握三大评估方法在无形资产评估中的应用。

二、实训项目与要求

1.实训组织

首先，实训指导教师将学生分组，每组10人左右，指定组长负责，明确目标和任务；然后，分组开展业务训练，写出训练心得；最后，组长总结汇报实训活动。

2.实训项目

收益法在无形资产评估中的应用。

3.实训要求

（1）熟悉收益法、成本法和市场法在无形资产评估应用中适用的范围、前提条件。

（2）学会对三大评估方法主要参数的估算。

（3）熟练掌握无形资产评估收益法的估价模型。

三、成果检测

1.每个团队自由选取无形资产评估案例，说明在无形资产评估中如何选择评估方法，并就选取评估方法的理由在班级进行交流。

2.教师与同学们共同总结无形资产评估三大评估方法适用的范围，三种评估方法在评估各类无形资产中的局限性和选择评估方法应注意的问题。

3.由各团队负责人组织小组成员进行评价打分。

4.教师根据各团队的无形资产评估案例的选取与评估方法选择的合理性以及各位同学的表现予以评分。

项目四
专利资产与专有技术评估

【学习目标】
- 理解专利资产与专有技术评估的概念；
- 理解专利资产的确认条件；
- 理解专利资产评估的影响因素。

【能力目标】
- 掌握影响专有技术价值的因素和专有技术的评估方法；
- 掌握专利资产的评估方法。

【思政目标】
- 激励学生树立创新意识；
- 强化树立保护知识产权意识；
- 培养学生树立科学严谨的执业工作态度；
- 认真学习《专利法》《知识产权保护法》等法律文件，树立法律意识，依法评估。

项目导入

如何评估专利资产和专有技术的价值

红星电器科技有限公司因股权转让需要，需对该经济行为涉及的该公司的外购专利技术A和自行开发的专有技术B两项无形资产在2022年12月31日的价值进行评估，为股权转让事宜提供价值参考。

请思考：专利资产和专有技术履行的评估程序有哪些，采取的评估方法是什么？作为评估师，你将如何评估该公司外购专利技术A和专有技术B的价值？

【思政融通】专利和专有技术作为最常见的无形资产，在全面建设社会主义现代化国家，激发社会创新活力中，发挥着越来越重要的作用。如何科学合理地依法进行评估，是每个资产评估人研究的重要课题。

任务一　专利资产的评估

任务描述 ◣◣◣

专利资产属于技术类无形资产，是知识产权型无形资产的重要组成部分。通过认识专利资产的特点，明确专利资产评估的目的，熟悉影响专利资产评估价值的因素，掌握专利资产评估的程序，熟练运用收益法和成本法评估专利资产的价值。

相关知识 ◣◣◣

一、专利资产概述

（一）专利与专利权

专利是指由国家专利局或代表几个国家的地区机构认定，根据法律批准授予专利所有人在一定期限内对其发明创造享有的独占使用权、转让权、许可权等权利。专利是一个法律概念，一般情况下是专利权的简称。在我国，专利权由申请人向国务院专利行政部门提出申请，经国务院专利行政部门依法定程序审查批准后获得，是政府根据法律赋予专利发明者的一种权利，在有限的时间内未经专利权人许可，他人不得以营利为目的制造、销售、使用其专利产品或使用其专利方法，以及制造、销售其专利方法生产的产品。根据《中华人民共和国专利法》（以下简称《专利法》）的规定，专利可分为发明专利、实用新型专利和外观设计专利。

1.发明专利

发明专利是指以发明为保护客体的专利权。发明是指对产品、方法或者其改进所提出的新的技术方案。发明一般分为产品发明和方法发明两类。产品发明是指人们通过研究开发出来的关于各种新产品、新材料、新物质等的技术方案，如电子计算机、超导材料等。方法发明是指人们为制造产品或者解决某个技术课题而研究开发出来的关于操作方法、制造方法以及工艺流程等的技术方案，如汉字输入方法、无铅汽油的提炼方法等。

发明具有如下特征：

第一，发明必须利用自然规律。发明是一种技术方案，必须是在利用自然法则的基础上发展，因此，发明是利用自然规律或自然现象的结果。没有利用自然规律和自然现象的方案则不属于技术方案，如财务结算办法、体育比赛规则、逻辑推理法等，均不属于专利法意义上的发明。但是，自然规律本身不是发明。

第二，发明是具体的技术方案。所谓具体是指发明必须能够实施，达到一定效果并具有可重复性。

第三，发明是新的技术方案。与现有技术相比，要求发明必须是前所未有的，如果只是重复前人的成果而没有任何创新，不能被称为发明。

2.实用新型专利

实用新型专利是指以实用新型为保护客体的专利权。实用新型是指对产品的形状、构造或者其结合所提出的适于实用的新的技术方案。实用新型具有如下特征：

（1）实用新型是一种新的技术方案。

（2）实用新型仅限于产品，不包括方法。

（3）实用新型要求产品必须是具有固定的形状、构造的产品。气态、液态、凝胶状或颗粒粉末状的物质或材料，不属于实用新型的产品范围。

3.外观设计专利

外观设计专利是指以工业品外观设计工作为保护客体的专利权。外观设计是指对产品的形状、图案或者其结合以及色彩与形状、图案的结合所作出的富有美感并适于工业应用的新设计。外观设计具有如下特征：

第一，外观设计必须与产品相结合。外观设计是产品的外观设计，外观设计必须以产品的外表为依托，构成产品与设计的组合。

第二，外观设计必须能在产业上应用。外观设计必须能够用于生产经营目的的制造或生产。如果设计不能用工业的方法复制出来，或者达不到批量生产的要求，就不是专利法意义上的外观设计。

第三，外观设计富有美感。外观设计包含的是美术思想，即解决产品的视觉效果问题，而不是技术思想。

此外，在其他国家还设有植物专利、产品专利、方法专利、改进专利、独立专利、从属专利、输入专利等。

（二）专利资产

1.专利资产的概念

（1）根据《专利资产评估指导意见》第二条的规定，"专利资产，是指专利权人拥有或者控制的，能持续发挥作用并且能带来经济利益的专利权益"。专利资产是专利权资产的简称，专利成为专利资产需具备以下三个关键要素：

一是能持续发挥作用，即该专利在经营活动中可以在一段时间内持续发挥作用，而不是偶然一次或几次发挥作用，在其他时间内闲置不发挥作用。

二是能带来经济利益，也就是该项专利在发挥作用的过程中可以为专利权拥有人带来经济利益。

三是专利的获利能力是通过法律保护获得的。法律在对专利提供保护的同时，也对专利获得保护的条件作出了明确的规定，也就是说，专利权成为资产，必须符合法律的相关规定。另外，法律同时还对专利获得保护的范围及时限作出了明确规定。因此，专利资产一定是已经通过法定程序审查批准并在专利权保护有效期内的一项专利权。

【提示】并不是所有的专利权都可以形成专利资产。对那些已失效的专利申请或专利，由于已不受专利法的保护，就不能构成专利资产。而那些没有经济价值的专利，也不能构成专利资产。只有那些可以持续发挥作用并能产生收益的专利才能形成专利资产。

（2）现实中还存在其他与确定专利资产不同的情况，主要包括：

一是该专利已经提出申请，但是尚没有完成专利的审查批准程序，处于申请阶段。这种专利是否能成为正式专利尚不能确定，当然能否形成专利资产也不能确定。

二是该专利虽然已经经过法定审查程序并且已经被批准成为专利，但是该项专利发挥作用尚需要经过其他法律、法规规定的审查程序。如新药方面的专利，一项新药专利可能已经通过专利法规定的审查程序并获得批准成为一项专利，但是该专利发挥作用还需经过国家药品管理法律、法规规定的审查程序，在未获得药品生产许可证之前，该专利不能实施，能否获得药品生产许可证尚不能确定，因此该专利未来能否持续发挥作用并为权利人产生收益尚不能确定。

对于上述两种情况下的专利，未来能否持续发挥作用并产生经济利益，目前尚不能最终确定，我们称此类专利资产为或有专利资产，对于或有专利资产评估需要采用一些特殊的评估方法。

2.专利资产的分类

专利资产按照不同的标准划分，有不同的种类。

（1）按专利资产在不同生产经营过程中发挥的作用分类。专利资产可以分为生产过程用专利资产和销售过程用专利资产两种。

生产过程用专利资产是指在生产、加工、装配等环节使用的发明专利权、实用新型专利权和外观设计专利权。

销售过程用专利资产主要指外观设计专利权。一些商品独特的外观设计在销售过程中能吸引广大消费者，起着拓展市场、扩大销量的作用。

（2）按专利资产的来源渠道分类。专利资产可以分为企业内部开发的专利资产、自外部购入的专利资产及股东投资入股的专利资产三种。

企业内部开发的专利资产指企业自行开发、设计并申请获得的各种专利权。

自外部购入的专利资产指自其他单位或个人处购入的专利权。

股东投资入股的专利资产指投资方以专利入股的方式投资于企业的专利权。

（3）按专利资产在企业中的经营目的分类。专利资产可以分为自用型专利资产、转让型专利资产和自用与转让结合型专利资产三种。

自用型专利资产是指供本企业自用，并不向外转让的专利权。

转让型专利资产是指开发后并不自己使用或很少自己使用，主要对外转让其所有权或使用权，靠技术转让取得经济效益。

自用与转让结合型专利资产是指本企业既可以自用，控制其所有权，又可以向外转让其所有权或使用权的专利权。

（三）专利资产的主体和客体

1.专利资产的主体

专利资产的主体是指有权提出专利申请并取得专利权的单位和个人。我国专利资产的主体有以下几种：

（1）职务发明创造的单位。职务发明创造是指发明人或设计人为完成本单位的任务或者主要利用本单位的物质条件所完成的职务发明创造。

（2）非职务发明创造的个人。非职务发明创造是指企业、事业单位的工作人员，不是为了执行本单位的任务，未利用本单位的物质条件所完成的发明创造。

（3）共同发明人、设计人。由两人或两人以上共同完成的发明创造称为共同发明创造。完成该项发明创造的人，称为共同发明人或共同设计人。共同发明创造申请专利的权利归于共同发明人或共同设计人，申请被批准后的专利权，归共同发明人或共同设计人所有。

2.专利资产的客体

专利资产的客体是《专利法》保护的对象，即依法可以取得专利权的发明创造，它发布于各个技术领域。根据《专利法》的规定，专利资产的客体主要有：

（1）发明专利。发明专利是指对产品、方法或者其改进所提出的新的技术方案，包括产品发明和方法发明。

（2）实用新型。实用新型是指对产品的形状、构造或者其结合所提出的适于实用的新的技术方案。

（3）外观设计。外观设计是指对产品的形状、图案或者其结合以及色彩与形状、图案的结合所作出的富有美感并适于工业应用的新设计，它也包括以单纯平面图案为特征的设计。

（四）专利资产的特征

专利资产除具有无形资产的基本特征外，还具有一些自己的特征：

1.法律特征

专利权成为资产的前提是可以为特定权利人带来经济利益，专利技术的获利能力是通过法律保护获得的。专利资产的法律特征主要是因为专利资产是依专利权而形成的资产，而专利权是依《专利法》而界定的权利，专利权的范围通常由《专利法》进行规范。

（1）专利资产的时效性。专利资产的时效性是指其权利的时限，是由法律规定的。

《专利法》对三种专利的保护期限作了明确规定：发明专利权的保护期限为20年，实用新型专利权的保护期限为10年，外观设计专利权的保护期限为15年。期满后专利权人的权利自行终止，任何人都可以使用该项专利。因此，专利资产一旦超过《专利法》规定的保护期限，就不再受法律保护，不再为其权利人带来超额经济收益，也就不再具有无形资产价值。

（2）专利资产的地域性。专利资产的地域性是指一项技术仅在其获得专利权的国家或地区，依当地专利法的规定获得保护，而在其他地域范围内则不具有法律效力。即除签有国际公约或双边互惠协定外，为一国法律所保护的某项权利只在该国范围内发生法律效力。因为专利法是国内法，专利资产的地域性特征对国外专利技术及国内专利技术在国际市场上的价值有决定性作用。

（3）专利资产的约束性。根据《专利法》的规定，专利权垄断的法定边界是"专利权利要求书"记载的范围，即专利资产的范围是由"专利权利要求书"确定的。由于有形资产具有确定的形态，它的资产范围是直观的，一般不需要通过额外的法律文件进行确认。对于专利资产而言，它的资产范围是依法获得的保护范围，因此需要通过对专利文件——"专利权利要求书"进行分析，确定它的资产范围。如果没有对"专利权利要求书"进行全面分析，将导致评估对象与实际情况相差甚远。

2.技术特征

我国《专利法》规定，专利保护的对象包括发明专利、实用新型专利和外观设计专利三种，都是具有新颖性、创造性和实用性的技术方案，因此专利资产也相应地具有技术特征。其具体包括以下几种：

（1）专利资产的技术公开性。专利法的实质是以给予专利权人一段时间的技术垄断换取技术的公开，从而促进技术进步及科技创新，因此专利资产具有技术公开性。

（2）专利资产的技术可能存在不完整性。专利资产的技术不完整性主要是由于企业及个人在申请专利过程中，会或多或少保留一些技术诀窍。这种技术诀窍可能不会妨碍对该项专利权的获得，但对专利资产的技术完整性会产生影响，从而影响技术的价值。

（3）专利资产的技术可能存在不成熟性。根据《专利法》的规定，每项专利的批准均需要相当长的一段时间，如我国发明专利的获得一般需要2~3年时间，因此企业及个人在申请专利时，技术方案可能并不完善、不成熟。另外，随着专利战略日益获得各个国家及企业的重视，"产品未到，专利先行"已成为当今各企业的基本战略之一，这也使得很多专利技术在申请时并不成熟。

3.经济特征

（1）专利资产具有垄断收益。专利权是由法律赋予专利权人一段时间对该资产的垄断，是一种垄断权，这是该专利获得超额收益的保证。即同一内容的技术发明只授予一次专利，对于已取得专利权的技术，任何人未经许可不得进行营利性应用。否则，专利权人有权对这种行为提出诉讼，要求侵权人停止侵权并赔偿损失。

（2）专利资产的收益具有不稳定性。与有形资产相比，一方面，专利资产的收益能力具有一定的不确定性。这种不确定性主要体现在专利资产在应用过程中存在的风险，包括：技术风险、市场风险、资金风险及管理风险。另一方面，专利资产在交易过程中存在一定的困难，增加了专利资产价值实现的难度。这些困难包括：专利技术交易价格的不确定性、专利技术移植的难度及专利技术交易的多样性。

评估专业人员在对专利资产进行评估的过程中，必须充分考虑其收益的不稳定性特征，并且体现在参数的选取上。

（3）专利资产的研发成本不易界定。一般而言，技术研究开发的成本往往与技术价值没有直接的对应关系，而且研发的成本难以核实。根据我国的财务制度，专利资产的研究开发成本不能完全资本化，各个企业一般将其中的一部分成本费用化，已计入损益，很难剥离。另外，由于各个企业往往从事多项研究，难以分离某一特定专利资产的成本，从而导致专利资产的研发成本较难界定。

微课

专利资产的
特征

（4）专利资产之间的可比性弱。专利资产应具有新颖性、创造性和实用性，因此每项专利均具有独立性，专利资产之间的可比性不强。

二、专利资产评估

（一）专利资产评估的概念

根据《专利资产评估指导意见》第三条的规定，"专利资产评估，是指资产评估机构及其资产评估专业人员遵守法律、行政法规和资产评估准则，根据委托对评估基准日特定目的下的专利资产价值进行评定和估算，并出具资产评估报告的专业服务行为"。

（二）专利资产评估对象的界定

专利资产评估业务的评估对象是指专利资产权益，包括专利所有权和专利使用权。评估对象的确认需要明确专利资产的基本状况并核实专利权的有效性。

1. 明确专利资产的基本状况

执行专利资产评估业务，应当要求委托人明确专利资产的基本状况。专利资产的基本状况通常包括：

（1）专利种类及名称。专利的种类包括发明、实用新型和外观设计三种。专利的名称是指专利申请保护的主题名称，即被评估专利的名称。

（2）专利申请号或专利号。专利申请号或专利号是指专利申请经国务院专利行政部门受理后，授予的申请号，即在提交专利申请时给出的编号。专利申请审查没有发现驳回理由的，作出授予专利的决定，同时授予专利号，即在授予专利权时给出的编号，其专利号沿用其申请号。

（3）专利的法律状态。专利的法律状态通常包括所有权人（在申请阶段为专利申请人，授权后为专利权人）及其变更情况、专利所处的专利审批阶段、年费缴纳情况、专利权的终止、专利权的恢复、专利权的质押，以及是否涉及法律诉讼或者处于复审、宣告无效状态。

（4）专利权利要求书所记载的权利要求。专利权利要求书是申请发明专利和实用新型专利必须提交的申请文件，要求保护的内容具有直接的法律效力，是申请专利的核心，是确定专利保护范围的重要法律文件。发明或者实用新型专利权的保护范围以其专利权利要求书的内容为准，说明书及附图可以用于解释权利要求，因此权利要求是发明和实用新型专利保护范围的依据。专利权利要求书所记载的权利要求包括产品权利要求和方法权利要求。外观设计专利权的保护范围以表示在图片或者照片中的该外观设计专利产品为准。

（5）专利资产的权利形式。专利资产的权利形式一般包括专利所有权和专利许可使用权。

①专利所有权。《中华人民共和国民法典》规定：所有权是所有权人对自己的不动产或者动产，依法享有占有、使用、收益和处分的权利。专利资产属于无形资产，一般不涉及占有的概念，但是会有使用、收益和处分的概念。

专利的使用权一般是指专利权人自己使用专利的权利，或者说自行实施专利的权利。

专利的收益权是指许可他人使用专利并取得收益的权利。

专利的处分权是指转让上述使用权和收益权的权利。

②专利许可使用权。根据我国《专利法》的相关规定，专利的许可使用权可以分为授权许可和特别许可两部分（见表4-1）。

表4-1　　　　　　　　　　　　　　专利许可使用权分类表

种类	类型	含义
专利许可使用权	授权许可 独占许可使用权	指在双方合同规定的时间和地域范围内，专利权人只把专利转让给某一特定受让方，受让方不得再转让，转让方也不得在合同规定范围内使用该专利和销售该专利生产的产品
	排他许可使用权（独家使用权）	指转让方在合同规定的时间和地域范围内只把专利授予受让方使用，同时转让方自己保留使用权和该专利产品销售权，但不再将该专利转让给其他人使用
	一般许可使用权	指转让方在合同规定的时间和地域范围内向受让方转让专利，转让方自己也保留专利使用权和专利产品销售权，同时，转让方还可以将专利权许可给其他人使用
	特别许可 开放许可	指权利人在获得专利权后自愿向国务院专利行政部门提出开放许可声明，明确许可使用费，由国务院专利行政部门予以公告，在专利开放许可期内，任何单位或个人都可以按照该专利开放许可的条件实施专利技术成果。实行开放许可的专利权人可以与被许可人就许可使用费进行协商后给予普通许可，但不得就该专利给予独占或者排他许可
	强制许可	根据《专利法》的相关规定，在某种特定前提下，国家可以对某些专利进行强制许可，取得实施强制许可的单位或者个人不享有独占的实施权，并且无权允许他人实施，被许可方还需要向专利权人支付许可使用费

授权许可是指专利所有权人通过合同、协议授权许可他人使用专利；
特别许可又可分为开放许可和强制许可。

【提示】在专利资产评估实务中还存在一种许可使用权情况，我们将其称为"具有再许可使用权的许可使用权"，这种许可使用权通常以授权许可方式来实现。具有再许可使用权的许可使用权是指在特定时间内，在特定区域内，根据许可协议的约定，被许可人除自己实施专利外，可以再许可他人实施专利的许可使用权。这种再许可的规定完全是一种协议、合同的约定。目前在我国专利相关法规中没有明确规定这种情况，但是在实务中会出现这种情况，如一般认为专利许可使用权是不能作为出资的，如果要作为出资，应该至少需要具有再许可权利。

执行专利资产评估业务，应当明确专利资产的权利属性。评估对象为专利所有权的，应当关注专利权是否已经许可他人使用及使用权的具体形式，并关注其对专利所有权价值的影响。评估对象为专利使用权的，应当明确专利使用权的许可形式、许可内容及许可期限。

（6）专利申请日和专利授权日。专利申请日是指国务院专利行政部门收到专利申请的请求书、说明书（使用新型必须包括附图）和专利权利要求书的日期。专利申请日是专利保护期限的起始时间，也是专利审查员及评估专业人员判断申请技术新颖性及创造性的时间点，因而是一个很重要的时间点。该日期记录在专利申请受理通知书和专利证书上。

专利授权日是指实用新型专利申请和外观设计专利申请经过初步审查合格后，国务院专利行政部门所指定的法定公告的日期，以及发明专利申请根据发明专利申请人的请求，经过实质性审查合格后，国务院专利行政部门所指定的法定公告的日期，是专利权（发明专利权、实用新型专利权、外观设计专利权）的生效日。

（7）单项专利或专利资产组合。在评估实务中，会出现单项专利资产的情况，但是更经常出现的是多种、多项专利资产组合成一个功能资产组的情况，有些时候甚至是部分专利资产与部分其他类型的无形资产的资产组，如专有技术、软件著作权、商标权等共同组合的资产组，这些无形资产的共同组合不可分割或者没有必要分割，可以合并在一起组成一个评估对象。在这种情况下，需要说明评估对象的具体组成内容和形式。

需要关注的一种情况是带有有效的许可使用权协议的专利所有权。所谓带有有效许可协议的专利所有权，是指专利所有人已经许可他人使用其专利，并且这种许可协议不因所有权转移而失效。单独的一项专利所有权与带有许可他人使用协议的专利所有权应该视为不同的专利评估对象。仅自用的专利所有权应该界定为专利所有权，而带有有效许可他人使用的专利所有权应该界定为专利所有权与一个合同权益（合同义务）的组合。实务中常见的带有有效许可协议的专利所有权评估情况包括：专利所有权转让中包括如下条款，所有权受让方在受让专利所有权时，必须同时许可专利给出让方使用；专利所有权人已经将专利许可给第三方使用，现在要将该专利转让给其他方；专利已经许可他人使用，现在要进行质押目的的评估等。

2.核实专利权的有效性

专利资产凭借法定的垄断权，为特定权利主体带来经济收益。对专利资产有效性的分析，是对专利权的核实，也就是判断该技术是否享有法定的垄断权。对专利资产有效性的判断包括以下两个层次：

（1）核实该专利是否为有效专利，著录项目是否属实。对专利权的核实，不能仅凭"专利证书"确认该专利的有效性。"专利证书"虽是依法授予专利权的凭证，但在授权后，专利权随时可能因各种原因而失效，如未交年费或是经过无效程序。根据我国专利管理制度，失效后的"专利证书"国家并未收回，而是在《专利公报》上予以公告作废，但是作废的"专利证书"仍保留在原专利权人手中。因此，不能仅以"专利证书"证明专利权的有效性，还必须要求委托人提供有关省、自治区、直辖市、国务院有关部委专利管理机构出具确权证明，或通过检索，确认该专利权的法律状态是否为有效。对于已向专利部门提出专利申请并正在受理中的专利申请权，要核实专利部门发出的"受理通知书"和缴费凭证等。

（2）核实该专利是否具有专利性。由于我国对实用新型专利实行初步审查制度，很多已授权的实用新型专利是不符合专利法的实质性要求的。因此，即使是有效的实用新型专利，仍可能因不具备"三性"（新颖性、创造性和实用性），经过无效程序，丧失专利权。在无效程序中，关键是对技术专利性的判断。实用新型专利的稳定性是不足的。评估专业人员在评估以前，必须对委估对象的权利稳定性进行分析。专利技术的专业性较强，在必要的情况下，应咨询该技术领域的专家，对专利技术进行分析。

只有在确定专利权有效的前提下，才能够开展对专利技术的评估。丧失专利权的技术，实质上也就丧失了作为资产的条件，不再具有评估意义上的价值。对于评估专业人员而言，在对专利资产进行评估的过程中，应首先判断委估对象权利的有效性。

（三）专利资产价值影响因素的分析

1.专利权的法律状态

专利权是依法而获得的权利，专利法界定了保护对象、保护期限及相关权利，而且对权利的获得及要求均作了详细的规定，这些规定不仅决定了专利资产的法律特性，同时对专利资产的价值有显著影响。

专利权具有多种法律状态，主要包括申请专利的权利、专利申请中的权利及专利权。不同的法律状态，对应不同的法律意义，对专利资产价值的影响也不同。根据现行专利法律、法规的规定，我国专利权的法律状态主要涉及以下几个方面：

（1）申请专利的权利、专利申请权和专利权。

①申请专利的权利是指在发明创造完成后，权利人有权决定是否申请专利以及如何申请专利。例如，权利人可以决定对其发明创造不申请专利，而是采取秘密的手段保护其发明创造；或者权利人可以决定对其发明创造申请专利，并有权决定何时提交申请、申请何种类型的专利，向哪些国家或地区申请专利。

【提示】申请专利的权利可以有偿转让，但在实际生活中很少出现，一般不进行评估。

②专利申请权是指在就发明创造向国务院专利行政部门提出专利申请之后，专利权申请人享有的是否继续进行专利申请程序、是否转让专利申请的权利。例如，专利申请权人可以决定撤回专利申请，或者将其专利申请转让给其他单位或者个人等。

【提示】专利申请权主要是一种对专利权的期待权，可以有偿转让，通常可以进行评估。

③专利权是指发明创造被授予专利权后，专利权人享有禁止他人实施其专利、许可他人实施其专利、向他人转让或者质押其专利的权利。

【提示】专利权人可以依法使用、转让其专利，这也是资产评估实务中常见的专利权评估的法律状态。对于专利权，可以根据具体的评估目的来选择适合的方法评估其价值。

从以上概念可以看出，申请专利的权利、专利申请权和专利权这三种权利既有关联，也存在明显的区别，它们是对专利的法律状态处于不同阶段的称谓。在发明创造提出专利申请前，称之为申请专利的权利；在发明创造提出申请后获得授权前，称之为专利申请权；在发明创造获得授权后，称之为专利权。我们评估的专利权可能是已经确权的专利权，也可能是尚在申请阶段的专利权，因此在评估对象中应该明确说明评估对象的专利权是已经确权的专利权还是正在申请阶段的专利申请权，或者是需要进一步批准才可以实施的专利权。一项专利处于哪一阶段是决定该专利价值的首要因素。对于发明创造正处于申请阶段的专利权，其专利的授权具有较大的不确定性，也就是具有较高的风险，因此对于正处于申请阶段的专利权，其价值一般要低于已经授权的专利权。

（2）专利权的无效宣告、终止与恢复。

专利权的无效宣告是指自国务院专利行政部门公告授予专利权之日起，任何单位或者个人认为该专利权的授予不符合《专利法》及其实施细则有关规定的，可以请求专利复审委员会宣告该专利权无效。提出无效的理由既包括实质条件，也包括形式条件。

专利权的终止是指期限届满依法终止、专利权人没有按照规定缴纳年费的终止以及专利权人以书面声明放弃其专利权的情况。

专利权的恢复是指因某些特定因素导致专利权利终止后，专利权人可以按照规定程序申请恢复权利的情况。根据《专利法实施细则》第六条的规定：第一，当事人因不可抗拒的事由延误专利法或者本细则规定的期限或者国务院专利行政部门指定的期限，导致其权利丧失的，可以自障碍消除之日起2个月内，最迟自期限届满之日起2年内，可以向国务院专利行政部门请求恢复权利；第二，除前款规定的情形外，当事人因其他正当理由延误专利法或者本细则规定的期限或者国务院专利行政部门指定的期限，导致其权利丧失的，可以自收到国务院专利行政部门的通知之日起2个月内向国务院专利行政部门请求恢复权利。

从上面对专利不同法律状态的分析可以看出，一项专利技术可能因未通过实质性审查而根本得不到《专利法》的保护，也就不具有评估意义上的价值。另外，无效请求的审查结果可以是全部无效、部分无效或维持专利权，经过无效请求审查程序的专利，保护范围可能会缩小，从而影响其价值。因此，在对某项专利权进行价值评估的时候，应该事先了解该项专利是否经过无效请求等程序的审查、审查的结果是什么，据此对评估对象的价值进行相应的修正和调整。

（3）专利权的对外许可。

专利权的对外许可是指权利人许可他人实施其专利并收取专利使用费的权利。任何单位或者个人实施他人专利的，应当与专利权人订立实施许可合同，向专利权人支付专利使用费。专利权人与他人订立的专利实施许可合同，应当自合同生效之日起3个月内向国务院专利行政部门备案。申请备案的专利实施许可合同应当以书面形式订立。专利实施许可合同的备案经常容易被忽略，但却是十分重要的，一项专利如果已经持有有效的对外许可合同，则这项专利原则上与没有对外许可合同的专利是不一样的专利，在进行专利评估时，评估对象的确定是不一样的。这些有效的对外许可合同可能会对专利价值产生正面影响，也可能会产生负面影响，例如，对外许可专利全部是按照市场价值收取许可费用的，则可能会因为专利的价值发挥充分而对标的专利价值产生正面影响，但是如果这些对外许可专利不是按照市场价值收取许可费的，或者根本不收取费用，则由于这些许可合同会增加竞争对手、瓜分市场份额等因素，将对标的专利价值产生负面影响。因此，对于具有有效许可合同的专利需要根据具体情况进行具体分析。

此外，专利权的时效性、地域性和约束性等特征，以及在持有期内的质押、保全和解除也会对相应专利资产的价值产生影响。

2.专利的创新性、实用性

执行专利资产评估业务，应当对专利创新性、实用性进行分析。

（1）专利的创新性对价值产生影响。如果一项专利，其竞争对手通过成本差不多的其他技术途径或方法也可以实现与该专利一样的效果，这样的专利的经济价值是不高的，因为其创新性不够，但是如果一项专利，其竞争对手无法采用其他方式轻易地达到同样的效果，这样的专利的创新性较高，其价值也会较高。

（2）专利的实用性也会对价值产生影响。实用性表现为两个方面：其一是可靠，其二是实施成本尽可能低。可靠性高的技术的价值一定会高于可靠性低的技术；同样的技术，实施成本低的技术的价值一定会高于实施成本高的技术。

3.专利资产的经济影响因素

执行专利资产评估业务，应当对影响专利资产价值的经济因素进行分析。这些因素通常包括专利资产的取得成本、获利状况、许可费、类似资产的交易价格、市场应用情况、市场规模情况、市场占有率、竞争情况等。

4.专利产品的发展前景

专利的价值是需要通过专利实施，也就是使用专利生产专利产品或者提供专利服务来实现的，因此专利的价值与可以生产的专利产品或提供的专利服务是否具有良好的市场前景密切相关。具有良好市场前景的专利产品的价值一定要高于不具有市场前景的专利产品，例如，目前数码存储产品已经替代磁介质产品，因此对于磁介质产品的生产技术专利，无论其有多"先进"，由于磁介质产品即将被淘汰，其专利也不会有很高的价值；又比如，物美价廉的签字笔已越来越多地被人们使用，钢笔的使用越来越少，如果现在有一项更好的生产钢笔的专利技术，从行业发展因素来讲这项专利的价值一般也不可能很高。

5.专利的应用领域与保护力度

专利的保护期被称为专利的"长度"，专利的应用领域和专利的保护力度被称为专利的"宽度"。专利的宽度就是专利的应用和保护范围，也是对侵权行为的惩罚力度，专利的宽度可以用侵权惩罚金或者在专利保护范围内专利权人获得的超额垄断利润来表示。专利的宽度越大，对侵权的惩罚额越高，这样竞争者就会越少，专利权人获得的超额垄断利润就越多，因此专利的价值也越高。这一点在生物领域可以看出，许多大公司在生物领域申请了大量技术宽度大的专利，有效地遏制了竞争对手的发展，迅速占领了市场。在评估一项专利价值前，我们有必要考虑这项技术是只能用于某一个很窄的领域还是能用于很多领域。如果一项专利技术能用于很多领域并能够为之带来效益，那么它的价值肯定是比较高的。

6.专利权利要求的内容与保护

专利权利要求是指该项专利要求法律保护的核心内容，如果一项专利的权利要求恰当，则可以有效避免被竞争者轻易"绕"过去的可能，也就是可以有效保护专利的核心，避免出现侵权的可能，因而增加专利应有的价值。质量高的专利权利要求应该使得权利保护范围大且没有非必要技术特征，权利要求清晰有条理，对出现侵权产品也容易取证。

另外，权利的稳定性也是十分重要的因素，权利稳定性一般是指专利权授权后对抗无效请求的能力。因为任何专利都是经政府审查后授权的，但是审查的力度和条件有限，有可能使一些实际上不符合专利要求的申请得到授权，这样的专利稳定性就差。

例如，发明专利由于经过的是实质性审查，其稳定性就高；而实用新型和外观设计专利有可能没有进行实质性审查，因此稳定性就低。一般来说，稳定性高的专利的价值要高于稳定性低的专利的价值。

执行专利资产评估业务，应当分析专利权利要求书、专利说明书及附图的内容和专利权利要求书所记载的专利技术产品与其实施企业所生产产品的对应性对专利资产价值的影响。

除了对影响专利资产价值的上述因素分析外，还应关注专利资产的作用、经营条件等对专利资产价值的影响。如果涉及执行专利资产法律诉讼评估业务，应当关注相关案情的基本情况、经过质证的资料以及专利权的历史诉讼情况。

（四）专利资产评估的注意事项

1.共有专利资产的评估问题

按照《民法典》的相关规定，物权的共有形式可以分为按份共有和共同共有，专利权的共有形式也可以分为按份共有和共同共有。

专利权共有是指专利权的权利人包括两个或者两个以上的自然人、法人或其他组织。如果没有协议约定，一般标的的专利共有人是共同共有的，如果有协议约定按份共有，则从其约定。无论是哪种共有方式，专利资产的处置一般需要得到共有人的书面同意，这种处置一般包括所有权转让、质押等。

专利许可行为共有人对权利的行使有约定的，从其约定；没有约定的，共有人可以单独实施或者以普通许可方式许可他人实施。许可他人实施该专利的，收取的使用费应当在共有人之间分配。

2.被评估专利资产实施中需要用到其他专利资产或无形资产时需要关注的问题

当被评估专利资产实施中需要使用其他专利资产或相关专有技术资产时，需要确认被评估专利资产是否已经获得上述其他专利资产权利人的许可，如果涉及强制许可，需要确认是否获得国务院专利行政部门的批准，同时还需要恰当考虑其对被评估专利资产价值的影响，也就是说需要将其他专利资产或专有技术资产等的贡献进行恰当的扣除。

对于专利资产实施中尚需支出的其他费用等也要作为一项现金流出考虑。

3.评估专业人员评估专利资产时需要关注的"价值"问题

一般而言，评估专业人员对专利资产价值的评估仅涉及专利资产的经济价值，不应该包括其他领域的"价值"，如军事、国家安全、科技发展等领域的"价值"。

4.质押目的的专利资产评估问题

（1）可以用于质押的专利资产权利类型。专利资产的质押包括所有权质押和收益权的质押。对于收益权的质押在实质上类似于专利资产许可他人使用权的质押。

（2）质押目的评估的操作要点。专利资产质押评估的操作主要需关注以下问题：

① 价值类型及前提的选择。由于质押权实现时需要将被质押的无形资产拍卖变现，受让方经常不能确定，因此一般情况下无形资产质押评估应该选择市场价值，不选用投资价值。

② 质押目的专利资产评估权属核实的特殊要求。专利资产质押评估需要提交由国务院专利行政部门出具的专利登记簿副本，实用新型专利在进行质押目的评估时需要关注专利检索情况，需要委托人提供国务院专利行政部门系统提供的专利检索报告。

③ 专利资产质押目的评估存在一个"怪圈"。由于专利资产价值（绝对价值）经常与被使用企业的生产能力有关，因此在确定参与拍卖质押专利资产的企业生产能力时往往存在现实困难。以市场需求量为基础测算，理论上可行，实际上难以实施；以目标企业的产能为基础测算（假定专利资产购买者会整体接受该企业）也有牵强之嫌。目前这个问题仍在进一步研究之中。

④ 共有的专利资产质押需要征得共有人的书面同意。专利资产的共有分"共同共有"和"按份共有"。对于共同共有的专利资产质押需要共有方书面同意；按份共有如果各共有人不能独立行使其拥有的专利资产份额，则也需要共有人书面同意。

⑤ 进行质押目的评估时应当区别出质人自用的专利资产与已经许可他人使用的专利资产的差异。对于自用专利资产，如果出质人自身经营出现困难，则专利资产就要停止实施；已经许可他人使用的专利资产的许可协议，一般不会因专利资产的所有权转让而灭失，通常被许可人仍可以继续按协议使用，因此两者之间应该加以区分。

5.出资目的的专利资产评估问题

（1）可以用于出资的专利资产权利类型。可以作为出资的专利资产一般都是指"所有权"，专利资产的所有权包括使用、收益和处分的权利。

与专利资产出资相关的权利主要是使用权和处分权，公司法要求出资的资产应具有依法转让的权利，因此专利资产的单独使用权一般不能出资，使用权加使用权的处分权是否可以出资，没有明确规定，需要与市场监督管理部门沟通。

（2）出资目的专利资产评估的操作要点。

① 评估对象界定。评估对象可以是出资的单项专利资产、多项专利资产组合，或是专利资产与专有技术、注册商标、著作权的财产权等组成的资产组。

② 权属类型一般为专利资产的所有权。许可使用权加许可使用权的处分权出资需要另行沟通。

③ 价值类型。目前建议选择"市场价值"类型。

④ 出资目的专利资产评估操作中的一些特殊要求。专利资产出资目的评估一般需要委托人提交由国务院专利行政部门出具的专利登记簿副本，对于实用新型、外观设计专利在进行出资目的评估时需要关注专利检索情况，需要委托人提供国务院专利行政部门系统提供的专利检索报告。

6.专利资产评估权属资料核实问题

为了确定被评估专利的法律状态，需要评估专业人员核实被评估专利的相关产权资料。专利资产权属核实应当遵循"孤证不立"的原则，需要引入"证据链"的概念，核查多种指向相同的证据资料。

（1）发明专利资产评估的权属资料核实。根据《专利资产评估指导意见》的相关要求，对于发明专利评估权属应该根据不同的评估目的核实以下资料：

① 一般许可/转让目的的评估。这方面需要核实的资料包括专利证书、专利维持费缴费凭证等。

② 出资、与上市公司交易、质押、诉讼等目的的评估。这方面需要核实的资料包括专利证书、专利维持费缴费凭证、专利登记簿副本等。

专利登记簿是国务院专利行政部门进行专利权属登记的账簿。

（2）实用新型专利资产评估的权属资料核实。对于实用新型专利评估权属应核实的资料包括以下几项：

① 一般许可/转让目的的评估。一般许可/转让目的的评估需要核实专利证书、专利维持费缴费凭证等。

② 出资、与上市公司交易、质押、诉讼等目的的评估。出资、与上市公司交易、质押、诉讼等目的的评估需要核实专利证书、专利维持费缴费凭证、专利登记簿副本和专利检索报告等。

专利检索报告是指通过对现有技术进行检索，反映检索结果的文件。实用新型专利在专利申请阶段没有强制要求进行专利检索，因此对于实用新型专利，如果不进行专利检索报告的核实，有可能会存在被评估专利由于没有进行检索而造成其新颖性遭到破坏而被宣告无效的风险。

实用新型专利检索一般可以由国务院专利行政部门或其省级相关机构承担。

（3）外观设计专利资产评估的权属资料核实。外观设计专利评估权属资料核实一般包括以下几项：

① 一般许可/转让目的的评估。一般许可/转让目的的评估需要核实的资料包括专利证书、专利维持费缴费凭证等。

② 出资、与上市公司交易、质押、诉讼等目的的评估。出资、与上市公司交易、质押、诉讼等目的的评估需要核实的资料包括专利证书、专利维持费缴费凭证、专利登记簿副本和专利检索报告等。

无论是发明、实用新型，或者是外观设计专利，在进行权属资料核实环节中都可以通过国务院专利行政部门网站查询相关权属资料，进行进一步的验证工作。

（五）专利资产评估的程序

资产评估机构接受委托者委托评估专利资产后，一般按下列程序进行资产评估。

1.确认专利资产的存在

专利资产的确认包含明确专利资产的基本情况及核实专利权的有效性。

（1）明确专利资产的基本情况。专利资产的基本情况一般包括：专利名称；专利类别；专利申请的国别或地区；专利申请号或专利号；专利的法律状态；专利申请日；专利授权日；专利权利要求书记载的权利要求；专利使用权利。

（2）核实专利权的有效性。专利资产凭借法定的垄断权，为特定权利主体带来经济收益。对专利资产有效性的分析，是对专利权的核实，也就是判断该技术是否享有法定的垄断权。对专利技术有效性的判断包括两个层次：第一层次是核实该专利是否为有效专利，著录项目是否属实；第二层次是核实该专利是否具有专利性。

2.收集相关资料，确定评估方法

根据无形资产评估的操作规范，我国专利资产评估一般采用三种方法：成本法、市场法、收益法。根据专利资产的特性，在评估时所选取的方法必须考虑其使用前提条件及评估的具体情况，收益法是专利资产评估最常用的方法，在运用时主要考虑各项技术参数和指标的确定，这就要求评估专业人员收集大量的相关资料。

（1）专利资产的权利人及实施企业基本情况。

（2）专利证书、最近一期的专利缴费凭证。

（3）专利权利要求书、专利说明书及附图。

（4）专利技术的研发过程、技术实验报告，专利资产所属技术领域的发展状况、技术水平、技术成熟度、同类技术竞争状况、技术更新速度等有关信息、资料；如果技术效果需要检测，还应当收集相关产品检测报告。

（5）专利产品的适用范围。

（6）市场需求、市场前景及市场寿命、相关行业政策发展状况、宏观经济、同类产品的竞争状况等相关信息、资料。

（7）宏观经济政策和数据。

（8）与专利产品的获利能力等相关的信息、资料。

（9）专利以往的评估和交易情况，包括专利权转让合同、实施许可合同及其他交易情况。

3.信息资料核查分析，评定估算

上述资料是专利资产评估的基础资料，评估人员应进行认真的核查、分析，这些基础资料是资产清查工作的目的及成果，它将为下一步的评定估算工作做好充分的准备。信息资料的核查分析主要包括：

（1）明确专利权利要求书、专利说明书及附图的内容；

（2）专利权利要求书所记载的专利技术产品与其实施企业所生产产品的对应性；

（3）专利资产的法律因素、技术因素、经济因素对专利资产价值的影响；

（4）与其他资产共同发挥作用时的影响；

（5）经营条件等对专利资产价值的影响。

4.完成评估报告,并加以详尽说明

评估报告是专利资产评估结果的最终反映,但这种结果是建立在各种分析、假设基础之上的。为了说明评估结果的有效性和适用性,评估报告中应详尽说明评估中的各有关内容,这些内容主要包括专利技术成熟程度和接收方可受度的分析。

三、专利资产的评估方法

专利资产评估最常用的方法是收益法。专利资产作为一种无形资产,其研究开发成本往往与其产生的收益没有直接的对应关系。而且大多数的技术研究开发成本资料是残缺不全的,成本法受到一定限制,但专利资产评估有时也用成本法。由于专利权的个别性,一般不采用市场法。

(一) 专利资产评估的收益法

收益法应用于专利资产评估,其方法已在前面介绍,其根本的问题是寻找、判断、选择和测算评估中的各项技术指标和参数,即专利资产的收益额、折现率和收益期限。

拓展知识

专利资产评估过程中需要重点关注的问题

1.收益法在专利资产评估中的应用原理

运用收益法评估专利资产,其前提条件是专利技术已经进入工业化及商品化阶段,专利技术已在实践中得到运用并有收益记录或可预测其收益。

运用收益法对专利资产进行评估,是通过计算被评估的专利资产的未来预期收益,折算出专利资产的现值。一项专利如果不能产生超额收益,那么它很可能就不能形成无形资产或者说无法采用收益法估算其价值。

2.收益法在专利资产评估中的应用公式

根据专利技术的特点,收益法可分为超额收益法和收益分成法。

(1) 超额(增量)收益法基本公式。

$$P = \sum_{t=1}^{n} \frac{R_t}{(1 + r)^t}$$

式中:

P——被评估专利资产的评估值;

r——折现率;

R_t——被评估专利资产第t年的超额(增量)收益(考虑税收影响);

t——收益期限序号;

n——收益期限。

专利资产超额收益通常通过收入增长型和费用节约型直接测算得到。专利资产的收益额是指直接由专利资产带来的预期收益。

(2) 收益分成法基本公式。

$$P = \sum_{t=1}^{n} \frac{KR_t}{(1 + r)^t}$$

式中:

P——被评估专利资产的评估值;

K——技术分成率；

r——折现率；

R_t——第 t 年使用该专利所获得的收益（可以是利润，也可以是销售收入）；

n——收益期限。

前面介绍的确定无形资产分成率的约当投资分成法、经验数据法和要素贡献法等方法同样适用于对专利资产的评估。

【例 4-1】某企业准备购买一项专利以改善企业现有产品的性能，使该产品能持续三年在市场上以高价出售。第一年销售价格为 1 350 元/台，销售量为 5 000 台；第二年销售价格为 1 300 元/台，销售量为 5 500 台；第三年销售价格为 1 200 元/台，销售量为 6 000 台。销售成本为 600 元/台（不包括转让费），购买该专利的企业的正常资本利润率为 25%，折现率为 15%。试评估该专利的价值。

解：该产品的销售成本为 600 元/台，则正常情况下的市价为：

$$市价 = 600 \times (1 + 25\%) = 750（元/台）$$

每年的超额利润为：

第一年：$(1\,350 - 750) \times 5\,000 = 300$（万元）

第二年：$(1\,300 - 750) \times 5\,500 = 302.5$（万元）

第三年：$(1\,200 - 750) \times 6\,000 = 270$（万元）

$$该专利价值 = \frac{300}{1 + 15\%} + \frac{302.5}{(1 + 15\%)^2} + \frac{270}{(1 + 15\%)^3} = 667.13（万元）$$

【例 4-2】北京某科技发展公司于 2018 年 1 月 10 日自行开发了一项 DGL 技术，并获得专利证书，专利保护期为 20 年。现在，该公司准备将该专利资产出售给 X 企业，现委托中清评估师事务所对该项专利资产在 2023 年 1 月 10 日的市场价值进行评估，并说明该专利资产评估程序。

解：评估分析和计算过程如下：

（1）确定评估对象和评估目的。由于北京某科技发展公司是出售该项专利，因此，转让的是专利技术的所有权。

（2）确认专利资产。该项技术已申请专利，该技术所具备的基本功能可以从专利说明书以及有关专家鉴定书中得到。此外，该项技术已在北京某科技发展公司使用 5 年，产品已进入市场，并深受消费者欢迎，市场潜力较大。因此，该项专利技术的有效功能较好。

（3）选择评估方法。该项专利技术具有较强的获利能力，而且，同类型技术在市场上被授权使用的情况较多，分成率容易获得，从而为测算收益额提供了保证。因此，决定采用收益法进行评估。

（4）判断确定评估参数。根据对该类专利技术的更新周期以及市场上产品更新周期的分析，确定该专利技术的剩余使用期限为 4 年。根据对该类技术的交易实例分析，以及该技术对产品生产的贡献性分析，采用的销售收入分成率为 3%（假定该收入免税）。

根据过去经营绩效以及对未来市场需求的分析，评估专业人员对未来 4 年的销售收入进行预测，结果见表 4-2。

表4-2   预期销售收入测算结果

年度	销售收入（万元）
2024	600
2025	750
2026	900
2027	900

根据当前的市场投资收益率，确定该专利资产评估中采用的折现率为10%。

（5）计算评估值。计算结果见表4-3。

表4-3   评估值计算结果   单位：万元

年度	销售收入①	分成额＝①×3%	收益现值（r＝10%）
2024	600	18	16.36
2025	750	22.5	18.60
2026	900	27	20.29
2027	900	27	18.44
合计			73.69

因此，该专利资产转让的评估值为73.69万元。

（二）专利资产评估的成本法

专利资产的成本费与专利资产可以带来的额外收益没有必然的联系。评估专利资产的重置成本，主要是为了向侵权者索赔，有时也可以按财务制度的规定按照成本摊销补偿。此外，当专利资产的预期收益难以测定，也没有依据表明预测收益的本金化价格将大大偏离重置成本时，重置成本可以作为以专利资产投资确定底价的参考因素。

1.重置成本法的基本公式

重置成本法的基本公式为：

$$专利资产的评估值＝重置成本×成新率$$

或 $$专利资产的评估值＝重置成本×（1－贬值率）$$

运用成本法评估专利资产的关键在于分析计算重置成本的构成、数额及贬值率（或成新率）。专利资产分为外购和自创两种，外购专利资产的重置成本比较容易确定。相对而言，自创专利资产的成本构成要复杂一些。

2.专利资产的成本构成

外购专利资产的成本主要包括购置价、专利年费、转让费、税金、利润和法律诉讼费等。

自创专利资产的成本一般由下列项目组成：

（1）研发成本。财政部印发的《关于企业加强研发费用财务管理的若干意见》（财企〔2007〕194号）规定的研发费用，即研发成本，分为直接成本和间接成本两大类。

直接成本是指研发过程中直接投入发生的费用，一般包括：材料费用、工资费用、专用设备费、资料费、咨询鉴定费、协作费、培训费、差旅费和其他费用等。

间接成本是指与研究开发有关的费用，一般包括：管理费用、专用设备折旧费和应分摊的公共费用和能源费用。

（2）交易成本。交易成本是指发生在交易过程中的费用支出，主要包括：技术服务费、手续费、税金等。

（3）专利费。专利费即为申请和维护专利权所发生的费用，包括专利代理费、专利申请费、实质性审查请求费、维护费、证书费、年费等。

（4）机会成本。机会成本是指由于专利权许可或转让而使供给方失去在买方所在国家或地区的全部或部分产品投资或销售机会而产生的成本。

由于评估目的不同，其成本构成内涵也不一样，在评估时应视不同情形考虑以上成本的全部或一部分。

3.重置成本的估算

重置成本是指在现实条件下，重新购置、建造或形成与被评估资产完全或基本相同的全新资产所花费的成本。专利权重置成本的估算方法主要有重置核算法、物价指数法和综合估价法。这里对重置核算法与物价指数法不再赘述，仅介绍综合估价法。

综合估价法是以研发专利权的资本投入为基础，考虑开发风险，确定评估价值的方法。评估公式为：

$$重置成本 = 研究开发的全部资本投入 \times \frac{(1 + 无风险报酬率)^{n/2}}{1 - 研发风险}$$

或　　　　重置成本 = 研究开发的全部资本投入 × (1+同类无形资产投资报酬率)$^{n/2}$

式中：n为研究开发的投资年限。

需要说明的是，所谓全部资本投入，不仅仅是会计账面上反映的各项实验材料和设备耗费以及研发人员工资，还包括有关的管理费用及为与项目的研究开发和管理有关的人员提供的各项福利费，此外还要对以上费用按照评估基准日的现时价格进行调整。

4.贬值率的估算

无形资产的贬值表现为功能性贬值和经济性贬值。功能性贬值是由于科学技术的进步，或该无形资产的普遍使用等，使得拥有该项无形资产获取超额利润的能力减弱，从而造成其价值降低。经济性贬值是由于无形资产外部环境的变化，导致使用该项无形资产的产品价值或需求降低，以致其经济价值降低。

专利权贬值率的估算，也就是无形资产成新率的估算，可以采用专家鉴定法和使用年限法。

专家鉴定法是通过有关技术领域专家对评估标的无形资产的先进性和适用性进行分析判断，进而确定其成新率的方法。

使用年限法是根据无形资产的特征，分析判断其剩余经济使用年限，从而确定其贬值率的方法。其计算公式为：

$$贬值率 = \frac{无形资产已使用年限}{无形资产已使用年限 + 无形资产剩余经济使用年限} \times 100\%$$

【例4-3】A有限公司因管理不善，经济效益差，亏损严重，将要被同行业的B公司兼并。现需要对A有限公司的资产进行评估，该公司有一项专利属于实用新型，2年前自行研发并获得专利证书，现需要对该专利技术进行评估。

解：评估分析和计算过程如下：

（1）确定评估对象：该专利技术是A有限公司自行研究并开发申请的专利资产，拥有所有权。被兼并企业中包括该项专利技术，所以评估对象是专利技术的完全产权。

（2）技术功能鉴定：该专利资产的专利证书、专利权利要求书、专利说明书及附图、缴纳专利费用凭证、技术检验报告均齐全，根据专家鉴定和现场勘查，有一定的效果。该专利技术还未实际应用于生产之中，技术还有待完善，技术产品的售价、成本及参数还难以取得，但该技术从实验的结果反映，将会为未来的生产带来较好的效果。

（3）选择评估方法：鉴于对该专利技术作出的鉴定结论，应用成本法能反映该项专利资产的价值，故选用成本法。

（4）各项评估参数的估算。

首先，分析测算其重置成本。该项专利技术系自创形成，其开发形成过程中的成本资料可从企业中获得，具体见表4-4。

表4-4　　　　　　　　　　　　　　成本资料表　　　　　　　　　　　　单位：元

项　目	金　额
材料费	48 000
工资费用	22 000
专用设备费	8 000
资料费	1 000
咨询鉴定费	6 000
专利申请费	4 200
培训费	2 400
差旅费	3 000
管理费分摊	1 800
非专用设备折旧费分摊	8 700
合计	105 100

据了解，近两年生产资料物价上涨指数分别为5%和10%，生活资料物价指数难以获得，所占份额较少，可忽略不计。

重置成本＝105 100×（1＋5%）×（1＋10%）＝121 390.50（元）

其次，确定该专利技术的贬值率。该项实用新型专利技术，法律保护期限为10年，但根据专家鉴定分析和预测，该项专利技术使用期限为8年，现已使用2年，剩余使用年限为6年。

$$贬值率 = \frac{2}{(2+6)} \times 100\% = 25\%$$

（5）计算评估值，得出结论。

评估值＝121 390.50×（1-25%）＝91 042.88（元）

最后，确定该项专利技术的评估值为91 043元（取整）。

【例4-4】某股份有限公司拥有一项2020年12月自行研究开发成功并获专利的实用新型专利技术，2022年12月因出售需要对其价值进行评估。经过财务核算，该专利技术的研究开发花费4年时间，总费用为20万元。2021—2022年期间生产及生活资料物价上涨5%，无风险报酬率为6%，该类专利技术研究开发的平均风险率为70%。经专家鉴定，该专利技术的剩余经济使用年限为6年。试评估该专利技术的价值。

解：

（1）该专利技术的重置成本＝20×（1 + 6%)$^{4/2}$×（1 + 5%）÷（1 - 70%）

＝78.65（万元）

（2）该专利技术的成新率＝6÷（2+6）×100%＝75%

（3）该专利技术的评估值＝78.65×75%＝59（万元）

拓展知识

专利权的法律保护

任务二 专有技术的评估

任务描述 ●●●

专有技术是知识产权型无形资产的重要组成部分，但不属于法律保护范畴。通过认识专有技术的特点，明确专有技术的评估目的，熟悉影响专有技术评估价值的因素，使我们掌握专有技术的评估程序，熟练运用收益法和成本法评估专有技术的价值。

相关知识 ●●●

一、专有技术概述

（一）专有技术的概念

专有技术又称非专利技术、技术秘密，是指为特定的人所知的未公开其完整形式、处于保密状态，但未申请专利的具有一定价值的知识或信息。其主要包括设计资料、技术规范、工艺流程、材料配方、经营诀窍和图纸、数据等技术资料。

专有技术的价值基础也是由两个支点支撑的，即有效性和自我保护，两者缺一不可。不论是专利技术还是专有技术，都有一个技术成熟程度，技术处在不同的成熟阶段，其价值会相差很大，甚至在某个阶段，有些技术尚不具有商业价值。

（二）专有技术评估的特点

在进行无形资产——专有技术的评估时，首先是鉴定专有技术的存在，分析、判断其存在的客观性，这种判断要比专利技术的判断复杂得多。所以，其一般是根据无形资产——专有技术的特征进行判断的，主要有以下几个特征：

1.实用性

专有技术必须运用技术知识、经验和信息作出特定的技术方案或技术诀窍，具有较强的技术性，这种只能在实践中操作、能应用于生产实践中的技术才能被称为专有技术。

2.新颖性

专有技术所要求的新颖性与专利技术所要求的新颖性是不同的。专有技术并非要求具备独一无二的特性，但专有技术要求其应当具有与众不同的技术特征。

3.获利性（价值性）

专有技术必须有价值，其技术的拥有者可以利用其获得经济利益。专有技术的价值性是其能够转让的基础。

4.保密性

专有技术是一种自然的权利，没有法定的保护期限，不是一种法定权利，所有者只能通过保密手段来自我保护。专有技术必须是保密的，一旦公开，人人皆知，那么专有技术就失去了它的价值。

5.可转让性

专有技术是经过相当长的时间和经验积累而形成的，同时也是在不断发展的。专有技术的经济性（价值性）特征，决定了它具有可转让的自然属性，也就是说该项技术可以被他人接受并在应用中产生相同的效用。专有技术的可转让性还在于其具有确定性，即通过技术指标、质量标准等参数，能够确定其存在的经济价值。专有技术的可转让性要求技术受让方具有一定的专业知识水平及接受和实施技术水平。为此，该技术是可以传授给他人的。

6.长期性

专有技术是企业或技术人员经过长期的经营积累而形成的，而且是不断发展的，因而就专有技术的自身发展和完善过程来说是无限期的。与专利权为静态技术不同，它不受有效期的法定约束。专有技术的价值依靠持有者严守秘密，更重要的是其自身的不断积累和发展，保持其实用性与经济性。

（三）影响专有技术评估值的基本因素

由于专有技术自身的特点，所以在评估中要注意影响其评估值的各种因素。这些因素主要包括：

1.专有技术的使用期限

专有技术依靠保密手段进行自我保护，没有法定保护期限。但作为一种知识、技巧，会因技术进步、市场变化等原因被先进技术所替代。就专有技术本身来说，一旦泄密而成为一种公认的使用技术，就不存在经济价值了。因此，专有技术的使用期限应由评估者根据本领域的技术发展情况、市场需求情况及技术保密情况进行估算，也可以根据双方合同的规定期限、协议情况估算。

2.专有技术的预期获利能力

专有技术具有使用价值和价值，使用价值是专有技术本身应该具有的，而专有技术的价值在于专有技术的使用所能产生的超额获利能力。同时，专有技术的保密性使其没有市场类比资料，所以通过市场途径评估的可能性不大，较为常用的方法是按该技术制成品的超额利润进行评估。因此，评估时应充分研究分析专有技术的直接和间接获利能力，这是确定专有技术价值的关键，是评估过程中的难点所在，同时也是专有技术价格构成中的关键因素。同其他无形资产一样，专有技术的评估价值也不是绝对的，而是一定环境和一定条件下的评估值。如果改变了环境和生产规模，它所产生的利润也会发生相应的改变，评估值也会不同。

3.专有技术的市场情况

市场需求越大，价格越高，反之则越低。专有技术的价格也取决于市场供求情况。就专有技术本身来说，一项专有技术的价值取决于其技术水平在同类技术中的领先程度。在科学技术高速发展的情况下，技术更新换代的速度加快，无形损耗加大，一项专有技术很难持久处于领先地位。另外，专有技术的成熟程度和可靠程度对其价值也有很大的影响，技术越成熟、可靠，其获利能力越高，风险越小，卖价越高。

4.专有技术的开发成本

拓展知识

专利与专有技术评估所需资料

专有技术的取得成本也是影响专有技术价值的因素，但是不同于一般商品。一般商品的价值中生产成本所占的比重较大，利润的比重较小。而技术产品的价格主要是通过其带来的高额利润体现的，虽然技术的直接开发成本费用对技术价格的大小也起一定的作用，但影响较小，它不与技术价格成正比。绝不能用技术开发成本费用反映专有技术的价格。评估中应根据不同技术特点，研究开发成本和其获利能力的关系。

5.保密措施

对专有技术的保密措施的核查，是核查专有技术是否处于保密状态及易于公开的环节。评估中，评估专业人员可从核心技术人员的流动情况、保密协议及保密制度以及其他相关的保密措施入手核查。

（四）专有技术评估时需要注意的问题

1.专有技术的确认

专有技术的保密性，导致对专有技术确认存在困难。评估专业人员在评估中需要和企业的高级管理人员交谈，邀请专家讨论，从而确认企业专有技术的存在，并能给企业带来超额收益。

2.专有技术的独立性

如果其他地域范围内已经存在同样的或类似的技术，则专有技术的保密性和垄断性不成立，因此也就不能成为专有技术。

3.确定被评估专有技术的生命周期或技术成熟程度

技术产品从研究开发到投入市场直至最终被新技术淘汰，一般需要经过发展阶段、成熟阶段和衰退阶段。在发展和衰退阶段，因其经济效益比较低，市场需求不足，在评估时要对此进行调整。而技术越成熟，其价值越大。在成熟阶段，专有技术能为企业带来较高的超额收益，评估值应该高一些。

二、专有技术的评估方法

专有技术除了在保护方面与专利技术有区别外，在技术鉴定和评估思路与方法方面与专利技术并无太大的差异，故不再进行单独介绍。下面列举一些实例介绍收益法、成本法在专有技术评估中的应用。

【例4-5】甲企业拥有一项专有技术，重置成本为200万元，经测算专有技术的成本利润率为400%，现拟向乙企业投资入股。乙企业原资产经评估确定的重置成本为4 000万元，成本利润率为10%。评估专业人员通过分析认为，该专有技术的剩余经济寿命为5年，法律保护期还有10年，预计未来5年该专有技术产品的净收益分别为410万元、420万元、430万元、450万元和450万元，折现率为10%。要求计算被评估专有技术的评估值。

解：利润分成率 $= \dfrac{200 \times (1 + 400\%)}{200 \times (1 + 400\%) + 4\,000 \times (1 + 10\%)} \times 100\% = 18.52\%$

$$P = \left[\frac{410}{(1 + 10\%)} + \frac{420}{(1 + 10\%)^2} + \frac{430}{(1 + 10\%)^3} + \frac{450}{(1 + 10\%)^4} + \frac{450}{(1 + 10\%)^5} \right] \times 18.52\%$$

$$= 301.82（万元）$$

【例4-6】某机械加工企业有5 000张机械零部件工艺设计图纸，已经使用5年。专家从工艺设计图纸的先进性和保密性等方面鉴定认为，有4 500张图纸仍然可以作为有效的专有技术资产，预测剩余经济使用年限为4年。根据该类图纸的设计、制作耗费估算，当前每张图纸的重置成本为250元。试计算该批图纸的评估值。

解：

（1）该批图纸的重置成本＝4 500×250＝1 125 000（元）

（2）该批图纸的成新率＝4÷（4+5）×100%＝44.4%

（3）该批图纸的价值＝1 125 000×44.4%＝499 500（元）

【学中做4-1】红星电器科技有限公司因股权转让需要，需对其自行开发专有技术B无形资产（目前处于研究开发阶段，尚未应用于产品之中）在2022年12月31日的价值进行评估。

评估过程如下：

（1）收集相关资料，确定评估方法

该专有技术系红星电器有限公司自行研究开发取得的，拥有其所有权。

与该项技术相关的研究开发费用已计入企业同期费用支出。

该专有技术于2020年年初开始研发，2022年取得科技部成果鉴定。

根据成果鉴定报告和现场勘查，表明该专有技术主要应用于产品YYY中，该产品市场前景较好，与同类产品比较处于领先水平。

由于该专有技术及相关产品处于中试阶段，尚未实现产业化生产，很难确切预计该项专有技术的超额收益；同类技术在市场上尚未发现有交易实例。因此，采用成本法对其进行价值评估。

（2）确定各项参数

①确定直接研究开发成本

从企业相关财务资料分离确定专有技术的直接研究开发历史成本（见表4-5），用物价指数进行调整，估算其重置成本。

表4-5   直接研究开发历史成本清单   单位：元

项　　目	金　　额
直接材料费用	200 000
直接人工费用	300 000
专用设备费	80 000
资料费用	20 000
咨询鉴定费用	50 000
培训费用	25 000
差旅费用	15 000
其他费用	25 000
合计	715 000

将直接研究开发历史成本清单中直接人工费用项目归类为人工消耗，将其余直接研究开发成本项目归类为物资消耗，分别采用生活资料物价指数及生产资料物价指数进行调整，从而估算其重置成本。根据相关统计资料及评估专业人员的分析和测算，生产资料价格2020年、2021年上涨指数分别为5%和10%，生活资料价格2020年、2021年上涨指数分别为2%和3%。因此，可以将全部成本分别按生产资料价格指数和生活资料价格指数加以调整，即可估算出重置成本。

重置成本＝415 000×（1＋5%）×（1＋10%）＋300 000×（1＋2%）×（1＋3%）
　　　　　＝794 505（元）

②确定专有技术间接成本

专有技术间接成本主要包括应分摊管理费用、非专用设备折旧费、应分摊公共费用及能源费用，该部分成本难以从企业相关成本资料中剥离出来。本次评估基于上述分析，专有技术间接成本可按专有技术直接研究开发成本的一定比例确定，该比例以类似无形资产间接成本经验数据为基准，并根据专有技术研发难易程度、研究开发周期调整后确定。经评估专业人员分析测算，该专有技术间接成本比例为30%。由此可以计算出间接成本为：

间接成本＝794 505×30%＝238 351.50（元）

③确定重置成本

重置成本＝直接成本＋间接成本＝794 505＋238 351.50＝1 032 856.50（元）

④专有技术合理收益

专有技术合理收益即无形资产机会成本，也即专有技术在研究开发过程中所占用的投资资本至少应按社会或行业的平均报酬率予以必要的报酬补偿。一般可根据下列公式确定：

专有技术合理收益＝专有技术重置成本×专有技术研究开发期间/2×社会平均收益率
＝1 032 856.50×2/2×8.28%＝85 520.52（元）

上述公式假设专有技术研究开发期间投资的投入均匀，本次评估以沪深两市全部上市公司在2020—2021年的平均净资产收益率8.28%为社会平均收益率水平。

⑤专有技术贬值的估算

由于该专有技术尚未开始正式使用，所以本次评估不考虑贬值因素。

（3）确定专有技术评估值

评估值＝直接成本＋间接成本＋专有技术合理收益－专有技术贬值
＝794 505＋238 351.50＋85 520.52－0＝1 118 377.02（元）

【思考4-1】专利权与非专利技术有何区别？

任务三　专利资产评估案例

任务描述

通过案例，使学生掌握专利资产评估过程、评估方法的运用，进一步熟知收益法在无形资产评估中的运用。

相关案例

一、评估案例基本情况

A化工公司拟将其拥有的无形资产——10万吨/年HYC装置和12.5万吨/年YES装置技术与B化工公司合资设立新公司，因此需要对其拥有的这两项无形资产所有权价值进行评估。其具体评估范围为10万吨/年HYC装置和12.5万吨/年YES装置在设计、生产等环节涉及的部分专利技术组成的无形资产组合。

上述两套装置技术中包含的专利情况详见表4-6，其中已授权专利5项，本次评估的范围中不包含终止或视为撤销的专利，相关专利的专利权人为A化工公司。

本次评估的价值类型为市场价值。评估基准日为2019年6月30日。

表4-6 标的专利资产

序号	类 别	名 称	专利号	所属装置	专利权人	专利申请日	备 注
1	发明专利	单环芳烃部分加氢生产环烯的催化剂，其制备方法及应用	略	HYC装置	A化工公司	2010.01.11	已授权
2	实用新型专利	一种分离环芳烃中所含DMAC用设备	略	HYC装置	A化工公司	2016.11.07	已授权
3	实用新型专利	一种催化剂再生装置	略	HYC装置	A化工公司	2016.11.07	已授权
4	实用新型专利	环烯烃水合反应器	略	HYC装置	A化工公司	2016.11.07	已授权
5	发明专利	一种YES的合成方法	略	YES装置	A化工公司	2016.11.09	已授权

二、评估过程和结果

本次评估对象中包含发明专利和实用新型专利，这些专利一般是不满足替代原则的，也就是我们无法设想在评估基准日可以重新研发一项与被评估专利资产效果相同或相近的专利资产。此外，由于专利法保护被评估专利资产在评估基准日的唯一性，因此替代性从法律意义上也是不存在的。基于以上因素，本次评估我们没有选用成本法。

采用市场法的前提条件是要有相同或相似的交易案例，且交易行为应该是公平交易。但据我们的市场调查及有关业内人士的介绍，目前国内没有类似技术的转让案例，本次评估由于无法找到可比的历史交易案例及交易价格数据，故市场法也不适用本次评估。

由于本次评估的专利未来将要实施的企业是可以确定的，并且本次评估的专利目前也有实施的历史，因此对未来的收益存在可预测性。因此，本次评估我们选用了收益法，事实上是采用了收益法中的节省许可费法。

评估专业人员在采用节省许可费法对A化工公司10万吨/年HYC装置和12.5万吨/年YES装置技术所有权价值进行评估的过程中，首先对该无形资产使用所处宏观经济环境、行业现状以及企业自身经营状况、资产和财务状况进行了分析，然后结合节省许可费法的评估思路和主要参数的确定原则进行评定估算，并最终形成了评估结果。

（一）主要参数的确定

1.确定经济寿命

技术经济寿命不但受可以取而代之的新技术出现时间的影响，污染或国家产业政策的改变等原因也会对其产生重要影响，同时，技术经济寿命还与产品的寿命周期有着密切的内在联系。

　　HYC和YES产品是重要的有机化工原料，国内目前处于产能扩张阶段，其生产工艺和技术路线大都从国外引进，国内能够完全掌握其生产工艺的厂家不多。目前已授权的关键发明专利的剩余保护年限近13年，因此结合目前国内HYC和YES生产工艺及技术的状况，本次评估中确定该装置的技术经济寿命为10.5年，即从评估基准日2019年6月30日开始，至2029年12月31日结束。

　　2.计算许可费率

　　节省许可费法的核心即测算许可费率。评估专业人员通过采用对比公司法、市场交易案例法和经验数据法（三分/四分法）测算许可费率，最后取3.09%作为本次评估专利技术的许可费率。

　　3.预测销售收入

　　结合目前该项目的实际进展情况，本次评估中，评估专业人员假设该项目于2019年6月试生产，2019年7月正式投产，采用日历年度，即2019年7月至2019年12月为第一预测年限，2020年1月至2020年12月为第二预测年限，以此类推。各年产品的销售收入则通过预测各年产品的销量和单价来进行测算。由于每年的销售收入可以假定为在一年内均匀流入，因此本次评估采用"年中"折现原则。

　　（1）预测产品销量。评估专业人员通过市场分析发现HYC和YES产品的市场需求较大，因此主要是从企业生产能力方面考虑各年产品的销量情况的。

　　（2）预测产品销售单价。评估专业人员以评估基准日的不变价为基础对产品的销售单价进行预测。

　　具体预测的各年产品的销售收入情况见表4-7。

表4-7　　　　　　　　　　　　　　销售收入预测表

年　份	预测销售收入（万元）	许可费率（%）
2019（7—12月）	7 257.00	3.09
2020	15 795.00	3.09
2021	17 076.00	3.09
2022	17 076.00	3.09
2023	17 076.00	3.09
2024	17 076.00	3.09
2025	17 076.00	3.09
2026	17 076.00	3.09
2027	17 076.00	3.09
2028	17 076.00	3.09
2029	17 076.00	3.09

　　4.计算技术分成

　　通过上述许可费率的测算和对产品销售收入的预测，可以得出：

$$技术分成 = \sum(技术产品年预测销售收入净值 \times 年技术许可费率)$$

5.测算折现率

本次评估中，评估专业人员选取可比公司E、F、G，通过计算可比公司的无形资产投资回报率，作为技术评估的折现率。

由于本次评估采用的许可费率是现金流、所得税前口径的许可费率，因此未来预测的技术分成也是现金流、所得税前口径的收益。为了使折现率与技术分成的口径保持一致，本次评估需要测算现金流、所得税前口径的折现率。

（1）测算可比公司加权平均资本成本（WACC）。WACC（Weighted Average Cost of Capital）代表期望的总投资回报率，分别测算各可比公司的WACC，具体见表4-8。

表4-8　　　　　　　　　　加权平均资本成本计算表

对比公司名称	E公司	F公司	G公司	平均值
付息负债（万元）（D）	227 636	704 030	41 772	
债权比例（%）	37.9	20.2	12.3	
股权公平市场价值（万元）（E）	372 332	2 789 412	299 077	
股权价值比例（%）	62.1	79.8	87.7	
无风险收益率（%）（R_f）	3.98	3.98	3.98	
超额风险收益率（%）（ERP）	7.61	7.61	7.61	
公司特有风险超额收益率（%）（R_s）	3.02	1.98	3.74	
最近60个月的Beta值	1.0353	0.9928	0.9648	
股权收益率（%）（R_e）	14.88	13.52	15.06	14.49
债权收益率（%）（R_d）	6.0	6.0	6.0	
适用所得税税率（%）	25	25	25	
加权平均资本成本（%）（WACC）	10.94	11.70	13.77	12.14

（2）测算无形资产折现率。上述计算的WACC可以理解为投资企业全部资产的期望回报率，企业全部资产包括流动资产、固定资产和无形资产等，各类资产的回报率和总资产加权平均回报率可以用下式表述：

$$WACC = W_c \times R_c + W_f \times R_f + W_i \times R_i$$

式中：

W_c——流动资产（资金）占全部资产的比例；

W_f——固定资产（资金）占全部资产的比例；

W_i——无形资产（资金）占全部资产的比例；

R_c——投资流动资产（资金）的期望回报率；

R_f——投资固定资产（资金）的期望回报率；

R_i——投资无形资产（资金）的期望回报率；

T——企业所得税税率。

投资流动资产所承担的风险最小，因而期望回报率应最低。取一年内平均银行贷款利率6%作为投资流动资产的期望回报率，并且该回报率应该理解为所得税前的投资回报率，因此税后的投资流动资产期望回报率为：

$R_c = 6\% \times (1-25\%) = 4.5\%$

投资固定资产所承担的风险较流动资产高，因而期望回报率比流动资产高。固定资产投资应该包括自有股权资金和贷款资金两部分，股权资金与贷款资金的比例应该首先考虑被评估技术所在行业的平均水平，或者按照国家发展和改革委员会固定资产投资审批中自由资金与借贷资金通常的比例30：70考虑。本次评估采用后者，也就是股权资金E与债权资金D的比例为E/D＝30/70。其中，股权投资的投资回报率按照可比公司CAPM平均值14.49%计算，债权投资的回报率取5年期贷款利率6.55%，则投资固定资产期望回报率为：

$R_f = 14.49\% \times 30\% + 6.55\% \times 70\% \times (1-25\%) = 7.79\%$

对于流动资产，评估专业人员在测算中采用的是可比公司的营运资金。其计算公式为：

$$营运资金 = 流动资产合计 - 流动负债合计 + 短期银行借款 + 其他应付款等 + 一年内到期的非流动负债等$$

对于固定资产，评估专业人员在测算中采用的是可比公司的固定资产账面净值和长期投资账面净值。

根据上述公式及相关参数的测算，即可计算得出各可比公司的投资无形资产期望回报率，具体见表4-9。

表4-9 无形资产折现率表

对比公司名称	营运资金比重(%)(W_e)	营运资金回报率(%)(R_e)	有形非流动资产比重(%)(W_f)	有形非流动资产回报率(%)(R_f)	无形非流动资产比重(%)(W_i)	无形非流动资产回报率(%)(R_i)
E公司	0.20	4.50	61.26	7.79	38.54	16.0
F公司	13.18	4.50	27.72	7.79	59.10	15.1
G公司	17.36	4.50	17.45	7.79	65.19	17.8
对比公司平均值						16.3
税后折现率						16.3
税前折现率						21.7

将各可比公司投资无形资产期望回报率的平均值16.3%作为被评估专利技术的税后折现率，再将其换算为税前折现率，即21.7%。

（二）评估结果

本次评估采用无形资产评估收益法中的节省许可费法，按照必要的评估程序，对A化工公司申报的无形资产——10万吨/年HYC装置和12.5万吨/年YES装置技术的所有权于评估基准日2019年6月30日的市场价值进行了评估。

评估结果如下：

委估无形资产于2019年6月30日的市场价值为人民币2 269万元（取整），即人民币贰仟贰佰陆拾玖万元整，具体过程见表4-10。

表4-10　　　　　　　　　　　　无形资产评估计算表　　　　　　　　　金额单位：万元

项目名称		产品预测销售收入	产品技术分成率（%）	技术对产品收入的贡献	技术贡献合计	折现年限	折现系数（折现率 r=21.70%）	技术贡献现值*	技术贡献现值之和（取整）
		(1)	(2)	(3) = (1) × (2)	(4) = (3)	(5)	$(6) = \dfrac{1}{(1+r)^{(5)}}$	(7) = (4) × (6)	$(8) = \sum (7)$
未来预测数据	2019（7—12月）	7 257.00	3.09	224.24	224.24	0.25	0.9520	213.48	2 269
	2020	15 795.00	3.09	488.07	488.07	1.00	0.8215	400.93	
	2021	17 076.00	3.09	527.65	527.65	2.00	0.6748	356.06	
	2022	17 076.00	3.09	527.65	527.65	3.00	0.5543	292.49	
	2023	17 076.00	3.09	527.65	527.65	4.00	0.4554	240.27	
	2024	17 076.00	3.09	527.65	527.65	5.00	0.3741	197.38	
	2025	17 076.00	3.09	527.65	527.65	6.00	0.3073	162.14	
	2026	17 076.00	3.09	527.65	527.65	7.00	0.2524	133.19	
	2027	17 076.00	3.09	527.65	527.65	8.00	0.2074	109.41	
	2028	17 076.00	3.09	527.65	527.65	9.00	0.1703	89.88	
	2029	17 076.00	3.09	527.65	527.65	10.00	0.1399	73.83	

注：*表示有尾差调整。

思政园地

我国新冠肺炎疫情防控科研攻关取得新进展

科研新进展，带来生命新希望。2020年8月11日，国务院专利行政部门向申请人中国人民解放军军事科学院军事医学研究院和康希诺生物股份公司发出专利授权通知书，对发明专利申请"一种以人复制缺陷腺病毒为载体的重组新型冠状病毒疫苗"（申请号：202010193587.8）授予专利权。此举为人们携手打赢疫情防控阻击战增添了信心。

　　这件发明专利的发明人之一，是刚刚被授予"人民英雄"国家荣誉称号的中国人民解放军军事科学院军事医学研究院研究员陈薇院士。疫情来袭，她临危受命，紧急赴武汉执行科研攻关和防控指导任务。此次疫苗专利申请被授予专利权，正是她和团队的重要成果之一。从2020年1月26日背负重托赴武汉开展疫苗研发攻关，陈薇团队仅用了短短20多天就取得了阶段性成果，并于2020年3月18日提交中国专利申请，以"中国速度"筑牢生命健康防线。

　　"战胜疫病离不开科技支撑。"在这次战"疫"的前沿阵地上，还有一大批像陈薇这样的科研工作者，他们废寝忘食，勇毅奋战，涌现出了一大批关键性原创科研成果。

　　"只要坚定信心、同舟共济、科学防治、精准施策，我们就一定能打赢疫情防控阻击战。"从科研攻关到专利审查再到临床应用，众志成城，同心战"疫"，我们必将迎来疫情防控和经济社会发展的双胜利。

　　专利作为一项无形资产正日益成为塑造现代经济和助力防控疫情的力量，科技是国家强盛之基，创新是民族进步之魂，我们要向陈薇院士学习，刻苦钻研，为实现中国梦而奋斗。作为未来的评估师，我们要公平、公正评估无形资产价值，守护来之不易的无形资产价值，防止资产流失，助力共产主义事业新征程的现代红色工匠。

　　资料来源：孙迪. 陈薇院士团队新冠疫苗专利申请已获授权［EB/OL］.［2022-10-06］. https：//www.cnipa.gov.cn/art/2020/8/19/art_55_150994.html.

项目小结

　　专利资产是指权利人所拥有的，能持续发挥作用且能带来经济利益的专利权益。其具有确认复杂、收益能力不确定性、时间性、地域性、排他性（独占性）、共享性等特点，其转让形式分为全权转让和许可使用权转让。影响其价值评估的基本因素有：法律因素、技术因素、经济因素、风险因素等。在评估时，一般按规范的程序进行。评估专利资产最常用的方法是收益法，在运用中注意选择和测算专利资产的收益额、折现率和收益期限等各项技术指标和参数。

　　专有技术又称非专利技术、技术秘密，是指为特定的人所知的未公开其完整形式，处于保密状态，但未申请专利的具有一定价值的知识或信息。其主要包括设计资料、技术规范、工艺流程、材料配方、经营诀窍和图纸、数据等技术资料，具有实用性、新颖性、获利性（价值性）、保密性、可转让性、长期性等特点。由于专有技术自身的特点，所以在评估中要注意影响其评估值的各种因素。收益法是专有技术评估常用的方法。

　　专利资产和专有技术本身的特性，使成本法的运用受到限制，但并不排除成本法的使用，使用时注意选择的条件。

实训设计

一、实训目标

通过对专利资产和专有技术评估的实际操作训练，使同学们能够熟练地依据无形资产评估法规和准则的要求，独立组织和开展专利资产和专有技术价值评估工作，尤其是能够根据评估对象的具体情况，采用合理的方法评估专利资产和专有技术的价值。

二、实训项目与要求

1.实训组织

首先，实训指导教师将学生分组，每组10人左右，指定组长负责，明确目标和任务；然后，分组开展业务训练，出具实训结果；最后，组长总结汇报实训活动情况。

2.实训项目

对评估专利资产和专有技术价值的收益法和成本法等进行训练。

3.实训要求

（1）在评估时根据收集的资料信息，采用恰当的方法对专利资产和专有技术价值进行评估。

（2）在实训时注意评估程序的合理运用。

三、成果检测

1.同学自我总结收益法和成本法在专利资产价值评估实训中的经验体会，结合实训项目说明专利资产评估应注意的事项。

2.各组组长组织同学互相评价，提出实训建议成绩。组长撰写小组实训报告，在班级进行交流汇报。

3.教师汇总实训所取得的成绩和存在的问题，提出今后的改进措施，并根据学生自评、互评情况和组长的建议，确定学生的实训成绩。

项目五

商标资产评估

【学习目标】
- 理解商标资产的内容、特点及评估目的；
- 了解影响商标资产价值的因素；
- 理解收益法评估商标资产价值的指标；
- 掌握驰名商标的认定标准和法律保护。

【能力目标】
- 会运用收益法评估商标资产价值；
- 能够正确区分商标资产和商誉的价值。

【思政目标】
- 树立知识产权强国意识，保护民族品牌，激发爱国情怀；
- 树立文化自信，弘扬中华民族优秀文化。

项目导入

如何评估商标权的价值

　　某市 B 股份有限公司以其驰名 B 牌商标进行中外合资，需对其提供的 B 牌商标独家使用权在 2022 年 4 月 30 日的价值进行评估，现委托中青资产评估师事务所进行评估。

　　请思考：本案例的评估依据是什么，商标资产价值的内涵是什么？应选用何种评估方法，为什么？作为评估师，你将如何评估 B 牌商标独家使用权价值？

　　【思政融通】驰名商标，是国家知识产权局商标局或者人民法院根据需要认定的一种商标类型，在中国国内为公众广为知晓并享有较高声誉，能给企业带来综合效益，使其在激烈的市场竞争中获得更大的领先优势。因此，要具有商标保护法律意识，在企业进行股份制改造、合资、联营、兼并、拍卖、转让、资产抵押等活动时，都需要对商标资产进行评估，防止资产流失。

任务一　商标权及商标资产

任务描述 ●●●

　　通过学习了解商标的种类、作用，明确商标资产的内涵和价值特征，更好地了解商标资产的价值。

相关知识 ●●●

一、商标与商标权

（一）商标

1.商标的概念

　　商标（Trade Mark）是商品或服务的标记，是生产者或经营者为了把自己的商品或服务区别于他人的同类商品或服务，在商品上或服务中使用的一种特殊标记。这种标记一般包括文字、图形、字母、数字、三维标志、颜色组合和声音等，以及上述要素的组合。根据《中华人民共和国商标法》（以下简称《商标法》）的规定，任何能够将自然人、法人或者其他组织的商品与他人的商品区别开的标志，包括文字、图形、字母、数字、三维标志、颜色组合和声音等，以及上述要素的组合，均可以作为商标申请注册。

2.商标的特点

商标属于标记的范畴,与其他无形资产相比,具有以下几个特点:

(1)商标是工商业中使用的标记。商标使用者通常是商品制造、销售或提供服务的企业和个人,因而其是适用于工商业活动的标记。

(2)商标是一种表示商品或服务来源的标记,是区别商品或服务的标记,表明商品的生产者或其质量、种类,以供购买者识别。

(3)商标是由文字、图形、字母、数字、三维标志、颜色组合和声音等以及由上述要素组合而成的一种标记。多数国家的商标法均规定商标的设计要有显著性,区别性强,也就是一目了然和便于区别。同时在设计商标时,不要出现歧义,也不要模仿,要展现企业的风格且内涵丰富。

(4)显著性。商标是区别商品或服务的标记,不具备叙述性,只是具有一定显著性,便于消费者认牌购物。

(5)专用性。商标是商品生产者或服务提供者的专用标记,未经所有人许可,他人不得擅自使用,否则,就是侵犯商标所有人的商标权。

3.商标的分类

《商标法》第三条规定:"经商标局核准注册的商标为注册商标,包括商品商标、服务商标、集体商标和证明商标;商标注册人享有商标专用权,受法律保护。"可见,按照商标保护的内容,商标可分为商品商标、服务商标、集体商标、证明商标四类。在对商标权的经营管理中,商标的种类很多,按照不同的标准,可以对商标进行不同的分类。商标的具体分类见表5-1。

表5-1　　　　　　　　　　　　商标的分类

分类依据	种　　类
按商标是否受专门的法律保护分类	注册商标、未注册商标
按商标的构成要素分类	文字商标、图形商标、符号商标、组合商标等
按商标的作用分类	商品商标、服务商标、集体商标和证明商标等
按商标的功能分类	经常使用的商标、防御商标、联合商标、扩展商标、备用商标
按商标的享誉程度分类	普通商标、驰名商标

【提示】我们所说的商标资产的评估,指的是注册商标专用权的评估。

研究商标的分类,对于正确理解、使用和设计商标具有积极意义,也为商标权评估提供了有益的参考。

4.商标的作用

商标最基本的作用是把一家企业提供的商品或服务与其他企业的同一类商品或服务区别开来。商标是连接生产经营者和消费者的纽带,因此它的具体作用表现在以下几个方面:

(1)商标表明商品或服务的来源,说明该商品或服务来自何企业或何地。

(2)商标能把一家企业提供的商品或服务与其他企业的同一类商品或服务区别

开来。

（3）商标对于生产经营者具有法律保护作用，商标一经申请并核准注册，未经所有人同意，其他人不得擅自使用。

（4）商标标志一定的商品或服务的质量；商标反映向市场提供某种商品或服务的特定企业的声誉。

（5）消费者通过商标可以了解这家企业的形象，企业也可以通过商标宣传自己的商品或服务，提高企业的知名度。

从经济学角度讲，商标的这些作用最终能为企业带来超额收益。从法律角度讲，保护商标也就是保护企业获取超额收益的权利。

（二）商标权

1.商标权的概念

商标权是商标注册后商标所有者依法享有的权益，受到法律保护，未注册商标不受法律保护。商标权人对其所有的注册商标享有占有、使用、收益、处分的权利。商标并不能全部成为无形资产，只有商标权才能构成无形资产。作为无形资产的商标权具有以下法律特征：

（1）我国的商标制度是建立在注册基础上的，商标权必须经过注册才能获得。

（2）商标权具有法定保护期，但注册是可以续展的，且续展次数不受限制。

（3）商标权只在法律认可的一定地域范围内具有效力。注册商标只在注册商标注册国或参加有国际或地区注册的几个国家受保护。

（4）从商标权使用的角度看，商标权人只能将其商标用于核定使用的商品或服务，不能用于类似的商品或服务。

2.商标权的一般特征

商标权是一种无形财产权，它的主要特征有：

（1）专有性。专有性又称独占性，是指注册商标所有者对其注册商标享有专有、使用、收益和处分的权利。未经商标所有者同意，其他任何人不得擅自使用其商标，否则，商标所有者可以依据法律向任何的侵权人要求停止侵权行为并赔偿损失。

（2）可转让性。可转让性是指商标所有者可以依法将商标使用权转让给他人，也可以通过签订许可使用合同，许可他人在一定范围内使用其注册商标。

（3）价值的依附性。商标使用权本身没有价值，它必须和特定的商品匹配才能为其所有者带来经济利益。

此外，商标权还具有时间性和地域性等特点。时间性是指所有人享有的商标权只有在法律规定的有效期内才受到法律保护。地域性是指根据一国法律规定所取得的商标权，只能在该国境内有效，对其他国家不产生法律效力。

3.商标权的主体及客体

（1）商标权的主体，包括权利主体和义务主体。权利主体是指商标权人。凡是依法对其所有的商标取得商标权的商标所有人，就是商标权的权利主体。

商标权的义务主体是不特定的，即除商标权人以外负有不作为义务的所有组织和个人。

（2）商标权的客体。商标权的客体是商标，但并非所有的商标都可以成为商标权的客体。

4.商标权中的经济权利

商标权中的经济权利，一般包括排他专用权（独占权）、转让权、许可使用权、继承权等。

（1）排他专用权（独占权）。排他专用权是指注册商标的所有者享有禁止他人未经许可而在同一种商品（服务）或类似商品（服务）上使用其商标的权利。商标注册人有权将注册商标用于所核定的商品和服务上，包括将商标用于商品、包装或容器以及商品交易文书上，或将商标用于广告宣传、展览以及其他业务活动。商标注册人有权禁止他人未经许可而在同一种商品（服务）或类似商品（服务）上使用与自己注册商标相同或近似的商标，有权禁止他人在同一种或类似商品上，将与自己注册商标相同或近似的文字、图形作为商品名称或商品装潢使用并足以造成误认的行为。商标注册人的排他专用权是绝对的，具有独占性。

（2）转让权。转让权是商标所有者作为商标权人，享有将其拥有的商标转让给他人的权利。《商标法》规定："转让注册商标的，转让人和受让人应当签订转让协议，并共同向商标局提出申请。受让人应当保证使用该注册商标的商品质量。转让注册商标的，商标注册人对其在同一种商品上注册的近似的商标，或者在类似商品上注册的相同或者近似的商标，应当一并转让。转让注册商标经核准后，予以公告。受让人自公告之日起享有商标专用权。"

商标注册人一方称为转让方，接受注册商标的一方称为受让方。注册商标的转让，必须在自愿的原则下进行，要有转让人和受让人共同向商标局申请转让注册，方为有效。

商标权经过转让后，原注册人对转让的商标不再具有所有权，受让人获得了商标权，成为新的商标权人，依法享有原商标注册人的权利并承担义务。转让注册商标应当由转让人和受让人共同委托商标评估机构进行商标评估，向商标局交送"转让注册商标申请书"，受让人是依法成立的企业、事业单位、社会团体、个体工商户、个人合伙企业以及符合《商标法》规定的外国人或者外国企业。

若商标注册人在转让前已经许可他人使用该商标，则应当在征得被许可人的同意后，才能将该注册商标在核定的商品（服务）范围内的专用权全部转让，并且商标注册人对其同一种或类似商品（服务）范围内的专用权全部转让，商标注册人对其同一种或类似商品（服务）上注册相同或者近似的商标也要一并办理转让。

（3）许可使用权。许可使用权是指商标权人依法通过商标使用许可合同允许他人使用其注册商标。商标权人通过使用许可合同，转让的是注册商标的使用权。商标使用许可是商标权人的一项基本权利，是商标专用权的延伸，被许可人只享有使用权，商标所有权仍归商标注册人。

注册商标许可使用主要的形式有两种：一是独占许可使用；二是普通许可使用。所谓独占许可使用，是指在许可使用合同约定的时间和地域内，被许可人在指定的商品上可以独占地、排他地使用该注册商标。所以对于同一内容，商标专有权人自己也不得使用。普通许可使用是指在许可使用合同约定的范围内，被许可人在指定商品上，可以使用该注册商标。商标权人也可以与两个以上的人订立同一内容的普通许可使用合同。

《中华人民共和国商标法实施条例》规定：商标注册人许可他人使用其注册商标，必须签订商标许可使用合同。许可人和被许可人应当在许可使用合同签订之日起三个月内，将合同副本交送其所在地的县级市场监管机关存查，由许可人报送商标局备案，并由商标局予以公告。

（4）继承权。继承权是指商标权人将自己的注册商标交给指定的继承人继承的权利，但这种继承必须依法办理有关手续。

微课

商标权中的
经济权利

继承转让是指原注册人死亡，由其合法继承人取得注册商标。经过转让，转让人丧失了商标的所有权，受让人获得了商标权。

与商标权有关的其他权利还包括商标续展权、许可监督权和法律诉讼权等。商标续展权是商标注册人所享有的商标专用权得以延续的权利。许可监督权是商标注册人通过签订商标使用许可合同许可他人使用注册商标后，有权监督被许可人使用该注册商标的商品质量的权利。法律诉讼权是指商标权的权利受到侵犯时，商标权注册人依法提起诉讼的权利。

（三）商标注册的条件

1. 商标注册的积极条件

商标应当具有显著特征，便于识别。商标的显著性实际上是商标的可识别性。商标的区别性越明显，就越便于人们的识别。商标的显著性可以通过两种方式获得：一是商标本身具有显著性，二是通过长期的使用获得商标的显著性。

2. 商标使用与注册的消极条件

（1）禁止作为商标使用的情形。《商标法》规定了禁止使用的具体情形：①同中华人民共和国的国家名称、国旗、国徽、军旗、勋章相同或者近似的以及同中央国家机关所在地特定地点的名称或者标志性建筑物的名称、图形相同的；②同外国的国家名称、国旗、国徽、军旗相同或者近似的，但经该国政府同意的除外；③同政府间国际组织的名称、旗帜、徽记相同或者近似的，但经该组织同意或者不易误导公众的除外；④与表明实施控制、予以保证的官方标志、检验印记相同或者近似的，但经授权的除外；⑤同"红十字""红新月"的名称、标志相同或者近似的；⑥带有民族歧视性的；⑦夸大宣传并带有欺骗性的；⑧有害于社会主义道德风尚或者有其他不良影响的；⑨县级以上行政区划的地名或者公众知晓的外国地名，不得作为商标，但是，地名具有其他含义或者作为集体商标、证明商标组成部分的除外，已经注册的使用地名的商标继续有效。

（2）禁止作为商标注册的情形。与禁止使用不同，禁止注册的标志虽然不得作为商标注册，但仍有可能被未注册商标使用。禁止注册的情形主要有：仅有本商品的通用名称、图形、型号的；仅直接表示商品的质量、主要原料、功能、用途、重量、数量及其他特点的；其他缺乏显著特征的标志。前述所列标志经过使用取得显著特征，并便于识别的，可以作为商标注册。此外，以三维标志申请注册商标的，仅由商品自身的性质产生的形状、为获得技术效果而需有的商品形状或者使商品具有实质性价值的形状，不得注册。

（3）其他禁止注册和使用的情形。在下列情况下，标志既不能由特定当事人作为商标注册，特定当事人作为商标使用也是禁止的：①就相同或者类似商品申请注册的商标是复制、模仿或者翻译他人未在中国注册的驰名商标，容易导致混淆的，不予注册并禁止使用。②就不相同或者不相类似商品申请注册的商标是复制、模仿或者翻译他人已经在中国注册的驰名商标，误导公众，致使该驰名商标注册人的利益可能受到损害的，不予注册并禁止使用。③未经授权，代理人或者代表人以自己的名义将被代理人或者被代表人的商标进行注册，被代理人或者被代表人提出异议的，不予注册并禁止使用。④商标中有商品的地理标志，而该商品并非来源于该标志所标示的地区，误导公众的，不予注册并禁止使用；但是，已经善意取得注册的继续有效。

（四）商标权的取得

1.商标注册申请的原则

（1）自愿注册原则。当事人是否申请商标注册，由商标使用人自己决定。根据《中华人民共和国烟草专卖法》的规定，卷烟、雪茄烟和有包装的烟丝必须申请商标注册，未经核准注册的，不得生产、销售。

（2）先申请原则。两个或两个以上的申请人先后就同一种类的商品或者类似商品，以相同或近似的商标申请注册，商标局初步审定并公告申请在先的商标，对申请在先者予以审核和注册，并驳回其他人的申请。申请先后的确定以申请日为准。申请日的确定以商标局收到申请文件的日期为准。如果是同一天申请的，商标局初步审定并公告使用在先的商标。同日使用或者均未使用的，由申请人自行协商，不愿协商或者协商不成的，商标局通知各申请人以抽签的方式确定一个申请人，驳回其他人的注册申请。

（3）优先权原则。商标注册申请人自其商标在外国第一次提出商标注册申请之日起6个月内，又在中国就相同商品以同一商标提出商标注册申请的，依照该外国同中国签订的协议或者共同参加的国际条约，或者按照相互承认优先权的原则，可以享有优先权。商标在中国政府主办的或者承认的国际展览会展出的商品上首次使用的，自该商品展出之日起6个月内，该商标的注册申请人可以享有优先权。

2.商标注册的申请文件

商标注册申请人应当按规定的商品分类表填报使用商标的商品类别和商品名称提出注册申请，向商标局送交"商标注册申请书"一份。商标注册申请人可以通过一份申请就多个类别的商品申请注册同一商标，需注意名义、章戳应当与核准或者登记的一致。

3.商标注册的审查与核准

对申请注册的商标，商标局自收到商标注册申请文件之日起9个月内审查完毕，符合《商标法》有关规定的，予以初步审定公告。在审查过程中，商标局认为商标注册申请内容需要说明或者修正的，可以要求申请人作出说明或者修正，申请人未作出说明或者修正的，不影响商标局作出审查决定。

二、商标资产

（一）商标资产的概念

商标资产是指商标权利人拥有或者控制的，能够持续发挥作用并且能带来经济利益的注册商标权益。因此，商标需要满足以下两个关键要素才能成为商标资产：

其一，作为商标资产，其区别于企业商品或服务的功能及作用能够通过营销在消费者意识中形成独特的联想并产生经济利益；

其二，以法律保护的形式将商标标识作用所带来的经济利益赋予了商标所有者。

所以，商标资产是指能够获取超额收益的商标权。当商标权的使用能够为其所有者或者拥有者带来超额收益时，商标权就转化为了商标资产。

（二）商标资产的特征

1.形式特征

（1）商标资产通常为商品商标权和服务商标权。按照《商标法》对商标的分类和定义，集体商标和证明商标都存在着商标使用不具有专有性，即排他性，难以单独交易转让的情况，不具备成为商标资产的基本要素。而商品商标和服务商标则是自然人、法人或其他经济组织对其生产经营的商品或提供的服务项目申请注册的商标，具有专有性和排他性的特征。当商品商标和服务商标得到消费者的认可，并在经济上有所体现时，商品商标和服务商标就能转化为商标资产。商标资产通常体现为商品商标和服务商标，说明商标资产必须具备专有性和排他性的特征。

（2）商标资产通常为驰名商标（或著名商标、知名品牌）。不论是商品商标，还是服务商标，如果它们仅仅具有区别商品或服务提供者的功能，并不能自然而然地成为商标资产。商标资产必须同时具有区别商品或服务提供者的功能，以及因其使用能够带来超额收益的能力。驰名商标、著名商标和知名品牌基本具备了区别商品或服务提供者的功能和获得超额收益的能力，它们在获得法律保护之后是最典型的商标资产。

商标资产通常为驰名商标、著名商标和知名品牌，表明商标资产必须具备市场竞争力、消费者认可、能够获得超额收益能力的特征。

（3）商标资产可以是独立的商标权或以商标权为核心的资产组合。从商标资产的存在形式上看，商标资产可以是独立商标权，如某些驰名商标的信誉已经超出或游离于所标识的商品或服务之外，该驰名商标本身就代表着品质和信誉，成为相对独立的"商标资产"。而在更多的情况下，商标资产是以商标权为核心的资产组合。这种资产组合通常是以商标权为核心的，辅以支撑该商标权拥有超额收益能力的相关技术和管理。例如，许多优质商品的商标，除了商标本身之外，往往有独特的配方、先进的制造技术、特殊的工艺和完善的管理予以辅佐，才使其成为商标资产或无形资产。

2.价值特征

（1）对商标标识的商品或服务的数量和质量具有相对依附性。商标的知名度、信誉及市场影响力是通过所标识的特定商品或服务的质量、品质和便利性等逐步实现的。大部分商标资产的价值在很大程度上与其所标识的商品或服务的质量与水平存在着紧密的关系或依附关系。普通商标资产和驰名商标资产与其标识的商品或服务的依附关系或紧密程度可能会存在某些差别。

（2）商标资产需要相关技术和管理支撑。商标资产的价值是由其所标识的商品或服务的品质和信誉决定的。而商品或服务的品质与其生产技术和管理紧密相关，尤其是商品商标资产，表现得更为明显。许多商标资产并不单单是一个商标权，往往是若干技术和管理围绕着一个商标权形成的商标资产组合。商标权是一个法律概念，而商标资产是一种无形资产。商标权可以通过设计和申请注册实现，而商标资产必须通过经营管理实现。

（3）广告宣传和营销管理对商标资产的价值具有维持和助推作用。商标在很大程度上发挥着广告的功能。商标是连接产品与市场、产品与消费者的桥梁和纽带，是商品展示自我、介绍自我、宣传自我的重要载体，具有极强的广告作用。商标资产的价值虽然不是由广告和营销决定的，但是，好的广告宣传和好的营销管理对商标的市场影响力的形成是有推动作用的，进而会对商标资产的价值具有维持和助推作用。

拓展知识

商标权的经济价值

（4）商标资产具有逻辑扩展能力。商标资产的逻辑扩展能力通常是指将商标应用在与已经建立的应用有直接联系的商品或服务之中。对于具有良好市场认可和品牌忠诚度的商标而言，通过既有商标名称，商标可以扩展到相关商品或服务上。

3.法律特征

商标资产在法律的层面上主要表现为注册商标，其特性主要包括以下几个方面：

（1）商标资产的时效性。在我国，注册商标的有效期为10年。有效期满需要继续使用的，商标注册人应当在期满前12个月内按照规定办理续展手续；在此期间未能办理的，可以给予6个月的宽展期。每次续展注册的有效期为10年，自该商标上一次有效期满的次日起计算。10年届满如果没有申请续展，则商标的注册被注销，商标权失效，不再具有经济价值。

商标注册人按期提出续展申请，经商标局核准，商标权可以无限续展，即在合法续展的情况下，商标权可成为具有永久性收益的无形资产。驰名老牌商标权的价值一般与其寿命成正比，寿命越长，价值越高。如果没有商标续展的规定，对一个驰名商标在临近保护期的前一年进行评估，其评估值可能不如一个刚刚注册、有效期还有10年的非驰名商标。但实际上，由于有续展的规定，没有人愿意出高价购买非驰名商标，其原因是驰名商标通过续展可以长期为购买者带来比较高的超额收益。

（2）商标资产的地域性。商标权的地域范围对商标资产的价值有很大影响。商标资产具有严格的地域性，商标权只有在法律认可的一定地域范围内受到保护。由于不同国家存在着不同的商标保护原则，商标权并不是在任何地方都受到保护的。如果需要得到其他国家的法律保护，必须按照该国的法律规定，在该国申请注册，或向世界知识产权组织国际局申请商标国际注册。国际上，一些经济学家在评估"可口可乐"商标资产价值（434.27亿美元）时，并未注明该价值是在美国转让的价值还是在世界各国转让的价值，而这两者可能相差100倍。因此，商标注册的地域范围也是影响商标资产价值的因素。

（3）商标资产的约束性。注册商标的专用权以核准注册的商标和核定使用的商品为限。因此，在评估商标资产价值时，要注意商标注册的商品种类及范围，要考虑商品使用范围是否与注册范围相符，商标权只有在核定的商品上使用时才受法律保护，对超出注册范围部分所带来的收益不应计入商标资产的预期收益。《中华人民共和国商标法》及《中华人民共和国商标法实施条例》明确了"一标多类"商标注册申请制度，即商标注册申请人可以通过一份申请就多个类别的商品申请注册同一商标。因此，某一项商标权的价值可能承载了多类商品或服务，评估专业人员在对某一商标进行评估时，需要重点关注该商标所对应的商品类别以及相应的商品或服务项目名称，必要时还需要在商品或服务的内容之间进行分割。

任务二   商标资产评估

任务描述

通过学习了解商标资产的特点、计价标准等，明确商标资产的内涵和影响商标资产价值的因素，准确界定商标资产评估对象，熟练掌握商标资产评估程序。

相关知识

一、商标资产评估概述

（一）商标资产评估的概念及作用

1.商标资产评估的概念

商标资产评估是指资产评估机构及其资产评估专业人员遵守法律、行政法规和资产评估准则，根据委托对评估基准日特定目的下的商标资产价值进行评定和估算，并出具资产评估报告的专业服务行为。

2.商标资产评估的作用

（1）合理地估算注册商标的价格，能进一步加强对注册商标的保护；

（2）建立定期的商标评估制度，必将推动企业创名牌、保名牌的活动，提高企业的经济效益，推动现代企业制度的建立和进一步发展；

（3）商标资产评估将进一步推进社会主义市场经济的发展和完善，建立良好的市场经济基础秩序，促进民富国强。

（二）商标资产评估的分类及计价标准

1.商标资产评估的分类

（1）按商标的来源分类：可分为自创商标资产价值的评估、外购商标资产价值的评估。

（2）按商标转让的内容分类：可分为商标资产价值的评估、商标资产使用价值的评估。

2.商标资产评估的计价标准

商标资产评估的计价标准有重置成本和收益现值。重置成本适用于以成本摊销为目的的商标资产评估。收益现值适用于以投资、转让为目的的商标资产评估。

（三）商标资产评估的目的及意义

1.商标资产评估的目的

商标资产评估适用的经济行为有：商标所有权变更、商标使用权转让、商标资产变更经营主体或经营性质、以商标资产投资入股、确认侵犯商标资产的损害赔偿、清产核资中确认商标资产的摊销价值。

（1）商标所有权变更时。企业转让商标所有权时，应当符合有关商标管理法律、法规及政策的规定，提交商标转让协议和商标评估报告，报商标局核准。因此，在商标所有权变更时，要对商标资产进行评估。

（2）商标使用权转让时。在商标使用权转让时，为了合理地确定商标在产权变动中的价值量，给交易双方提供可参考的价值依据，保障双方交易的公平性，需要对商标资产进行评估。

（3）商标资产变更经营主体或经营性质时。当商标资产变更经营主体或经营性质时，为了保证原有经营主体商标权的价值，需要对商标资产进行评估。

（4）以商标资产投资入股时。在企业合并或建立中外合资企业时，或者以商标资产投资入股时，一方或数方以商标资产作为出资方式的，应当进行商标资产评估。

（5）确认侵犯商标资产的损害赔偿时。在商标侵权诉讼中，对商标的合法评估，往往是确定侵权行为人应当向受害人进行赔偿数额的基础。

（6）清产核资中确认商标资产的摊销价值时。企业破产清算时，对破产企业的资产进行处理或变现，应当进行商标资产评估。

商标资产评估目的会直接影响到评估方法的选择。同样的资产，因为评估目的不同，其评估方法的选择可能也会不同，即使在同一评估方法中，由于各项评估参数的选取不同，因而评估值也往往不同。因此，在评估商标资产时首先要明确评估目的。

2.商标资产评估的意义

（1）有利于企业发展。当今社会，商标资产评估越来越频繁地出现在经济生活中。企业的股份制改造、合资、联营、兼并、拍卖、转让、资产抵押等大量活动，都需要对商标资产进行评估。对商标资产进行评估的意义主要表现在以下几个方面：

①有利于企业摸清自己的家底，确定未来的发展战略。

②有利于企业投资入股。商标资产评估作价后，企业可以充分利用这一无形资产进行投资入股。

③有利于企业维护其合法权益。商标资产评估后，在商标的侵权诉讼和商标资产的行政保护中，有利于对侵权行为造成的损失进行量化，认定赔偿额，不仅为商标权人打假维权提供索赔依据，而且有利于维护企业的合法权益，提高其知名度。

④有利于企业申请质押贷款。企业要发展、壮大生产和经营规模，需要注入大量的资金，商标资产评估后，可以凭法定评估机构的证书到银行申请商标质押贷款。

（2）有利于规范知识产权市场。商标资产评估的目的是使商标的价值量化，使商标的价值得以定位，为其参与市场交易活动提供依据即交易的价值。合理的价值评估使交易得以顺畅进行，效益得以实现。尤其在以商标资产投资、入股、使用许可和设定质权等形式参与市场活动时，商标资产的评估作用显得更为突出。这使得作为经济资源的商标可以发挥其作用。合理评估商标资产的价值，可以合理确定商标在产权变动中的价值量，给交易双方提供可参考的价值依据，保障双方交易的公平性，对规范知识产权市场是非常有效的。

（3）有利于商标资产评估行业的完善和发展。对商标资产评估的研究，可以丰富资产评估理论。我国资产评估理论经过十几年的发展，已经形成了较完善的体系，但商标资产与企业的一般资产相比存在很大的差异，例如商标具有集信息、权利、知识于一身，波动性、增值性、依附性等特点，并与消费者的品牌心理有关，这在传统的评估理论中都没有得到解释和反映，因此，采用传统的资产评估方法对商标资产进行评估，难以真实反映商标资产的价值，这就有必要在原有理论方法体系基础上深入探索，建立一套适合商标资产自身特点的理论和方法。同时，对商标权的研究，有利于提高我国评估专业人员的水平。商标资产作为一种无形资产，既具有无形资产的特征，难以准确计量，又具有波动性、在利用中增值的特点，这都使得商标资产评估过程与评估结果具有不确定性。因此，进行商标资产评估研究有助于评估专业人员系统地、全面地学习商标资产评估的最新理论和方法，提高商标资产评估水平，为各种评估目的提供更高水准的服务。

二、商标资产评估对象的界定

商标资产评估对象是指受法律保护的注册商标权益。它的经济价值体现为其能否获得超额收益，不能带来超额收益的商标权难以成为商标资产，也难以成为评估对象。

评估对象应当是被赋予了评估约束条件的评估客体。就商标资产而言，应该是在某种约束条件下的商标权。这样一来，商标资产评估对象界定就涉及对评估客体即商标权的界定和对评估客体约束条件的界定两个方面。

（一）对评估客体的界定

对评估客体的界定大致需要做以下工作：

1.核实标的商标的法律状态

核实标的商标的法律状态，主要包括判断标的商标是否已经注册和注册商标是否有效两个方面。由于非注册商标不受法律保护，不能成为评估客体。如果已经注册的商标长时间不使用也会失效而不受法律保护，不能成为评估客体。因此，核实商标的注册情况、商标权的使用情况以及商标权的续展权情况，是核实标的商标的法律状态的基本工作。

2.明确注册商标是普通商标还是驰名商标

由于普通商标与驰名商标的市场影响力存在较大的差异，两者的价值影响因素也不完全相同，因而在对评估客体界定的时候，就需要明确被评估商标是普通商标还是驰名商标，以便按照不同的评估思路、考虑不同市场影响力因素进行评估。

3.明确商标的盈利模式

商标的盈利模式有多种，包括因驰名商标的使用而形成的商品或服务价格溢价或因商标的使用致使商标商品或服务的销量增加等。因为商标盈利模式的不同，商标在增加商品或服务超额收益中的作用也不完全相同，在某些情况下，商标自身的作用更为明显和突出；而在另外一些情况下，商标需要借助于某种技术或某些技术才能发挥作用，以及商标需要借助于其他相关资产的辅助才能发挥作用。明确被评估商标的盈利模式不仅有助于恰当地选择评估技术、方法评估商标资产价值，而且有助于合理界定商标资产评估的评估对象。换一个角度说，在某些情况下，商标资产评估对象就是商标资产本身；而在另外一些情况下，商标资产评估对象可能是以商标资产为核心，辅以与其共同发挥作用而又难以分割的相关资产组成的资产组，或组合无形资产。

（二）对评估客体约束条件的界定

评估客体的约束条件是指引起评估的经济事项以及这些经济事项涉及的相关法律法规、制度规定等对商标评估的条件限定或约束。评估客体的约束条件主要形成于引起商标资产评估的特定经济事项或经济行为。所以，需要从引起商标资产评估的特定经济事项或经济行为涉及的相关法律法规等对商标资产权属、评估结果用途和使用者等的约束方面，来分析确定其对评估客体的约束。在对商标评估客体约束条件的界定过程中需要考虑的主要因素包括以下几个方面：

1.明确评估特定目的

根据引起商标资产评估的经济事项或经济行为，分析评估结果的期望用途和评估报告的期望使用者以及与该经济事项或经济行为有关的法律法规对评估客体和评估过程的总体约束。不同的评估结果期望用途会导致相同评估客体的不同评估视角和评估值目标。不同的评估报告期望使用者可能会对相同评估客体提出不同的评估要求。与引起商标资产评估经济事项或经济行为有关的法律法规，也会直接或间接地约束评估的价值目标以及评估值的影响因素。引起商标资产评估的经济事项或经济行为包括但不限于以下各项：商标所有权转让、商标权特许使用、商标所有权或使用权投资、商标权质押融资、商标权拍卖、商标权侵权赔偿、商标权财务核算等。

2.明确被评估商标的权利形式

根据引起商标资产评估的经济事项或经济行为和相关委托协议，进一步明确评估客体的具体权属是商标所有权转让还是商标使用权许可。商标所有权转让是指商标权所有者通过转让放弃商标权，将其转让给受让方所有。商标使用权许可是指商标权所有者在不放弃商标所有权的前提下，特许他人按照许可合同规定的条款使用商标。商标权权属转让内容不同，评估值也不同。一般来说，商标所有权转让的评估值高于商标使用权许可的评估值。如果评估客体的权属是商标的使用权，其权属界定还需要进一步明确使用权特许的程度，如是独家许可还是普通许可。

3.明确被评估商标的使用对象范围与空间范围

被评估商标的使用对象范围和空间范围也是约束评估对象的条件之一。被评估商标的价值与其标识的商品或服务的范围以及在多大空间范围内使用有着极为密切的关系。界定商标权标识的商品范围或服务范围以及地域空间范围等是界定商标评估对象的重要工作之一。

三、商标资产价值的影响因素

商标资产作为一种无形资产，其经济价值并非简单地由设计、制作、申请、保护等方面所耗费用而形成的，广告宣传有利于扩大商标的知名度，并需要花费高额费用，但这些费用对商标资产价值起影响作用，而不是决定作用。商标资产的经济价值体现为其能获得超额收益。若不能带来超额收益，商标资产也就不具有经济价值。商标资产带来超额收益的原因，是其所代表的企业的商品质量、性能、服务等效用因素的综合性、重复性的显示，甚至是一定的效用价格比的标志。它实际上是对企业生产经营的素质，尤其是技术状况、管理状况、营销技能的综合反映。另外，商标资产的评估值还与评估基准日的社会、经济状况以及评估目的等密切相关。因此，商标资产价值的评估应重点考虑如下几个方面：

（一）宏观经济状况

商标资产的价值与宏观经济形势密切相关，在评估基准日宏观经济景气时，评估值相对较高，低迷时评估值较低。另外，宏观经济政策对商标资产价值评估也有一定影响，财政政策、货币政策是紧是松，尤其是与所评估商标资产的行业相关的政策走向，也是商标资产评估必须考虑的因素。

（二）商标资产的市场影响力

商标资产的市场影响力是影响商标资产价值最重要的因素。反映商标资产市场影响力的具体指标主要包括商标的知名度和信誉。

1.商标的知名度

商标的知名度是指消费者对商标商品或服务的认知认可程度。商标的知名度越高，商标商品或服务就越受消费者的青睐，商标商品或服务进入市场的阻力就越小，商标商品或服务的市场竞争力也就越强。例如，驰名商标因其知名度较高，不但具有较高的市场竞争力，而且法律保护的强度也大于普通商标。很多国家对驰名商标的保护力度远大于非驰名商标，但对驰名商标的认定一般也有着苛刻的条件和复杂的手续。因而在一般情况下，同一行业，驰名商标价值高于非驰名商标价值，取得驰名商标认定的商标，其价值高于普通商标。是否完成驰名商标认定影响着商标资产的价值。

不同的商标可为商标权人带来不同的收益，同样的商品给企业带来的收益会相差甚远。依照《保护工业产权巴黎公约》、世界贸易组织协定中的《与贸易有关的知识产权协议》及多数国家的商标法，驰名商标都享有受特殊保护的权利，因此，驰名商标的法律地位也会增加它的价值。

2.商标的信誉度

商标的信誉度是指商标商品或服务的质量及其相关服务得到消费者肯定和信任程度的指标。商标的信誉度可能是与商标商品或服务的知名度相伴而生的，也可能是由商标商品或服务长期良好的性价比或相关服务形成的。商标的信誉度能大大提升商标商品和服务的市场竞争力，也是商标资产具有价值的重要基础。

（三）商标声誉的维护

商标资产的价值与商标声誉的维护有关。商标声誉的维护时间越长，价值越大。如不维护商标的声誉，商标就会贬值。商标的广告宣传是扩大商标知名度、影响力及维护商标的重要因素。通过广告宣传使大众熟悉该种商品或服务，刺激和维持消费需求，从而扩大销量，为企业带来更多的超额利润。对于大部分商标资产而言，广告投入的数量及广告宣传的密度与媒介的层次会在很大程度上影响商标的知名度和市场影响力。另外，商标的广告宣传费用也是商标成本的重要组成部分。因而，商标的广告宣传会对其价值产生重大影响。需要注意的是，商标资产的价值与商标的广告宣传费用的多少有关，但商标资产的价值并不等于商标的广告宣传费用。

（四）商标权所依托的商品

商标权本身不能直接产生收益，其价值大都是依托有形资产来实现的。商标资产的经济价值是由商标所带来的效益决定的，带来的效益越大，商标资产价值越高。商标所带来的效益是依托相应的商品来体现的，主要与以下因素有关：

1.商品所处的行业及前景

一种商品离不开其所在的行业，行业的状况直接影响到商品的生产规模、价格、利润率等经济指标，进而影响到商标资产的价值。另外，一个行业很难保持长久的繁荣与稳定，总有一些新兴的行业不断产生，一些陈旧的行业不断衰退，甚至消亡。商标所依托的商品所在的行业发展情况，对商标资产的价值能产生重大影响。商标资产的价值在于其获得超额利润的能力，在销量相同的情况下，新兴行业往往是产品附加值高的行业，其商标资产价值也高。

2.商品的生命周期

商标资产的价值与所依附的商品所处的生命周期有关。商品的生命周期一般有四个阶段：研发阶段、发展阶段、成熟阶段、衰退阶段。处于不同阶段的商标商品或服务的市场影响力不同，商标资产的价值也不相同。通常，处于发展或成熟阶段的商标商品或服务具有较强的获取超额利润的能力，其相应的商标资产价值就高；若处于衰退阶段，获得超额利润的能力弱，其商标资产价值相对较低；若处于研发阶段，则要考虑商品是否有市场、单位产品可获得的利润等因素综合确定商标资产的价值。

3.商品的市场占有率及竞争状况

商品的市场占有率标志着商标资产的价值范围。商标资产的价值体现在获得超额利润的能力上。同样的单价，其市场占有率越大，商品销量越大，利润及超额利润也越大，商标资产的价值也就越高。正常情况下，商标商品的市场占有率应该是商标商品知名度和信誉及市场竞争力等的综合反映和结果。商标商品的市场占有率将直接影响商标商品的销量和营业收入。

此外，竞争状况同样影响着商标资产价值，竞争越激烈、其他知名商标越多，商标资产价值越小。

4.商品经营企业的素质和管理水平

商标资产的价值基础是商标商品的质量，以及由此形成的知名度和信誉。从商标商品的较高质量到获得较高知名度和信誉需要较长时间的积累。在这个过程中，商标商品经营企业的管理水平和经营之道将发挥巨大的作用。一个商标在有些企业手中，可能是价值连城的无形资产，而在另一些企业手中，可能变得一文不值。良好的企业经营素质和优秀的管理水平是形成良好的商品质量及较高的知名度和信誉的保证。商标商品经营企业的素质和管理水平也是影响商标资产价值不可忽略的因素之一。

5.商品的获利能力

所有影响商标资产价值的因素最终都会体现在商标商品的获利能力上，即能给拥有者带来超额收益的能力。商标商品或服务的获利能力越强，超额利润越多，商标资产的价值也就越高。因此，商标商品的获利能力是决定商标资产价值的根本性因素。

（五）商标权的法律状态

1.商标的注册

我国实行的是"不注册使用与注册使用并行，仅注册才能产生专用权"的商标专用权制度。按照这种制度，只有获得了注册的商标的使用人才享有专用权，才有权排斥他人在同类商品上使用相同或相似的商标，也才有权对侵权活动起诉。因而，只有注册了的商标才具有经济价值。未注册的商标即便能带来经济效益，其经济价值也得不到确认。

2.商标权的无效宣告

已经注册的商标，违反《中华人民共和国商标法》第十条、第十一条、第十二条规定的，或者是以欺骗手段或者其他不正当手段取得注册的，由商标局宣告该注册商标无效；其他单位或者个人可以请求商标评审委员会宣告该注册商标无效。

（六）商标的使用方式

商标的使用既可以是商标所有人的自行使用，也可以是商标所有人以外的第三人的被许可使用。商标的注册、使用、购买成本、商标注册时间、有无许可使用等都是影响商标资产价值的重要因素。

（七）类似商标的交易情况

商标的交易情况也影响商标资产的价值。当使用市场法进行商标资产价值评估时，可比实例及交易情况对商标资产价值评估起决定性作用。这些因素包括可比实例的交易价格、交易情况、自身情况、交易日期等。

微课

商标资产价值的影响因素有哪些？

四、商标资产评估程序

（一）接受委托，明确有关事项

商标资产评估的第一步是接受委托方的委托，明确评估中的有关事项，主要有以下事项：

1.商标资产的评估目的

商标资产的评估目的即商标权发生的经济行为。从商标权发生的经济行为方式来说，可分为商标所有权转让和商标使用权许可。

2.商标资产有关情况

商标资产有关情况包括商标的注册、使用情况，商标拥有方、使用方及评估委托方的情况。

3.商标资产评估的范围

商标资产评估的范围包括待评商标的种类、数量及应用的商品种类和地域范围。在确定商标资产评估范围时要注意防止对各类无形资产的重复评估，目前，在知识产权转让合同中既有技术的内容，又包含商标的使用，要注意区分。同时，要避免对商标和商誉的重复评估，这就要求评估师在评估过程中注意审查。

4.确定评估基准日

确定评估基准日，以明确待评商标的价值时点。

（二）调查、收集有关资料

执行商标资产评估业务，应当对商标资产相关情况进行调查，包括必要的现场调查、市场调查，并收集相关资料等。调查过程中收集的相关资料通常包括：（1）商标注册人和商标使用人的基本情况；（2）商标的权属及登记情况，包括注册、变更、许可、续展、质押、纠纷及诉讼等；（3）对商标的知晓程度；（4）相关商品或者服务的销售渠道和销售网络等；（5）商标使用的持续时间；（6）商标宣传工作的持续时间、程度、费用和地理范围；（7）与使用该商标的商品或者服务相关的著作权、专利权、专有技术等其他无形资产权利的情况；（8）宏观经济发展和相关行业政策与商标商品或者服务市场的发展状况；（9）商标商品或者服务的使用范围、市场需求、同类商品或者服务的竞争状况；（10）商标使用、收益的可能性和方式，包括实施企业的财务状况、行业竞争地位、未来发展规划等；（11）近似商标近期的市场交易情况；（12）商标以往的评估及交易情况；（13）商标权利维护方面的情况，包括权利维护方式、效果、成本费用等。

（三）市场调研和分析

商标资产评估需要进行市场调研和分析，内容主要有：

（1）产品市场需求量的调研和分析；

（2）商标现状和前景分析；

（3）商标商品在客户中的信誉、竞争情况分析；

（4）商标商品市场占有率的分析；

（5）财务状况分析，主要分析判断商标商品现有获利能力；

（6）市场环境变化的风险分析；

（7）其他相关信息资料的分析。

（四）确定评估方法，收集确定有关参数

通过市场调研和分析，收集相关参数，确定评估方法。商标资产评估多采用收益法，但不排除市场法和成本法。

拓展知识

商标权与其他权利的联系与区别

（五）完成评估报告

通过计算、分析，得出评估结论，完成评估报告。

五、商标资产评估方法

商标资产价值评估的方法很多，常用的有收益法、市场法和成本法。收益法被认为是评估中最可信赖的首选方法，但仍需要其他方法予以补充。市场法可以为收益法的结论提供某些数据支持，成本法也能为商标资产评估结论提供最低限度的基础数据。我们

主要介绍收益法在商标资产评估中的应用。

（一）商标资产转让价值的评估

商标资产转让价值的评估通常采用超额收益法。超额收益是指使用某一商标所带来的收益与不使用该商标的原始收益的差额。商标资产的超额收益有两种计算方法。

1.直接测算商标的超额收益

当使用某一商标与不使用该商标相比，商品价格（销量）有差别时，可直接计算超额收益。

2.与同行业平均水平比较，估算超额收益

如果产生总收益的资产中除商标资产外，其他资产可以单独评估，其价值已知时，则：

商标资产年超额收益＝企业年收益－其他可单独评估资产价值之和×行业平均利润率

$$P = \sum_{t=1}^{n} \frac{R_t}{(1+r)^t}$$

式中：

P——被评估商标资产的评估值；

R_t——未来第 t 年的预期超额收益；

t——未来年序；

n——被评估商标资产的剩余经济寿命（年）；

r——折现率（%）。

【例5-1】某企业拟将一项注册商标转让。根据历史资料，该企业近5年使用这一商标的商品比同类商品的价格每件高0.7元，该企业每年生产商标商品100万件，该商标商品目前在市场上发展良好。根据预测估计，在生产能力足够的情况下，该商标商品每年生产200万件，每件可获得超额利润0.4元，预计该商标资产能够继续获取超额利润的时间是8年，前5年保持目前的超额利润水平，后3年每年可获取的超额利润为90万元，所得税税率为25%。

要求：评估该商标资产的价值。

解：分析计算过程如下：

（1）预期前5年每年的超额利润＝200×0.4×（1-25%）＝60（万元）

（2）预期后3年每年的超额利润＝90×（1-25%）＝67.5（万元）

（3）确定折现率为10%。

（4）计算该商标资产的价值。

商标资产价值＝60×（P/A，10%，5）＋67.5×（P/A，10%，3）×（P/F，10%，5）
　　　　　　＝331.68（万元）

（二）商标资产许可价值的评估

商标资产许可价值的评估是在商标所有者将商标使用权让渡给受让人的情况下，对这种让渡的使用权价值的评定估算，是对商标许可使用权的价值评估，通常采用收益分成法。其评估公式为：

商标资产许可价值＝∑（各年销售利润折现额 × 利润分成比率）

或　　　　　　　商标资产许可价值＝∑(各年销售收入折现额×收入分成比率)

【例 5-2】甲皮鞋厂将"春达牌"皮鞋的注册商标使用权通过许可使用合同许可给乙厂使用，使用时间为 5 年。双方约定由乙厂每年按使用该商标新增利润的 25% 支付给甲厂作为商标使用费。评估资料如下：

（1）使用期限内新增利润总额取决于每双鞋的新增利润和预计生产量。评估专业人员预测：预计每双鞋可新增净利润 50 元，第一年生产皮鞋 40 万双，第二年将生产 45 万双，第三年将生产 55 万双，第四年将生产 60 万双，第五年将生产 65 万双。

（2）假设折现率为 14%。

要求：

（1）确定每年新增净利润；

（2）评估该注册商标使用权价值。

解：首先，计算每年的新增净利润和新增净利润的现值，见表 5-2。

表5-2　　　　　　　　　　　　　每年新增净利润及折现额　　　　　　　　　　金额单位：万元

年　　度	新增净利润	折现系数	折现值
1	40×50＝2 000	0.8772	1 754.4
2	45×50＝2 250	0.7695	1 731.4
3	55×50＝2 750	0.6750	1 856.3
4	60×50＝3 000	0.5920	1 776.0
5	65×50＝3 250	0.5194	1 688.1
合计			8 806.2

其次，按 25% 的分成率计算确定商标使用权的评估值。

评估值＝8 806.2 × 25%＝2 201.6（万元）

【提示】根据《中华人民共和国商标法》的规定，注册商标的有效期为 10 年，期满可以续展，续展没有次数的限制，即商标权人只要遵守法律规定，可以永远拥有商标权。但是，收益现值法的评估只在注册商标的有效期内进行，没有反映出该商标连续使用、注册的实际情况，有一定的局限性。

拓展知识

商标资产参数选取

六、商标资产评估的注意事项

（一）商标资产评估对象的确定

评估专业人员在执行商标资产评估业务时，应当根据具体情况将评估对象确定为单一商标或者商标组合。

对商标专用权进行评估时，应当将商标注册人在相同或者类似商品和服务上注册的相同或者近似的商标作为商标组合。

（二）与其他资产共同发挥作用时商标资产贡献的确定

评估专业人员在执行商标资产评估业务时，应当了解商标资产与相关有形资产以及专利权、专有技术和著作权等无形资产共同发挥作用的情况，并考虑其对商标资产价值的影响。

（三）商标注册人和使用者分离时商标权益主体贡献的确定

在评估商标资产价值时，当商标的注册人和使用者分属于不同的主体时，应当考虑商标使用者所投入的维护成本对商标资产价值的贡献。

任务三　商标资产评估案例

任务描述

通过案例学习，使学生掌握商标资产评估过程和评估方法的选取，进一步熟悉收益法在商标资产评估中的运用。

相关案例

一、评估案例基本情况

A集团公司委托评估机构对其拥有的"X"系列注册商标专用权进行评估。A集团公司的核心产业为中西医药生产和销售。A集团公司在生产经营过程中创建了"X"系列注册商标，目前使用相关商标生产和销售药品的企业主要是A集团公司下属的B上市公司。现在A集团公司拟将其拥有的"X"系列注册商标转让给B上市公司。

本次评估对象是A集团公司创建并拥有的"X"系列注册商标专用权。委估商标是在中国境内注册的第X类商标，共10个。A集团公司出于保护性目的，在医药类别内注册了10个外形类似的商标。这10个商标中有一部分为常用的主要商标，还有一部分从未使用过。评估时将这10个具有相关性的商标作为一个整体来考虑。

本次评估范围包括使用"X"系列注册商标的所有产品。截至评估基准日，只有B上市公司在使用"X"系列注册商标生产和销售药品，并且B上市公司生产的产品全都采用了"X"系列注册商标，所以评估范围包括B上市公司的所有产品。

本次评估的价值类型为市场价值，评估基准日为2019年12月31日。

二、评估过程和结果

本次评估采用收益法中的超额收益法对A集团公司的"X"系列注册商标专用权价值进行评估。具体评估过程是：先测算商标与其他相关贡献资产共同创造的整体收益，在整体收益中扣除其他相关资产的相应贡献，将剩余收益确定为商标资产的超额收益，再通过适当的折现率将超额收益折现到评估基准日时点，以此作为该项商标资产的价值。其计算公式具体如下：

$$商标资产评估值 = \sum_{t=1}^{n} \frac{R_t}{(1+r)^t}$$

式中：

R_t——第 t 年商标资产的预期超额收益；

t——收益期限；

r——折现率。

评估专业人员在采用超额收益法对 A 集团公司的"X"系列注册商标专用权价值进行评估的过程中，首先对该无形资产使用所处宏观经济环境、行业现状以及企业自身经营状况、资产和财务状况进行了分析，然后结合超额收益法的评估思路和主要参数的确定原则进行评定估算，并最终形成了评估结果。

（一）主要参数的确定

1.测算超额收益率

通过考察目前使用委估商标的 B 上市公司的利润水平，以及商标资产对利润的贡献程度，来确定超额收益率。

$$\frac{商标资产}{超额收益率} = \frac{销售}{利润率} \times \left(1 - \frac{有形资产}{贡献率}\right) \times \frac{商标资产占全部}{无形资产的贡献比例} \times 100\%$$

（1）有形资产贡献率。调查 B 上市公司调整后的有形资产市值与其所有者权益加债权人权益市值之间的比率，从而得出有形资产对公司价值的贡献率，并假设该贡献率与对利润的贡献率一致。

根据调查分析，B 上市公司平均有形资产贡献率为70%，即 B 上市公司的利润中约70%来自有形资产的贡献，其余30%归功于无形资产。

（2）商标资产占全部无形资产的贡献比例。访谈和调查发现，B 上市公司无形资产主要包括商标资产、专利资产和销售网络。根据商标资产占全部无形资产的比例来确定商标资产对整体利润的贡献程度。经调查分析，B 上市公司商标资产占全部无形资产的贡献比例为30%。

（3）销售利润率。利润口径取利润总额，根据调查分析，B 上市公司预期的销售利润率（利润总额÷销售收入×100%）为16%。

（4）商标资产超额收益率。将商标资产对利润的贡献程度乘以有关业务的利润率，从而获得商标资产超额收益率。

商标资产超额收益率＝16%×（1－70%）×30%＝1.4%

2.预测超额收益

根据调查分析，明确的预测期间确定为2020—2026年。评估专业人员对 B 上市公司采用"X"系列注册商标的产品在2020—2026年的销售收入进行了预测，将预测的销售收入总额乘以商标资产超额收益率，即可得到税前超额收益，并进一步测算出超额净收益。具体数据见表5-3。

表5-3　　　　　　　　　　　未来商标资产超额收益预测表　　　　　　　金额单位：万元

时间 ＼ 项目	销售收入	商标资产超额收益率（%）	超额收益	超额净收益
2020年	5 000.00	1.4	70.00	52.50
2021年	6 000.00	1.4	84.00	63.00
2022年	7 000.00	1.4	98.00	73.50
2023年	8 000.00	1.4	112.00	84.00
2024年	9 000.00	1.4	126.00	94.50
2025年	10 000.00	1.4	140.00	105.00
2026年	11 000.00	1.4	154.00	115.50

3.测算折现率

折现率是用于将委估商标资产超额收益转换成现值的比率，采用回报率拆分法进行测算。回报率拆分法的公式可表示为：

$$R_i = \frac{\text{全部资产市场价值}}{\text{无形资产市场价值}} \times \left(WACC - R_c \times \frac{\text{营运资金市场价值}}{\text{全部资产市场价值}} - R_f \times \frac{\text{固定资产市场价值}}{\text{全部资产市场价值}} \right)$$

式中：

WACC——整个企业的平均投资回报率，即加权平均资本成本；

R_c——营运资金（流动资产）的投资回报率；

R_f——固定资产的投资回报率；

R_i——无形资产的投资回报率。

（1）测算整个企业的平均投资回报率。整个企业的平均投资回报率即加权平均资本成本。因为商标资产预期收益预测口径为考虑税收影响后的净利润，所以折现率也采用税后收益口径。加权平均资本成本计算公式为：

$$WACC = \frac{E}{D+E} \times R_e + \frac{D}{D+E} \times R_d \times (1-T)$$

式中：

WACC——加权平均资本成本；

E——权益的市场价值；

D——付息债务的市场价值；

R_e——权益资本的投资回报率；

R_d——债务资本的投资回报率；

T——企业所得税税率。

①确定企业的目标资本结构。权益的市场价值和债务的市场价值决定着企业的资本结构。选取企业的目标资本结构来计算加权平均资本成本，即从医药类上市公司中选取具有可比性的参照公司，然后根据其权益市场价值和债务市场价值的相关比率进行加权

平均来确定目标资本结构。

②预测债务资本的投资回报率。债务资本的预期收益率与企业的经营风险和财务风险有关，在企业的经营风险一定的情况下，企业的财务杠杆越高，财务风险越高，其债务资本的预期收益率也越高。评估时选用该上市公司平均贷款利率作为债务资本的预期收益率。

③预测权益资本的投资回报率。采用资本资产定价模型确定可比企业权益资本的投资回报率。其计算公式为：

$$R_e = R_f + \beta \times (R_m - R_f) + R_s$$

式中：

R_e——股权资本成本，即权益资本的投资回报率；

R_f——无风险报酬率；

β——企业风险系数；

R_m——市场的预期报酬率；

$R_m - R_f$——市场风险溢价；

R_s——企业特有风险调整系数。

a.无风险报酬率。评估专业人员选择5年期的国债到期收益率作为无风险报酬率。

b.市场的预期报酬率。评估专业人员选取彭博资讯提供的2018年1月1日至评估基准日的上海证券市场和深圳证券市场各自的周风险报酬率，换算成年风险报酬率，扣除相应的历史无风险报酬率后，用上海证券市场和深圳证券市场评估基准日的市值对其进行加权平均，进而求得评估基准日我国证券市场的年风险报酬率。

c.企业风险系数。评估专业人员采用彭博资讯提供的沪、深两市各参考上市公司股票相对于整个市场收益的系统风险系数 β，并进行了显著性检验（t检验），以确定其统计结果的显著性。考虑到个股的收益总是趋向于市场总体收益的，评估专业人员选取的是调整后的系统风险系数 β，其计算公式为：

调整后的系统风险系数＝个股风险系数×67%＋市场风险系数×33%

d.企业特有风险调整系数。因为使用"X"系列注册商标的B公司为上市公司，所以不再另行考虑企业特有风险。

e.权益资本的投资回报率。根据资本资产定价模型计算出公司的权益资本投资回报率。

④加权平均资本成本的确定。根据上述公式及参数计算出加权平均资本成本为9%。

（2）测算其他资产的投资回报率。B上市公司的资产主要包括流动资产、建筑物、机器设备、专利资产、商标资产等。企业的经济效益来自对这些资产的整体利用。根据各项资产的重要性及风险，企业总收益可按一定比例分配给各组成部分。

① 确定流动资产投资回报率。流动资产具有较强的流动性，其投资风险低于其他类别资产，参照银行存款利率水平确定。

② 确定建筑物、机器设备投资回报率。建筑物、机器设备的流动性低于营运资金，其投资风险高于流动资产，参照银行贷款利率水平确定。

（3）测算商标资产的折现率。分割WACC得到无形资产回报率为税后10%。无形资产变通利用能力差，通常被认为是企业经营中风险最高的资产。B上市公司的无形资产主要由专利资产和商标资产构成。经调查分析，评估专业人员取10%作为对商标资产超额收益进行折现的折现率。

（二）评估结果

经计算，委估商标权在明确的预测期内收益现值为408.6万元，具体计算见表5-4。

表5-4　　　　　　　　　　　　　预测期内收益现值　　　　　　　　　　金额单位：万元

项目 时间	超额净收益	折现率（%）	折现期（t）	收益现值	收益现值合计
2020年	52.50	10.00	0.50	50.06	
2021年	63.00	10.00	1.50	54.59	
2022年	73.50	10.00	2.50	57.92	
2023年	84.00	10.00	3.50	60.17	408.6
2024年	94.50	10.00	4.50	61.54	
2025年	105.00	10.00	5.50	62.16	
2026年	115.50	10.00	6.50	62.16	

在预测期后，市场整体将趋于平稳，增长会相对放缓，根据中国经济发展以及医药行业平均水平，评估专业人员预测商标在永续期间产生的净收益流的增长率为1%。

$$\frac{\text{预测期后的}}{\text{收益现值}} = \text{明确的预测期后} \atop \text{一年税后净利润} \times \frac{1 + \text{预测期后增长率}}{\text{折现率} - \text{预测期后增长率}} \times \frac{1}{(1 + \text{折现率})^{6.50}}$$

经计算，预测期后的收益现值为697.61万元。

基于以上分析和计算，测算出相关商标专用权的市场价值为1 106.21万元（408.6＋697.61）。

思政园地

弘扬民族文化　保护民族品牌

汾酒是国内清香型白酒鼻祖，其酿造技艺是国家级非物质文化遗产，山西杏花村汾酒集团有限责任公司以生产销售汾酒、竹叶青酒和杏花村酒为主，拥有"杏花村""竹叶青""汾"三件知名商标。杏花村汾酒老作坊遗址是全国重点文物保护单位，入选世界文化遗产预备名单；杏花村汾酒酿制技艺是国家级非物质文化遗产，竹叶青酒泡制技艺是省级非物质文化遗产；汾酒技术中心是国家级企业技术中心、博士后科研工作站。该公司同时还是全国企业文化示范基地。

汾酒既是中国名白酒的杰出代表，也是清香型白酒国家标准的制定者。汾酒文化源远流长，具有悠久的酿造历史，精湛的酿造技艺，卓越的清香品质。杏花村已有6000多年的酿酒历史。早在1500年前的南北朝时期，汾酒就作为宫廷御酒受到北齐武成帝的推崇，载入廿四史。晚唐大诗人杜牧的"借问酒家何处有，牧童遥指杏花村"使汾酒家喻户晓。

我们为中华民族拥有这样的高端品牌而骄傲，弘扬中华民族优秀文化，保护民族品牌，维护品牌价值是评估人员的职责所在。

资料来源：佚名. 品牌介绍：山西汾酒［2023-01-13］.［EB/OL］. https://www.maigoo.com/maigoocms/special/chi/001fenjiu.html.

项目小结

商标是商品或服务的标记，是商品生产者或经营者为了把自己的商品或服务区别于他人的同类商品或服务，在商品上、服务中使用的一种特殊标记。商标权是商标注册后商标所有者依法享有的权益，受到法律保护，未注册商标不受法律保护。商标并不都能成为无形资产，只有商标权才能构成无形资产，具有专有性、可转让性、价值的依附性等特点，商标权中的经济权利一般包括排他专用权（独占权）、转让权、许可使用权、继承权等。

商标资产评估就是评估人员采用科学的评估方法，依照法定的评估程序，对商标资产的现实价值进行评定估算的过程。其评估对象是商标资产带来的额外收益，即经济价值。在商标资产评估时，应注意商标资产评估的特点、影响商标资产价值的因素及规范商标资产的评估程序。

商标资产价值评估的方法很多，常用的是评估中最可信赖的首选方法——收益法，但仍需要市场法和成本法予以补充。运用收益法评估商标资产主要采用收益分成法和剩余法等具体方法，在评估时注意是对商标资产转让价值的评估还是对商标资产许可使用价值的评估。

实训设计

一、实训目标

通过对商标资产评估的实际操作训练，使同学们能够掌握商标资产评估方法及评估技能，能独立组织和开展商标资产价值评估工作。

二、实训项目与要求

1.实训组织

首先，实训指导教师将学生分组，每组10人左右，指定组长负责，明确目标和任务；然后，分组开展业务训练，写出实训过程和结果；最后，组长总结汇报实训活动。

2.实训项目

商标资产评估方法和评估程序的训练。

3.实训要求

（1）要求熟练运用收益法评估商标资产的转让价值和许可使用价值。

（2）在评估中执行规范的商标资产评估程序。

三、成果检测

1.同学自我总结运用收益法评估商标资产的转让价值和许可使用价值实训中的心得，分析商标资产价值的影响因素。

2.各组组长组织同学互相评价，提出实训建议成绩。组长撰写小组实训报告，在班级中进行交流汇报。

3.教师汇总实训所取得的成绩和存在的问题，提出今后的改进措施，并根据学生自评、互评情况和组长的建议，确定学生的实训成绩。

项目六

商誉评估

【学习目标】
- 了解商誉的概念、特征；
- 理解商誉的构成要素及分类；
- 熟悉商誉的形成机理；
- 明确商誉评估应注意的问题。

【能力目标】
- 掌握商誉评估的具体方法；
- 能够正确区分商标和商誉价值；
- 会用割差法测算商誉价值。

【思政目标】
- 践行社会主义核心价值观；
- 提高个人爱国、敬业、诚信、友善修养道德；
- 深刻理解中华优秀传统文化中讲仁爱、重民本、守诚信、崇正义、尚和合、求大同的思想精华和时代价值。

项目导入

如何评估商誉的价值

X公司成立于1995年10月，占地面积为180 000平方米，投资总额为3亿元，从事化工行业，在中国著名的工业城市注册成立。X公司有良好的生产技术、高效的管理经验、技术熟练的员工和广泛的销售网络，并以此为基础，结合生产地良好的劳动力、工业实力和地理环境优势，生产出具有国际市场竞争能力的各类HC树脂及树脂加工品，行销国内外。从成立到评估基准日，X公司每年均取得良好的经济效益。

该公司为拓展中国市场，扩大经营规模，拟先进行股权转让，将公司25%的股权转让给一家风险投资公司，再行增资扩股。该公司已委托中青评估师事务所对公司2022年12月31日的商誉价值进行客观的估价，作为股权转让溢价的定价参考依据。

请思考：什么是商誉？其特点有哪些？作为评估师，你将如何判断和评估X公司的商誉价值？

【思政融通】无并购不商誉

上市公司为了迅速做大做强，往往需要通过投资并购来获得快速壮大发展，由此积累了大量的商誉，如果经营不佳又要进行商誉减值，就会给投资者带来风险和损失，同时影响了市场秩序。2018年11月16日，证监会发布"会计监管风险提示第8号——商誉减值"的公告，提示A股存在风险隐患，对相关的评估公司和评估师采取了相应的监管措施。评估师应独立、客观、公正地执业，履行好"看门人"的责任，评估机构要担当评估责任，推进行业文化建设。

任务一　商誉概述

任务描述

通过对商誉概念的认识，了解商誉和商誉价值的特点，明确影响商誉价值的因素，在对企业无形资产进行评估的过程中能正确区分商标和商誉。

相关知识

一、商誉的含义

（一）商誉的概念

1.主要发达国家会计界对商誉的定义

◆英国第22号标准会计惯例公告（SSAP 22）将商誉定义为："商誉是企业的总体价值与企业可分离净资产公允价值总额之差。"

◆美国会计原则委员会第17号意见书（APB Opinion No.17）将商誉定义为："被购买公司的成本超过其可辨认净资产价值的差额。"

这两种定义是从超额盈利观和剩余价值观的角度对商誉进行定义的。

◆澳大利亚第18号会计准则公告（SAS 18）将商誉定义为："不可辨认资产所能带来的未来利益。"

该定义是从无形资产角度进行定义的。

2.中国会计准则对商誉的定义

2006年版《企业会计准则第6号——无形资产》应用指南中规定：无形资产是指企业拥有或者控制的没有实物形态的可辨认非货币性资产。据此，商誉由于它的不可辨认性，准则将其从无形资产中分离而独立确认为一项资产。

3.商誉在评估中的定义

商誉是企业整体声誉的体现，是不可辨认无形资产，不能离开企业单独存在。在不同的财务报告或者税收制度下，商誉可能被赋予不同的概念。商誉通常表现为一家企业预期将来的利润超过同行业正常利润的超额利润的价值。这种价值的预期是由企业所处的地理位置优势，或由历史悠久、经营效率高、管理水平高、人员素质高、良好的客户关系等多种因素综合作用带来的。理解商誉的内涵，应注意以下几点：

（1）商誉是一种能够资本化的无形资产。商誉价值表现为企业收益和同行业资本平均收益的差额，该差额能够通过资本化的价值量表现出来。具体来讲，可以认为是企业相对于社会基准收益水平的资产实力与其重置成本价值的差额，而不是企业收益与社会基准收益的差额。

（2）商誉是一种不可辨认的无形资产。商誉没有实物形态，而是融入企业整体，因而它不能单独存在，也不能与企业其他各种可辨认资产分开来单独出售。商誉本身不是一项单独创造收益的资产，若脱离整体单独进行交易或评估则是毫无意义的。因此，在评估时要考虑全部有形资产和可辨认的无形资产的价值，从而得出全部不可辨认的无形资产对于整个超额收益的影响程度，即商誉的价值。

（3）商誉的价值可为正、可为负、可为零。由于自创商誉价值难以量化，商誉的正负性主要是指商誉当中的并购商誉，其价值可为正、负、零。每家企业都存在商誉，但商誉的价值并不一定总为正值。商誉大多与企业整体经营效果相关，现实中企业资本的实际收益不同，带来的商誉价值也会有正有负。

（4）商誉由多方面的因素决定。商誉是多项因素作用形成的结果，一般地，业界公认构成商誉的主要因素有：秘密的技术和工艺；杰出的管理层；良好的企业物质条件；高素质的企业员工；卓越的销售组织；畅通的销售渠道；有效的广告宣传；和睦的劳资关系；高水平的公共往来；优秀的资信级别；优越的战略地位；广阔的发展前景；有利的政府政策；优惠的纳税条件；足够的市场份额；领先的员工培训计划；竞争对手的不利发展等。

拓展知识

商誉的"三元论"

（二）商誉的性质

商誉能为企业直接或间接创造经济效益。它之所以作为一项资产具有价值，正是因为它的这种效益性特征。具体而言，可以从以下几个方面加深对商誉性质的理解：

（1）商誉是特定企业所独有的可带来未来超额经济收益的经济资源，这是认定一家企业是否存在商誉的唯一标准。

（2）商誉的形成和作用虽然与企业的某些具体要素有关，但商誉的载体是企业，而不是具体的要素。这些要素有的是"硬"的，如优越的地理位置；有的是"软"的，如完善的管理和良好的信誉等；有的是有形的，有的是无形的，它们既不能单独存在，也不能把它们与其所依附的企业的其他无形资产和有形资产分割开来，无法确指它们为某项有形或无形资产所产生的附加价值。

（3）商誉可以从外部购入，也可以在内部形成，其形成的原因是多方面的。可以认为，企业在生产经营的各个阶段、各个环节的各种支出都无不与商誉的形成有某种联系，从系统论的角度加强企业的全程管理和全员管理是形成商誉的基础和源泉。

（4）商誉的价值会随着企业经营环境的变化而不断变化。

（5）商誉是可以以货币计量的，其确定的依据就是企业某一时点的整体可转让价值与其各项有形资产及可辨认无形资产的公允价值的差额。一般情况下，它应是正的，即"正商誉"；它也可能是负的，即"负商誉"。

微课

商誉的特征

（三）商誉的特征

商誉与有形资产和可确指的无形资产相比，具有价值难以确定、构成复杂且难以辨认、有效期在法律上没有规定、附着性强、波动性大、收益性高等特点。这些使得商誉的评估较其他无形资产的评估更困难、更具有自身的特点。综合起来，商誉具有如下特征：

1.依附性

企业是商誉及其价值的载体，商誉不能离开企业而单独存在。离开了企业，商誉价值也就不存在了。商誉是企业所有资产共同作用的结果，它的形成和效益的发挥与企业的有形资产和所处环境紧密相连。商誉不能与企业可辨认的资产分开出售，不存在独立的转让价值，也不能以独立的一项资产作为投资。可以把商誉看成一种组合无形资产，即不可辨认无形资产的组合，它的价值只有在企业整体出售成交或整体合并成功后，才能得到体现。离开了某一特定的企业，这种商誉就变得毫无价值。

2.累积性

商誉是企业长期积累起来的一项价值。商誉不是企业成立之初就有的，必须经过大量的市场营销、技术创新、广告宣传、公关活动和优质服务等一系列的长期智力投入方能逐渐形成。这种经营管理方式使顾客对产品质量以及服务质量产生信任和好感，企业因此取得比同行高得多的收益。

3.整体性

商誉本身不是一项单独的、能产生收益的无形资产，是多方面因素共同作用的结果。各种不同的无形因素从整体上有助于商誉价值的形成，但难以用一定的方法或公式进行单独的计价，只能以商誉总体加以确定。鉴于此，它的价值只有通过企业整体收益水平才能体现出来，并通过企业的收益水平与同行业平均水平的比较才能判断和测定。因此，要从企业整体获利能力的角度来评估商誉价值。

4.持续性

不同于其他无形资产，商誉存续期间没有法定限制，它只依赖企业的经营状况。只要企业遵守诚实守信的原则，不断提高产品质量，改善服务态度，商誉就能持续下去。这就是商誉的持续性特征，一旦形成，即可以在较长时间里产生无形的作用。

5.动态性

商誉的动态性表现为两方面：一方面表现为种类的变化。由于商誉是无形资产当中不可辨认的部分，因此，它的范围也会随着可辨认的无形资产的变化而变化，即商誉的动态性。随着计量技术以及人们认识水平的提高，一部分过去不可辨认的无形资产会逐步独立出来，被划分为可辨认无形资产。但是商誉这种不可辨认的无形资产并不会随着技术的进步而消失，因为会有新的无形资产产生，而当中不可辨认的部分依然会被划分为商誉，因此是一个有出有进的动态过程。另一方面表现为价值量的变化。商誉价值会随着时间的推移或增或减，随着企业经营情况、外界环境、企业文化的整合及技术创新能力等条件发生变化而变动，即商誉是动态的，任何企业都不可能无代价地永远享用这一无形资产。具体而言，当企业的收益率不变，同行业同一规模的企业收益率增长速度大于其收益率的增长速度时，商誉的价值会随着企业的持续经营而耗减；当企业的收益率与同行业企业的收益率同比例增加时，商誉的价值可能在一定时期内不会改变；当同行业同规模企业的收益率增长速度小于其收益率增长速度时，商誉的价值有增加的可能性。

（四）商誉的分类

1.并购商誉与自创商誉

根据商誉的不同来源，商誉可以分为并购商誉和自创商誉。并购商誉和自创商誉是两个相互对应的概念。并购商誉又被称为外购商誉，来源于企业之间的并购行为。自创商誉是由企业或个人创造的，与特定主体相联系，不能脱离主体而单独存在。

（1）并购商誉。并购商誉通常是在企业兼并与收购过程中形成的。在企业并购时，并购企业所付出的并购价值可能并不等于被并购企业可辨认的有形和无形资产的公允价值。但并购方之所以愿意以高出被并购方可辨认净资产的公允价值来购买企业，主要是其认为并购后可获得在将来赚取超过正常水平的"超额收益"。因此，并购商誉是并购企业预期认定被并购企业能够在未来时期使合并企业获得超额盈利水平的资产，是一种对被并购企业的未来良好预期，这一需要支付的差额部分就是并购商誉的价值。这部分差额是并购企业为了获取被并购企业拥有的包括良好关系、优秀职工队伍、高效的企业组织结构和垄断在内的各项优势因素而支付的。

根据目前国际上较为通行的做法，企业并购过程中并购方支付的溢价，应由并购方确认为一项资产，即商誉，所以支付和确认这部分价差的会计主体是并购企业。

（2）自创商誉。自创商誉（Internally Developed Goodwill）是企业在经营过程中积累起来的，不需要一次性支付任何款项给他人的，能使企业获得未来超额利益的无形经济资源。

自创商誉从表面上看是由多种因素形成的外界对企业的一种好感，如优秀的管理方面的人才、先进的技术、合理科学的组织方式、社会认知度和美誉度高的品牌等，具体表现就是企业具有突出的获取超额收益的能力。

理论上，自创商誉的价值等于资产收益与资产成本的差额。自创商誉中所包含的很多特异无形资源和企业能力的形成具有原因模糊性，企业很难搞清楚具体哪些投资形成了这些特异无形资源和能力，以及如何投资才能获得特异无形资源和能力。因此，自创商誉的价值也就很难与有关的成本费用形成可靠的或可预期的关系。

我国企业会计准则确认并购商誉，对自创商誉不予确认。而自创商誉只能在公司并购活动发生时才能体现，因此自创商誉是并购商誉的基础，后者是由前者转化来的。并购商誉仅是自创商誉在产权交易时的一个短暂状态，并购商誉实际上是自创商誉的市场表现形式。

拓展知识

如何理解正商誉和负商誉

2. 正商誉与负商誉

一般认为，并购过程中产生的商誉即并购商誉，它是由并购成本同被并购企业净资产公允价值的差额所形成的。这个差额可以为正也可以为负，为正时被称为正商誉，为负时被称为负商誉。

（五）商誉的构成因素

一般认为，商誉的构成要素按其包含的内容不同可分为狭义和广义两大类。

◆狭义的商誉构成要素主要有：（1）杰出的管理人员；（2）科学的管理制度；（3）融洽的社会关系；（4）优等的资信级别；（5）良好的社会形象。

◆广义的商誉构成要素除了包含狭义的商誉构成要素外，还包括：（1）有利的地理位置；（2）先进的生产技术；（3）专营专卖特权。

二、商誉价值

（一）商誉的价值及其体现

商誉作为企业整体获利能力的表现，是企业整体要素与资产持续投入的产物。商誉的价值就是企业获取超额收益的能力，而商誉之所以能够为企业带来超额收益，是因为凝结在企业中的要素和资产，其效率远远高于造就同等收益所需要素和资产的效率的社会平均水平。当然，还有负商誉的存在，但这仅仅是效率低于社会平均水平时的状况。企业商誉的价值是企业自身资产的增值，而不是企业特殊资产的增值。企业商誉作为一般资产的增值，凝结在企业的各个运营环节及有机整体的运作中。在构成企业商誉的诸多因素中，有许多因素的投入是非物质化的，或者说是无形化的。这些无形化的因素同那些有形的因素相结合，共同转化为企业商誉这一特殊的无形资产。虽然从账面上我们还无法看到企业资产的增加，但是企业已经凝结了更多的商誉价值，而且这种价值会不断累积并转化为企业的收益。

商誉的价值必须通过企业的发展来实现和界定。企业的品牌、团队、文化以及各种资产和要素，则是企业商誉价值的构成载体，它们是评估企业商誉的基础。

具体来说，企业商誉价值的体现包含以下两种方式：

第一，企业自创商誉价值的体现形式。企业自创商誉的价值通过企业的经营业绩或运营能力来体现。在同等条件下，商誉价值高的企业会有更高的投资收益水平，而企业超过行业平均投资收益的差额部分，就是该企业商誉的价值。

第二，外购商誉价值的体现形式。企业外购商誉的价值是并购企业支付给被并购企业的价格减去被并购企业有形资产净值和可辨认无形资产价值的余额，它是对被并购企业超额获利能力的一种补偿。

（二）商誉价值的特点

商誉的价值与一般商品的价值不同，有如下几点特性：

1.商誉价值的形成漫长复杂

任何良好商誉的形成，都是企业各种投入和长期积累的结果，而非朝夕之功。对于商誉来讲，如果把它看作一种产品，那么它的生产过程的起点是企业的注册，终点是企业的注销。构成商誉的价值形成过程是一个持续、渐进、漫长、复杂的过程，而一般商品的价值形成过程相比之下要简单得多。

2.商誉的价值含量从理论上讲可以无限增加

一般情况下，如果一家企业正常生存发展，其商誉价值随着对其投入的不断增加和时间的积累，其价值含量也会不断增加，而且理论上可以无限量地增加。而不像专利等无形资产价值会逐年下降，纵使专利有效期满，在企业内、外部形成的经济优势也可以转移到商誉上去而保持竞争的优势。许多历史悠久、信誉卓著、业绩斐然的企业，其商誉可以说是价值连城，有的甚至高于其净资产，或是其年销售额的几倍。

3.商誉价值的依附性

商誉是附着于企业各项资产之上的结合体，离开了企业，商誉的价值就不会存在。只有把企业作为一个整体看待时商誉的价值才能加以确定。商誉的不可独立存在的特性，决定了商誉没有单独的市场交易，从而也决定了商誉无市价可言。即使假定商誉有市价，商誉的市价也不具有可比性，因为形成商誉的个别因素千差万别，这些个别因素不能相对合理地单独计量，而且各项因素的定量差异也难以进行调整。

4.商誉价值是一个动态概念

一般情况下，企业商誉的价值不是一成不变的，而是随着企业整体价值的变化而变化的。如果曾经是企业获取超额利润的独占性的优越条件已成为维持企业生存所不可缺少的要素，并且已为其他企业所拥有，成为一般的获利条件，那么商誉存在的基础也就消失了。因此，美国通用会计准则规定，超过一定时间的商誉将被注销。

5.商誉的价值和任何发生的与其有关的成本没有可靠或预期的关系

商誉之所以能成为商誉，其依靠的是优越性和独占性，而不会与其形成过程中所耗费的成本费用有价值上的因果关系。优越性和独占性的形成不一定都会有成本的发生，即使有成本发生，商誉价值的大小也并不取决于投入成本的大小。也就是说，商誉价值的形成与企业为形成商誉所花费的没有直接关系，并不是企业为商誉花费得越多，其评估值就会越高。尽管所发生的费用或劳务会影响商誉的评估价值，但这只是通过影响未来预期收益的方式得以体现的。

（三）商誉价值的影响因素

1.自创商誉

（1）企业的盈利情况。自创商誉是对企业拥有持续竞争优势的综合反映。尽管企业的竞争优势表现在多个方面，但是，所有这些竞争优势的最终体现形式都是企业的盈利情况。这种盈利大多表现为超额利润。那些未入账的无形资源和企业能力是企业获得竞争优势不可或缺的一部分，它们是企业获得持续超额利润的根本原因。因此，获取持续超额利润是衡量一家企业有无自创商誉最根本的标准，获利能力的大小也将直接影响自创商誉的价值。

（2）企业的历史和文化。企业良好的商誉不是一蹴而就的，而是通过管理层和员工层长期的共同拼搏、积累，才形成了企业的技术秘诀、经营之道、公众形象及社会知名度，也才构建了独特的企业文化。企业文化代表一家企业的精神，良好的企业文化可以促进企业内部良好关系的形成，与员工的沟通是否积极到位、员工之间团队协作精神是否强而有效都能从企业文化中表现出来。悠久的企业历史可以成就良好的企业文化，良好的企业文化可以促使整个团队展现出"1＋1>2"的效应，从而形成一个团结、高效、有机的整体，降低各方面的经营成本，创造超额利润。

（3）企业的社会形象。企业良好的社会形象能增强消费者对企业产品（服务）的信任，扩大企业产品（服务）的销量，增加企业的超额收益，这是社会形象对自创商誉贡献的基本方面。同时，企业树立良好的社会形象的行为也会得到社会各界特别是政府的认同，并由此形成较为融洽的公共关系，使企业今后在生产经营过程中有更多的方便之处，有利于企业的持续高效运行，最终为企业赚取更多利润。

（4）企业的资信级别。优秀的资信级别可以降低企业的融资成本。优秀的资信级别是指企业具有良好的银行信用以及已与银行建立良好的合作关系，当企业融筹资金时，可以优先获得金融界的支持，最快地对市场作出反应，从而扩大企业的市场占有率，取得其他企业无法得到的回报，有利于企业的未来经营发展。对于同行业的企业来说，谁拥有优秀的资信级别，谁就会获得克敌制胜的先机。因此，企业的资信级别是当今企业商誉价值构成的重要内容和有机组成部分。

2.并购商誉

（1）协同效应因素。企业发生并购行为，所购买的往往是被并购企业作为一个有机整体创造未来利润和现金流量的能力，而不是互不相干的各单项资产的价值。正因如此，并购企业所支付的并购价格实际上是对被并购企业作为一个有机整体价值的反映，而不是对其账面净资产公允价值的反映。并购企业从自身利益出发，追求管理、经营和财务方面的协同效应，对并购后协同效应的预期决定了并购商誉的价值。并购企业也往往因为预期并购协同效应的存在而愿意溢价并购目标企业。可见，并购商誉就是购并双方企业各构成要素在预期的组合方式下期望的协同作用价值。

（2）风险因素。一般说来，产权交易中包括商誉在内的企业整体的购买者，在购买时尚不能准确测定并购商誉价值的大小。无论是管理协同还是财务协同，都是并购方的预期，被并购企业要与并购方不断融合，这种融合是否成功，需要时间的验证。对并购协同效应的预期和多家企业之间的相互竞价是影响并购价格的两个关键因素，并购方对于该项投资风险的预期决定了竞价高低，进而影响并购商誉的价值。

近年来，资本市场并购大潮风起云涌，在并购盛宴下公司市值暴涨。很多公司在并购过程中，以巨额商誉的形式增加了并购成本。一旦巨额减值发生，对并购公司未来业绩就会造成巨大冲击。

（3）资本市场因素。企业并购的支付方式主要有现金支付和股票支付两种方式，如果采用换股合并，被并购企业的股价水平将决定并购价格。然而，由于不完全有效市场的存在，股价并不仅仅和企业自身价值有关，其波动受制于各种经济、政治因素，并受投资者心理和交易技术等的影响。而这些因素都是与企业自身价值无关的资本市场因素。因此，股票价格并不能客观公正地反映企业自身的价值，进而以这种方式产生的并购价格也就包含了许多资本市场的因素，同时并购商誉也被掺杂进了这些资本市场因素中。

拓展知识

商誉与商标的关系辨析

任务二　商誉评估

任务描述 ◖◖◖

通过对商誉评估概念的认识，了解商誉评估的特点，明确商誉价值评估方法，熟练运用评估的割差法和超额收益法估算商誉价值。

相关知识 ◖◖◖

一、商誉评估概述

商誉在企业发展中的地位变得越来越重要，商誉的确认和评估也已成为资产管理理论和实务中的一个重要问题。

（一）商誉评估基本概念

商誉评估是指评估专业人员根据特定目的，遵循公允的原则和标准，按照法定的程序，运用科学的方法，以企业整体资产在某一时点的状况为基础，对企业的超额收益能力进行评定和估算的过程。商誉是企业资产中的一项不可确指的无形资产，具体表现为企业所获得的超过同行业企业一般获利水平的能力。因此，商誉的评估是离不开企业整体资产的评估的。商誉与企业整体相关，不能单独存在，也不能与企业可辨认的各种资产相分离。因为形成商誉的个别因素千差万别，这些个别因素既不能相对合理地单独计量，也难以进行差异的定量调整。这一切就造成了商誉评估的困难。

（二）商誉评估的特点

与其他无形资产评估相比，商誉评估具有自身的特性，主要有以下几点：

1.整体性

商誉评估的整体性源于商誉的非独立性。由于商誉是一种不可确指的无形资产，不能单独存在，因而，商誉的评估是以企业整体的资产为基础，是所有企业资产和要素共同作用的结果。离开了企业，商誉就会失去载体，也就不存在对商誉的评估。因此，商誉是企业整体价值中一个无形的构成要素，对商誉的评估要从企业的整体获利能力入手，并且只有在企业的整体价值中，商誉才有意义。

2.综合性

商誉评估的综合性源于商誉构成要素的多元性。企业要生存、竞争与发展，需要相应的组织架构、文化观念以及具体要素和资产的投入，这一切都在某些方面或多或少地影响和改变着企业的商誉。形成商誉的因素很多，我们很难用任何方法或公式，对各项个别因素单独加以确认和评估。因此，要对商誉进行准确有效的评估，只有将构成商誉的各项因素综合起来，作为依附于企业整体的一项综合资产来看待。

3.持续性

对于一家企业而言，商誉的形成具有时间上的连续性和累积性，商誉的形成与发展贯穿企业生存与发展的全过程。企业的发展是一个连续不断的过程，相应地，企业商誉的发展也是一个连续不断的过程。企业的各个方面都在不断地发展和变化，根植于企业整体价值之中的商誉也自然会随着企业的发展而不断变化。随着时间的增加，商誉的价值累积会持续下去。因此，对商誉的评估要保持连续性，尤其是在企业进行并购和资产重组等产权交易时，更是如此。

4.单一性

单一性是由商誉的实质决定的。由于商誉是一项比较特殊的无形资产，它的存在具有不可确指性。所以，要对商誉进行评估，就要尽量简化和确认商誉的具体表现。目前，商誉存在的判断标准以及商誉的评估都是以企业整体资产未来的超额收益这一具体指标来反映的。换句话说，商誉评估的基础是单一的，这样可以保证评估工作的顺利进行。

5.双重性

商誉的价值是由企业整体收益水平体现的，其价值量取决于企业整体收益水平和行业平均收益水平的比较，当企业的收益水平高于行业平均水平时，商誉的价值为正值；反之，则为负值。由于商誉具有正负性，因此，对它的评估对企业获利能力也具有积极或消极影响。商誉的评估值，既可能使企业资产增值，也可能使其贬值，这一点在具体实践中尤其需要注意。

二、商誉评估的假设和原则

（一）商誉评估的假设

商誉由于自身的特殊性，在不同的经营环境和条件下，会呈现不同的特点，是一项特殊的无形资产。要对商誉作出准确而又有效的评估，就一定要以一定的企业经营状况为前提。因此，要进行企业商誉评估实践，首先需要明确商誉评估应该遵循的基本假设：

1.持续经营假设

持续经营假设是指在对企业商誉进行评估时，不论是在过去还是在可以预见的将来，企业都将保持当前的经营实体并持续有效地进行经营活动，这种有效的经营状况不会因为评估而改变。当企业自身作为一个经营实体发生变化时，就意味着商誉所依附的载体发生了变化，相应地，企业的商誉也将发生变化。如果企业的盈利能力因经营状况的变化而减弱，则会导致商誉价值的降低。

长期以来，对商誉的评估一般总是在企业发生产权变动或者经营主体发生改变时进行的，评估时点一般也局限于企业产权变更的时刻，这给评估工作带来了相当大的困难。因为对商誉的评估除了要体现企业过去的价值，还要能够反映未来的状况，这就要求在评估时，可以假设企业是持续经营的，这样就可以保持评估结果的一致性，同时也便于具体操作和计量。通常情况下，企业不会确认、反映或者揭示自身的商誉信息。商誉本身与企业整体是不可分离的，这是商誉与其他无形资产最显著的区别。一旦企业被并购或重组，形成原有企业商誉的某些有利因素就会因产权变更而失去其价值，而原来不被认为是企业优势的一些因素会发生转化，有可能成为对企业商誉有利的因素。为了尽量将这些因素的变动简化，保证对商誉进行合理评估，需要进行主观假设。也就是说，当企业被并购或者重组时，我们所评估的商誉，只能是商誉主体并购时点上的商誉，是保持持续经营状态下的商誉，同时也是企业整体性不被破坏的商誉。基于以上理由，对商誉的评估要遵循持续经营假设。

2.超额收益假设

超额收益是企业拥有商誉的先决条件，企业只有存在超越同行业平均水平的超额收益，才能显现自身的商誉，对其进行评估也才具有相应的现实意义。换句话说，在持续经营假设下，企业的商誉最终表现在企业的预期超额收益上。由于企业商誉与其所花费的成本没有直接关系，商誉价值量的大小完全取决于它所能够带来的预期超额收益的多少。预期超额收益越多，商誉的评估值就会越高。因此，在对商誉进行评估时，人们会预先假设企业具有获取超额收益的能力。在具体的评估实践中，人们也是以企业整体的收益水平为依据，对企业的预期收益能力进行评估的。

（二）商誉评估的原则

1.预期原则

预期原则是商誉评估过程中首先要把握的原则。由于企业的商誉更多地体现在未来的预期超额收益上，所以不能忽视对企业未来超额收益的估计。商誉是企业持续经营过程中未来预期超额收益的资本化价值。因此，企业预期超额收益的高低，对商誉的价值将产生直接影响。

具体来说，坚持预期原则就是要在对企业商誉进行评估的过程中注意以下几个问题：①充分考虑企业的外部环境，如国家的税收优惠政策、信贷政策等，这些都会给企业带来影响。②充分重视企业未来的整体收益，尤其是一些重要的营业收入和成本费用的变化趋势，在评估中要充分估计未来收益的整体性。③充分考虑影响企业整体收益的一些风险因素。例如，企业有一部分收益来自证券或不动产，这些资产的价格就会受到许多因素的影响，在评估中需要剔除这些干扰因素。此外，对于一些非正常的损失，如自然灾害和不可抗力等，都应该在评估时予以调整。

拓展知识

商誉与企业整体价值

2.动态原则

动态原则要求我们在进行评估时，应充分考虑企业整体经营状况的变动，也就是说，要以动态的视角对企业商誉进行评估。具体来说，动态原则包含以下三个方面：

（1）从商誉评估的整体性来说，由于构成和影响商誉的因素很多，这些因素在企业内的地位和作用会随着企业的发展而不断发生各种各样的变化，与此同时，企业整体的变化也会对企业商誉产生很大影响，为了尽量将企业商誉的动态变化纳入评估体系，需要遵循动态评估原则。

（2）对于企业而言，持续经营就意味着动态的发展，为了贯彻持续经营假设，我们也需要遵循动态原则。

（3）由于商誉评估的主体是未来预期收益，从这个角度说，我们更需要动态地观察和预测企业预期超额收益的发展和变化。

3.客观原则

客观原则主要是针对企业商誉评估中的未来预期收益的评估。企业的未来预期收益，并不等于企业实际可能发生的超额收益，它不是会计核算或者企业经营中的超额收益的资本化价值，而是针对企业发生的在持续经营假设下企业整体的全部可行的预期超额收益的资本化价值。我们在对资产进行评估时，一般都会按照客观原则预测或者估计资产的收益。由于企业的商誉是一项特殊的无形资产，它不可确指又确实存在，为了尽量接近企业商誉的实际价值，我们对其进行评估时就需要遵循客观原则。

4.市场原则

商誉评估的大环境和背景是市场经济，企业商誉价值的体现也是基于激烈的市场竞争的需要。因此，企业商誉的评估必然要遵循市场原则。遵循市场原则就是要求我们坚持：

（1）市场定价原则。企业商誉的价值基础是市场，市场是企业商誉得以实现价值的场所。因此，以市场供求来确定企业商誉的价值是企业商誉价值评估的必然要求。

（2）效用原则。我们知道，商品具有两个基本属性，价值是使用价值的基础。所以，商誉的效用价值是决定商誉价值的关键因素，对企业的商誉价值起决定作用。

三、商誉的评估程序

在实践中，企业商誉评估一般采取以下步骤：

（一）收集相关资料

要对企业所拥有的各项资产进行清点核查，了解企业资产的实际情况。企业的资产一般由流动资产、固定资产以及有形投资和无形资产等组成，各类资产及其对企业收益的贡献一般会有差异，特别是由于受到企业内部管理方法、外部经营环境变化的影响，各类资产在评估时的价值体现都会有所不同。因此，要详细分析各类资产的现实情况、使用程度以及对企业收益的贡献，这对于客观、准确地对各类资产作出估价以及对企业资产整体作出评估都十分重要。

（二）确定有关参数

整理并确定商誉评估的有关参数包括：

（1）收集企业近年来的年收益额和净资产利润率，并在此基础上，预测企业未来各年利润；

（2）收集社会和行业的基准收益率、债券利率、银行定期存款利率以及行业风险补偿率等各种报酬率；

（3）合理预测企业超额收益持续的期限。

（三）评估企业整体价值

在日常工作中，要在积累各行业发展相关资料的基础上，进行适当的市场调查以及对同行业资料的收集分析，通过企业的市场地位、新产品开发能力以及新增的开发投资等，对企业的未来收益作出预测和分析，然后确定企业资产的整体评估价值。

（四）确定企业各单项资产（商誉除外）的价值

对企业的各项有形资产和可辨认的无形资产的价值分别进行评估。对企业的各项有形资产，可以运用成本法或市场法进行评估；对可辨认无形资产，可以运用市场法或收益法等进行评估。

（五）确定商誉价值

选用适当方法，确定合适的参数，最终确定企业商誉的价值。

四、商誉的评估方法

由于商誉构成要素的不可计量性的特点，国际评估界很少采用重置成本法和市场法评估商誉价值，而一般采用收益法评估。收益法评估包括割差法和超额收益法两种，每种方法都是建立在反映未来经济收益预测值的商誉性质基础上的。

（一）割差法

1.割差法的基本概念及步骤

割差法又称残值法或倒挤法，其理论前提是企业商誉来自企业各项资产的增值，即企业整体价值大于各项资产价值的总和。它是根据企业整体评估价值与各单项资产评估价值之和进行比较确定商誉评估值的方法。其评估思路是企业的总体价值扣除各单项有形资产价值之和及可辨认无形资产价值后的差额，是企业实际已拥有但尚未入账的资产，将其确认为商誉价值。割差法的基本步骤是：

第一步：确定企业总体价值。

第二步：确定企业有形资产和可辨认无形资产价值。

第三步：割差计算商誉的价值。

在具体实践中，割差法的运用还要利用收益法的原理。

2. 割差法的计算公式

割差法的基本计算公式为：

$$
\text{商誉的评估值} = \text{企业整体评估值} - \text{企业的各单项资产评估值之和(含可确指无形资产)}
$$

（1）企业整体价值的确定。在实践中，对企业整体价值评估通常有两种方法：一种是收益法，即通过对企业未来收益折现的方法，估算企业的整体价值；另一种是市场法，即通过将待评估企业与市场上同类型企业进行比较，估算企业的整体价值。后者较多用于对上市企业的评估。目前，我国证券市场还不完善，企业的市场价值还难以运用市场法进行评估。因此，下面主要介绍收益法。

用收益法评估企业整体价值，可以参照前面提到的超额收益法。首先，根据企业以往的生产经营情况和企业所处的环境，分析预测企业的未来收益状况。其次，将企业的未来收益通过一定的折现率进行资本化处理，从而得到企业的整体价值。需要注意的是，企业的整体价值不等同于企业的利润，企业全部资产所形成的收益也不仅仅体现为利润，同时，企业的利润总额也并非全部归企业所有。在具体的评估中，要准确地把握企业的整体价值，这是商誉评估的第一步。

（2）各项资产价值的确定。各项资产价值包括所有的有形资产和全部可辨认无形资产的价值。有形资产的价值评估不属于本书内容，在此不作介绍。在具体实践中，可以按照各项有形资产的实际状况，选用合适的方法进行评估。可辨认的无形资产主要包括知识产权型无形资产和权利型无形资产，在评估实践中，可以参考本书其他章节的方法，评估各项无形资产的价值。评估时，要注意相关参数的协调与一致，尤其是折现率等关键参数。

3. 割差法运用中的问题

（1）企业商誉评估价值的正负值问题。当商誉评估值为负时，原因很可能就是企业的收益水平低于行业或社会平均收益水平。此外，还有一种可能，就是在运用割差法对企业商誉进行评估时，企业整体价值小于各项资产的价值总额，也就是说，企业的各项资产总额要比企业的市场价值大。这种情况的出现，很有可能是因为进行资产评估时，出现了溢价或者重复评估的情况。

（2）可辨认无形资产的价值评估问题。由于企业发展和价值评估的需要，无形资产的确认和合并工作越来越精细和复杂，给商誉评估工作带来了一定的难度，而且类似于商标资产等的特殊无形资产还未进入企业的资产账户，由于其本身难以计量，容易造成对企业商誉评估的失真。

（3）企业间产权交易的影响。企业商誉评估较多地发生在企业进行产权交易的过程中。在企业间发生并购或者重组时，企业价值的确定在很多时候都依赖交易双方不同的利益关系人对企业价值的判断。所以，企业的商誉不仅受企业自身的影响，更会受到交易双方谈判条件和谈判技巧的影响。如果双方在不对等的条件下进行谈判，商誉中必然含有一些其他因素。这时，所评估的商誉是不可信的，只有经过分析并排除了其他因素后，所得到的评估值才是可信的。

（4）评估标准的一致性问题。在运用割差法进行评估时，各部分资产的价值是通过不同的评估方法得到的。一般来说，对企业整体价值的评估采用收益法，对有形资产的评估采用成本法或者收益法，对可辨认无形资产大多使用收益法或市场法。这些不同的资产评估方法、不同的评估标准、不同的假设使得所得出的企业商誉价值必然互不协调。所以，在对企业商誉进行评估时，一定要尽量使用统一的评估标准。

（5）或有支出问题。或有支出是发生在企业并购中的一项单独条款，它允许企业在购买协议中约定将来某一或若干事项出现时，对相应的交易价格进行调整。如果条款中规定的事项发生了，企业就需要另外增发股份或支付另外的现金或资产；如果规定的事项未发生，则该或有支出也不发生。在某些情况下，或有支出是以未来的预期收益为依据的。由于或有支出的存在，企业的购买成本将会增加，这就会对企业商誉的价值造成影响。

【例6-1】某企业按照收益法评估出来的整体资产净值为17 500万元，同时，评估专业人员采用成本法和市场法评估出来的有形资产净值为14 000万元，其中，流动资产5 000万元，固定资产9 000万元。经过分析，该企业可辨认无形资产的价值为1 500万元（其中包括土地使用权价值1 000万元），试计算该企业商誉的价值。

解：根据案例内容，我们可以使用割差法对企业的商誉进行评估。根据割差法的计算公式：

企业商誉价值＝17 500 - 14 000 - 1 500＝2 000（万元）

该企业商誉的价值为2 000万元。

【例6-2】某企业进行股份制改制上市，企业有形资产的整体净资产评估价值为21 540万元，已经国有资产管理部门核准，并批准按照1∶1折股，股数为21 540万股。为确定流通股股票发行价格，需要对企业的商誉进行估价。根据企业过去的经营情况和未来市场形势，预测其未来5年的净利润分别是1 900万元、2 100万元、2 400万元、2 650万元和2 800万元，并假设从第6年开始以后各年的净利润保持在2 800万元。根据银行利率及企业经营风险情况确定的折现率和本金化率均为10%，试确定该企业的商誉评估值。

解：根据案例内容，我们可以使用割差法对企业的商誉进行评估。其步骤如下：

第一步，采用单项资产加总法对该企业整体净资产进行评估。评估结果已经国有资产管理部门核准，评估结果见表6-1。

表6-1 单项资产评估结果 金额单位：万元

项 目	账面价值	评估值	增减值	增减率
流动资产	11 855.00	12 016.00	161.00	1.36%
长期股权投资	616.00	646.00	30.00	4.87%
固定资产	12 481.00	14 632.50	2 151.50	17.24%
其中：在建工程	170.00	170.00	0	0
房屋建筑物	3 546.00	4 895.00	1 349.00	38.04%
机器设备	4 280.00	4 680.00	400.00	9.35%
无形资产	20.00	1 910.00	1 890.00	9 450.00%
其中：土地使用权		660.00	660.00	
资产总计	24 972.00	29 204.50	4 232.50	16.95%
流动负债	7 642.00	7 665.00	23.00	0.30%
非流动负债				
负债总计	7 642.00	7 665.00	23.00	0.30%
净资产	17 330.00	21 539.50	4 209.50	24.29%

第二步，采用收益法评估该企业的整体价值（见表6-2）。

表6-2 收益现值 金额单位：万元

年限	第1年	第2年	第3年	第4年	第5年	第6年以后
净利润	1 900	2 100	2 400	2 650	2 800	2 800
折现率	10%	10%	10%	10%	10%	10%
折现系数	0.9091	0.8264	0.7513	0.6830	0.6209	6.2090
现值	1 727.29	1 735.44	1 803.12	1 809.95	1 738.52	17 385.20

企业整体价值＝$1\,900×0.9091+2\,100×0.8264+2\,400×0.7513+2\,650×0.6830+$

$2\,800×0.6209+2\,800×6.2090$

＝26 199.52（万元）≈26 200万元

第三步，割差计算商誉。

企业商誉＝26 200−21 540＝4 660（万元）

微课

（二）超额收益法

1. 超额收益法的基本概念

超额收益法又称直接法，即直接把企业收益与按行业平均收益率计算的收益之间的差额（即超额收益）作为评估对象，将其折现值确定为企业商誉评估值的一种评估方法。超额收益法对商誉价值确认的依据是以商誉所带来的超额收益的量作为商誉的价值。

商誉评估的割
差法

这里所说的超额收益，是指企业获得的超过企业所在行业平均水平的收益。从数量上看，企业商誉是企业整体资产收益与按市场平均资产收益率计算的收益之间的差额。运用超额收益法的前提之一是，企业未来的收益水平足以代表企业的存续收益能力。如果企业的经营一直比较好，超额收益也比较稳定，就可以用超额收益法确定企业商誉的价值。一般说来，这种方法比较适用于那些已进入成熟期，并且在可预计的若干年内生产和经营都比较稳定的企业。

2.超额收益法的应用公式

商誉评估价值指的是企业超额收益的本金化价格。在实际评估中，根据被评估企业的具体情况不同又可分为超额收益本金化价格法和超额收益折现法。

（1）超额收益本金化价格法。超额收益本金化价格法是把被评估企业的超额收益经本金化还原来确定该企业商誉价值的一种方法。其计算公式为：

$$商誉的价值=\frac{企业预期年收益额 - 行业平均收益率 \times 该企业的单项资产评估值之和}{适用的本金化率}$$

或：

$$商誉的价值=\frac{被评估企业单项资产评估价值之和 \times (被评估企业预期收益率 - 行业平均收益率)}{适用的本金化率}$$

式中：

$$被评估企业预期收益率=\frac{企业预期年收益额}{企业的单项资产评估价值之和} \times 100\%$$

超额收益本金化价格法主要适用于经营状况一直较好、超额收益比较稳定的企业。

【例6-3】某企业预期年收益额为50万元，该企业的各单项资产重估价值总额为200万元，企业所处行业的平均利润率为15%。根据测算，该企业目前经营状况比较稳定，收益情况良好，企业适用的本金化率为10%。试计算该企业的商誉价值。

解：由案例内容可知，本案例企业商誉的评估可以采用超额收益本金化价格法。根据计算公式可知：

$$企业商誉价值=\frac{50 - 200 \times 15\%}{10\%} = 200（万元）$$

该企业的商誉价值为200万元。

【例6-4】某电子企业要同A公司洽谈并购事宜，为了明确界定企业资产，现委托评估公司对企业商誉进行评估。评估公司经过调查和分析，了解到该企业近几年的收益都高于行业平均水平，并且这一趋势将在未来若干年内得以保持。具体地说，该企业的收益情况见表6-3。另外，已知企业净资产评估价值为250万元，行业平均收益率为12%，适用的本金化率为15%。企业所得税税率为25%。试计算该企业商誉的价值。

表6-3 　　　　　　　　　　A公司收益情况一览表 　　　　　　　　金额单位：万元

项　目	金额
预期年平均收益	200
销售费用和营业费用	80
工资及其他支出	40
存货价值	30
折　旧	15
可辨认无形资产摊销	15

解：根据案例内容可知，本案例适用超额收益本金化价格法。根据有关计算公式，可得：

企业的税后净收益＝（200－80－40＋30－15－15）×（1-25%）＝60（万元）

企业商誉价值＝$\dfrac{60-250\times12\%}{15\%}$＝200（万元）

该企业商誉的价值为200万元。

（2）超额收益折现法。超额收益折现法是把企业可预测的若干年预期超额收益进行折现，把其折现值确定为企业商誉价值的一种方法。其计算公式为：

$$商誉的价值=\sum_{i=1}^{n}\frac{R_i}{(1+r)^i}$$

式中：

R_i——第i年企业预期超额收益；

r——折现率；

n——预期收益期限。

【例6-5】某企业预计将在今后5年内保持其具有超额收益的经常态势，估计预期年超额收益为第一年40万元、第二年30万元、第三年35万元、第四年25万元、第五年20万元。该企业所在行业的平均收益率为12%，计算商誉价值。

解：根据案例内容可知，本案例适用超额收益折现法。根据公式$P=\sum_{i=1}^{n}\frac{R_i}{(1+r)^i}$，可得：

商誉价值＝$\dfrac{40}{1+12\%}+\dfrac{30}{(1+12\%)^2}+\dfrac{35}{(1+12\%)^3}+\dfrac{25}{(1+12\%)^4}+\dfrac{20}{(1+12\%)^5}$

＝111.78（万元）

3.基本参数的确定

使用超额收益折现法评估商誉的价值，要受到3个基本参数的影响是：未来超额收益、折现率（适用的本金化率）、预期收益期限。

（1）未来超额收益。企业未来超额收益是指企业的收益能力与同行业的平均收益能力的差额。要确定超额收益，首先要明确企业的未来收益。在计算企业未来收益时，必须注意以下几个问题：

①必须充分考虑对企业未来发展起重要作用的外部环境。行业发展的前景、政府的规划和相应的法规等都会对企业的未来发展产生深远的影响。

②要充分重视企业的相关收益以及其他一些重要收入和费用的变化趋势。在处理这些变动时，不能简单地使用历史平均水平，而要通过历史分析，综合考虑未来的因素。只有这样，才能比较准确地预测企业未来的收益。之所以选取未来收益的预测值评估企业的商誉，是因为商誉本身的特性即反映企业未来的获利能力，这也符合商誉评估的目的。

③在预测收益时，应将偶然性因素剔除。我们所要取得的，是正常市场条件下的企业收益值，但同时也应该包括对未来收益与风险的合理预期。在预测时，要对非正常损失（如自然灾害等）进行相应的调整，剔除一些合理预期以外的偶然因素。

在明确企业的收益状况后，就要了解同行业的平均收益水平。行业平均收益水平这一概念说明了这样一个事实，即处于同一行业的不同企业，其收益是有差别的。对于这种差别的合理解释，就是因为行业内部企业间存在差别，这种差别体现在多个方面，集中起来就是企业商誉的差别。商誉好的企业往往可以获得高于行业平均水平的超额收益，行业平均收益体现了商誉的本质。商誉是因超额收益的存在而存在的，超额收益是企业超过行业平均收益的差额，以超额收益为基础评估的商誉价值才是真实的。

（2）折现率（适用的本金化率）。由于资金具有时间价值，等量的货币在未来并不具有与现在同样的价值，所以，必须将未来的超额收益进行折现。折现率是商誉评估中的一个十分重要的参数，它的确定，直接决定了企业商誉评估的结果。在具体的实践中，首先，折现率的确定应该体现以下几个方面的影响：资金的时间价值、通货膨胀、将要承担的风险（如财务风险、破产风险、投资风险等）；其次，折现率的确定要参考同行业平均资产收益水平和企业实际的整体收益水平，因为这些构成了企业的正常收益状况；最后，折现率的确定要结合企业整体资产的状况，同时要充分考虑买卖双方期望的收益水平。至于企业适用的本金化率，则可以类似于确定折现率的方法进行确定。在确定企业适用的本金化率时，一定要充分考虑企业的发展实际。

（3）预期收益期限。在运用超额收益法对企业商誉进行评估时，要结合企业的实际，对未来收益期限作出预测。如果企业经营状况稳定，可以假设企业持续经营无限期，这时就可以采用本金化的方法，简化评估程序；如果企业的经营状况（尤其是未来的状况）并不十分确定，就要结合各种因素，对企业收益期限进行预测。这时，首先，要分析企业本身的生命周期以及相应产品和服务的生产周期，因为处于不同阶段的企业，其收益状况不尽相同，如果该企业的主要产品正处于成长期，那么收益期限可考虑长一些；如果该企业的主要产品已进入成熟期，那么企业的收益期限不宜过长。其次，要根据市场竞争状况、行业发展趋势以及技术进步状况等作出综合判断，直接分析企业的剩余经济寿命。

五、商誉评估的注意事项

商誉本身的特性决定了商誉评估的困难性。商誉评估的理论和操作方法争议较大，现在虽然尚无定论，但在商誉评估中，至少下列问题应予以明确：

（一）商誉评估须坚持预期原则

企业是否拥有超额收益是判断企业有无商誉和商誉大小的标志，这里所说的超额收益指的是企业未来的超额收益，并不是企业过去或现在的超额收益。在评估过程中，对于目前亏损的企业，经分析预测，如果其未来获取超额收益的潜力很大，则该企业也会有商誉存在，这在评估时必须加以综合分析和预测。

（二）商誉评估宜采用收益法

由于商誉的不可辨认性及构成要素的多样性，一般应采用收益法对其进行评估，其中两种最常用的具体评估方法是割差法和超额收益法。

（1）割差法应用于商誉评估时，是通过计算企业整体价值扣除各项有形资产和可辨认无形资产价值后的差额而确定商誉价值的。企业整体价值和各项可辨认单项资产评估值可以分别通过多种具体的途径和方法进行评估。其基本公式是：

商誉的评估值＝企业整体价值评估值－企业的各单项可辨认资产评估值之和

（2）超额收益法应用于商誉评估时，是通过对目标企业获取的超额经济收益进行本金化或者折现而得到商誉价值的。根据被评估企业的实际情况，超额收益法又可分为超额收益本金化法和超额收益折现法。前者是把被评估企业各单项资产预期收益之和高于行业平均收益水平的超额收益进行资本化还原，进而确定商誉价值，这种方法适用于经营状况一直较好、超额收益比较稳定的企业。后者则是把企业可预测的若干年预期超额收益进行折现来确定商誉价值，这种方法适用于评估超额收益只能维持有限期的企业。

（三）商誉评估不能采用投入费用累加法

商誉价值的形成既然是建立在企业预期超额收益基础之上的，那么，商誉评估值与企业为形成商誉投入的费用和劳务就没有直接联系，不会因为企业为形成商誉投资越多，其评估值就越高。尽管所发生投资费用和劳务会影响商誉评估值，但它是通过未来预期收益的增加得以体现的。因此，商誉评估不能采用投入费用累加法。

（四）商誉评估不能采用市场类比法

商誉是众多因素共同作用的结果，但形成商誉的个别因素具有不能够单独计量的特征，致使各项因素的定量差异调整难以运作，所以商誉评估也不能采用市场类比法。

（五）企业负债与否、负债规模大小与企业商誉无直接关系

企业负债与否、负债规模大小与企业商誉没有直接关系。有观点认为，企业负债累累，不可能有商誉。这种认识显然有失偏颇。市场经济条件下，负债经营是企业的融资策略之一。按财务学原理分析，企业负债不影响资产收益率，而影响投资者收益率，即资本收益率。资本收益率与资产收益率的关系可以用下列公式表示：

资本收益率＝资产收益率÷（1－资产负债率）

在资产收益率一定且超过负债资本成本的条件下，增大负债比率，可以增加资本收益率。资产收益率受制于投资方向、规模以及投资过程中的组织管理措施。商誉评估值

取决于预期资产收益率，而非资本收益率。当然，资产负债率应保持一定的限度，负债比例增大会增加企业风险，最终会对资产收益率产生影响。这在商誉评估时应有所考虑，但不能因此得出负债企业就没有商誉的结论。

任务三　商誉评估案例

任务描述 ◗◗◗

通过案例分析，使学生掌握商誉评估原则、评估过程、评估方法的运用，进一步熟知收益法在商誉评估价值中的运用。

相关案例 ◗◗◗

一、评估案例基本情况

被评估企业 X 公司从事化工行业，在中国著名的工业城市注册成立。X 公司有良好的生产技术和广泛的销售网络，并以此为基础，结合生产地良好的劳动力、工业实力和地理环境优势，生产出具有国际市场竞争能力的各类 HC 树脂及树脂加工品，行销国内外。X 公司从成立到评估基准日，每年均取得良好的经济效益。

X 公司现为进一步拓展国际市场，扩大经营规模，拟进行股权转让，即将部分股权转让给一家风险投资公司再行增资扩股。由于该公司有较好的超额收益，所以需要对该公司的商誉价值进行客观评估，作为股权转让溢价的参考依据。

本次评估的价值类型为市场价值，评估基准日为 2022 年 12 月 31 日。

二、评估过程和结果

本评估案例选择收益法评估 X 公司整体市场价值，选择成本法、市场法和收益法分别评估各项有形资产和可辨认无形资产的市场价值，在此基础上采用割差法评估 X 公司商誉的市场价值。

采用割差法对 X 公司的商誉进行评估，主要分三步进行（见表6-4）。

表6-4　　　　　　　　　采用割差法评估X公司商誉

第一步	用收益法测算出企业整体市场价值	首先对 X 公司组建以来的经营业绩、发展趋势进行分析，掌握影响企业净收益的主要因素及其量化表现、相互关系
		然后收集有关行业政策、发展前景，作为未来预期收益预测的背景资料。合理预测未来预期收益，选取适当的折现率，运用公式评定估算
第二步	选择成本法、市场法和收益法分别评估各项有形资产和可辨认无形资产的市场价值	
第三步	运用割差法的公式计算得出商誉价值	

（一）主要参数的确定

1.未来预期收益预测

对X公司未来预期收益预测的具体步骤如下：

（1）预测营业收入。对X公司的产品进行市场分析、对X公司进行优势分析和生产能力分析，其可生产的产品品种比较多，主要根据市场需求的变化决定各品种产品的生产数量，所以，销售量多少是主要因素。本次预测，先根据企业近3年销售总量的增长幅度和近、中期的销售计划，分析预测其近5年的销售量；再根据销售计划中各产品的销售比例，预测各产品类别的销售量；然后，根据X公司提供的最近5年产品销售价格资料、市场需求情况及原材料价格的预测，运用移动加权平均法预测各产品类别的销售单价，据此得出营业收入的预测结果。

（2）预测营业成本。X公司的产品由四大类组成，分别为通用树脂、涂料树脂、聚酯树脂以及特殊树脂。这些产品的成本由四部分组成：原料成本、人工成本、变动成本以及固定成本。在预测产品营业成本时，为了更准确地测算未来5年的产品成本，针对四大类产品的4个组成部分分别预测。其中，人工成本从2023年起，维持每年5%的增长率，增长至2028年以后维持不变；变动部分将随产品销售量的变化而变化。

（3）预测费用。营业费用包括人力费用、事务费用、广告费用、运费、包装费和样品费等，取最近年份即2022年的数据进行分析调整和预测，能更准确地反映将来费用的支出情况。管理费用包括人工费、折旧费、低值易耗品摊销、交通费等，当企业逐渐成熟后，管理费用并不再随主营业务收入的增加而同比增加。所以管理费用的上升幅度不大。预测时，以2022年的管理费用为准，每年递增500万元。

X公司的财务政策属于谨慎型，所以其财务费用占收入的比例较为稳定，进而预测X公司未来财务费用占收入的比例为2%。财务费用主要包括利息收支、汇兑损益、银行手续费等。

（4）预测折旧及摊销。根据X公司资产类别，对于其评估基准日已有资产和今后每年资本性支出形成的各类资产，以企业现行的折旧摊销政策进行折旧的预测，并参考历史年度折旧摊销分别计入营业成本、销售费用和管理费用的比例确定分摊比例，对计入各成本费用的折旧摊销进行分摊。

（5）预测资本性支出。资本性支出是在保证企业生产经营可以正常发展的情况下，企业每年需要进行的资本性支出。采用如下方式预测资本性支出：

① 新增生产能力的支出。参照X公司收入规模，根据截至评估基准日的项目预算考虑后续投资。

② 维持现有生产能力的支出。对于X公司正常固定资产的更新，结合每类资产的折旧年限和经济寿命进行预测，设定设备的更新年限为5年，则2022年需要将2017年启用的设备更新，2023年则需要更新2018年启用的设备，以此类推。

（6）预测营运资金增加。营运资金增加额是指企业在不改变当前主营业务的条件下，为保持企业持续经营能力所需的新增营运资金。营运资金的增加是指随着企业经营活动的变化，获取他人的商业信用而占用的现金以及正常经营所需保持的资金、存货等；同时，在经济活动中，提供商业信用，相应可以减少现金的即时支付。

　　营运资金的预测，一般根据企业最近几年每年营运资金占营业收入的比例进行分析和判断，在历史平均比例水平基础上结合企业目前及未来发展进行选择、调整。通过计算一个资金周转周期内所需的资金，确定每年企业营运资金需求量及营运资金占用增加额。营运资金的预测一般采用下列公式：

营运资金＝非现金流动资产－无息流动负债

　　基于上述分析，编制X公司未来各年企业自由现金流量预测表，见表6-5。

表6-5　　　　　　　　　　　未来各年企业自由现金流量预测　　　　　　　　　　单位：万元

项　目	2023年	2024年	2025年	2026年	2027年	2028年及以后
一、营业收入	336 000	403 230	424 400	446 100	458 100	458 100
减：营业成本	262 080	314 496	331 032	347 958	357 318	357 318
税金及附加	202	242	255	268	275	275
销售费用	36 510	39 930	40 990	41 050	41 120	41 120
管理费用	11 000	11 500	12 000	12 500	13 000	13 000
财务费用	6 720	8 094	8 488	8 922	9 162	9 162
加：投资收益						
公允价值变动收益						
资产减值损失						
二、营业利润	19 488	28 968	31 635	35 402	37 225	37 225
加：营业外收入						
减：营业外支出						
三、利润总额	19 488	28 968	31 635	35 402	37 225	37 225
减：所得税费用	4 872	7 242	7 908	8 850	9 306	9 306
四、净利润	14 616	21 726	23 727	26 552	27 919	27 919
加：税后利息费用	950	1 050	1 200	1 350	1 500	1 500
折旧和摊销	2 400	2 600	2 800	3 000	3 200	3 200
减：资本性支出	2 000	2 100	2 200	2 300	2 400	2 400
营运资金增加额	500	600	700	800	900	900
五、企业自由现金流量	15 466	22 676	24 827	27 802	29 319	29 319

　　2.测算折现率

　　企业整体价值评估使用的折现率通常可表示为：

　　折现率＝无风险报酬率＋行业风险报酬率＋公司特有风险报酬率

　　（1）无风险报酬率。在本次评估中，无风险报酬率为评估基准日即期的中长期国债利率换算为1年期的一次付息利率。在评估基准日近期，我国5年期国库券利率为4.17%，考虑复利因素，5年期国库券的1年期的一次付息利率为：

　　5年期国库券1年期的一次付息利率 $(R_g) = \sqrt[n]{(1 + n \times r_n)} - 1 = \sqrt[5]{(1 + 5 \times 4.17\%)} - 1 = 0.853\%$

　　（2）行业风险报酬率。行业风险报酬率通常采用行业加权平均收益率扣除无风险报酬率得到。经分析，采用日用和化工产品制造行业中型企业平均净资产收益率的良好值8.7%为HC树脂行业平均收益率，扣除无风险报酬率0.853%，行业的风险报酬率为7.847%。

　　（3）公司特有风险报酬率。公司特有风险报酬率是指公司经营风险率与公司财务风险报酬率之和。该企业评估基准日资产负债率为43.32%，净资产收益率为10.21%，较日用和化工产品制造行业中型企业平均净资产收益率的良好值8.7%好，所以评估专业人员认为该公司的财务状况比较好，财务风险报酬率定为0。在经营风险方面，由于国家降低了准入"门槛"，资本进入增多，行业竞争加剧，故公司经营风险率选定为1.5%。

　　公司经营风险率与公司财务风险报酬率之和为1.5%。

　　采用累加法，分析计算X公司整体价值评估适用的折现率为：

　　　　折现率＝无风险报酬率＋行业风险报酬率＋公司特有风险报酬率

　　　　　　　＝ 0.853%＋7.847%＋1.5%＝10.2%

　　3.确定收益期限

　　由于X公司经营状况良好，并具有较好的发展前景，故取永续年限作为其收益期限。

　　4.评估企业整体价值

　　采用收益法评估X公司整体市场价值为人民币265 013万元，计算过程见表6-6。

表6-6　　　　　　　　　　　　　预期收益的现值计算表　　　　　　　　　　金额单位：万元

年　度	企业自由现金流量	折现率	折现系数	现值（取整）
2023年	15 466	10.2%	0.9074	14 034
2024年	22 676	10.2%	0.8234	18 671
2025年	24 827	10.2%	0.7472	18 551
2026年	27 802	10.2%	0.6781	18 853
2027年	29 319	10.2%	0.6153	18 040
2028年及以后	29 319	10.2%	6.0324	176 864
合　计				265 013

5.评估各项有形资产和可辨认无形资产价值

选择成本法、市场法和收益法分别评估各项有形资产和可辨认无形资产的市场价值，结果见表6-7，其市场价值合计为人民币189 400万元。

表6-7　　　　　　　　　　　　　　评估结果汇总　　　　　　　　　金额单位：万元

项 目	账面净值	调整后账面值	评估值	增减值	增减率（%）
	A	B	C	D=C-B	E=D/B
流动资产	113 000.00	113 000.00	117 000.00	4 000.00	4
长期股权投资				0.00	0
固定资产	109 000.00	109 000.00	115 000.00	6 000.00	6
其中：在建工程	40 000.00	40 000.00	40 000.00	0.00	0
建筑物	15 000.00	15 000.00	23 000.00	8 000.00	53
机器设备	54 000.00	54 000.00	52 000.00	-2 000.00	-4
无形资产	24 000.00	24 000.00	50 000.00	26 000.00	108
其中：土地使用权	10 500.00	10 500.00	17 000.00	6 500.00	62
其他资产	2 400.00	2 400.00	2 400.00	0.00	0
资产总计	248 400.00	248 400.00	284 400.00	36 000.00	14
流动负债	95 000.00	95 000.00	95 000.00	0.00	0
非流动负债					
负债总计	95 000.00	95 000.00	95 000.00	0.00	0
各项有形资产和可辨认无形资产价值合计	153 400.00	153 400.00	189 400.00	36 000.00	23

（二）评估结果

根据商誉评估割差法的原理，将采用收益法评估的X公司整体市场价值265 013万元，扣除各项有形资产和可辨认无形资产的市场价值之和，即商誉的价值：

$$\text{X公司商誉市场价值} = \text{企业整体市场价值} - \text{企业各项有形资产和可辨认无形资产价值之和}$$

$$= 265\ 013 - 189\ 400 = 75\ 613（万元）$$

思政园地

晋商商业信誉

俗话说"凡是有麻雀的地方，就有山西商人"。梁启超曾称赞晋商是中国古代民营经济的代表，可以"夸于世界人之前"。从《乔家大院》到《走西口》，无处不彰显着晋商群体在明清两朝500余年历史上的超然地位。晋商全盛时期的商业范围甚至拓展到了俄国、欧洲，其商业价值富可敌国。随后晋商经营票号，几乎垄断近代中国金融业。晋商之所以能够实现如此成就，离不开晋商长期经商过程中所积累的资金、人才、网络以及商业信誉。

以票号为例，晋商在各地设立分号，形成了一个统一的网络。在政府没有票号法的情况下，办票号完全是自发的，没有任何审批程序，其经营行为也不受监督。票号接受客户的真金白银，然后为其开一张并没有法律保护的汇票。这张纸能不能再换为真金白银完全取决于票号的信誉。可以说信誉是票号的生命线，晋商多年来奉行的"以义制利"、坚守诚信，最终赢得了客户的信任。

不仅如此，在地方公共事务、突发事件的管理和应对以及民间的慈善救济活动方面，晋商也发挥着重大的作用。清朝光绪元年至四年（1875—1878年）间，在河南、山西、陕西、直隶、山东等地发生了特大旱灾饥荒，尤以山西最严重。大灾面前，政府无力承担救济工作，地方政府只能调动民间富民力量来赈灾，因此晋商就与当时赈灾的江南宗族乡绅和外国传教士一起，成为赈灾的主力。在赈灾过程中，晋商常家历时三年，耗银三万两建造了一个精美的戏楼。一向勤俭持家的常家，为什么要在大荒之年修建一个本无大用的大戏楼呢？原来这正是常家精心设计的救济乡里穷人的方法。当时常家同乡的许多人平常还过着小康的生活，当灾年来临，他们很难放下面子去粥棚领取施舍。常家深知这一点，并希望这些乡民能有尊严地接受帮助，于是就想出了盖戏楼的方法，让那些挨饿的同乡可以有自尊地吃下用自己劳动换来的一餐饭。常家规定，只要能搬一块砖就可以管一天的饭。大灾持续了三年，而常家的戏台也修了三年。常家的救助行为，已经超越了一般的物质救助，还考虑到了受益者的心理与尊严。对于受益者来说，是物质与精神上双重的帮助和尊重。作为商人群体的晋商在实践慈善过程中也充分体现出了"以人为本"的商业直觉和一种在传统封建层级结构下少见的"平等思想"。

李克强总理在山西太原考察晋商博物馆时曾说，晋商精神讲究行大道、重仁义，这样才能有更多朋友、顾客，生意才能越做越大。晋商不仅讲"钱"，更重"义"，不仅创造物质财富，更有精神财富作为支撑。诚信进取的晋商精神是山西人的品德，也是华商精神的精髓。

资料来源：朱睿，范昕宇，李梦军．"夸于世界人之前"，晋商是如何成为天下第一商帮的？[EB/OL]．[2022-10-24]．https://baijiahao.baidu.com/s?id=1735786113946450908&wfr=spider&for=pc.

项目小结

商誉是一种特殊的无形资产，被定义为：企业由于具有各种有利条件，或历史悠久积累了从事本业的丰富经验，或产品质量优异，或组织得当、服务周到以及生产经营效率较高等综合性因素，使其在同行业中处于较为优越的地位，因而在客户中享有良好的信誉，从而具有获得超额收益的能力。这种能力的价值便是商誉的价值。商誉具有依附性、累积性、整体性、持续性、相关性、双重性等特征。

商誉评估是指评估专业人员根据特定目的，遵循公允的原则和标准，按照法定的程序，运用科学的方法，以企业整体资产在某一时点的状况为基础，对企业的超额收益能力进行评定和估算的过程。其具有整体性、综合性、持续性、单一性、双重性等特征；其基本假设是：持续经营假设和超额收益假设；在评估时要注意影响商誉价值的各种因素，执行规范的评估程序，坚持预期原则、动态原则、客观原则、市场原则。

由于商誉构成要素的不可计量性等特点，国际评估界很少采用重置成本法和市场法评估对其价值进行评估，而一般采用收益法评估。收益法包括割差法和超额收益法两种，每种方法都是建立在反映未来经济收益预测值的商誉性质基础上的。

实训设计

一、实训目标

通过对商誉价值评估的实际操作训练，使同学们能够熟练掌握商誉评估的基本方法和技能技巧，能独立组织和开展商誉价值评估工作。

二、实训项目与要求

1.实训组织

首先，实训指导教师将学生分组，每组10人左右，指定组长负责，明确目标和任务；其次，分组开展业务训练，发挥小组的集体智慧和成员的主观能动性，写出实训过程和结果；最后，组长总结汇报实训活动。

2.实训项目

收益法在商誉评估中的应用训练和执行规范的商誉评估程序。

3.实训要求

（1）要求熟练运用收益法评估商誉价值。

（2）要求执行规范的商誉评估程序。

三、成果检测

1.同学自我总结运用收益法评估商誉价值的经验，并说明在商誉评估中遵循的评估程序。

2.各组组长组织同学互相评价，提出实训建议成绩。组长撰写小组实训报告，在班级进行交流汇报。

3.教师汇总实训所取得成绩和存在的问题，提出今后的改进措施，并根据学生自评、互评情况和组长的建议，确定学生的实训成绩。

项目七

著作权资产评估

【学习目标】
- 熟悉著作权法中对著作权的主体、客体、内容、权属、限制和保护期限等的有关规定；
- 掌握著作权资产评估对象的界定；
- 掌握著作权资产价值影响因素；
- 掌握应用重置成本法、现行市价法、收益现值法评估计算机软件、著作权资产价值。

【能力目标】
- 能够运用收益现值模型评估著作权的价值；
- 能够根据计算机软件实际情形，选择适宜的方法进行计算机软件价值评估。

【思政目标】
- 树立正确的价值观，对著作权资产评估不能盲目追逐经济价值，要注重社会价值；
- 增强文化自信，培养爱国精神，激发学生的民族荣誉感；
- 培养学生的反腐意识，遵守职业道德，促进我国社会主义精神文明建设。

项目导入

《人民的名义》作品的价值

中国当代作家、编剧家周梅森同志，于2017年2月出版了长篇小说《人民的名义》，并于同年3月，由其担任编剧的电视剧《人民的名义》播出。《人民的名义》改编为电视剧上映后被评为2017年互联网时代最具影响力影视作品、最佳中国电视剧。总投资额逾1亿元，以2.2亿元的价格出售给湖南卫视。该剧聘请了一些著名演员，通过影视艺术手段，刻画和展示了中央反腐过程中的曲折经历和感人故事。

请思考：上述作品涉及著作权的哪些财产权利？如何界定该著作权资产评估对象？作为评估师，应该如何评估该著作权资产的价值？

【思政融通】《人民的名义》紧扣时代反腐社会现实，塑造出的检察官形象，表现出了强烈的社会责任感和反腐意识。该作品使反腐精神成为反腐工作的活教材，为实现中国梦凝聚了精神动力，充分展现了新时期中国共产党人坚定的反腐败决心和人民检察官公正司法的良好形象；同时教育我们要具有社会责任感、家国情怀和反腐意识。

任务一　著作权资产

任务描述 ◗◗◗

著作权是知识产权的一个重要组成部分，通过学习著作权概念、分类、特征，学生应了解著作权主体、客体和著作权的限制，掌握著作权资产的特征，明确著作权资产的权利形式，为著作权资产评估奠定基础。

相关知识 ◗◗◗

一、著作权

（一）著作权概述

1.著作权的概念

著作权也称版权，是指文学、艺术作品和科学作品的创作者依照法律的规定对这些作品所享有的各项专有权利。它是知识产权的一个重要组成部分。

2.著作权的特征

著作权属于民事权利，是知识产权的重要组成部分。著作权除了具有知识产权所共有的特征，即具有专有性、地域性、时间性等特征外，与其他知识产权相比，还具有以下特征：

（1）著作权突出对人身权的保护。著作权与作品的创作密切联系，因此在著作权中，保护作者对作品的人身权利是其重要的内容。

（2）著作权的产生和保护具有自动性。现代各国著作权法大多对著作权采用"创作主义"和"无手续主义"，即作品一经创作形成，不论是否发表，不需办理任何法律手续，著作权即自动产生，开始受著作权法的保护，这与须经国家主管机关审查批准方能得到法律保护的专利权、商标权不同。

3.著作权的分类

（1）按照涉及领域的不同，著作权分为文学艺术著作权和工业著作权。

文学艺术著作权是传统的而且是最主要的著作权保护范围。目前，世界两大版权保护公约——《保护文学艺术作品伯尔尼公约》和《世界著作权公约》所保护的内容均为文学艺术著作权。

工业著作权是著作权的特殊形式，其保护范围是介于文化艺术产权和工业产权之间的作品，比较典型的保护对象是计算机软件。

（2）按照形成方式的不同，著作权分为自创著作权、外购著作权和继承著作权。

自创著作权是指作者对自行投资、开发和创作的各类作品所拥有的著作权，如个人自行创作的小说作品、自己拍摄的摄影作品等。

外购著作权是指企业或个人对于从外部购入的各类作品所拥有的著作权。通常，外购著作权主要是作品的使用权，如购买的计算机软件等。

继承著作权是指个人因继承作品所拥有的对该作品的著作权。如父亲死亡后子女通过继承所取得的著作权。

（3）按照发挥作用的方式不同，著作权分为销售型著作权和使用型著作权。

销售型著作权即直接收益型著作权，是指作品具有显著的经济效益，著作权人可以通过销售作品直接取得收益，如图书、音像制品、计算机软件等。

使用型著作权是指基于作品的显著使用价值，著作权人主要通过对作品的使用获益。

4.著作权的主体

著作权的主体包括作者，其他依法享有著作权的自然人、法人或非法人组织等。

除此之外，著作权主体还包括很多类型。

按照著作权主体国籍的不同，著作权主体可以分为本国人和外国人。

按照著作权的取得来源不同，著作权主体可以分为原始著作权主体和继受著作权主体。

按照享有著作权的内容的不同，著作权主体可以分为完整著作权主体和不完整著作权主体。

按照著作权主体人数的不同，著作权主体可以分为单一主体和共同主体。

5.著作权的客体

（1）著作权的客体含义。著作权的客体是指著作权法保护的对象，也是著作权主体的权利和义务所共同指向的对象。著作权的客体是作品，包括文学、艺术和科学领域内的作品。

（2）著作权客体——作品特征。

作品是指文学、艺术和科学领域内具有独创性并能以一定形式表现的智力成果。具有以下特征：①作品是一种智力成果。作品须是自然人劳动创作的。②作品具有独创性。独创性是智力创作成果成为作品最重要的构成条件，是区别"作品"与"制品"的标准。作品受著作权保护，制品受著作权有关权利的保护。③作品具有一定表现形式，具有可复制性。作品必须能以一定形式表现，其表现形式具有可复制性，以较低的成本再现、传播、产生效益，从而具有保护的必要。

（3）著作权客体的分类。

① 按照作品的表现形式不同，作品可分为：文字作品；口述作品；音乐、戏剧、曲艺、舞蹈、杂技艺术作品；美术、建筑作品；摄影作品；视听作品；工程设计图、产品设计图、地图、示意图等图形作品和模型作品；计算机软件；符合作者特征的其他智力成果。这是对作品最常用的分类方法，《著作权法》就采用这种分类方法。

② 按照创作人的不同，作品可分为自然人作品、法人作品、非法人组织作品。

③ 按照创作人数的不同，作品可分为独创作品和合作作品。

④ 按照创作行为的顺序不同，作品可分为原创作品和再创作品。

⑤ 按照作品创作与职务的关系不同，作品可分为职务作品和非职务作品。

⑥ 按照作品创作的根据不同，作品可分为委托作品和非委托作品。

（二）著作权人的权利（著作权内容）

著作权人包括作者和其他依照《著作权法》享有著作权的自然人、法人或者非法人组织。

著作权人的权利也就是著作权法律关系的内容，它是指著作权法律规范所确认和保护的著作权人所享有的专有权利。根据《著作权法》第十条的规定，著作权包括人身权和财产权两部分。

1.著作人身权的内容构成

著作权中的人身权利又称精神权利或者著作人身权，是指由著作权法规定和保护的、与作者的人身不可分离的、以精神利益为内容的权利。它具有以下特征：专有性或者排他性、不可让与性、永久性、非物质利益性；差异性。其具体包括四项权利：

（1）发表权，即决定作品是否公之于众的权利。

（2）署名权，即表明作者身份，在作品上署名的权利。

（3）修改权，即修改或者授权他人修改作品的权利。

（4）保护作品完整权，即保护作品不受歪曲、篡改的权利。

2.著作财产权的内容构成

财产权是指具有物质内容，直接体现经济利益的民事权利。著作权中的财产权利也称经济权利或者著作财产权，是指著作权人享有的使用作品、许可他人使用作品，并获得报酬的权利。它具有可让与性、期限性、物质利益性等特征。著作权中的财产权具体包括：

（1）复制权，即以印刷、复印、拓印、录音、录像、翻录、翻拍、数字化方式将作品制作一份或者多份的权利。

（2）发行权，即以出售或者赠与方式向公众提供作品的原件或者复制件的权利。

（3）出租权，即有偿许可他人临时使用视听作品、计算机软件的原件或者复制件的权利，计算机软件不是出租的主要标的的除外。

（4）展览权，即公开陈列美术作品、摄影作品的原件或者复制件的权利。

（5）表演权，即公开表演作品，以及用各种手段公开播送作品的表演的权利。

（6）放映权，即通过放映机、幻灯机等技术设备公开再现美术、摄影、视听作品等的权利。

（7）广播权，即以有线或无线方式公开传播或者转播作品，以及通过扩音器或者其他传送符号、声音、图像的类似工具向公众传播广播的作品的权利。

（8）信息网络传播权，即以有线或者无线方式向公众提供，使公众可以在其选定的时间和地点获得作品的权利。

（9）摄制权，即以摄制视听作品的方法将作品固定在载体上的权利。

（10）改编权，即改变作品，创作出具有独创性的新作品的权利。

（11）翻译权，即将作品从一种语言文字转换成另一种语言文字的权利。

（12）汇编权，即将作品或者作品的片段通过选择或者编排，汇集成一部新作品的权利。

（13）应当由著作权人享有的其他权利。

对于上述著作权的财产权利，具有转让、继承、交易等商品属性。著作权人可以许可他人行使，也可全部或者部分转让，并依照约定或者《著作权法》的有关规定获得报酬。

从价值评估角度看，著作财产权按照与传播相关还是与使用方式相关，还可以进行如下分类（如图7-1所示）。

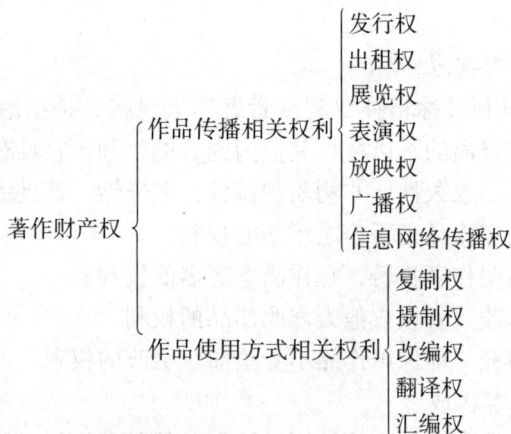

```
                        ┌ 发行权
                        │ 出租权
                        │ 展览权
            作品传播相关权利 ┤ 表演权
            │            │ 放映权
            │            │ 广播权
            │            └ 信息网络传播权
著作财产权 ┤
            │            ┌ 复制权
            │            │ 摄制权
            作品使用方式相关权利 ┤ 改编权
                        │ 翻译权
                        └ 汇编权
```

图7-1　著作财产权权利分类

发行权、出租权、信息网络传播权等七项权利均涉及作品的传播方式，而作品的传播也是著作权资产价值得以实现的手段和途径，我们称其为"作品传播相关权利"。

复制权、摄制权等五项权利，主要涉及作品表现和使用形式的变化，我们称其为

"作品使用方式相关权利"，而这些权利最终也仍然需要通过上述各种传播相关权利来实现著作权资产价值。因此，是否具有"作品传播相关权利"是著作权资产价值能否实现的关键。

作品传播的广度、深度和效果对其著作权价值实现具有较大影响。

【提示】著作权中的人身权不属于无形资产，但财产权属于无形资产。

（三）著作权相关联作品

《著作权法》中，对与著作权相关联作品的形式进行了界定，通常包括以下几种：

（1）文字作品；

（2）口述作品；

（3）音乐、戏剧、曲艺、舞蹈、杂技艺术作品；

（4）美术、建筑作品；

（5）摄影作品；

（6）视听作品；

（7）工程设计图、产品设计图、地图、示意图等图形作品和模型作品；

（8）计算机软件；

（9）符合作品特征的其他智力成果。

（四）与著作权有关的权利

与著作权有关的权利，也称作品传播者权，是与著作权相邻近的权利，是指作品传播者等因其在传播作品过程中所作出的创造性劳动、投资或其他贡献而被法律赋予的权利。与著作权有关的权利与著作权密切相关，又是独立于著作权之外的一种权利。按照《著作权法实施条例》的规定，与著作权有关的权益主要包括出版者对其出版的图书和期刊的版式设计享有的权利，表演者对其表演享有的权利，录音录像制作者对其制作的录音录像制品享有的权利，广播电台、电视台对其播放的广播、电视节目享有的权利。

1.与著作权有关的权利的种类及内容

（1）出版者权，指书刊出版者与著作权人通过合同的约定或者经著作权人许可，在一定期限内对其出版的作品所享有的专有使用权。《著作权法》规定：图书出版者对著作权人交付出版的作品，按照合同约定享有的专有出版权受法律保护，他人不得出版该作品。

在各类出版者中，只有图书出版者对其所出版的作品拥有法定的专有出版权。报纸、期刊出版者能否对其出版的作品享有专有出版权取决于与作者的合同约定。

图书出版者只能在出版合同约定的期间内享有专有出版权，并且合同约定的期限不能超过10年。合同期满后，当事人可以续订，但续订后的专有出版权仍然不能超过10年。

出版者所享有的专有出版权还受到版本的限制。按照《著作权法》的规定，对作品某一种文字版本的专有出版权只能限于该文字的原版、修订版和缩编本，著作权人许可其他出版者以其他版本形式出版该作品的，不构成侵犯专有出版权。

②出版者的义务。出版者应履行以下义务：图书出版者出版图书，应当同著作权人

订立书面的出版合同；按期、按质出版作品；图书出版者重印、再版作品时，应当通知著作权人，并支付报酬，图书出版者拒绝重印、再版的，著作权人有权终止合同；向著作权人支付报酬。

（2）表演者权，指表演者对其表演依法享有的人身权和财产权的专有权利。

① 表演者的权利。该权利具体包括：一是表明表演者身份；二是保护表演形象不受歪曲；三是许可他人从现场直播和公开传送其现场表演，并获得报酬；四是许可他人录音录像，并获得报酬；五是许可他人复制、发行、出租录有其表演的录音录像制品，并获得报酬；六是许可他人通过信息网络向公众传播其表演，并获得报酬。

表演者权利的前两项权利规定的保护期不受限制。第三项至第六项规定的权利的保护期为50年，截止于该表演发生后第50年的12月31日。

② 表演者的义务。该义务包括：第一，表演者在使用他人作品演出时，应当取得著作权人的许可，并支付报酬。第二，演出组织者组织演出，由该组织者取得著作权人许可，并支付报酬。

（3）录音录像制作者权，指录音录像制作者对其制作的音像制品、录像制品依法所享有的专有性权利。

① 录音、录像制作者的权利。录音、录像制作者的权利，是指录音录像制作者对其制作的录音录像制品，享有许可他人复制、发行、出租、通过信息网络向公众传播并获得报酬的权利。录音录像制作者权的保护期限为50年，截止于该制品首次制作完成后的第50年的12月31日。

② 录音、录像制作者的义务。该义务包括：

第一，录音录像制作者使用他人作品制作录音录像制品，应当取得著作权人许可，并支付报酬。

第二，录音制作者使用他人已经合法录制为录音制品的音乐作品制作录音制品，可以不经著作权人许可，但应当按照规定支付报酬；著作权人声明不许使用的不得使用。

第三，录音录像制作者制作录音录像制品，除应尊重作者的权利外，应当同表演者订立合同，并支付报酬。

（4）广播组织权，指广播电台、电视台对其制作播放的广播或电视节目依法所享有的专有性权利。

① 广播电视组织的权利。该权利具体包括：

第一，播放节目的权利。广播电台、电视台对其编制的广播电视节目或依法取得的录音录像制品，有权通过无线电波向公众播放，任何组织和个人都不得干涉；未经广播电视组织许可，他人不得播放其广播、电视录制的节目。

第二，许可他人播放并获得报酬的权利。广播电视组织对播放其制作的节目享有排他的控制权，其他广播电视组织未经其许可，不得进行营利性的播放；如需播放，必须征得其同意，并支付报酬。

第三，许可他人复制并获得报酬的权利，即有权许可他人复制发行其制作的广播、电视节目。此外，广播电视组织还享有播放已出版的录音制品的权利。广播电视组织的权利保护期为50年，截止于该广播、电视首次播放后第50年的12月31日。

②广播电视组织的义务。该义务具体包括：

第一，广播电台、电视台播放他人未发表的作品制作广播电视节目，应取得著作权人的许可，并按规定向著作权人支付报酬。

第二，广播电台、电视台播放他人已发表的作品制作广播电视节目，可以不经著作权人许可，但就当按照规定支付报酬。著作权人声明不许使用的除外。

第三，电视台播放他人的视听作品、录像制品，应当取得视听作品著作权人或者录像制作者许可，并支付报酬。

第四，电视台播放他人的录像制品，应当取得著作权人的许可，并向其支付报酬。

2.著作权以及与著作权有关的权利的区别

（1）主体不同。著作权的主体是智力作品的创作者，包括自然人、法人和非法人组织。而与著作权有关的权利的主体是作品的传播者，即图书、期刊的出版者；音乐、戏剧等的表演者；录音、录像的制作者以及广播电视组织等，除表演者外几乎都是法人。

（2）保护的客体不同。著作权保护的客体是文学、艺术和科学作品；与著作权有关的权利保护的客体是用以传播的作品，即演绎作品，它是以原作品为前提，根据传播形式的需要加工而成的，如戏剧、音乐演奏、诗朗诵、相声等。前者体现作者的创造性劳动，后者体现传播者的创造性劳动。

（3）权利内容不同。著作权的内容包括人身权和财产权。与著作权有关的权利除了表演者权中包含的两项人身权以外，其他的与著作权有关的权利在性质上都是财产权。

（4）保护的前提不同。作品只要符合法定条件，一经产生就可获得著作权保护；与著作权有关的权利的获得须以著作权人的授权及对作品的再利用为前提。

（5）保护期限不同。著作权保护期限除了署名权、修改权、保护作品完整权不受限制，永远归作者所有以外，其余权利保护期限的计算均采用死亡起算法或发行起算法。如自然人个人的作品的发表权、著作财产权的保护期限为作者终生及其死之后50年，截止于作者死之后第50年的12月31日；法人作品和职务作品的发表权、使用权和获得报酬权的保护期为50年，截止于作品首次发表后第50年的12月31日，但作品自创作完成后50年内未发表的，著作权法不再保护。而与著作权有关的权利的保护期限，除了表演者对表明表演者身份和保护表演形象不受歪曲的权利不受限制外，其余权利的保护期限均采用发行起算法，即截止于表演发生后、首次出版或播放后的第50年的12月31日。

【思考7-1】怎样正确判断和区分著作权以及与著作权有关的权利？

（五）著作权的法律保护

1.著作权权利的保护期

著作权人享有的著作权受法律保护，侵犯著作权的行为应当依法承担相应的法律责任。

（1）著作人身权中署名权、修改权、保护作品完整权的保护期限。作者的署名权、修改权、保护作品完整权的保护期不受限制。

（2）自然人作品的发表权和著作财产权的保护期限。自然人的作品的发表权和财产权的保护期为作者终生及其死亡后50年，截止于作者死亡后第50年的12月31日；如果是合作作品，截止于最后死亡的作者死亡后第50年的12月31日。

（3）法人作品和非法人组织享有的职务作品的保护期限。法人或者非法人组织的作品、著作权（署名权除外）由法人或者非法人组织享有的职务作品，其发表权的保护期为50年，截止于作品完成后第50年的12月31日；著作权财产权利的保护期为50年，截止于作品首次发表后第50年的12月31日，但作品自创作完成后50年内未发表的，法律不再保护。

（4）视听作品的保护期限。视听作品，其发表权的保护期为50年，截止于作品创作完成后第50年的12月31日；著作权财产权利的保护期为50年，截止于作品首次发表后第50年的12月31日，但作品自创作完成后50年内未发表的，不再享受法律保护。

2.《著作权法》不予保护的作品

（1）法律、法规，国家机关的决议、决定、命令和其他具有立法、行政、司法性质的文件，及其官方正式译文；

（2）单纯事实消息；

（3）历法、通用数表、通用表格和公式。

（六）著作权归属确认

1.一般著作权归属确认

《著作权法》规定：著作权属于作者，法律另有规定的除外。

创作作品的自然人是作者；由法人或者非法人组织主持，代表法人或者非法人组织意志创作，并由法人或者非法人组织承担责任的作品，法人或者非法人组织视为作者。

（1）作者的概念。作者，是指直接从事文学、艺术和科学作品创作活动的人，是最基本、最直接的著作权人。

作者应具备以下条件：必须是直接从事创作活动的人；必须因自己从事创作活动产生以一定形式表现出来的作品；作者的外延具有不同类型；作者身份的构成不受民事行为能力的限制。

（2）作者的种类。一是自然人，二是法人或者非法人组织。

（3）作者的确认标准。判断作品的作者，原则上以作品上的署名为标准，如果没有相应的证据，凡是在作品上署名的人即是该作品的作者。

《著作权法》第十二条规定：在作品上署名的自然人、法人或者非法人组织为作者，且该作品上存在相应权利，但有相反证明的除外。

作者等著作权人可以向国家著作权主管部门认定的登记机构办理作品登记。

2.合作作品的著作权归属确认

（1）合作作品概念及认定条件。合作作品是指两人以上合作创作的作品，认定合作作品应具备以下条件：一是合作作品的主体应为两人或两人以上；二是有共同创作的意图；三是有共同的创作活动。

（2）合作作品著作权归属的确认。合作创作的作品，著作权由合作作者共同享有，没有参加创作的人，不能成为合作作者。合作作品的著作权由合作作者通过协商一致行使；不能协商一致，又无正当理由的，任何一方不得阻止他方行使除转让、许可他人专有使用、出质以外的其他权利，但是所得收益应当合理分配给所有合作作者。合作作品可以分割使用的，作者对各自创作的部分可以单独享有著作权，但行使著作权时不得侵犯合作作品整体的著作权。

3.职务作品的著作权归属确认

（1）职务作品的概念及认定条件。职务作品是指作者为完成本职工作而创作的作品。《著作权法》规定："自然人为完成法人或者非法人组织工作任务所创作的作品是职务作品。"认定职务作品应具备以下条件：一是作者和所在单位存在劳动关系；二是作品的创作属于作者的职责范围；三是职务作品的使用应当属于所在单位的正常工作或者在业务范围之内。

职务作品可以是新闻作品、美术设计作品、计算机软件或作品分类中的任何一种作品形式。

（2）一般职务作品著作权归属的确认。一般职务作品的著作权由作者享有，法人或者非法人组织享有在其业务范围内优先使用的权利，期限为2年。单位的优先使用权是专有的，未经单位同意，作者不得许可第三人以与单位使用的相同方式使用该作品。在作品完成2年内，如单位在其业务范围内不使用，作者可以要求单位同意由第三人以与单位使用的相同方式使用，单位没有正当理由不得拒绝，所获报酬由作者与单位按约定比例分配。

（3）特殊职务作品著作权归属的确认。特殊的职务作品，除署名权以外，著作权的其他权利由单位享有。特殊职务作品是指主要是利用法人或者非法人组织的物质技术条件创作，并由法人或者非法人组织承担责任的工程设计图、产品设计图、地图、示意图、计算机软件等职务作品，如报社、期刊社、通讯社、广播电台、电视台的工作人员创作的职务作品，或者法律、行政法规规定或者合同约定著作权由法人或者非法人组织享有的职务作品。

4.委托作品的著作权归属确认

（1）委托作品的概念及特征。委托作品是指作者基于委托合同而创作完成的作品。委托作品具有以下特征：一是委托作品的产生基础是委托方与作者之间存在委托合同关系；二是委托作品是委托方自己不参加创作活动，而是由作者按照委托方的意志和要求进行创作，但作品不一定反映作者自己的思想、主题和观点，只是体现出作者的创作风格、技巧和特点等；四是在作者完成创作后，把委托作品交付给委托方，委托方接受作品，并向作者履行约定义务。

（2）委托作品著作权的归属确认，《著作权法》规定："受委托创作的作品，著作权的归属由委托人和受托人通过合同约定。合同未作明确约定或者没有订立合同的，著作权属于受托人。"

5.视听作品的著作权归属确认

（1）视听作品的概念。视听作品是电影、电视、录像作品的统称，是指摄制在一定物质基础之上，由一系列有伴音或者无伴音的画面组成，并且借助适当装置放映、播放的各种作品。

（2）视听作品的著作权归属确认。视听作品中的电影作品、电视剧作品的著作权由制作者享有和行使，参加作品创作的其他人员，如导演、编剧、作词、作曲、摄影等作者享有署名权，并有权按照与制作者签订的合同获得报酬。除此以外的视听作品的著作权归属由当事人约定，没有约定或者约定不明确的，由制作者享有，但作者享有署名权和获得报酬的权利。视听作品中可以单独使用的部分，如剧本、音乐等的作者可以单独行使著作权。

6.演绎作品的著作权归属确认

（1）演绎作品的概念及特征。演绎作品，是指通过对已有的作品进行改编、汇编、翻译、编辑、注释、整理等创作活动而产生的新作品，又称派生作品。

演绎作品有以下特征：一是演绎作品是在已有作品的基础上进行再创作活动而产生的新作品；二是演绎作品的独创性应以尊重已有作品的内容和形式为原则；三是演绎作品是独立于已有作品的新作品。

（2）演绎作品的著作权归属确认。改编、汇编、翻译、编辑、注释、整理已有作品而产生的作品，其著作权由改编、汇编、翻译、编辑、注释、整理人享有，但行使著作权时不得侵犯原作品的著作权。

7.原件所有权转移时作品著作权的归属确认

绘画、书法、雕塑等美术作品的原件可以进行买卖、赠予。这些作品原件所有权的转移，不改变作品著作权的归属，但美术、摄影作品原件的展览权由原件所有人享有。作者将未发表的美术、摄影作品的原件所有权转让给他人，受让人展览该原件不构成对作者发表权的侵犯。

【提示】对任何原件所有权可能转移的作品，要注意区分作品物质载体的财产权和作品的著作权人身权这两种不同的权利。

（七）著作权的限制

著作权限制是指法律规定对著作权人著作权的行使给予一定的限制，包括对著作权人本人行使著作权进行的限制和他人行使著作权人享有的著作权的限制。著作权的限制包括三种情况：一是对权利行使范围的限制；二是对著作权行使期限的限制；三是对著作权的地域限制。

1.对著作权行使范围的限制

限制著作权权利行使范围，就是对著作权人享有的著作权规定一些"例外"。在"例外"情况下，对著作权人作品的使用不受其"专有权利"的限制，也不构成侵权。关于权利行使范围的限制主要包括以下几种情况：

（1）合理使用，又称正当使用或者自由使用，指著作权法允许他人在一定条件下可以不经著作权人许可而无偿使用其作品的行为。

合理使用应符合以下条件：①使用作品的方式须符合法律的规定；②使用作品的目的须是非商业使用，即使用作品不是用来从事营利性的活动；③只能使用已经发表的作品；④使用作品应该尊重著作权人的精神权利，指明作者姓名、名称或作品名称，并且不得侵犯著作权人享有的其他权利。

【提示】合理使用具体参见《著作权法》第二十四条列举的13种情形。

一般地讲，除博物馆、档案馆、图书馆、纪念馆、美术馆、文化馆使用外，已发表的作品才存在合理使用，没有发表的作品不存在合理使用。

（2）法定许可使用，即指基于《著作权法》的规定，使用人可以不经著作权人的许可而以某种方式使用其已经发表的作品，但应当向著作权人支付报酬的制度。

法定许可使用应具备以下条件：①必须以著作权人没有声明为前提；②使用的作品是已经发表的作品；③使用必须符合《著作权法》规定的具体情形，不能任意扩大；④使用的过程中不得侵犯著作权人的精神权利，不得影响作品的正常使用。根据《著作权法》的规定，符合一定条件的编写出版教科书、报刊转载和摘编、录音制作以及播放广播电视节目等情形可能涉及法定许可。

法定许可主要涉及著作权人与作品传播者之间的关系，法定许可使用主要有以下几种情况：

① 作品在报刊上刊登后，其他报刊可以转载或者作为文摘、资料刊登。《著作权法》第三十五条规定，著作权人向报社、期刊社投稿的，自稿件发出之日起15日内未收到报社通知决定刊登的，或者自稿件发出之日起30日内未收到期刊社通知决定刊登的，可以将同一作品向其他报社、期刊社投稿。双方另有约定的除外。作品刊登后，除著作权人声明不得转载、摘编的外，其他报刊可以转载或者作为文摘、资料刊登，但应当按照规定向著作权人支付报酬。

② 表演者使用他人作品演出。《著作权法》第三十八条规定，使用他人作品演出，表演者应当取得著作权人许可，并支付报酬。演出组织者组织演出，由该组织者取得著作权人许可，并支付报酬。使用改编、翻译、注释、整理、汇编已有作品而产生的作品进行演出，应当取得该作品的著作权人和原作品的著作权人许可，并支付报酬。

③ 录音录像制作者使用他人作品制作录音录像制品。《著作权法》第四十二条规定，录音录像制作者使用他人作品制作录音录像制品，应当取得著作权人许可，并支付报酬。录音录像制作者使用改编、翻译、注释、整理、汇编已有作品而产生的作品，应当取得该作品的著作权人和原作品的著作权人许可，并支付报酬。录音制作者使用他人已经合法录制为录音制品的音乐作品制作录音制品，可以不经著作权人许可，但应当按照规定支付报酬；著作权人声明不许使用的不得使用。

④ 广播电台、电视台使用他人作品制作广播、电视节目。《著作权法》第四十六条规定，广播电台、电视台播放他人未发表的作品，应当取得著作权人许可，并支付报酬。广播电台、电视台播放他人已发表的作品，可以不经著作权人许可，但应当按照规定支付报酬。

（3）强制许可，即指当著作权人在法定期限内没有履行权利时，在国家有关管理部门依法一次性指定授权下，特定申请使用作品的人可不经著作权人同意，使用已经发表的作品，但必须支付合理的报酬。

2.对著作权行使的期限限制

著作权的保护期限在承认著作权包括人身权和财产权两个部分内容的国家，主要指著作权中经济权利的期限，即作品的著作财产权要受一定时间的限制。关于著作权保护期限的一般规定、特殊规定等前已述及。超过了著作权保护期限的作品即进入公有领域，任何人都可以自由使用。

3.对著作权行使的地域限制

著作权行使的地域限制，主要是指著作权只在某国或一定地区受到法律保护，超越一国或一定地域就不能受到保护。这是因为著作权法是国内法，只有在颁布该法的主权范围内有效，不能适用于其他国家和地区。要解除著作权的地域限制并不十分困难，只要该国加入了世界性的保护著作权的组织，就可打破这一地域限制。

二、著作权资产

（一）著作权资产的概念

著作权资产是指著作权权利人拥有或者控制的，能够持续发挥作用并且能带来经济利益的著作权的财产权利和与著作权有关权利的财产权利。

同样，并非所有的著作权都能成为资产评估中的著作权资产，著作权中能够持续发挥作用并且预计能为权利人带来经济利益的著作权才能够成为资产评估中的著作权资产。

【提示】在资产评估实务中，评估专业人员需要区分著作权资产和与著作权相关的实物资产之间的区别。著作权资产只是著作权以及与著作权有关的权利所形成的资产，而与著作权相关的实物资产通常是承载特定著作权作品的实物资产。例如，一本图书是承载具体作品的纸质实物，通过购买而拥有该图书的实物资产，并不代表享有了书中作品的著作权及其资产。因此，上述实物图书构成的资产不是资产评估中的著作权资产。同样，购买一套载有微软公司 Office 2010 办公系统软件的光盘，购买者便获得了一个载有著作权作品的实物资产，并可以占有、使用、转让和处置该光盘（但不准出租，计算机软件出租是著作权法规定的一项著作权资产），但并不能拥有该光盘包含的软件著作权，即购买者所购买、拥有的仅仅是相关的实物资产，而不是资产评估中的著作权资产。

（二）著作权资产的特征

1.形式特征

著作权资产与其他无形资产如专利权、专有技术和商标资产等一样，最主要的特征就是一般不能单独发挥作用，需要与其他资产，如房屋、设备和营运资金等共同发挥作用，这些资产通常被称为贡献资产。例如，施工企业按照图纸"复制"建筑物，不但需要图纸著作权资产，还需要建筑设备、资金；计算机软件公司销售计算机软件，不但需要计算机软件著作权的复制权和发行权，还需要载有计算软件的载体（如光盘）的所有权等。这种共同发挥作用的特性，主要表现在如下三个方面：

（1）著作权资产与相关有形资产以及其他无形资产共同发挥作用。对于一些特殊著作权资产，其在发挥作用的过程中，不但与一些有形贡献资产共同发挥作用，甚至还可能与一些无形贡献资产共同发挥作用。例如，计算机软件著作权资产具有一个特性，即思想性与表达性的不可分割性，我们知道著作权法是保护人们表述"思想"的方式而不是"思想"本身。著作权法保护的是计算机程序及其文档的表达形式，不涉及开发软件所用的思想、处理过程、操作方法、算法、功能、技术、概念等。但在进行一项计算机软件评估时，我们可能不但涉及其著作权资产，也就是计算机程序及其文档的表达方式，还会涉及该软件在设计、编制过程中的思想、处理过程、操作方式、算法、功能、技术、概念等，这些要素可能会构成专利权、专有技术。在这种情况下，由于计算机软件的著作权与上述专利权或专有技术本身无法分割或者不需要分割，因此在评估该计算机软件时，就可能包括上述专利权、专有技术的贡献。另一种情况是著作权与商标、品牌共同发挥作用。例如，同样的计算机软件著作权，由于编制软件的公司不同，这些公司拥有不同的商标、品牌，必然反映在该公司产出的产品中，使得软件著作权产品的销售价格存在较大差异，这个差异的一部分可能就是由商标、品牌等无形资产所产生的，商标的作用与软件著作权的作用是结合在一起的。

（2）著作权资产与演绎作品共同发挥作用。例如，一部文字作品为原创作品，享有著作权，如果需要将其改编为电视剧作品，则改编好的电视剧作品也享有著作权，并且电视剧作品著作权与文字作品的著作权不同，著作权权利人可能也不同。这部电视剧的著作权称为在原创作品（文字作品）著作权上演绎形成的衍生著作权。《著作权法》规定，演绎作品著作权人行使自身作品著作权时，不能侵犯原创作品的著作权人的权益。当演绎作品著作权人授权电视台播放改编的电视剧作品时，将会为著作权人带来收益，该收益从本质上说应该包括演绎作品著作权中的"放映权"和原创作品著作权中的"改编权""摄制权"结合在一起共同发挥作用产生的收益。演绎作品著作权人通常需要通过以下两种方式将收益进行分割：一是采用一次性支付的方式，一次性支付原创作品著作权人"购买"许可将原创作品改编为电视剧的权利；二是以收益分账的方式将电视剧播放的收益在原创作品著作权人与演绎作品著作权人之间进行分割。

（3）著作权和与著作权有关权利共同发挥作用。以一本图书的出版为例，作者创作完成作品后授权出版社出版编辑、设计加工后经印刷复制、发行，图书很畅销，图书销售所产生的收益既有作者著作权的贡献，也有出版社版式设计的贡献，是著作权和与著作权有关权利共同发挥作用的结果。另一个案例是剧场演出的话剧，一台话剧节目的剧本是享有著作权的，演出不能没有演员，并且一般情况下，演员具有十分重要的作用。对于这台话剧演出的收益来说，不但有剧本作品著作权的贡献，还包括演员的贡献，演员享有的权利是属于与著作权有关权利范畴的，没有演员的贡献，演出收益无法实现，因此上述演出收益应该理解为是剧本著作权与演员共同贡献的结果。

2.法律特征

（1）著作权资产的时效性。不同的著作权具有不同的法律保护期限。著作财产权以及应当由著作权人享有的其他权利保护期限为50年，截止于作者死亡后第50年的12月31日。（详见本任务著作权利的保护期）

著作权资产的价值不仅取决于著作权的法定保护期限和剩余保护期限，对于某一具体经济行为，则会更多地关注其合同约定的使用期限。该合同期限必须是在作品著作权法定剩余保护期限内。只有在合同规定使用年限内产生的合理收益才能作为著作权资产价值评估的基础。

（2）著作权资产的地域性。一般来说，著作权只在授予权利的国家的管辖范围内受到该国相关法律的保护，对其他国家没有域外效力。著作权的这一性质限制了因转让或者使用著作权而产生收益的地域范围。一般来说，著作权的地域性限制越小，著作权评估值也就越大；反之，则越小。

比如，我国在刚刚颁布《著作权法》的时候，还没有参加著作权的国际公约，这就意味着中国作品在国外不受保护，国外的作品在中国也不受保护，除非是外国人的作品在中国首先发表或者出版，才受中华人民共和国法律的保护。但在我国参加了《保护文学艺术作品伯尔尼公约》及《世界著作权公约》，并且成为世界贸易组织的成员之后，根据这些国际公约的条款，著作权受到保护的地域已经远远超出了一个国家的范围，国内法变成了区域性法律。特别是目前世界上绝大多数国家都是世界贸易组织的成员，如果在一个国家享有著作权，则可以在世界上绝大多数国家得到相应的保护。

任务二　著作权资产评估

任务描述 ●●●

通过学习著作权资产评估对象的界定、著作权资产评估价值影响因素，掌握著作权资产价值评估方法。

相关知识 ●●●

一、著作权资产评估概述

（一）著作权资产评估的概念

著作权资产评估是指资产评估机构及其资产评估专业人员遵守法律、行政法规和资产评估准则，根据委托对评估基准日特定目的下的著作权资产价值进行评定和估算，并出具资产评估报告的专业服务行为。

（二）著作权资产评估对象的界定

著作权资产评估对象是指著作权中的财产权利以及与著作权有关权利的财产权利。所以，著作权资产评估对象应从以下三个方面进行把握。

1.著作权资产的财产权利形式

著作权资产的财产权利形式包括著作权人享有的权利和转让或者许可他人使用的权利。许可使用形式包括法定许可和授权许可；授权许可形式包括专有许可、非专有许可和其他形式许可等。

2.著作权财产权利类别和作品类别

根据著作权财产权利类别和作品类别两个维度的分析，可以构建出一个"作品类别"×"财产权利类别"的著作权价值评估对象基本矩阵，其中的元素即为著作权价值评估对象——××作品××权。

【提示】按照不同类别作品的特征以及各种财产权利的概念，并不是每一类作品都具有全部财产权利。

在"作品传播相关权利"中，发行、信息网络传播权利基本可体现在绝大部分作品上；广播、表演权利主要体现在文字、音乐、舞蹈等艺术类作品上；出租权仅体现在电影作品、计算机软件作品上；展览权仅体现在美术作品、摄影作品上；放映权体现在美术、摄影、电影作品上。在"作品使用方式相关权利"中，复制、摄制、改编、翻译、汇编5种权利适用于大部分作品。具体评估业务中，则需要根据特定的经济行为、评估目的确定评估对象，可能是上述矩阵中的某一个元素——单项权利，也可能是几个元素组成的集合——权利组合。

3.著作权资产评估目的

著作权资产评估对象的界定除了需要明确评估对象的作品类型和权利形式外，还需要充分关注评估目的的影响。

首先，以财务记账和摊销为目的的评估，其对象不仅受国家税法及财务法规的限制，还应满足以下条件：一是著作权所有权或著作权的部分权利属于该单位；二是该单位确实为获得该项权利付出了代价；三是明确哪些费用未曾计入成本，已计入成本部分不能列入无形资产账户进行摊销。

其次，以投资、转让为目的的评估，直接关系到投资各方或者转让方与受让方之间的利益，所以应注意以下几点：一是确认著作权各项权利的归属；二是明确投资、转让的权利的内涵、时间、范围等；三是著作权的经济权利或者著作权可获得收益的能力。

（三）著作权资产价值影响因素

相关无形资产评估准则要求，执行无形资产评估业务，需要关注评估对象的产权因素、获利能力、成本因素、市场因素、有效期限、法律保护、风险因素等相关因素。在评估实务中，可以从以下方面来考虑影响著作权资产价值的因素。

微课

著作权资产评估对象的界定

1.宏观经济状况

（1）著作权使用区域的社会环境。除了完善的法律制度，一个社会的著作权意识和政策导向也对著作权资产价值有重要影响。在"窃书不为偷"的社会环境中，很难会有著作权资产价值的充分实现。而只有在"政府软件正版化"的背景下，通过实施诸如"著作权干部工程""著作权孩子工程""著作权人才工程""著作权公益宣传工程"，构建出政府引导、社会广泛参与的著作权保护大联盟、大格局，著作权资产才能有更高的价值。

（2）著作权使用区域的经济环境。著作权产业的发展与区域经济发展密切相关。根据国际经验，当人均GDP超过3 000美元的时候，文化消费会持续快速增长；当人均GDP接近或超过5 000美元时，文化消费则会"井喷"，消费的增加自然会增加与文化产品密切相关的著作权需求，增加著作权收益和提高其价值。因此，如果著作权交易发生在经济发达区域，其价值会高于经济落后区域。但是，文化消费又不同于实物消费，满足消费者物质需求的同时，还可以满足消费者心理的需求，因此其消费对外部经济环境的反应相对具有弹性。尤其在经济增长缓慢时期，著作权产业可能出现逆势增长。

2.市场需求状况

著作权资产作为一项特殊的资产，在参与市场交易时，其价值同样受到市场活跃程度及供求规律的影响。在著作权交易活跃的市场中，著作权资产价值就容易实现，一些畅销出版物、音像制品等，发生市场交易比较常见。当市场对某项著作权的供应大于需求时，其价值会降低；反之，价值会得到提升。与市场相关作品的价值以及新版本作品也会影响所评估作品著作权资产的价值。市场竞争程度也会影响到著作权资产价值的大小，同类作品的竞争激烈，作品的著作权资产价值实现也会受到影响。

3.著作权所依托的作品

（1）作品所处的产业及相关政策。文学、艺术作品作为文化产品的一部分，其受产业政策影响尤其明显。一方面，国家对文化产业大力扶持和发展，出台了一系列相关产业发展政策；另一方面，国家对文化产品的导向作用也有明确要求，提出文化企业提供精神产品，传播思想信息，担负文化传承使命，必须始终坚持把社会效益放在首位、实现社会效益和经济效益相统一。著作权资产对应作品大部分属于文学、艺术作品，文化产业政策对其价值的影响不可忽视。

（2）作品的类型。不同类型作品的著作权，价值影响因素可能差别很大。同样是录音制品，流行音乐和经典音乐就有很大差异：第一是创作投入差异；第二是顾客对象差异；第三是寿命周期差异。这些因素既影响其收益，又影响其风险。

不同类型作品的著作权，其法律规定也有所不同。如原创作品和演绎作品的差异，演绎作品是在原创作品的基础上通过翻译、改编等方式产生的新产品，虽然也具有价值，但在转让和使用许可中受到很多法律限制，因此其价值也就和原创作品不同。

不同作品，其传播方式也不同，因此会影响其传播范围、传播效果及传播收益。比如文字作品可以通过广播方式进行传播，但美术、摄影作品就很难通过同样的方式传播，所以文字作品广播权价值就比美术作品广播权价值要大。

（3）作品的内容。作品的内容决定其使用价值，使用价值越大，相应著作权的价值也就越大。具体来说，作品的内容主要受其艺术性、时代性和技术水平的影响。

①艺术性。作品的艺术性是指作品对读者产生的一种艺术感染力，是作品的创作投入、艺术形式、艺术技巧、作者的艺术素养和审美情趣的综合表现。艺术性强的作品，其使用价值相对于艺术性弱的作品要高，因此其著作权资产的价值也就比较高。如名著《红楼梦》包含了巨大的艺术价值和社会价值，被多次再版，其价值当然也高于一般作家的小说。著作权在艺术上的独特性是其获得法律保护的依据，也是形成其价值的

重要因素。

②时代性。作品的时代性主要是指作品与时代相呼应，顺应时代的要求，能较大程度地满足人们某方面的需求。时代性强的作品相对来说使用价值要大，著作权资产的价值也相对要高。例如，某部反映现实生活题材的电视剧本，拍摄制作完成上映后其收视率非常高，那么该著作权资产的价值也就比较大。

③技术水平。著作权的创作难度大，复制风险也大，技术上的保密性和反侵权能力是衡量其价值的重要标准。

（4）作品作者的知名度。有些著作权资产的价值与创作者的知名度有很大关系，如文字、摄影、动漫、音像等创意设计作品，创作者知名度高，其作品更受欢迎，市场对其需求更大，未来取得收益更多，价值也就更高。知名度高的作家和刚涉足创作的人士相比，沉入作品的人力成本要高很多，所以创作者的知名度本身就是一种无形资产，其作品也就具有较高价值。

（5）作品的生产制作能力。作品是著作权资产的载体，这些作品的制作能力，决定了其供给量的大小。不同类型作品在创作人员、配套资源、要求、创作流程等方面都存在差异。文字、美术、摄影等作品更多依赖作者个人的创造性工作，这类作品的生产制作能力受作者个人影响较大，提高供给量的方式是培养更多专门人才，提高创作人员基数。影视作品、计算机软件则大部分为集体工作成果，其供给量受到剧本、演员、导演、资金等多方面因素限制，提高供给量则需要企业具备比较强的资金实力和资源整合能力、著作权作品储备等。著作权资产价值评估，需要关注实施或运用著作权资产的企业供给能力的限制。

（6）作品的发表情况。尽管按照《著作权法》第二条的规定，中国公民、法人或者非法人组织的作品，不论是否发表，均享有著作权。但是，在进行著作权资产评估业务的过程中，必须考虑作品的发表状况，因为其对资产的价值有较大影响。

首先，发表状态影响资产的剩余经济寿命。根据《著作权法》，法人或者非法人组织的作品、著作权（署名权除外）由法人或者非法人组织享有的职务作品、视听作品创作完成后50年内未进行发表，法律将不再保护。也就是说如果上述几种作品创作完成后未进行发表，其最多只具有50年的经济寿命，超过50年，其所产生的经济利益将不再归属于创作人。

其次，发表状态还会影响作品的影响力和经济利益。发表是作品扩大受众范围的途径，作品通过这种方式能够被更多的受众接触，扩大其影响力，影响著作权能够带来的经济利益，从而影响其价值。

（7）作品的已传播情况。一般来讲，作品的已传播情况是指作品被人观看或阅读的次数及范围，是家喻户晓还是被部分人群知道，或者是无人知晓。随着网络技术的发展，优秀作品的传播速度会进一步加快。对于家喻户晓的作品，其社会影响力大，从而其著作权资产的价值相对要高。如《满江红》，因为其制作技术先进、导演与主要演员知名度高以及歌颂民族英雄爱国的影片内容，这部电影短时间内就在全国各地上映，那么这部电影的使用价值达到最高，其著作权资产的价值也就相对要高，实时票房达40.67亿元。

4.著作权的运营模式

不同的著作权运营模式对著作权资产价值的实现具有较大的影响。由于作品著作权涉及的财产权利束类型众多，而一种作品可以衍生出更多类型的作品，且这些衍生作品著作财产权利又以原始作品著作权权利为基础，从价值上来说，原始作品与衍生作品互相影响、互为基础。因此，最优的著作权运营模式就是寻求实现从原始作品至全部衍生作品的全作品链的、各种财产权利价值最大化的模式。

不同的运营模式对著作权资产价值评估有不同的影响。对于产业链较长、作品著作权开发比较深入的模式，企业有比较成熟的运营模式，使得作品著作权各类权利的充分利用成为可能，同时原始作品转化为新作品也成为可能。在这种情况下，如果涉及著作权的全部财产权利价值，就需要结合企业运营模式，充分考虑各类权利收益的实现途径和金额，并且需要考虑衍生收益的价值。

著作财产权有两种主要的收益方式：销售型（直接收益型）和使用型（间接收益型）。前一种主要是通过销售其作品从而获得直接收益。例如图书作品通过销售直接获得其收益。后一种是指通过使用该作品的方式间接实现其收益。例如一组机器的设计图纸，它的价值实现方式不在于直接转让，而是体现在根据该图纸制造出来的机器设备的价值收益中。对于能够通过销售实现收益的著作权，通常会采用市场上惯用的或法律规定的一定比例的版税或提成费用的评估方法直接获得著作权的评估值，其收益更容易反映在其价值中。而对于通过使用的方式实现收益的著作权，评估过程中涉及的问题较为复杂，需要考虑作品的社会影响力、技术发展的水平等较难可靠量化的因素，因此有可能漏计或多计其贡献，影响其价值。

5.著作权的法律状态

《著作权法》对作品的保护采用自动保护原则，即作品一旦产生，作者便享有著作权，不论登记与否都受法律保护。随着著作权纠纷越来越多，许多作者要求将自己的作品交著作权管理部门登记备案。作品办理自愿登记后，则有了一个法律的初步证据。一旦发生侵权纠纷或权利归属纠纷，登记记录就可以作为其是真实权利人的有力证明，降低著作权人在维护合法权益或对抗诉讼中的成本，从而间接影响著作权资产的价值。在著作权资产的评估实践中，作品登记证书可以作为该著作权稳定性、可靠性的依据。

此外，著作权资产的时效性与地域性等法律特征也会对其价值产生影响。尤其目前有许多著作权资产与专利权、专有技术等其他知识产权相比具有更强的时效性，如一些音乐、歌曲、电影、电视剧在首次发表时期其收益价值较大，但随着时间的推移，其价值会有较大幅度的衰减。

二、著作权资产评估的基本原则

（一）社会价值原则

著作权资产评估的社会价值原则，即在评估中应考虑该作品的创作、传播和使用能够对社会产生一定的积极影响，从而确定著作权资产的价值。只有当其传播或者使用能收到积极的社会效果，与国家利益和社会公德保持一致的时候，才具有社会价值；否则，就无社会价值。但是作品的社会价值不是绝对的，由于各国的社会制度、道德原则、风俗习惯的不同，因而作品的社会价值标准也就不同；同样由于社会变更、经济文化的发展或者其他政治原因，一个国家的不同历史时期对作品的社会价值的标准的认定也有所差异。因此，作品社会价值的标准是相对的，具有地域性和时间性的特点。

（二）经济价值原则

著作权资产评估的经济价值原则，即在评估中应考虑著作权人所持有作品的获利能力，能够产生的直接或间接收益来评估著作权资产的价值。这包括能够带来可以预测并确定的经济收益，或者能够从整体资产价值中分离出著作权资产的收益。在著作权资产评估的具体操作中，经济价值原则又表现为以下两方面要求：

一是要将既定使用与预期使用相结合。在评估时既定的使用方式下，要考虑著作权资产预期的其他使用方式所能产生的经济价值，进而综合确定著作权资产的价值。

二是要有权利组合观念。著作财产权的内容非常广泛，权利人享有的权利越多，可能的使用方式就越多，所能获得的收益就越高，著作权的评估值就越大。所以，在评估时要注重对著作权权利内容和使用方式进行合理、全面的确定，准确估量著作权资产的经济价值。

三、著作权资产的评估方法

著作权作为无形资产，由于其形成过程中活劳动所占比例很大，且其损耗一般为无形损耗，而准确地确定活劳动投入和发生的无形损耗比较困难，因此，在进行著作权资产评估时，较多采用市场法和收益法，也可以采用重置成本法、现行市价法评估其现时价值，用收益现值法来评估其未来的收益，从而综合评估著作权资产的价值。

（一）考虑社会效益的收益现值模型

考虑社会效益的收益现值模型的计算公式为：

$$V = K \cdot \sum_{t=1}^{n} \frac{M_t}{(1+r)^t}$$

式中：

V——著作权资产的评估值；

K——著作权客体发表后的社会贡献率（一般在10%~30%）或经济效益与社会效益提成比率；

M_t——著作权客体发表后第 t 年所产生的效益值总和；

r——折现率。

【例7-1】某农业科技著作2022年5月出版，预计效益可观。出版当年扣除印刷发行成本后净获利5万元，预计在此后的6年，每年创造经济效益80万元，社会效益50万元，该著作的社会贡献率确定为20%。评估时的银行贴现率为5.31%，发行风险为3%，财务风险为1.5%，所测算的折现率为9.81%，取10%。假定评估基准日为2022年12月31日。计算该作品的著作权资产价值。

解：评估过程如下：

（1）该作品的效益情况：第一年收益5万元，自第2年起每年能够取得等额收益130万元（80+50）。

（2）该作品的著作权资产评估值：

$20\% \times [5+130 \times (P/A，10\%，6)] = 20\% \times (5+130 \times 4.3553) = 114.24$（万元）

在著作权资产评估中，确定收益的一个重要参数是版税。对于音像制品和书籍等的著作权而言，版税是核定著作权资产收益的关键。在大多数情况下，著作权资产的收益就等于总收入乘以相应的版税率。版税是著作权人因他人使用其作品而获得的一定货币份额，即稿酬。

出版版税＝图书单价×图书印数×版税率

上演（戏剧、音乐、舞蹈）版税＝票房总收入×版税率

版税率是用于计算版税数额的百分比，一般范围是6%~10%。

【例7-2】某娱乐公司欲制作发行一张新的专辑，估计第一年的发行量为10万张，每张专辑的价格为18元；第二年该专辑发行量将达到20万张。之后，娱乐公司准备提供网上收费下载服务，每次下载收费5元，授权年限为2年。2年过后，可以免费下载。由一般市场调查可以知道，该娱乐公司网站提供的专辑下载，第一年可以达到20万次，第二年为15万次。该专辑的版税率定为10%，折现率为5%。计算该专辑著作权资产的价值。

解：采用收益现值法。

需要确定该专辑著作权资产未来的收益情况。

第一年收益＝10×18×10%＝18（万元）

第二年收益＝20×18×10%＝36（万元）

第三年收益＝20×5×10%＝10（万元）

第四年收益＝15×5×10%＝7.5（万元）

$$P = \sum_{i=1}^{4} R_i (1+5\%)^{-i} = 64.6 \text{（万元）}$$

（二）期望利润评估模型

作为著作权客体的创作者来说，对创作的作品都会有一个期望利润值。该期望利润值的计算公式为：

期望利润值＝同期作品的平均利润值×著作权客体创作者的知名度系数

知名度系数通过抽样调查取得（见表7-1）。

表7-1　　　　　　　　　　　　　　知名度系数表

知名度	5%以下	5%~15%	16%~20%	21%~30%	31%~60%	60%以上
系数取值	0.5	0.8	1.0	1.3	1.5	2.0

根据期望利润值确定评估值的公式为：

$$V = \frac{E_p - E}{1 - B} + C$$

式中：

V——著作权资产的评估值；

E_p——期望利润值；

E——已获得利润值；

B——著作权创作的风险率；

C——作品的重置成本。

【例7-3】某音乐作品以DVD方式投放市场以来作品创作者获利10万元。该类作品一般在市场上有5~7年的畅销期，作者可盈利25万元。202×年5月，有一出版商欲购买该作品的著作权，当时的重置成本估算为2万元，经过抽样调查，创作者的知名度为57%，作品创作时的风险率为30%。计算该作品的著作权资产评估值。

解：评估过程如下：

（1）通过同类作品的平均利润值与创作者的知名度系数（可由表7-1查得）计算出该著作权客体的期望利润值：

$E_p = 25 \times 1.5 = 37.5$（万元）

（2）运用期望利润评估模型计算该著作权资产评估值：

$V = (37.5 - 10) \div (1 - 30\%) + 2 = 41.29$（万元）

【学中做7-1】某摄影家有2 000帧摄影作品，均已有摄制著作权，现许可某公司出版作品集、印刷年历及举办展览，许可合同期限为3年。请评估确定该摄影作品的价值。

评估过程如下：

通过对摄影作品在3年合同期内的用途及收益情况进行预测，得到以下信息：

该2 000帧作品可用于以下用途：出版作品集3次，每年1次；印制年历3次，每年1次；在合同签订的当年（第1年）举办展览1次。获利情况分别是：出版作品集的收益，3年分别为19.6万元、16.5万元和13.5万元；印制年历的收益分别是第1年15.5万元，第2年14.5万元，第3年12.5万元；举办展览的当年收益为12万元。

由于未来收益能够合理预测并确定，适合采用收益现值法进行评估。折现率取12%，其3年的折现系数分别为0.8929、0.7972、0.7118。

因此，该摄影作品的评估值为：

$P = (19.6 + 15.5 + 12) \times 0.8929 + (16.5 + 14.5) \times 0.7972 + (13.5 + 12.5) \times 0.7118 = 85.28$（万元）

四、著作权资产评估的注意事项

（一）关注著作权资产评估对象的识别和清晰披露

形成著作权的作品类型多样，特征各异。著作财产权类型较多，不同类型权益在对作品的使用或传播方面也都存在差异。这造成著作权资产评估对象识别的困难。可以从作品类别和财产权利类别两个维度来识别评估对象，完成对评估对象第一、第二两个层次的界定，如可以确定评估对象是某作品的A、B两项财产权利。再根据经济行为目的，进一步明确第三个层次的界定，如可以确定评估对象是某作品的A、B两项财产权利的普通许可使用权。对于著作权资产，作品的使用方式、使用区域、使用时间也会有比较详细的限制。评估对象识别也需要把这些限定条件披露清楚。

在通常情况下，出于作者自身利益最大化考虑，涉及著作权资产的大部分经济行为涉及的都是财产权利的许可使用权。

（二）关注作品获取收益的方式

作品获取收益关键在于两大链条：一是内容信息向最终客户传递的信息流；二是客户支付向企业流动的现金流。相对于传统产业或提供实体性产品的行业，这两大链条实现的方式更加灵活多变，与信息传播技术发展密切相关。在传统模式下，受技术约束，信息传递与支付实现更多的是面对面或通过纸质等实物载体。在信息技术飞速发展的今天，互联网、计算机、移动终端、可穿戴设备给信息传递和支付提供了更多可选择的方式和途径，并且未来技术发展还会带来更多我们意想不到的变化，从而不断改变作品的收益方式。但可以预见的是，不论技术如何变化，其趋势应当是对作品的定位更精准，收益计量更精确，资金周转更迅捷，消费者购买支付更快捷，客户需求与作品创作结合得更加紧密，个性化作品定制会越来越多，企业的盈利模式会更加多样化。

（三）关注作品收益获取期限

文学、艺术作品是体验性产品和注意力产品，在信息处于买方市场的条件下消费者的注意力已经成为文学、艺术市场价值的决定性因素。这些特征决定了文化产品生命期限较短。比如，电影作品院线放映一般在30~50天，电视剧作品一般在首轮播放就能够实现80%以上的收入，大部分手机游戏产品生命周期仅有2~3个月。虽然通过商业模式的创新可以延长其生命期限，但这种延长相对于物质产品还是短得多。因此，在对著作权资产进行评估时，尤其需要关注对应作品收益期限特征及其与传统物质产品存在的差异。

（四）关注著作权资产面临的风险

文学、艺术作品作为文化产品，其消费具有较大的不确定性，主要来自以下原因：第一，文化产品主要满足消费者的精神需求，属于符号效用满足型产品。文化产品的特质成为短暂符号意义和生活形式的象征，文化消费具有主观性、易变动性、不稳定性的特征，在快速变动的社会中对文化产品的认知价值随时可能会改变。第二，政府文化政策的不稳定性也会造成文化需求波动的不确定性，比如对凡是有劣迹的导演、编剧、演员等主创人员参与制作的电影、电视节目、网络剧、微电影等暂停播出等，这种由于政府政策造成的需求变动对于文化企业而言具有更大的不可预见性和风险性，对文化市场需求影响更大。第三，文化产品不仅生命周期短，而且重复利用的价值较低，即文化产品开发支出对于文化企业而言属于沉没成本，投资所形成的资产具有很强的资产专用性。

因此，需要关注所评估著作权资产面临的制作风险、内容风险、政策风险、侵权盗版风险等方面。

（五）关注如何合理分割著作权资产贡献的收益

作品创作并不是单一生产要素的产物，而是若干种资源共同作用的结果。作品的生产是队生产，具有如下特征：第一，使用几种类型的资源。作品生产过程将运用到文化资源、创意、资本、人力资本、土地等资源。第二，作品不是每一参与合作的资源的分产出之和，它具有不可分性，是通过创意科技手段和商业运作将文化资源、人力资源等进行整合。第三，队生产所使用的所有资源不属于一个人。文化产品生产过程中所涉及的文化资源、创意、资本、人力资本、土地等生产资源分别属于国家、艺术家、投资者和企业家等主体。在队生产条件下如果仅仅观察最终产品，很难确定单个人对他们联合投入的产出所作出的贡献。这是因为产出应属一个队，而且它还不是每个成员的分产出之和，比如很难确定编剧、摄影、市场推广等对电影票房收入的具体边际贡献和总贡献。

因此，著作权资产评估中，在不能够直接获取评估对象——无形资产收益的情况下，需要考虑其他有形资产、评估对象之外的其他无形资产贡献收益的分割。

具体分割的方法有很多种，比如经验数据（如分成率、许可费率等统计数据）、专家打分、层次分析、模糊评判等。但无论采用何种方法，都需要注意以下一些事项：首先，要知道每种方法的适用性和不足，分析是否能够采用；其次，对预测收益都来自哪些有形和无形资产进行分析和辨识；最后，在定性分析的基础上，按照所采用方法要求的步骤进行量化。

任务三　计算机软件资产评估

任务描述

通过学习计算机软件概念、分类、特点及权利内容构成，学生应了解计算机软件资产评估的特点，掌握计算机软件资产评估方法。

相关知识

一、计算机软件概述

（一）计算机软件的定义及相关划分要求

1.计算机软件的定义

计算机软件（以下简称软件），是作者将其思想通过计算机语言呈现出来的一种结果，属于著作权的一种，受知识产权法的保护。

计算机软件是计算机系统中的程序及其有关文档的统称，包括源程序和文档两个部分。计算机程序是指用机器可读的文字、代码等形式表示的能使计算机完成一定任务、显示某种作用或产生一定结果的一套指令；文档是指用一般文字、符号介绍计算机程序的说明，以及帮助理解和运用计算机程序的用户手册、流程图等。

通常，软件，尤其是大型的软件或专业应用软件，若只有源程序而没有完整的技术文档，并不能成为一个完整的软件。所以，在评估软件资产价值时，确认软件的存在性，必须从源程序和文档两方面进行检查和核实。

2.软件规模的划分标准

对于软件资产价值评估而言，软件规模的划分是有实际意义的一个环节。特别是对于采用成本法估算时，软件规模是一个不可或缺的参数。软件规模等级划分见表7-2。

表7-2   软件规模等级划分

等级 \ 项目	开发人数	开发周期	源程序大小
小　型	1人	6个月以内	2K以下
中　型	2～5人	1～2年	5K～50K
大　型	5～20人	2～4年	50K～1 024K
特大型	100～1 000人	5～10年	1M～10M

注：1K＝1 024字节；1M＝1 024K。

3.软件生存周期划分以及相关技术文档

软件生存周期是指软件从形成概念开始，经过研究、开发、使用和不断地增补修订，直到最后被淘汰的整个过程。按照《计算机软件开发规范》的规定，可将软件生存周期划分为八个阶段：可行性研究与计划、需求分析、概要设计、详细设计、模块设计、组装测试（模块集成测试）、系统测试、使用与维护。在软件生存周期中，每个阶段都规定有明确的任务，并产生一定规格的文档资料交给下一个阶段，而下一个阶段在前一个阶段的文档资料基础上继续开展工作。这些文档资料连同程序以及数据构成完整的计算机软件。在软件生存周期内产生的文档资料，既是软件技术产品研究、开发和使用过程中的主要依据，也是评估其价值特性的重要组成部分。在评估过程中，可以参考软件生存周期的标准，来帮助判断待估计算机软件是否已经完成，未完成开发软件处于什么阶段，还剩多少开发工作，存在何种风险，软件主要开发阶段是否完成，已完成开发软件剩余多少价值年限，后期维护需要多少资金等方面的一些问题。特别是对于开发工作未完成的软件，在确定其剩余工作量、判断技术风险时，对软件所处生存周期的判断是一个很重要的依据。

按照《计算机软件开发规范》的要求，软件生存周期内各个阶段所应编制的主要文档见表7-3，其中有些文档的编写工作可能要在若干阶段延续进行。

表7-3的文档资料并非对于任何规模大小的软件都要全部具备。实际上，负责开发的技术人员可以根据所开发软件的性质、用途以及规模等因素对上述阶段进行细化或者合并。例如，可将概要设计与详细设计阶段合并成为软件设计阶段；将组装测试阶段和系统测试阶段合并成测试阶段等。

表7-3　　　　　　　　　　　　　　软件生存周期各阶段文档编制

项目＼阶段	可行性研究与计划	需求分析	概要设计	详细设计	模块设计	组装测试	系统测试	使用与维护
可行性研究报告	√							
项目开发计划	√	√						
软件需求说明书		√						
数据要求说明书		√						
测试计划		√	√					
概要设计说明书			√					
详细设计说明书				√				
数据库设计说明书			√					
模块开发卷宗					√	√		
用户手册		√	√	√				
操作手册			√	√				
测试分析报告						√	√	
开发进度月报	√	√	√	√	√	√	√	
项目开发总结							√	

　　考虑到软件技术产品本身的复杂性以及文档编写的巨大工作量，根据待评估软件的规模、复杂性以及特定读者（如评估专业人员）水平、特点和要求，一般认为，将软件按照规模分成4个等级。评估专业人员根据软件规模，所需核查的文档也应相应分为4组，软件规模等级划分见表7-4。

　　以上文档的编制项目仅供对计算机软件进行评估时作为参考，实际操作过程中应根据评估的不同情况具体对待，加以区分。一般来说，在实际评估工作中，评估专业人员较为关心的技术文档主要有可行性研究报告、项目开发计划、软件需求说明书、数据要求说明书、概要设计说明书、详细设计说明书、数据库设计说明书等。这些文档的主要内容见表7-5。

　　在实际的软件资产评估中，一个开发完成的软件，一般来说，项目可行性研究报告、软件需求说明书、概要设计说明书3种文档对评估专业人员初步了解软件设计思路，把握软件水平是十分重要的。

　　4.软件所处阶段的划分

　　前述的软件生存周期的划分方法实际上是国际上广泛采用的"瀑布模型"阶段划分方法。在实际的评估实践中也可作为软件技术所处阶段的划分依据。将"瀑布模型"阶段划分方法简化，结合评估实践中的理论与要求，可以将软件生存周期分为需求分析、软件设计、程序编写、软件测试、运行维护5个阶段（见表7-6）。

表7-4　　　　　　　　　　　　　软件技术产品文档体系

小型软件	中型软件	大规模软件	特大规模软件
软件需求与开发	项目开发计划	可行性研究报告	可行性研究报告
		项目开发计划	项目开发计划
	软件需求说明书	软件需求说明书	软件需求说明书
		数据要求说明书	数据要求说明书
	测试计划	测试计划	测试计划
软件设计说明书	软件设计说明书	概要设计说明书	概要设计说明书
		详细设计说明书	详细设计说明书
		数据库设计说明书	数据库设计说明书
使用说明	使用说明	用户手册	用户手册
		操作手册	操作手册
测试分析报告	模块开发卷宗	模块开发卷宗	模块开发卷宗
	测试分析报告	测试分析报告	测试分析报告
项目开发总结	开发进度月报	开发进度月报	开发进度月报
	项目开发总结	项目开发总结	项目开发总结

表7-5　　　　　　　　　　软件技术产品的文档资料及其主要内容

文档名称	主要内容	
可行性研究报告	引言（目的、背景、定义、参考文献） 可行性研究前提 对现有系统或同类系统的分析所建议的系统	所选择的其他系统方案 投资—级收益分析 社会条件方面的可行性结论
项目开发计划	项目概述 开发计划	支持条件 专题计划要点
软件需求说明书	引言 任务概述 数据流图与数据字典接口	性能需求 属性 应用环境与界面 功能
数据要求说明书	引言 数据逻辑描述	数据流图与数据字典 数据的采集
概要设计说明书	引言 总体设计 接口设计 模块设计说明	运行设计 系统数据结构设计 系统出错处理设计
详细设计说明书	引言 程序系统组织结构 程序一：设计说明书	程序二：设计说明书 程序三：……
数据库设计 说明书	引言 外部设计	结构设计 应用设计

表7-6 软件生存周期的划分

项目 阶段	针对的主要 问题	软件开发 主要任务	主要文档 资料	完成者	对软件价值 的影响
需求分析	明确要解决的问题和工作任务	理解和表达用户需求、软件功能说明、建立逻辑模型	需求说明书	用户和项目负责人	并未形成经济价值，风险极大
软件设计	问题如何得到解决	建立系统结构、功能模块划分、算法结构、编码说明	概要设计、详细设计、测试计划等	用户和高级程序员	较低，并未形成经济价值，风险大
程序编写	编制满足需求的程序	选择程序设计语言、编写与调试	程序清单、详细设计、操作手册	程序员	低，软件价值视所完成工作量而计，风险较大
软件测试	发现错误、修改完善	模块测试、系统测试	测试分析报告	用户和程序员	中等，软件初步完成
运行维护	软件能适应正常运行以及升级	修改、扩充、完善、升级	错误报告、维护报告	用户和维护人员	软件完成，并产生使用价值

　　在计算机软件资产价值评估过程初期，通过对软件类型、软件规模、软件所处生存阶段以及相应技术文档的确认与读取等过程，不但可以初步了解软件的基本情况，获取有关基础技术资料，同时对于软件资产评估方法的选择、评估公式中参数的选取以及确定软件资产价值构成都是很重要的参考因素。软件技术产品文档体系见表7-7。

表7-7 软件技术产品文档体系

内容 等级	开发部分	设计部分	使用部分	测试部分	总结部分
小型软件	软件需求与开发	软件设计说明书	使用说明	测试分析报告	项目开发总结
中型软件	项目开发计划 软件需求说明书 测试计划	软件设计说明书	使用说明	模块开发卷宗 测试分析报告	开发进度月报 项目开发总结
大型软件	可行性研究报告 项目开发计划 软件需求说明书 测试计划	概要设计说明书 详细设计说明书 数据库设计说明书	用户手册 操作手册	模块开发卷宗 测试分析报告	开发进度月报 项目开发总结
特大型软件	可行性研究报告 项目开发计划 软件需求说明书 测试计划	概要设计说明书 详细设计说明书 数据库设计说明书	用户手册 操作手册	模块开发卷宗 测试分析报告	开发进度月报 项目开发总结

（二）计算机软件的分类

计算机软件分为系统软件和应用软件两大类。

系统软件是指与计算机硬件直接发生关系，能扩充计算机功能，合理调度、管理计算机各种资源的软件，如操作系统、各种语言处理程序、数据库管理系统等。它具有两个重要特点：一是共享性，可应用的领域以及用户十分广泛；二是基础性，系统软件是应用软件的运行基础，应用软件常常要用系统软件来编写程序，实现应用功能。

应用软件是计算机所应用程序的总称，指计算机用户根据某一应用需要而编制的专用软件，主要用于解决一些实际的应用问题，可分为公用应用软件和专业应用软件。

公用应用软件是指一种不分业务、行业，有许多应用领域的软件，如杀毒软件、多媒体软件等。

专业应用软件是指按业务、行业、专业领域分类的专门应用软件，比如物理勘探领域的地震采集软件、为其定制并应用于某一企业的 ERP 软件等。专业应用软件较公用应用软件而言，除了凝结软件开发技术成分外，还包含了该业务、行业的专门知识。因此，专业应用软件具有开发难度大，技术含量高、软件应用领域较窄等特点。由此看来，评估方法以及评估参数选择应充分考虑软件的类型，这对准确反映软件资产的价值是很重要的一个方面。

然而，就无形资产的所有者而言，软件可以简单地分成两类：一类是预备出售或进行许可的软件，也可称之为软件产品；另一类是企业内部软件，包括内部开发的软件或被特许使用的软件。

对软件类型的确认也是价值评估初期不可缺少的一环。评估方法的选择、评估参数的选取，软件的类型都是不可忽视的影响因素。

（三）计算机软件的权利内容构成

1.著作权保护的软件内容

著作权保护的软件包括两部分，即计算机程序和文档。程序包括使用程序语言编写的源程序和使用机器语言编写的目标程序。同一计算机程序的源程序和目标程序为同一作品。

软件必须由开发者独立开发，并固定在某种有形物体上。

软件著作权自软件开发完成之日起产生，并且不论是否发表都享有著作权。

对软件著作权的保护不延及开发软件所用的思想、处理过程、操作方法或者数学概念。

2.计算机软件的权利内容

计算机软件的权利内容包括：

（1）发表权，即决定软件是否公之于众的权利；

（2）署名权，即表明开发者身份，在软件上署名的权利；

（3）修改权，即对软件进行增补、删节，或者改变指令、语句顺序的权利；

（4）复制权，即将软件制作一份或者多份的权利；

（5）发行权，即以出售或者赠与方式向公众提供软件的原件或者复制件的权利；

（6）出租权，即有偿许可他人临时使用软件的权利，但是软件不是出租的主要标的的除外；

（7）信息网络传播权，即以有线或者无线方式向公众提供软件，使公众可以在其个人选定的时间和地点获得软件的权利；

（8）翻译权，即将原软件从一种自然语言文字转换成另一种自然语言文字的权利；

（9）应当由软件著作权人享有的其他权利。

软件著作权人可以许可他人行使其软件著作权，并有权获得报酬。

软件著作权人可以全部或者部分转让其软件著作权，并有权获得报酬。

（四）计算机软件权属的确认

在通常情况下，软件著作权一般归软件开发者享有。软件开发者是指实际组织开发、直接进行开发，并对开发完成的软件承担责任的法人或者非法人组织；或者依靠自己具有的条件独立完成软件开发，对软件承担责任的自然人。

1.一般情况下的软件著作权归属

（1）中国公民、法人或者非法人组织对其所开发的软件，不论是否发表，均依法享有著作权。

（2）外国人、无国籍人的软件首先在中国境内发行的，依法享有著作权。

（3）外国人、无国籍人的软件，依照其开发者所属国或者经常居住地国同中国签订的协议或者依照中国参加的国际条约享有的著作权，受法律保护。

（4）法律对软件著作权的保护不延及开发软件所用的思想、处理过程、操作方法或者数学概念等。

2.特殊情况下的软件著作权归属

（1）合作开发软件。合作开发软件是指由两个以上的自然人、法人或者非法人组织合作开发的软件。合作开发的软件著作权归属由合作开发者签订的书面合同约定。无书面合同或者合同未作明确约定，合作开发的软件可以分割使用的，开发者对各自开发的部分可以单独享有著作权；但是，行使著作权时，不得扩展到合作开发的软件整体的著作权。合作开发的软件不能分割使用的，其著作权由各合作开发者共同享有，通过协商一致行使；不能协商一致，又无正当理由的，任何一方不得阻止他方行使除转让权以外的其他权利，但是所得收益应当合理分配给所有合作开发者。

（2）委托开发软件。委托开发软件是指接受他人委托开发的软件。委托开发软件的著作权归属由委托人与受托人签订的书面合同约定；无书面合同或者合同未作明确约定的，著作权归受托人享有。

（3）由国家机关下达任务开发软件。由国家机关下达任务开发的软件，著作权的归属与行使由项目任务书或者合同规定；项目任务书或者合同中未作明确规定的，软件著作权由接受任务的法人或者其他组织享有。

（4）职务开发软件。自然人在法人或者其他组织中任职期间所开发的软件有下列情形之一的，该软件著作权由该法人或者非法人组织享有，该法人或者非法人组织可以对开发软件的自然人进行奖励：针对本职工作中明确指定的开发目标所开发的软件；开发的软件是从事本职工作活动所预见的结果或者自然的结果；主要使用了法人或者非法人组织的资金、专用设备、未公开的专门信息等物质技术条件所开发并由法人或者非法人组织承担责任的软件。

此外，通过受让、继承或者承受取得软件著作权的自然人、法人或者非法人组织也可以成为软件著作权人。

（五）计算机软件著作权的法律保护

1.软件著作权的使用许可和转让

（1）使用许可。软件著作权人可以自己使用软件，也可以通过授权许可他人使用软件。著作权人许可使用软件应当与被许可人订立许可使用合同。特别是许可他人专有行使软件著作权时，还应当订立书面合同。许可使用合同中软件著作权人未明确许可的权利，被许可人不得行使。没有订立合同或者合同中未明确约定专有许可的，应视为非专有许可。

对于许可使用的软件，软件的著作权人未发生改变，仍为许可人。被许可人只是在一定的期限内取得使用软件的权利，而无权再将软件著作权转让给他人。

（2）转让。除了许可使用，软件著作权人也可以将软件著作权转让给他人。软件著作权人可以转让全部权利，也可以转让部分权利，但署名权不得转让。软件著作权转让后，受让人成为新的著作权人，可以将著作权再次转让。转让一般是没有期限的。但在实践中，有些软件的转让规定了期限。在转让期满后，软件著作权应当回归原著作权人。转让软件著作权应当订立书面合同。

2.对软件的合理使用

软件的合法复制品所有人可以行使以下权利：

（1）根据使用的需要把该软件装入计算机等具有信息处理能力的装置内。

（2）为了防止复制品损坏而制作备份复制品。这些备份复制品不得通过任何方式提供给他人使用，并在所有人丧失该合法复制品的所有权时，负责将备份复制品销毁。

（3）为了把该软件用于实际的计算机应用环境或者改进其功能、性能而进行必要的修改；但是，除合同另有约定外，未经该软件著作权人许可，不得向任何第三方提供修改后的软件。

（4）为了学习和研究软件内含的设计思想和原理，通过安装、显示、传输或者存储软件等方式使用软件的，可以不经软件著作权人许可，不向其支付报酬。

3.软件著作权的继承或者承受

软件著作权属于自然人的，该自然人死亡后，在软件著作权的保护期内，软件著作权的继承人可以依法继承著作权中除署名权以外的其他权利。软件著作权属于法人或者非法人组织的，法人或者非法人组织变更、终止后，其著作权在保护期内由承受其权利义务的法人或者非法人组织享有；没有承受其权利义务的法人或者非法人组织的，由国家享有。

（六）计算机软件的保护期限

软件著作权自软件开发完成之日起产生。

自然人的软件著作权，保护期为自然人终生及其死亡后50年，截止于自然人死亡后第50年的12月31日；软件是合作开发的，截止于最后死亡的自然人死亡后第50年的12月31日。

法人或者非法人组织的软件著作权，保护期为50年，截止于软件首次发表后第50年的12月31日，但软件自开发完成之日起50年内未发表的，法律不再保护。

二、计算机软件评估的特点

（一）计算机软件的特点

1.智力成果性

计算机软件是人类的智力成果，它凝聚了人们潜心钻研与开发的时间和精力，其价值是由软件中凝聚的知识所决定的，主要表现在软件中的非物质内容，如思想、方法、技术和诀窍等。软件的创作开发一般是经有组织的群体按照精细的分工协作，借助现代化高技术和高科技工具生产创作的，具有开发复杂、工作量大、周期长、投资成本高等特点。

2.思想与形式、功能的不可分割性

计算机软件不仅是人类思维所形成的作品，而且是一种技术方案，人的思想借助软件这一表现形式得以发挥其特殊功能，因此，计算机软件是人的智力成果、与文字作品相似的表现形式和实用工具的功能这3种特性的统一体。

3.表现形式多样化

计算机软件可以通过不同的语言、代码、符号以及不同的固定载体来表现。伴随着新技术的不断涌现，计算机程序的表现形式也将会日新月异。

4.实用性

计算机软件具有较强的使用价值，对促进科技进步、经济增长都能产生直接影响，并为拥有者创造经济效益。

5.可复制性

计算机软件不需任何特殊设备，就可在短时间内被大量复制，从而为其大量传播提供了便利。

6.可改编性

一般地，具有一定计算机知识的人就可以对他人编写的计算机程序进行改编，从而使软件的进一步开发和发展具备了有利条件。

7.经济寿命短

计算机软件的更新迅速、发展快、生命周期短。一般而言，软件的寿命大致为3~5年，较短的为1~2年，甚至更快。随着计算机技术的蓬勃发展，软件的更新周期将会越来越短。

（二）计算机软件价值评估的特殊性

计算机软件成本具有明显的不完整性和弱对应性，给企业带来的经济效益也可能受

各种因素的影响而具有明显的不确定性，当前我国软件技术交易市场也很不成熟，这给软件评估带来许多困难。因此，计算机软件价值评估具有如下特殊之处：

（1）可行性研究报告和软件技术鉴定书是其价值评估的重要依据。

（2）权属关系必须要明晰。评估时应核对相关权属文件，如计算机软件登记证书、软件产品登记证书、鉴定书、专利证书、海关备案公告、商标权证书等。

（3）计算机软件的新颖性、创造性和实用性是评估中应予关注的核心内容。

（4）计算机软件价值评估有别于商誉与商标等无形资产的价值评估。评估时，应考虑系统大小、系统复杂性、程序类型、软件对支持条件和运行环境的要求、软件的有效收益或经济寿命期、软件的维护成本和升级能力以及市场竞争状况等影响软件价值的因素。

（5）计算机软件评估一般是针对具体的软件应用者、软件的使用范围、使用规模以及用途等评定估算的。

（6）评估时，应考虑计算机软件是自行研究开发的还是引进的、是多次转让的还是一次转让等因素对软件价值的影响。

（三）计算机软件评估方法的特点

1.运用成本法评估计算机软件的特点

（1）以工作量或程序语句行数作为软件成本的度量，软件成本主要体现在人员工资上。

（2）对于专用（即用户只有一个或若干）软件以及虽属于通用软件但尚未投入生产、销售的，一般采用成本法。

（3）对于诸如自用型软件，不存在市场或市场交易少，难以通过销售软件的使用许可权获得收益的情况，采用成本法较为可行。对于未开发完成的软件，一般采用成本法进行评估也比较有说服力。

（4）适用于软件的整体转让、定价等经济行为。

（5）成本法对于软件创造性价值考虑较少。软件维护成本预测的准确性对软件价值影响较大。

（6）评估工作量大。

2.运用市场法评估计算机软件的特点

（1）必须存在具有可比性的参照软件。

（2）价值影响因素明确，可以量化其影响额。

（3）使用较多的是功能类比法。

（4）多用于软件产品定价、软件整体价值评估等。

3.运用收益法评估计算机软件的特点

（1）资产与经营收益之间存在稳定的比例关系。

（2）未来收益可以预测。

（3）收益额受软件技术水平、技术风险、市场前景等因素的影响与作用，因此收益额预测的准确性对软件评估值影响很大。

（4）对于已经生产并投放市场的诸如财务软件、人事工资管理软件等通用软件，具有市场容量的专业应用软件，以及对信息企业的价值评估，可采用收益法。

（5）自行开发生产、独家转让并可投入生产的软件也可采用收益法进行评估。

（6）可操作性较强，评估工作量较大。

三、计算机软件价值的影响因素

一般情况下，评估计算机软件价值时需考虑以下影响因素：

（1）系统大小，主要指可执行程序和机器语言指令的字节数、高级语言语句的行数、新编写指令的百分比、系统数据存储量和文体数目等。

（2）系统复杂性，主要指系统和界面的复杂度、系统的独特性、硬件和软件的接口和程序结构等。

（3）程序类型，主要指应用程序的形式（商用或非商用）、程序所处理的技术问题类型等。

（4）软件对支持条件和运行环境的要求，主要是指计算机系统的速度、内存和外存的容量，支持开发的软件工具和软件环境等。

（5）软件的有效收益或经济寿命期。

（6）软件的维护成本和升级能力。

（7）软件的市场竞争状况。

四、计算机软件价值评估的原则

计算机软件作为资产评估的对象，应当在评估时遵循资产评估的一般工作原则，而基于其作为无形资产的特殊性，在技术上还需注重替代原则和预期原则的应用。

替代原则，即在对计算机软件评估作价时，如果同一软件或同种软件在评估基准日有多种可能实现的实际存在的价格或价格标准，则应选用最低的一种，因为在同时存在几种效能相同的资产时，最低价格的资产需求量最大。

预期原则，即在评估中，软件的价值可以不按过去的生产成本或销售价格决定，而是根据对未来收益的期望值来确定。

五、计算机软件价值的评估方法

计算机软件价值的评估方法通常有成本法、市场法、收益法。

（一）成本法

在比较难以预测计算机软件的收益能力的情况下，成本法是评估计算机软件价值时最常用的方法，具体应用中可采取不同的方式。计算机软件的成本法主要以计算机软件开发成本为基础进行评估，是计算机软件价值评估的主要方法。根据不同的情况，成本法又包括多种具体的方法。

1.功能分解法

功能分解法也可称为工作量成本法，即把软件的功能分解后，分别按软件开发的系统分析、系统设计、程序设计、软件测试和软件维护等不同阶段的工作量（人·日或月）计算成本，然后根据物价指数和行业平均收益率评估其价格。其估算步骤如下：

第一步，将软件的功能进行分解，通常每个功能都要经历上述的若干主要阶段。

第二步，确定每个功能、每个阶段的工作量（人·日或月）。

第三步，确定每个阶段的工作量成本（元/人·日或月）。一般来说，高级技术人员参与的成本较高，初级技术人员参与的成本较低。

第四步，计算每个阶段的成本，进而计算出整个软件的成本。

【例7-4】某会计信息系统软件行业收益率为35%，一年后物价上升4%。软件包括工资核算、账务处理、成本核算和销售核算四大功能，开发费用见表7-8。试评估该软件的当前价值。

表7-8　　　　　　　　　该会计信息系统软件开发费用核算表　　　　　　单位：人·日

功能 ＼ 项目	项目开发分阶段工作量					
	系统分析	系统设计	程序设计	软件测试	软件维护	合计
工资核算	10	20	15	15	20	80
账务处理	20	100	60	70	70	320
成本核算	20	40	30	30	30	150
销售核算	10	30	30	30	30	130
工作量合计	60	190	135	145	150	680
工作量成本（元/人·日）	100	80	100	80	100	
阶段成本（元）	6 000	15 200	13 500	11 600	15 000	61 300

解：评估过程如下：

第一步，确定软件的四大功能在系统分析、系统设计、程序设计、软件测试和软件维护5个方面的工作量。

第二步，确定软件的全部成本为61 300元。

第三步，根据物价指数调整成本。

调整后成本＝61 300×（1+4%）＝63 752（元）

第四步，根据软件行业平均收益率确定评估值。

63 752×（1+35%）＝86 065.2（元）

2.语句行估算法

语句行估算法是指通过源程序语句行数和每行源程序预计的成本对软件价值进行估算的方法。在具体估算时，先划分功能（子模块），然后估算出每一个功能需要多少源程序语句行数才能实现。这种方法的难点是估算实现每一个功能的源程序语句行数，这是一个非确定性问题。通常，通过估算每一个功能最有利、最不利和最可能出现的3个值，经过数学处理，求得每一个功能所需的源程序语句的行数。

【例7-5】根据历史数据和经验数据，【例7-4】的会计信息系统软件中每个功能源程序语句行数见表7-9，已知每行源程序语句的成本为2元，求该软件的成本。

表7-9　　　　　　　　　　　　该会计信息系统软件语句行估算表

功能 ＼ 语句行数	最有利（a）	最不利（b）	最可能出现（c）	估算 $\frac{a+b+4c}{6}$
工资核算子模块	3 600	5 300	4 800	4 683
账务处理子模块	8 200	14 800	10 600	10 900
成本核算子模块	5 800	7 000	6 800	6 667
销售核算子模块	4 000	4 800	4 100	4 200
合　计	—	—	—	26 450

根据语句行估算表提供的数据，可得：

该软件的成本＝26 450×2＝52 900（元）

3.参数成本法模型

在实务界，通常还使用参数成本法模型评估软件的价值。其基本公式为：

$$P=C_1+C_2$$

式中：

P——软件成本估值；

C_1——软件开发成本；

C_2——软件维护成本。

软件的开发成本（C_1）由软件的工作量（M）和单位工作量成本（W）所决定：

$$C_1=MW$$

式中：

M——软件的工作量；

W——单位工作量成本。

工作量M为在现有条件下重新开发此软件所需要的工作量，可用Doty模型来确定。该模型将软件产品按应用领域分为四类，代码分成两类，通过大量的统计调查，将样本数据用最小二乘法建立模型，不同的情况采用不同的估算方式，从而得出不同软件所需要的开发时间。其估算公式见表7-10。

表7-10　　　　　　　　　　　　Doty模型

应用领域	估算公式	
	目标代码	源代码
综合	$M=4.790K^{0.991}$	$M=5.258K^{1.057}$
控制	$M=4.573K^{1.228}$	$M=4.089K^{1.263}$
科学	$M=4.495K^{1.068}$	$M=7.054K^{1.019}$
商业	$M=2.895K^{0.784}$	$M=4.495K^{0.781}$

注：M为工作量，单位是人·月；K为千行源程序代码条数或目标代码条数，目标代码指经过编译后生成的代码。

单位工作量成本 W 的确定应考虑到软件的成本由直接成本、间接成本和期间费用构成，具体包括：（1）硬件购置费，指计算机以及相关设备的购置费；（2）软件购置费，如操作系统软件、数据库系统软件和其他应用软件的购置费；（3）人工费，主要是开发人员、操作人员、管理人员的工资福利费等；（4）培训费；（5）通信费，如购置计算机网络设备、通信线路器材、租用公共线路等的费用；（6）基本建设费，如新建、扩建机房、购置计算机机台、机柜等的费用；（7）财务费用；（8）管理费用；（9）其他费用，如资料费、咨询费等。将这3项成本费用的总和除以开发此软件的实际工作量就可以得到单位工作量成本 W。在实际评估中，一般主要考虑人员工资、软硬件投入与折旧等主要成本。

软件的维护是指修正现有可运行软件并维护其主要功能不变的过程。软件的维护包括三类：改正性维护、适应性维护和完美性维护。改正性维护是为了纠正软件使用过程中所暴露的问题以及隐含的缺陷；适应性维护是指为使该软件与操作系统和硬件环境相兼容而进行的维护；完美性维护是为扩充功能、提高性能而进行的维护，在软件资产评估中一般不计入该系统软件的成本。

软件的维护成本也主要由技术人员的工资以及软硬件的投入构成。在大型软件的维护阶段，影响软件维护工作量的因素与开发阶段的影响因素基本相同。因此，软件系统的可靠性越强、规模越大，隐患就越难发现，纠错就越难。软件越复杂，要使其适应软硬件环境变化，进行适应性维护也越困难。基于以上分析，系统软件维护成本的测算，可以按照系统软件开发成本乘以一个该系统软件的维护参数来获得。这一参数可按系统的复杂程度分别取不同的值（见表7-11）。

表7-11　　　　　　　　　　　　系统维护取值参考数据

中小型软件		大型软件	
复杂程度	成本维护系数	复杂程度	成本维护系数
简单	0.15	简单	0.30
一般	0.20	一般	0.35
复杂	0.25	复杂	0.40

其中软件规模的划分，可根据软件的开发人数、开发周期和源程序行数来进行，见表7-2。

【学中做7-2】某计算机软件是由A公司开发的应用于商业领域的操作系统，现将该软件转让给B公司。经评估专业人员调查了解，B公司购买该软件的目的主要是节省开发时间，因此本次拟选用成本法进行评估，选用Doty模型。

评估专业人员通过与A公司的开发人员、财务人员和管理人员的沟通，对该软件的内部文件进行了查阅审核，并通过对该软件开发期间的财务数据的考察，得到如下信息：

该软件的源程序有效代码行数K为35千行，经管理人员统计开发该软件的实际工作量为62.5人·月，开发该软件的直接费用、间接费用和期间费用之和为150 000元。

目前，该系统由于不断地维护更新，能在较高水平的硬件和软件环境下运行，维护成本大约等于开发成本的20%。

（1）根据Doty模型的估算公式，计算该软件的开发工作量M。

M＝4.495K$^{0.781}$＝4.495×35$^{0.781}$＝72.21（人·月）

（2）计算单位开发工作量成本。

W＝150 000÷62.5＝2 400（元/人·月）

（3）计算软件的开发成本。

C_1＝M×W＝72.21×2 400＝173 304（元）

（4）计算软件的维护成本。

C_2＝173 304×20%＝34 660.8（元）

（5）计算总的软件评估值。

P＝C_1＋C_2＝173 304＋34 660.8＝207 964.8（元）≈207 965元

（二）市场法

当被评估软件具有运用市场法的前提条件时，可以采用市场法进行评估。市场法是计算机软件的主要评估方法之一。

1.直接比较法

如果可以找到与被评估软件在功能、外观、用途、使用条件以及成交时间与评估基准日等方面相同的参照物，可以采用直接比较法进行评估。

微课

参数成本法模型在软件价值评估中的应用

（1）被评估计算机软件与参照物完全相同。这种情况下的评估计算公式为：

被评估软件的价值＝参照物的交易价格

（2）被评估的软件与市场上的参照物仅存在新旧程度的差异。

这种情况下需要对参照物的成交价格进行成新率的调整，其计算公式为：

被评估软件的价值＝参照物的交易价格×被评估软件的成新率

【例7-6】某公司要转让一财务软件，市场上与被评估软件完全相同的全新软件的市场价格为5万元，已知被评估软件可以使用5年，现在已使用1年，该软件的技术仍属于先进行列。试评估该软件的价值。

$$被评估软件的价值＝50\ 000×\frac{4}{5}＝40\ 000（元）$$

2.类比调整法

当市场上只能找到与被评估软件的功能、外观、用途、使用条件以及成交时间等方面相似的参照物时，可以采用类比调整法进行评估。以市场上已有的同类软件产品的价格为基础，比较被评估软件与该软件之间的差别，然后确定被评估软件的价值。可参照下列公式计算确定评估值：

被评估软件的价值＝参照物的交易价格×综合调整系数×成新率调整系数

或　　　　被评估软件的价值＝参照物市价×被评估软件功能/参照物软件功能

【例7-7】被评估软件为一财务软件，现在市场上存在一种更新版本的软件，新软件与旧软件相比，不但内容增加了20%，而且运行速度增加了40%，已知旧软件已经使用1年，剩余使用年限为4年，新财务软件的市场售价为5万元。试评估该财务软件的价值。

解：根据已知条件，可以采用类比调整法进行财务软件价值的评估。

被评估财务软件的价值 $= 5 \times \dfrac{1}{1.4} \times \dfrac{1}{1.2} \times \dfrac{4}{5} = 2.38$（万元）

【例7-8】被评估软件与市场上已有的同类软件功能见表7-12，已知同类软件的价格是每盘200元，试求被评估软件的价格。

表7-12　　　　　　　　　　被评估软件与参照软件功能表

项　　目	运行速度	内　　容
被评估软件	1.1	1.3
参照物软件	1	1

解：该软件的评估值 $= 200 \times \dfrac{1.1}{1} \times \dfrac{1.3}{1} = 286$（元/盘）

采用市场法评估计算机软件的价值，优点是直接、简便，但有时资产的交易价格较难取得。

（三）收益法

收益法是指通过估算待评估软件在未来的预期收益，并采用适宜的折现率折算成现值，然后累加求和，得出软件价值的一种评估方法。

对于开发成本不高，但销售状况较好的计算机软件，在评估时可以根据预测的销售收入，折现后确定其价格。其计算公式为：

$$P = \sum_{t=1}^{n} \frac{R_t}{(1 + r)^t}$$

式中：

P——软件评估值；

R_t——软件客体发表后第t年所产生的收益；

r——折现率。

当被评估软件无法采用成本法与市场法进行评估时，可以采用收益法进行评估。在著作权资产评估中已经对收益法的应用进行了介绍，在此只通过一个案例来介绍收益法在计算机软件评估中的应用。

【例7-9】某软件使用寿命为5年，在已使用的2年中软件销售收入分别为10 200元和40 000元。通过预测得知，未来3年的销售收入分别为50 000元、64 000元和96 000元，折现率选取15%。试估算该软件的价值。

解：该软件的评估值 $= \dfrac{50\,000}{1 + 15\%} + \dfrac{64\,000}{(1 + 15\%)^2} + \dfrac{96\,000}{(1 + 15\%)^3}$

$= 154\,990.40$（元）

采用收益法时，方法和公式与前面所述相同，但在具体应用时，要特别考虑3个因素：一是有市场需求，市场情况好，能满足客户急需，或存在大量用户需求时，价格较高；二是软件产业是"跑得最快"的产业、"含金量"最高的产业，软件的开发与技术创造的价值大，往往可达到系统总价的80%；三是软件的更新率高，除少数极限技术外，一般每年都会有新的版本出现，因此计算的收益期应是较短的。

任务四　著作权资产评估案例

任务描述

通过案例分析，使学生掌握著作权资产评估过程、评估方法的运用，进一步熟悉收益法在无形资产评估中的运用。

相关案例

案例一　美术作品著作权资产价值评估

一、评估案例基本情况

A公司是一家专业从事字形设计、字库产品开发、汉字信息技术研究、汉字应用解决方案的文化创意与信息技术企业。该公司拟进行股份制改制，需对其净资产价值进行评估。在采用资产基础法时，涉及该公司无形资产——字体美术作品著作权资产——价值的评估。

经过了解，A公司目前对该著作权资产最佳的利用方式是授权被许可方复制包含该字体的字库软件在单台电脑上使用，或通过信息网络传播使用，如类似QQ的即时通信工具平台聊天使用。因此，其实际收益来源主要是该著作权资产的复制权、信息网络传播权的许可使用收益。

本次评估的价值类型为市场价值，评估基准日为2022年12月31日。

二、评估过程和结果

本次评估的美术作品由A公司委托专业人员定制开发，主要用于对外授权许可使用，可以产生明确的收益，采用成本法不能体现其未来预期收益，因此本次评估未采用成本法。作为委托开发产品，市场上难以取得相同或类似作品公开成交案例，故不适用市场法。

A公司字体美术作品著作权一般通过授权许可使用方式产生收益，具体许可使用渠道包括全媒体发布授权、互联网及嵌入式业务、出版企业发布授权、精品字库定制等。故本次评估对应的是字体美术作品的许可费收入。由于著作权资产带来的收益可以独立核算，故可采用收益法。综上所述，本次对该字体美术作品著作权资产的评估采用收益法。

具体采用多期超额收益模型评估著作权资产价值，计算公式为：

$$P = \sum_{t=1}^{n} \frac{R_t}{(1+r)^t}$$

式中：

P——评估值；

R_t——著作权资产未来第 t 个收益期的预期超额收益；

t——收益年期，t＝1，2，3，…，著作权经济使用年限最后一年 n；

r——著作权资产折现率。

评估专业人员在采用多期超额收益模型对 A 公司美术作品著作权资产价值进行评估的过程中，首先对该无形资产使用所涉及的宏观经济环境、行业现状以及使用企业自身经营状况、资产和财务状况进行了分析，然后结合多期超额收益模型的评估思路和主要参数的确定原则进行评定估算，并最终形成了评估结果。

（一）主要参数的确定

1. 预测超额收益

著作权资产未来第 t 个收益期的预期超额收益采用现金流口径，其计算公式为：

$$R_t＝著作权资产收益 - 贡献资产收益$$

（1）预测收入。根据历史收益方式分析，确定该字体美术作品收益主要获取来源为著作权资产的复制权、信息网络传播权的许可使用收益。

该著作权资产历史年度每年可授权许可 8~9 个客户使用，许可费收入约为 27 000 元，最近 3 年平均增长率为 5%。

经对市场和用户分析，参考历史年度增长率水平，预测未来年度收入增长率变化及收入。该字体美术作品著作权许可收益未来先呈增长趋势，达到一定程度后，由于市场消费者喜好变化，对该类型字体的认可度逐渐降低，使用率逐渐降低，至经济寿命结束退出市场。具体数据见收益预测表（详见表 7-13）。

（2）预测销售税金。假定被评估企业可以选择适用简易计税方法计税，则应纳税额＝销售额×征收率，征收率为 3%。税金及附加为增值税的 10%。

（3）预测营业成本及期间费用。结合 A 公司历史年度数据分析，预测该著作权资产营业成本占销售收入的比例为 10%，销售费用、管理费用分别为销售收入的 15%、10%，无财务费用。

（4）预测所得税。企业所得税税率为 25%。

（5）预测贡献资产收益。根据 A 公司历史年度数据分析，并结合长短期银行贷款利率，预测未来年度与该著作权资产销售相关的贡献资产分别为流动资产、固定资产，各自收益分别占销售收入的 2%、4%。由于是有限期经营，假设期末固定资产正好全部损耗，无收回价值。流动资产期末按照基准日（2022 年 12 月 31 日）的市场价值 27 000 元收回。

根据以上分析，计算预测期著作权资产超额收益见表 7-13。

2. 测算折现率

折现率是将未来年度的预期收益折算成现值的比率，反映的是资产获取收益的水平。收益与风险是相对应的，因此折现率的选择要体现委估资产的相应风险，本次采用风险累加法确定字体美术作品著作权的折现率。

无风险报酬率参照基准日（2022 年 12 月 31 日）对应期限（7 年）国债收益率确定，即无风险报酬率为 2.84%。

表7-13 预测期著作权资产超额收益表 金额单位：元

项 目	预测基础	公式	2023年	2024年	2025年	2026年	2027年	2028年	2029年
著作权资产许可费收入		①	28 350	31 200	32 800	32 800	31 200	28 100	22 500
增长率（%）			5	10	5	0	−5	−10	−20
应纳增值税（简易计税）	销售额×征收率（3%）		851	936	984	984	936	843	675
税金及附加	增值税的10%	②	85	94	98	98	94	84	68
营业成本	销售收入的10%	③=①×10%	2 835	3 120	3 280	3 280	3 120	2 810	2 250
销售利润		④=①−②−③	25 430	27 986	29 422	29 422	27 986	25 206	20 182
销售费用	销售收入的15%	⑤=①×15%	4 253	4 680	4 920	4 920	4 680	4 215	3 375
管理费用	销售收入的10%	⑥=①×10%	2 835	3 120	3 280	3 280	3 120	2 810	2 250
利润总额		⑦=④−⑤−⑥	18 342	20 186	21 222	21 222	20 186	18 181	14 557
减：流动资产期望收益（税后）	销售收入的2%	⑧=①×2%	567	624	656	656	624	562	450
固定资产期望收益（税后）	销售收入的4%	⑨=①×4%	1 134	1 248	1 312	1 312	1 248	1 124	900
超额收益		⑩=⑦−⑧−⑨	16 641	18 314	19 254	19 254	18 314	16 495	13 207

风险报酬率根据评估对象特有的风险来确定，该著作权资产的风险主要来自侵权盗版风险、市场风险和运营风险。

由于该字体美术作品可以通过互联网传播，容易被复制免费使用，这种情况不容易被发现，即使被发现，通过法律手段维护自身权益也将花费较大的成本，故该项风险取值5%。

目前字体美术作品较多，不同字体间存在可替代性，并且也不断会有新字体开发出来，因此市场竞争比较激烈，故该项风险取值4%。

此外，该字体美术作品著作权许可使用收益受被评估企业未来互联网运营模式的影响，虽然企业将该模式作为未来开拓的重点，但由于历史上缺乏相关经验支持，未来仍然存在一定风险，故该项风险取值3%。

通过上述分析，结合被评估企业的实际情况，本次评估将该美术作品著作权的风险报酬率确定为12%。

无形资产折现率＝无风险报酬率＋风险报酬率
$$＝2.84\%＋12\%＝14.84\%＝15\%（取整）$$

3.确定收益期限

虽然该字体美术作品著作权法定保护期限为50年，该字体自创作完成至基准日已使用2年，剩余保护期限48年，但根据字体美术作品的特征、消费者偏好分析并结合企业经验，确定该字体美术作品的剩余经济使用年限为7年，即预测收益期至2029年年末。

（二）评估结果

根据以上预测的著作权资产超额收益及折现率，按照公式，计算评估值取整为73 188元，具体见表7-14。

表7-14　　　　　　　　　　预估值计算过程　　　　　　　　金额单位：元

项　　目	2023年	2024年	2025年	2026年	2027年	2028年	2029年
超额收益	16 641	18 314	19 254	19 254	18 314	16 495	13 207
折现率（%）	15	15	15	15	15	15	15
折现值	14 470	13 848	12 660	11 009	9 105	7 131	4 965
评估值（取整）	73 188						

案例二　计算机软件著作权资产价值评估

一、评估案例基本情况

B企业拟进行股权转让，并将自行开发用于内部管理的A计算机软件著作权资产作为账外无形资产进行申报，纳入相应的评估范围。B企业有专门的团队对A计算机软件进行维护和技术更新。

作为账外无形资产，A软件著作权资产评估对象为其全部财产权利。具体范围包括该软件的目标程序、源程序和相关文档（包括程序设计说明书、流程图、用户手册等）。本次评估的价值类型为市场价值，评估基准日为2022年12月31日。

二、评估过程和结果

该软件为B企业自行组织开发，应用于内部管理，专用性较强，在市场上无法找到类似软件销售案例，难以采用市场法评估其价值。同时，作为企业经营管理工作内容的一部分，该软件使用中产生的直接收益或成本节约难以与其他各类有形、无形资产贡献明确区分并量化，也无法采用收益法进行价值评估。但企业有明确的开发过程记录，并且因为评估对象是A软件著作权资产的全部财产权利，其重置成本能够与该权益相对应。因此，本次评估采用成本法。

评估专业人员在采用成本法对A软件著作权资产价值进行评估的过程中，与公司的开发人员、财务人员和管理人员进行了沟通，对软件的内部文件进行了查阅审核，并对该软件开发期的财务数据进行核实分析，然后结合成本法的评估思路和主要参数的确定原则进行评定估算，最终形成了评估结果。

（一）主要参数的确定

1.测算重置成本

基本公式和原理如下：

$$P=C_1+C_2$$

式中：

P——计算机软件的重置成本；

C_1——计算机软件的开发成本；

C_2——计算机软件的维护成本。

（1）计算机软件开发成本。

经核实分析，该软件的源程序有效代码行数K为30千行，经管理人员统计，开发维护该软件的单位工作量成本为10 000元/人·月，包括与开发相关的直接费用、间接费用和期间费用，假设开发与维护单位工作量成本相同。在不同应用领域中，软件的源程序有效代码行数K与计算机软件开发工作量M的对应关系可以用表7-10中的Doty模型表示。

根据表7-10中Doty模型的测算公式，该软件属于商业领域，计算其开发工作量为：

$M=4.495K^{0.781}=4.495\times30^{0.781}=64.03$（人·月）

则：

$C_1=M\times W=64.03\times10\ 000=640\ 300$（元）

（2）计算机软件维护成本C_2。

目前，该系统由于不断维护更新，能在较高水平的硬件和软件环境下运行，维护成本大约等于开发成本的20%，因此：

$C_2=C_1\times20\%=640\ 300\times20\%=128\ 060$（元）

2.测算贬值率

计算机软件著作权资产作为无形资产，一般不存在实体性贬值，主要存在非实体性贬值。但由于已考虑了维持软件功能不变的维护成本，因此可以视同目前该软件类似于新完成的软件，不存在贬值因素，即贬值率为0。

（二）评估结果

根据成本法的公式，计算A软件著作权资产全部财产权利价值P，即：

$P=$重置价值$\times$（1-贬值率）$=(C_1+C_2)\times(1-0)$

$=640\ 300+128\ 060=768\ 360$（元）

《资产评估执业准则——无形资产》指出：成本法、市场法和收益法三大评估方法都可用于无形资产的评估。在无形资产评估实践中，具体采用哪种方法，需要根据无形资产评估项目的具体情况进行恰当的选择。各类无形资产评估方法选用情况见表7-15。

表7-15　　　　　　　　各类无形资产评估方法选用参考表

无形资产类型	评估方法	可否确定寿命
专利资产	收益法/成本法	可确定寿命
专有技术	收益法/成本法	视情况而定
商标权	收益法/市场法	视情况而定
著作权	收益法	可确定寿命
特许权	收益法/市场法	视情况而定
计算机软件	收益法/成本法	可确定寿命
租赁权	收益法/市场法/市场法	可确定寿命
商誉	收益法	视情况而定

思政园地

包容与开拓：为短视频、直播立严规矩

"同学们上午好！今天我们要讲的是量子效应里非常重要的内容——超导。"2020年2月20日，95岁的清华大学物理系教授张礼把《量子力学前沿选题》课程搬到线上课堂和身处天南地北的学生在"云端"交流。

截至2020年3月，我国在线教育用户规模达4.23亿人，较2018年年底增长110.2%。我国网民规模达9.04亿人，其中约有80%为短视频用户。b站短视频《后浪》结尾提到，仅b站用户已达1.3亿人。

爆发式增长的不止是在线教育。移动互联时代，抖音、快手、西瓜视频等平台异常火爆，短视频、直播、游戏视频、舞蹈演出、创意小剧场等作品层出不穷……技术的赋能，让每个人都能轻松接触到海量的作品，也能轻松制作作品，不断展示创意、分享生活。而作品的复制、传播越便捷，这些写手、UP主们与著作权法的关系就越密切。

构成"作品"的标准是否应当重新界定？网络创作行为涉及哪些著作权？网络直播、短视频运营者与网络平台需要注意的著作权行为规范有哪些？相应的法律责任如何？全国人大常委会委员谢广祥建议认真研究"互联网＋著作权"问题，充实完善相关内容。

值得关注的是，修正草案此次将受著作权保护的"电影作品和以类似摄制电影的方法创作的作品"改为"视听作品"。

"当一种新的作品类型出现之后，无论它依赖什么样的技术创作出来、凭借什么样的形式表现出来，只要它是作品，是具有独创性的智力成果，那就应当受到著作权法保护。著作权法律制度担负着保护作者合法权益、促进优秀作品广泛传播、加强文化交流的重要任务，它调整着作者因行使其著作权与促进作品广泛传播的矛盾，平衡作者个人利益与社会整体利益的关系，是促进文化和科学繁荣与发展的重要手段。"

资料来源：刘华东. 著作权法：三十而立再出发［EB/OL］.［2022-11-20］. https://dj.qhnu.edu.cn/info/1055/3172.htm.

项目小结

著作权资产的价值在现代和未来社会发展中越来越重要。评估著作权资产的价值，一方面要以国家对著作权保护的法律规定为基础，另一方面要依据著作权资产的具体情况合理选择评估方法。

根据《著作权法》的规定，著作权的主体分为一般主体和特殊主体。著作权的一般主体是指作者，同时，合作作品、职务作品、委托作品、编辑作品、视听作品和演

绎作品等又存在特殊主体。著作权资产评估是对著作权主体所享有的作品专有权利的评估，包括发表权、署名权、修改权、保护作品完整权等人身权利，以及复制权、发行权、出租权、展览权、表演权、放映权、广播权、信息网络传播权、摄制权、改编权、翻译权、汇编权等财产权利。著作权资产的价值主要取决于著作权的内容、著作权的限制和保护期限等因素。

根据著作权的内在特征，著作权资产评估应遵循社会价值原则和经济价值原则，考虑著作权的社会效益、成本-收益等实际情况，采用以下两种方法评估其价值。第一，考虑社会效益的收益现值模型，主要是对著作权发表后所产生的收益进行折现，然后按照其社会贡献率计算确定著作权的价值。第二，考虑成本的收益现值模型，是将著作权的价值分为两部分——重置成本和收益对社会的贡献额，既考虑著作权取得过程中的智力投入因素，也考虑其经济效益与社会效益因素。

计算机软件著作权的评估可以采用成本法、市场法和收益法。成本法常用在比较难以预测计算机软件收益能力的情况下，应用中根据具体情况可以采用功能分解法和语句行估算法。运用市场法评估计算机软件著作权，可以根据实际情况采取直接类比法和功能类比法。对于开发成本不高但销售状况较好的计算机软件，在评估其著作权资产价值时可以采用收益法。

实训设计

一、实训目标

通过对著作权资产评估的实际操作训练，使同学们能够熟练地依据著作权资产评估法规和准则的要求，独立组织和开展著作权资产价值评估工作，尤其是能够根据评估对象的具体情况，采用合理的方法评估著作权资产的价值。

二、实训项目与要求

1.实训组织

首先，将学生分组，每组10人左右，指定组长负责，明确目标和任务；然后，分组开展业务训练，发挥小组的集体智慧和成员的主观能动性，写出实习过程和结果；最后，实训结束后，组长总结汇报实训活动。

2.实训项目

包括著作权评估的一般方法训练和计算机软件著作权的评估方法训练。

3.实训要求

（1）要求熟练运用收益现值模型、成本-收益现值模型评估著作权资产价值。

（2）主要熟悉成本法应用中的功能分解法和语句行估算法，能够根据计算机软件著作权的特点，合理运用市场法和收益法评估著作权的价值。

三、成果检测

1.同学自我总结在计算机软件著作权的评估方法训练中的经验及参数成本法应用中注意的事项。

2.各组组长组织同学互相评价，提出实训建议成绩。组长撰写小组实训报告，在班级进行交流汇报。

3.教师汇总实训所取得成绩和存在的问题，提出今后的改进措施，并根据学生自评、互评情况和组长的建议，确定学生的实训成绩。

项目八

特殊类无形资产评估

【学习目标】
- 明确特许经营权的概念、类别及特点，熟悉特许经营权评估的方法；
- 明确人力资本类无形资产的类别和特点，正确认识人力资本类无形资产价值的影响因素，熟悉成本途径和收益途径评估人力资本类无形资产的方法；
- 明确客户类无形资产的类型，熟悉客户类无形资产的评估方法；
- 了解域名、网站和合同权益的概念、特点及价值影响因素。

【能力目标】
- 能运用收益提成法和贴现现金流量法进行特许经营权评估；
- 熟悉人力资本类无形资产的成本构成，会运用成本法评估人力资本类无形资产的价值；
- 能运用未来工资收入贴现法、经济价值法和超额收益分成法评估人力资本类无形资产的价值；
- 能根据实际情形选择适宜的方法评估客户类无形资产价值；
- 能对域名、网站和合同权益价值进行评估。

【思政目标】
- 培养学生具有诚实、守信用的品德，公平估值，维护国家利益；
- 树立法律意识，维护社会公共利益、公共安全和特许经营者的合法权益。

项目导入

如何评估特许经营权价值

金利集团有限公司是一家经营范围涉及城市公共交通客运、房地产业、国内外贸易、科技与制造等不同行业的大型综合性公司，拥有出租车运营牌照千余张，公交客运线路近百条，公交运营车辆千余辆和几百辆货运、租赁车辆。该集团有限公司准备以其拥有的150张出租车运营牌照的独占专营权，对外投资组建金鹏出租车有限责任公司。评估基准日确定为2022年12月31日。

请思考：出租车运营牌照是怎样成为无形资产的？其价值大小受到哪些因素的影响？应当从什么途径评估其价值？作为评估师，你将如何评估该公司出租车运营牌照的特许经营权价值？

【思政融通】人类进入21世纪，知识经济迅猛发展。人力资源作为企业最宝贵的财富，在企业发展中起着举足轻重的作用。帮助学生树立劳动中创造价值的思想，扎扎实实做好本职工作，实实在在为企业带来价值和利益。

任务一　特许经营权资产评估

任务描述

通过对特许经营权资产的基本认识，了解影响特许经营权资产价值的因素，掌握特许经营权资产价值评估方法。

相关知识

一、特许经营权评估概述

（一）特许经营权的概念及分类

中国资产评估协会2017年9月发布的《资产评估执业准则——无形资产》第十四条规定的无形资产的评估对象包括可辨认无形资产和不可辨认无形资产，"可辨认无形资产包括专利权、商标权、著作权、专有技术、销售网络、客户关系、特许经营权、合同权益、域名等。不可辨认无形资产是指商誉"。特许经营权是一项可辨认的无形资产。

1.特许经营权资产的概念

对特许经营权的界定，不同的组织和专家有不同的观点：

（1）我国自2007年5月1日起实施的《商业特许经营管理条例》第三条对特许经营

的界定为：拥有注册商标、企业标志、专利、专有技术等经营资源的企业（称特许人），以合同形式将其拥有的经营资源许可其他经营者（称被特许人）使用，被特许人按照合同约定在统一的经营模式下开展经营，并向特许人支付特许经营费用的经营活动。企业以外的其他单位和个人不得作为特许人从事特许经营活动。如在中国香港上市的中国水务，2016年末账面资产89.63亿元，而无形资产就高达96.3亿元，那些无形资产就是中国水务最重要的资产——中国政府的特许经营权。

（2）美国商务部对经营特许权的定义是："主导企业把自己开发的产品、服务的营业系统（包括商品、商号等企业形象的使用，经营技术、营业场合和区域），以营业合同的形式，授予加盟店在规定区域内的经销权或营业权。加盟店则缴纳一定的营业权使用费承担规定的义务。"

（3）欧洲特许经营联合会（European Franchise Federation）关于特许经营权的定义为：特许经营是一种营销产品和服务或技术的体系，基于在法律和财务上分离和独立当事人——特许人和他的单个受许人之间紧密和持续的合作，依靠特许人授予其单个受许人权利并附加义务，以便根据特许人的概念进行经营。

拓展知识

特许权的渊源

特许经营权是指国家或政府授予企业拥有排他性的某项商品或某类服务（业务）生产、经营的专项权利。这些权利包括专营权、进出口权、生产许可证等。从市场经济的发展趋势看，特许经营权的授权主体范围已逐渐扩大，从国家政府延伸到各种类型的经济组织和社会机构；其涵盖的经营范围亦从商品的生产流通扩大至各类经济活动和社会活动的组织、管理和监督。按此观点，甲企业对乙企业产品的独家代理，某企业所获取的对某旅游区的开发权，对某公路的经营权等，都可以归入特许经营权的范畴。

符合上述要求的企业诸项权利并非最终都能形成特许经营权资产并被企业纳入资产管理范围。从无形资产的特点和性质来看，唯有满足独占性、优越性和收益性且附属于企业的权利才能成为特许经营权资产。

2.经营特许权的分类

（1）根据经营特许权的许可方不同，经营特许权可分为政府授予的经营特许权和企业授予的经营特许权。

①政府授予的经营特许权，即由政府机构授权，准许特定企业使用公共财产，或在一定地区享有经营某种特许业务的权利，如准许特定企业从事水、电、邮电通信等专营权、烟草专卖权等。其主要有以下四种表现形式：

一是专营权（专卖权），指国家为了对某种商品的生产、销售和进出口进行垄断经营而依法赋予特定企业在一定时期内生产经营某种特殊商品或从事某项业务的权利，即国家垄断专卖品的经营权。如世界上70多个国家和地区通过立法形式建立的烟草专卖制度。

二是生产许可证，指由政府颁发的，确认企业具有生产某种产品的资格的证书。生产许可证具有有效期限，不得转让使用。生产许可证是国家进行质量管理和行业管理的一种手段。

三是进出口许可证，指由政府有关部门颁发的，准许企业从事特定商品进口和出口经营活动的特许证书。进出口许可证制度在计划经济时期是严格执行的，在市场经济条件下已大幅放宽。

四是资源性资产开采权，指特定主体所占有的并具有排他性的自然资源开采权。

②企业授予的经营特许权，即企业依照签订的合同，有限期或无限期地使用另一家企业的某些权利，如连锁店分店使用总店的名称等，在统一的业务模式下从事经营活动，并向特许人支付相应费用。以经营特许权方式开展经营，其实质是无形资产的有偿转让。

（2）根据对授权方的限制不同，特许经营权可分为独占许可、独家许可和普通许可。

① 独占许可，是指特许人在给予受许人在规定期限和地区内经营某种业务的独占权利后，不得再与第三人就同一项内容订立任何合同，并且特许人自己也在上述期限和地区丧失了经营该项业务的权利。

② 独家许可，是指特许人在授予受许人特许经营权后，就不能再与其他人在同一期间和地区订立许可合同，但其自己仍享有经营该项业务的权利。

③ 普通许可，是指特许人在授予受许人特许经营权后，不仅自己仍享有经营该项业务的权利，还可以与其他人订立非独占许可合同。

（3）按照特许经营双方的关系不同，经营特许权可分为普通特许经营、委托特许经营、发展特许连锁、所有权合作特许经营和分配特许经营。

① 普通特许经营，是指特许人将特许经营权授予受许人，由受许人使用该特许经营权进行经营。

② 委托特许经营，是指特许人将特许权出售给一个代理人，由代理人负责某一个地区的特许权授予。

③ 发展特许连锁，是指受许人向特许人购买特许权，同时也购买了在一个区域内建立若干个分店的特许权，若将来事业发展需再建分店，就不必再向特许人申请。

④ 所有权合作特许经营，是指特许人与受许人合营，共同持有分店股份。

⑤ 分配特许经营，是指特许人不仅授予受许人特许权，而且还授予其设立批发仓库、向其他受许人供应分配货物的权利。

（二）特许权的特点

1.授权主体及内容的多样性

特许权的授权主体可以是依法享有权利的个人、法人或政府，所授予的权利可以是独占权或普通权利，各种特许权的对象可以是对物产权、工商产权，如专卖权；也可以是某种行为权利，如生产许可证。

2.约束性

约束性主要是指特许权的转让、取得和使用等各种行为均受到相关法律法规的制约，授权人和受许人必须严格遵守。如《中华人民共和国烟草专卖法》规定："烟草专卖生产企业的许可证、烟草专卖经营许可证和准运证等不得买卖。"

3.时效性

时效性主要指无论授予者是政府还是企业，所授予的特许权都具有一定的使用期限。授予者要对受许人进行定期或日常检查，对特许权经营使用中的违约或违规行为进行处置。

4.垄断经济效益

由于特许权在某一地区和某个时间享有垄断性，所以其能够为特许权经营者带来垄断的超额收益。

5.风险与利益共担

对于纯商业利益的特许权而言，特许人通过特许经营方式，无须投入大量资本和人力，就可以达到拓展业务、扩大规模和增加利益的目标，同时分散经营风险，而受许人可以轻松地在特许经营的模式下赚取利益，降低创业风险。

（三）特许权评估的依据

由于特许权的价值基础是特许权所能带来的经济效益，因此，特许权评估的依据就是特许权受许人在使用特许权后在经营中所能获得的超额利润，包括特种行业经营权的经济效益、垄断经营权的经济效益、实施许可证制度行业的经营权的经济效益、资源性资产开采特许权的经济效益和资源补偿价格等。特许权评估就是分别估算特许权带来的收益和付出的代价，其现值的差额就是特许权的价格。

1.特种行业经营权的经济效益

由于特种行业的企业要得到特别准许才能开业，不像一般企业那样只要登记核准即可，从而这类企业在一定地区内，数量是受限制的。数量限制越大，垄断性也就越大。这类企业经营的业务范围又属人民生活或产业活动所必需，其能获得较高利润也是有保障的。因此特种行业企业凭借其明显的经济效益而转让（或一定期间内出租）其经营权时，可获得相当可观的经济效益。这类经济效益就是该特许权价格评估的依据。

2.垄断经营权的经济效益

有些资源和经营业务是由国家垄断的，不是任何个人和单位都可以经营的。烟、盐等实行专卖的行业，其特许经营权无疑将取得垄断性高额利润，利和税都是相当高的。资源有限和垄断经营权必将取得垄断利润，而垄断利润就是这类特许权价格的评估依据。

3.实施许可证制度行业的经营权的经济效益

许可证有两类：一类是由政府主管部门管理和发放的许可证，如进出口许可证、生产许可证、通信入网证等；另一类是工商企业，主要是商业和服务业企业，发放给其他愿意投资加盟的投资者（企业）的特许经营证。

由政府主管部门发放的许可证，因其特许经营业务而可以取得高出同行一般利润率、平均利润率的利润。高出平均利润率的那部分利润额就是许可证价格评估的经济基础。

由商业企业发给加盟企业的特许经营许可证，使加盟企业能降低开办企业的风险，并借助总公司、总店的商标、服务标记、专有技术和特有的经营风格而获取利润。虽然加盟企业要给总公司、总店缴纳一定的费用（中国香港的连锁店一般要向总店缴付一笔

8万至12万港币的加盟费)，但是值得的，从而也是有价的。它的价格基础即是若干年内实施特许经营权所取得的收益额扣除各项投资额和该投资总额的利息后的剩余金额。

4.资源性资产开采特许权的经济效益和资源补偿价格

资源性资产具有天然性、有用性、有限性和可用货币计量等4个特点。资源性资产开采特许权评估的依据除了它转让后可能产生的经济效益外，还要考虑资源性资产本身价格构成的特点，即要考虑资源补偿价格和地租本金化价格的因素。资源补偿价格是指再生资源的再生费用、替代资源的开发费用和转让造成的损失补偿费用。地租本金化价格是指地租通过本金化还原间接构成的价格，包括绝对收益和级差收益两部分。

资源性资产正因为其独占性、有限性和可用货币计量而成为资产，从而其开采特许权也成为具有经济效益且可被量化的一种无形资产，对它的评估主要也是依据该项资产在未来一定年限内使用时可能预期得到的经济效益。但是，由于资源性资产本身有一部分是地表之下的矿藏、地下水源和地表之上的土地、草原、水体、动植物、滩涂、各种露天矿山等，因而资源性资产开采特许权的评估依据，除了其可能产生的经济效益外，有时还要考虑资源补偿价格和地租本金化价格的因素。

5.其他特许权的经济效益

其他种类特许权或因其地理环境（如专用铁路两侧设施使用权、机场公路两侧的土地和设施使用权），或因其资源的有限性（如无线电频道、出租汽车运营牌照等）而能产生高于社会平均利润率的经济效益；也可能因购买特许权（如特别车牌）的购买者的购买欲望特别强烈愿出高价，而使出让方获得高额收益。这些种类特许所能取得和实现的经济效益，就是这些特许权价格的评估依据。

（四）特许权价值评估的影响因素

1.特许范围和内容

特许权的范围越大，其价值越高；特许权包含的权益内容和经营范围越大，其价值越高。特许权的范围和具体内容是影响特许权价值的一个非常重要的因素。

2.特许权的实施成本

通常，特许经营权的实施成本与其价值之间存在相关关系，但这并不绝对。特许经营权的实施成本越高，或者"门槛"越高，则特许经营权的价值就可能越低，否则就会越高。

有些特许权是有成本的，有些是没有成本的。例如，政府的特许权对于政府而言并没有任何成本，但这并不代表政府的特许权没有价值或价值比较低，恰恰相反，由于政府的特许权带有明显的地域垄断或行业垄断特征，并且这种垄断依靠国家相关的法律法规来进行保障，所以这种特许权带来的超额收益更高，其价值更大。

3.产生超额收益的能力

特许权的价值与其能够为受让人带来超额收益的能力密切相关，特许经营权的价值主要取决于其能够给受让人带来的超额收益的能力。特许权能够为受许人带来超额收益的能力越强，其价值越高。

4.特许权使用年限

这与特许权的价值是正相关关系。特许权使用时间越长，价值越高。

5.现行可比市价

市场上具有可比性的特许权价值对被评估特许权的价值有着显著影响。例如，在同类城市中，一个城市出租车特许经营权的价值与类似城市出租车特许经营权价值具有联动效应。

6.特许权面临的风险程度

特许权面临的风险程度主要是针对商业特许经营权中特许的商标、经营模式等，客观上存在来自市场、经营者、政策、法律等方面的风险，风险越大，折现率越高，在预期收益相同的情况下，特许权的价值就越小。

二、特许权的评估方法

根据评估目的和评估对象，特许权评估的基本方法包括市场法、收益法等。

（一）市场法

特许权的评估有时可采用市场法。如果能在近期的特许权交易中找到适当的参照物，就可用类比的方法，以参照物特许权的价格作为基础，进行适当调整得到待评估特许权的评估值。此时，可以参照以往类似资产的成交价来确定评估值，而不是单单考虑带来的经济利益。因为特许权的价格并非以其价值（社会必要劳动量）为基础，而是以其垄断性的经济效益并考虑购买者买入的欲望等为基础，并考虑给特许权持有者带来的特殊感觉。

如我国香港的特种汽车牌照和美国拍卖的狩猎证。我国香港有10块前面没有英文字母仅有阿拉伯数字的汽车牌照。这些牌照具有特殊的吸引力，如2号车牌原属财政司司长拥有，香港人认为买到此牌照就相当于请回了"财神"。这10块牌照除1号外，均已通过拍卖以较高的价格易主。评估专业人员在评估这些牌照的价值时，不但应考虑其带来的直接或者间接的经济利益，还要考虑它给即将买入者带来的特殊的身份或者地位的象征，在评估时可以第1块或者前面成交的价格进行估值。再如，美国为了既保护野生动物又适当满足一些人的打猎欲望而拍卖狩猎证。自1977年起，美国每年都要在西部12个州公开拍卖16张蒙大拿州落基山大角山羊狩猎许可证。许可证允许持证者在11月的第一个星期六起的4个月内猎杀1只大角山羊。拍卖所得收入，全部用于美国西部各州野生大角山羊的管理与繁殖。10多年来美国共筹得款项1 000多万美元（拍卖的最高价是30万美元1张狩猎证）。美国加利福尼亚州每年还拍卖3张Tule Elk（一种麋）的狩猎许可证，每张约4 600美元。加利福尼亚州还有普通打猎执照（数额有限制），每个执照有效期为自12月的第一个星期六开始3个月，每个执照，加利福尼亚州人交费200美元，加利福尼亚州以外的人每个500美元。

（二）收益法

对于大多数特许权来说，如果以转让、招商、联营、入股等为目的进行特许权评估，可以采用收益法进行，具体包括收益提成法、贴现现金流量法和剩余法。

1.收益提成法

收益提成法的基本公式是：

特许权价值＝近期收益现值＋永续年金收益÷本金化率

$$近期收益现值 = \sum 年收益额 \times 特许权提成比率 \times 折现系数$$

即：

$$P = \alpha \sum_{t=1}^{n} \frac{M_t}{(1+r)^t}$$

式中：

P——被评估特许权的近期收益现值；

α——特许权提成比率；

r——折现率；

n——许可使用年限；

M_t——使用特许权后第 t 年的企业净利润额。

$$永续年金收益 = 近期最后一年收益额 \times 特许权提成比率$$

本金化率一般由评估专业人员根据银行利率变动趋势、债券利率、可能发生的通货膨胀及被评估特许权的收益，进行综合分析后确定。

【例8-1】某烟草公司开业5年，产量和利润逐年递增。2019年12月，为了取得更大的效益，该公司准备通过组建联营企业扩大经营规模，于是对其烟草专卖许可证的价格进行评估。

解：根据该公司提供的资料，预测其未来5年的税后利润分别是：2020年为2 171万元，2021年为2 405万元，2022年为2 886万元，2023年为3 462万元，2024年为4 157万元，并假设2025年以后每年将保持2024年的收益水平。经查，我国烟草行业的基准收益率为12%，本例中设折现率为14%，特许权提成比率为48%，本金化率为17.49%。

评估值的计算过程为：

$$P = 48\% \times \left[\frac{2\,171}{1+14\%} + \frac{2\,405}{(1+14\%)^2} + \frac{2\,886}{(1+14\%)^3} + \frac{3\,462}{(1+14\%)^4} + \frac{4\,157}{(1+14\%)^5} \right] +$$

$$\frac{4\,157 \times 48\%}{17.49\%} \times \frac{1}{(1+14\%)^5}$$

$$= 10\,707.15（万元）\approx 1.0707 亿元$$

该烟草公司特许权价格为1.0707亿元。

2.贴现现金流量法

该方法即通过预测特许权未来所能产生的现金流量，采用适当的贴现率贴现为现值，来确定特许权的评估值。其公式为：

$$P = \alpha \sum_{t=1}^{n} \frac{NCF_t}{(1+r)^t}$$

式中：

P——被评估特许权价值；

α——特许权收益提成率；

NCF_t——第 t 年的净现金流量；

r——贴现率（一般以企业的资本成本表示）；

n——特许权收益期限。

微课

收益提成法在特许权价值评估中的应用

如果所评估的特许权未来可能产生的经营自由现金流量以一个固定比率增长，则上述公式可简化为：

$$P=\frac{D_0(1+g)}{k-g}$$

式中：

P——被评估特许权价值；

D_0——被评估特许权的初始年自由现金流量；

g——经营自由净现金流量的固定增长率；

k——企业的资本成本。

贴现现金流量法的基本步骤为：

第一步，估算特许权未来能够产生的现金流量。

第二步，估计风险并确定贴现率。贴现率可以采用资本资产定价模型确定，即：

$$资本成本=R_f+\beta(R_m-R_f)$$

式中：

R_f——特许经营企业的无风险报酬率；

R_m——特许经营企业预期的平均报酬率；

β——企业所处行业的风险调整系数。

第三步，选择适当的公式计算特许权的未来自由现金流量的现值，作为被评估特许权的价值。

【例8-2】某市拟发出租车牌照3 000个（假定10年内控制在此数），可使用10年。所有出租车的票价由市出租车管理委员会统一规定，并保留对不遵守规章制度的牌照所有者处罚的权利。目前购买一辆出租车的成本是8万元，预期经济寿命10年，残值为零。一辆出租车一般每年正常运营330天，每天可得毛收入200元。汽油和保养费用为收入的30%，汽车保险费每年1 000元，每辆出租车向出租车管理委员会缴纳的年费为500元，出租车司机的日时间机会成本为50元（全年365天均计入），所得税税率为25%，年折现率为10%。现估算该市应对所发的每个出租车牌照收取的费用。

解：（1）出租车运营的年毛收入=330×200=66 000（元）

（2）年经营费用：

司机的时间机会成本（工资）=365×50=18 250（元）

汽油及保养成本=66 000×30%=19 800（元）

保险费=1 000元

年费=500元

合计：39 550元

（3）年折旧费=80 000÷10=8 000（元）

（4）所得税=（66 000－39 550－8 000）×25%=4 612.5（元）

（5）年纯收入=66 000－39 550－4 612.5=21 837.5（元）

（6）未来10年纯收入的现值=21 837.5×（1－1/1.10^{10}）÷0.10=134 182（元）

（7）每个出租车牌照价值＝134 182－80 000＝54 182（元）

3.剩余法

特许权的评估，是以被许可方在生产经营中使用特许权所带来的超额收益为基础的。在采用收益法评估特许权时，一般要将特许权创造的收益从总的收益中分离出来，采用剩余法来评估特许权的价值。获得特许权，会给其所有者提供在特许权有效期内赚取超额利润的机会。

【例8-3】经国家批准，某进出口公司获得了5年内每年进20 000辆某世界名牌轿车的许可证，市场分析表明每辆车可获得净利润5 000元，资金利润率为20%，国内一般汽车销售企业的利润率平均为10%。国家规定该进出口公司一次性缴纳一定的许可费，现需要评估该许可费的数额。

解：该许可费评估过程如下：

（1）估算该公司所获得的许可证每年所带来的超额收益。

20 000×5 000－10%×20 000×5 000÷20%＝5 000（万元）

（2）估算适合于该经营活动的折现率为12%。

（3）许可费＝5 000×（1-1/1.12^5）/12%＝18 024（万元）

【说明】对许可证评估时，有时可以采用成本-收益法，即在上述收益法的评估结果上再加上获取许可证的成本费，作为该项许可证特许权的价值。

三、特许权评估中应注意的问题

（一）特许权与商标权、专利权及专有技术许可的关系

实践中，专利权、专有技术、商标权等常采用许可方式转让，要注意将特许权评估与其相区分。商标权、专利权、专有技术的许可一般是单独一项资产的许可使用，评估时确定的是单独一项资产的价值。在特许权评估中，政府授予的特许权一般不能转让，特殊允许转让的要有期限和地域限制，而企业授予的经营特许权，则往往是包含商标权、专利权、专有技术等在内的一个整体经营模式的许可，其价值相应增大。

（二）政府特许权与企业经营特许权的区别

两者的授权主体不同，导致特许权的性质有别。政府授予的特许权带有垄断性质，是社会公共产品供给的方式，取得特许权的企业不能随意转让，政府授予特许权的目的不在于取得分成收益，所以，这种特许权受政策因素影响大，通常受许可的企业依靠特许权获得的超额收益的折现值就是这项特许权的价值。对于企业授予的特许权来说，其包括授权主体的商标权、专利权、专有技术等在内的一整套模式，授权主体是为了获得分成收益，这种特许权的转让、取得等受法律约束，其价格受市场影响大。

（三）注意不同的特许授权方式对特许收费的影响

不同的特许授权方式下，受许人享有的权利范围不同，所获得的特许权价值差异较大。受许人享有的权利范围由大到小的顺序依次是独家许可、独占许可和普通许可，其特许权价值大小也按此顺序排列。

任务二　客户类无形资产评估

任务描述 ●●●

通过对客户类无形资产的基本认识，了解客户类无形资产评估原则，掌握客户类无形资产评估方法。

相关知识 ●●●

一、客户类无形资产评估概述

随着经济发展和市场竞争加剧，客户关系已经成为企业生产和运营的一项重要资产。目前我国对客户类无形资产的评估还比较少，往往作为形成商誉的一个因素考虑，其价值被模糊化在商誉中。而在国外，对客户类无形资产进行确认并评估其价值，早已引起评估界的重视。随着我国市场经济的发展，我国企业借鉴国外经验，客户管理水平不断提高，客户渐渐成为企业的一项重要资产，由此将引发对客户类无形资产进行评估的需求。

（一）客户类无形资产的概念

客户泛指企业产品或劳务的购买者。客户类无形资产是指企业拥有的客户资源中能够为企业带来预期的经济利益，并可进行资产化处理的部分。客户资源被确认为企业的一项无形资产必须具备以下三个条件：一是客户和供应商之间必须存在事实关系；二是必须存在与上述关系有关的、对无形资产的买方（或使用者）有用的数据和文件；三是这些客户关系能给拥有者带来一个可认定的收益流量。这三个条件就可以把客户类无形资产同一般意义上的客户区别开了。

客户类无形资产的价值是通过企业与客户之间所建立的往来关系而体现的。这种往来关系为企业与客户之间的经济交往提供了可能性，通过与企业其他资产的共同作用，客户类无形资产将为企业获利创造条件。比如企业与供应商之间良好的关系，将有利于保证原材料的供应数量、供应质量、供应时间及供应频率等；而企业与购货商之间良好的关系则有利于稳定销售渠道、拓展销售市场，从而提高企业产品的市场占有率、增强获利能力。

客户类无形资产的价值不仅仅指当前的盈利能力，亦应包括企业从客户一生中获得的贡献流量的折现净值。把企业所有客户的这些价值加总起来就是客户类无形资产的价值。

（二）客户类无形资产的特点

1.共享性

客户资源是一种共享资源，也即产品的成本水平与分摊资源费用的产品数量有关。分享这类资源的产品数量越多，分摊到单位产品中的成本就越低。客户资源的共享性能大量节省企业的营销费用。此外，如果一家企业的客户资源同时构成另一家企业的目标市场，则这部分客户资源可以通过联合销售、提供市场准入等方式为两家企业所共享。

2.不确定性

客户关系的不确定性表现在客户关系资产的形成、维持和运用不完全由企业单方面决定，其还取决于顾客的价值观、态度和其他心理特征的影响，此外，客户忠诚度的培养和维系还受到竞争对手竞争策略的改变和行业环境改变的影响。因此，企业的客户关系资产具有极强的不确定性。

3.不易被复制

客户关系具有一定的专属性，客户关系或忠诚度一旦形成，有关客户的信息和企业与客户良好的合作关系就成为企业独有的资源，其他企业很难模仿。这也是竞争对手经常不惜代价抢夺客户资源争取市场的原因。

4.不宜进行投资

客户关系资产的载体是客户，客户显著的能动性、多样性和选择性使企业无法将客户的忠诚度作为投资的工具，而只能将客户资产中的营销渠道、服务力量等当作权益资本来获取投资收益。

二、客户类无形资产评估的原则

（一）动态性原则

客户关系的价值不是一成不变的，它具有动态发展的特征，所以，其评价指标体系要在一定程度上反映客户资产价值未来的变化，要从发展变化的角度来考察客户关系的价值。

（二）独立性原则

现实中企业客户关系的价值形成和影响因素较多，为了准确地分离各因素对企业价值的影响，从而显示出客户关系的价值，在评估时，评估专业人员应将各因素的相关性降到最低，使得所评估的客户关系价值保持相对的独立性。

（三）适用性原则

在具体评估客户类无形资产的价值时，评价指标要简单明了，可操作性强，具有普遍适用性，评估对象所包括的经济含义、时空范围、评估口径和方法等应尽量一致，既容易估量，又便于比较分析。

（四）定性与定量相结合原则

在客户类无形资产价值评估中，很多变量难以量化，因此，必须对其进行定性分析，而在具体分析时，可将定性变量进行量化处理，以近似地反映企业的客户关系价值。

三、客户类无形资产评估的方法

客户类无形资产价值的评估方法，可以采用成本法、市场法和收益法。三种评估方法的具体做法如下：

（一）成本法

成本法就是以发展和保持目标客户关系所有的费用来估算客户类无形资产的价值。一般估算的费用包括如下几种：

1.发展客户的费用

这种费用通常有客户走访、广告、招揽、通信联络或其他发展客户的方式所需要的花费。为发展一个客户，可能进行了若干次的招徕和沟通活动，这些活动所有的花费都应计入客户资源的成本，而有时花费了很多费用却未招徕到客户，此时，这些花费也应该摊入现有客户资源的成本。

2.维持现有客户关系的成本

这种成本包括现有客户在第一次成为客户之后发生的走访、应酬、广告等全部成本支出，还应包括为留住现有客户而支付的促销、折扣或其他让利的开销。

3.建立客户档案和记录的成本

这种成本包括在与每个客户保持关系期间，与建立客户销售记录、信用记录、应收款和付款等有关的记录和管理的成本。

4.机会成本

这种成本是指建立（或再次建立）当前客户关系期间损失的收益，与从竞争对手处购买的现成的客户类无形资产所获取的收益之间的差额。

如果可以确定并可以量化上述所有成本，就可以采用成本法来评估客户类无形资产的价值。不过，成本法在实际应用时还存在很多困难，一般企业都不会记录这些成本资料。因此，在客户类无形资产评估中，很少采用成本法。

（二）市场法

采用市场法评估价值时，需要找出与被评估客户类无形资产相类似的近期交易案例，至少应有三个可比的案例。通过分析比较评估对象与可比案例的相关因素，如交易的时间、客户的保持时间、客户的购买量、付款方式等方面的差异，进行打分量化成调整系数，对可比案例的价格进行调整修正，求出被评估客户类无形资产价值。

但是，寻找可比交易案例是十分困难的。有时能寻找到此类客户资产的交易信息，但要寻找这些交易的可靠数据，如交易价款及财务或经营方面的可靠信息资料，往往是相当困难的，由此也就限制了市场法的应用。

（三）收益法

1.收益法的含义及公式

客户类无形资产最常用的价值评估方法就是从收益途径进行分析，即估计客户关系在预期剩余年限产生的预期未来收益的现值。在评估时，常用的是对客户类无形资产能带来的未来预期收益进行估计，然后以适当的折现率折算成现值，就得到该客户类无形资产的价值。具体计算公式为：

$$P = \sum_{t=1}^{n} \frac{R_t}{(1+r)^t}$$

式中：

P——客户类无形资产的评估价值；

r——所选取的折现率；

n——收益年限，通常要根据历史数据估计客户关系的寿命期限；

R_t——客户类无形资产在第t年带来的预期收益。

2.收益法的应用步骤

（1）收集以下相关资料：

① 每个现有客户关系已存在年限。

② 每个已终止的客户关系的寿命。

③ 为每个客户提供服务（货物或产品）的成本。

④ 每个客户关系所产生的收益。

⑤ 在产生客户关系的过程中使用或消耗的其他资产的性质和价值。

⑥ 资本性支出、净营运资金与客户收入的关系。

⑦ 与目标无形资产相联系的资本成本。

⑧ 在目标无形资产经营中任何影响前期本量利关系的计划的变更。

（2）根据3~5年的历史数据，估计客户类无形资产的年平均收益及增长率，在此基础上估计其未来能带来的预期收益。

（3）分析企业客户的寿命周期规律，从而预测现存的客户关系的收益年限。根据不同行业的具体情况，采用行业加权平均资本成本作为适用的折现率。

（4）应用上述公式计算客户类无形资产的价值。

【例8-4】假设某企业与客户保持良好关系的时间是5年。在这5年内，企业从客户那里获得的收益分别为300万元、400万元、500万元、420万元和280万元，企业用于开发和保持客户关系的成本分别为250万元、220万元、180万元、190万元和200万元，适用的折现率为5%，试评估企业客户关系资产的价值。

解：评估过程如下：

根据上述资料，可以使用收益法对企业的客户关系价值进行评估。

$$P = \sum_{t=1}^{5} [R_t/(1+5\%)^t]$$

$$= \frac{300-250}{1+5\%} + \frac{400-220}{(1+5\%)^2} + \frac{500-180}{(1+5\%)^3} + \frac{420-190}{(1+5\%)^4} + \frac{280-200}{(1+5\%)^5}$$

$$= 739.22(万元)$$

该企业的客户关系价值为739.22万元。

四、客户类无形资产评估中应注意的问题

（一）分清客户类无形资产与商誉的关系

以往客户类无形资产被当作商誉的一个形成因素，其价值也被模糊化。现在将其从无形资产中分离出来单独确认评估，就要分清其与商誉的关系，以免评估时重复计价。

从客户方面来说，商誉通常与不确定的、未知的、易变动的客户惠顾有关，对它进行分析时常考虑的是在未来一段时间内能为卖方带来一定收益的回头客，而不考虑以下因素：单个的客户是谁，商誉卖方及买方怎样与客户取得联系，商誉的所有者激励与客户继续开展业务或扩大业务，以及客户收益流量的预期剩余年限等。

而从客户被确认为一项无形资产必须具备的三个条件来看，分析客户类无形资产要对上述每一个因素进行考虑。举例来说，每天都有数百万顾客走进麦当劳连锁店的大门，可认为它拥有商誉。但该项业务并不具有客户类无形资产的性质。因为麦当劳公司对其客户整体了解很多，但对客户个人所知甚少，不具备客户类无形资产所要求的在客户及卖方之间存在双向关系的条件。

（二）对客户类无形资产的确认

随着企业信息化和客户关系管理的发展，客户信息成为企业信息数据库的重要组成部分，但从性质上来看将其作为客户类无形资产，更便于企业管理、交易和为企业创造更大的效益。在评估实践中，要注意企业对客户信息管理的方式，根据具体情况灵活处理。

（三）客户资产预期寿命的估计

客户资产预期寿命长短决定着企业能从客户所获取的经济利益的多少。估计客户资产剩余寿命的关键是计算每个客户的可能寿命。用客户关系的可能寿命减去其目前的年限，就可得出剩余年限。在估计客户资产预期寿命时，可以历史数据为样本，预测一组相似的对象在某一年限的死亡率和衰退情况，绘制客户类无形资产的生存曲线图，进而估计客户类无形资产的未来变化。

在实际评估中，可以采用已到寿命期的客户样本的平均寿命作为该类客户的预期寿命周期，用这个可能寿命减去客户的目前年限，得出该客户的预期剩余年限。

任务三　域名和网站价值评估

任务描述

通过对域名、网站概念、特征的基本认识，了解影响域名、网站价值的因素，掌握域名、网站资产价值评估方法。

相关知识 ●●●

一、域名价值评估

（一）域名的概念、特征和分类

1.域名的概念

域名是企业、政府及非营利组织等机构或个人在互联网上注册的名称，是互联网上企业或机构间相互联络的网络地址，俗称网址。

网络是基于TCP／IP协议进行通信和互联的，为了区分网络上成千上万的用户和计算机，技术上采用了一种唯一、通用的地址格式：每一个与网络相连接的计算机和服务器都被指派了一个独一无二的地址——IP地址。由于IP地址是数字标识，使用时难以记忆，因此在IP地址的基础上又发展出一种符号化的地址方案，与数字型的IP地址共同标识，这样网络上的资源访问起来就容易得多了，就像我们在日常生活中不容易记住一个人的身份证号，但较容易记住他的名字一样。这个与网络上的数字型IP地址相对应的字符型地址，就被称为域名。网站名称、域名与IP地址举例见表8-1。

表8-1   网站名称、域名与IP地址举例

网站名称	域　名	IP地址
中华人民共和国财政部	www.mof.gov.cn	61.135.231.97
中国资产评估协会	www.cas.org.cn	211.94.73.240
网易	www.163.com	61.135.253.18
清华大学	www.tsinghua.edu.cn	211.151.91.165

2.域名的特征

一个组织或个人如果希望在网络上建立自己的网站，就必须首先取得一个域名，它是组织或个人在网络上的重要标识，便于他人区别和检索组织或个人的信息，从而实现资源共享。从评估的角度来看，域名有以下几个重要特征：

（1）产权排他性。出于技术的需要，互联网上的每一个域名都不允许与别的域名完全相同，是一个全球唯一的标识。因此，域名天然地具有排他性。一个域名只能为一个所有者（组织或者个人）拥有。不过，域名注册制度非常宽松，谁先注册，谁就拥有使用权。无论是国际域名还是国内域名，也不管是顶级域名还是二级域名，其注册几乎全部通过民间机构或半官方机构进行。同时，根据国际惯例，对于申请注册的域名，注册机构一般只进行形式审查，甚至根本不做审查。任何域名一旦注册，并指向有效的网站，则在全球任何一个网络接入点都可以检索和浏览。因此，域名产权主要是通过一系列的法律规则进行界定，由技术规则予以保障的。

（2）构成简单性。从构成形式上看，每个域名仅仅由文字、字母、数字、连接符等非常有限的字符组成，是一个受限制的一维空间。截至目前，注册国际域名只能使用

26个英文字母和10个阿拉伯数字以及"-"（减号），字母的大小写没有区别，域名最长不能超过63个字符，并且"-"（减号）不能出现在字符串的最前或最后。所以，域名对于人们的视觉、触觉等感官几乎没有任何直接意义，最多在字面上可以使人产生联想。由于域名注册后，全世界其他任何机构或个人都无权再注册相同的域名，因而域名资源是有限的。因此，与组织或个人信息密切相关、简单、易记的域名相对来说价值更大。

（3）不可替代性。在正常情况下，域名是无法假冒的。一个域名只能指向唯一的主机，特定的域名必定与特定的组织或个人相联系，对在网络上传播组织或者个人信息具有重要的意义和价值。因此，域名是一种不可替代的资源。尤其是把一家公司的名称或产品、商标等作为域名在网络中使用，能够有效增加公司或品牌的知名度，起到重要而持久的广告和宣传作用。域名一旦被抢注，对于特定组织或个人而言是重大的损失。因此，在很多知名的商业组织中，选择恰当的域名是战略层面的内容。

3.域名的分类

根据分类方式的不同，域名可以有很多种分类。根据评估的需要，这里主要介绍一种分类：机构类别域名和行政区划域名。

机构类别域名，是指依照申请机构的性质划分申请的域名。这是使用最早也最广泛的域名。它是指域名的后缀（域名的最后一节）全球采用统一标准，不做国家的区分。例如，表示工商企业的.com，表示网络提供商的.net，表示非营利组织的.org等。为了加强域名管理，解决域名资源的紧张问题，Internet协会、Internet分址机构及世界知识产权组织（WIPO）等国际组织经过广泛协商，在原来六个国际通用顶级域名（.ac、.gov、.edu、.com、.net、.org）的基础上，又增加了7个国际通用顶级域名，即.firm（公司企业）、.store（销售公司或企业）、.web（突出WWW活动的单位）、.arts（突出文化、娱乐活动的单位）、.rec（突出消遣、娱乐活动的单位）、.info（提供信息服务的单位）、.nom（个人），并在世界范围内选择新的注册机构来受理域名注册申请。

行政区划域名，是指按照国家或地区的不同，分配不同后缀，这些域名即为该国的国内顶级域名。目前200多个国家或地区都按照ISO 3166国家代码分配了顶级域名，例如中国是.cn，我国台湾地区是.tw，美国是.us，日本是.jp等。例如，一看到www.cas.org.cn（中国资产评估协会）这个域名就可以大致了解这是一个隶属于中国的组织或者主要服务于中国浏览者的网站。

（二）影响域名价值的因素

影响域名价值的主要因素有3个：

1.组成结构

组成结构主要指域名的归属类别和域名长度两个方面。

（1）归属类别。归属类别表明域名属于国际域名还是国内域名，属于商业网站还是政府机构、非营利组织或者教育机构网站等，或者属于哪一个国家。归属类别对于域名价值至关重要。例如，在美国和其他大多数英语国家，后缀为.com的域名被认为是最具有价值的，而相同的.net域名，其价值只有.com域名价值的20%～25%，.org则只有10%。然而，随着时间的推移，人们在网络上关注的内容不断变化，究竟哪一个归属类别更有价值，可能会有所变化，并不是确定不变的。

（2）域名长度。一般而言，越短的域名越容易被人记住，也越有价值，研究表明超过15个字符的域名就相对不太可取。此外，连字符和数字如果应用不恰当，也会削弱域名的易理解性，有可能会降低域名的价值。

2.主体词汇

主体词汇主要指在具体域名中体现每个域名特点的那一部分。例如，www.cas.org.cn中的cas、www.tsinghua.edu.cn中的tsinghua等，它们经常是组织或个人的名称、缩写或具有某种特定含义。它对域名价值的影响主要表现在以下几个方面：

（1）词汇构成。不恰当的词汇构成会影响域名的价值。例如，有研究者认为以"i-""e-""v-"为词首的域名比没有这些词首的域名的价值低。名称中包括"the"、"and"、"-est"或者"-ing"的域名比没有包括这些单词或字母组合的域名的价值要低。互联网是一个英语优势的网络，但随着互联网接入的非英语国家越来越多，上述几个例子也并不是必然的。

（2）易于理解。容易理解的域名通常具有更高的价值。但容易理解是一个相对的概念，尤其是在语言背景存在差异的情况下。例如，在以英语为优势语言的互联网中，像bank.com，business.com，for sale.com这样的域名很容易被人理解。但在中文背景下，zcpg.com（资产评估的首字母拼写）很适合做一个资产评估机构的域名，相对于appraisal.com可能更有价值，也更容易记忆，因此在评估的时候需要考虑特定的环境和受众。

（3）业务相关。与组织或个人名称、提供的商品或服务、注册商标等相关的域名通常更具有价值。比如，多数公司会选择其公司名称或者缩写作为域名，如microsoft.com（微软公司）、ibm.com（国际商用机器公司）、lenovo.com.cn（联想中国）、sohu.com（搜狐）等。

（4）富于创意。有创意的域名经常会提升域名的价值。所谓富于创意，包含的具体内容很多，比如发音清晰、朗朗上口、具有视觉冲击力、包含特定信息等。例如免费邮箱hotmail.com，hotmail翻译成中文就是"热的邮箱"；电子商务平台taobao.com，则是直接运用了"淘宝"的拼音，又好读又好记，并且包含了特定内容。

3.市场前景

在域名价值评估中，即便满足了前面的许多因素，潜在的需求者仍然是域名价值的最重要影响因素。因为他们才是域名最终的消费者，是域名价值实现最重要的环节。具体来说，以下几个方面影响着域名的价值：

（1）相关业务的宽度。域名的构成词本身可能会有多种含义，比如bank的意思有银行、庄家、堤岸等，同样，汉语拼音及其首字母缩写中也存在大量的一词多义的情况，比如taobao可以是淘宝、掏包、套保等。因此，一个域名可能会作为多种不同的业务网站，跨越各种不同的领域，有广泛的需求。同时，随着经济生活的不断发展，会有越来越多的新企业和新业务诞生。比如，有很多大企业会为其新产品申请一个域名进行宣传。因此，与域名相关的业务越多，那么该域名面临的需求越多，越容易实现其价值，价值也越高。

（2）相关业务的深度。所谓深度，就是指域名本身与具体业务的相关程度，相关程度越高，价值也越高。尤其是对于很多专业性特别强的业务更是如此，例如，汽车厂商对于新开发的车型经常会起一个名称，与此相关的域名虽然从长度、构成、词义等方面可能都不具有价值优势，但它与厂商的新产品完全一致，则其价值可能也就相对较高。这表明，特定域名的价值与特定的业务或者需求者相关。

（3）相关域名的可比度。所谓可比度，有两层含义：其一是指已经成交的同类型域名的市场价格会影响到待评估域名的价值；其二是指与待评估域名构成形式或者表达意义相类似的域名数量及成交价格或可能成交价格也会影响待评估域名的价值。

4. 发展潜力

域名是否有价值，最终还要看其被应用之后的发展情况，主要体现在以下两种情况：

第一，当该域名指向一个真实存在的站点之后，该网站有多大的访问量？有多少链接指向该网站？显然，访问量越高，该域名越值钱。并且，如果该网站已经有相关的、稳定的收入，那么域名的价值就会不断提升。

第二，与该域名相关的业务发展情况如何？该域名指向的网站及其访问是否有效地宣传推广了相关产品或者服务，从而得到了市场的认可？该项业务是否还将长期存在下去？这些问题都将对该域名的价值产生影响。

（三）域名价值的评估方法

我国目前尚无一个完善的域名交易市场，因此，域名的价值评估也并没有一个统一的规则，应根据具体资产评估业务的目的，选择适当的价值类型来确定评估方法。可选择的评估方法有实际成本法和3C评估法。

1. 实际成本法

实际成本法是指以取得域名所支付的实际成本为基础进行计价的方法。如果是组织或个人通过自己申请注册的域名，其所支付的实际成本包括注册费、手续费和其他费用等；如果是外购域名，则其实际成本包括买价、佣金和交易过程中所发生的其他支出等。

总的来说，实际成本法很难真实地反映出域名的实际价值。由于域名的实际价值与取得成本往往存在较大差异，实际成本法仅适用于组织或者个人自己持有域名并使用或者某些特殊情况下的价值评估。例如，持有者因为不愿再支付维持费用而急于以成本价转让持有的多个域名。

2. 3C评估法

3C评估法，即Greatdomains的域名价值评估法。美国Greatdomains是目前互联网上最著名的域名交易商，有很多价值数百万美元的域名都是通过这家公司出售的。Greatdomains公布的域名估价模式具有很高的权威性和参考价值。Greatdomains采用3个"C"来估计域名的价值。这3个C分别为Characters（域名长度）、Commerce（商业价值）和.com（所在的顶级域名）。每个C都是一个很重要的因素，3个C综合起来决定了域名的价值。对域名每个C的评估结果分为0到4星5个等级，其中4星为最好。

（1）Characters：域名长度。它指的是域名后缀标点前的部分，如ABCDE.com，域名长度为5。域名长度实例见表8-2。

表8-2　　　　　　　　　　域名长度实例

域名长度星级	Characters（域名长度）	实　例
4星	域名长度小于等于5	sohu.com，qq.com，tom.com，baidu.com
3星	域名长度在6~10之间	Pconline.com.cn，taobao.com
2星	域名长度在11~15之间	Greatdomains.com
1星	域名长度在16~20之间	onTheWaytoThePark.com
0星	域名长度在20以上	TheWorldBoxorganization.com

（2）Commerce：商业价值。商业价值指的是由域名构成的字母所表达的意义以及该词汇的流行或搜索程度决定的域名的价值。商业价值实例见表8-3。其意义越明显，所表达的内容越流行，价值也越高。简单、人人皆知的英文单词、词组也很值钱，如business.com；而同样在中文环境下，简单的拼音也同样有较高价值，如taobao.com。

表8-3　　　　　　　　　　商业价值实例

商业价值星级	Commerce（商业价值）	实　例
4星	以一些常用的有意义、简单的英文单词为域名	Loans.com，bank.com
3星	以一些不常用但有意义的英文单词为域名	koubei.com，Amazon.com
2星	由字词合成的域名，有一定的商业价值	StoreCoupons.com，fm365.com
1星	由字词合成的域名，包含的商业价值相当有限	UsedLinens.com
0星	不包含任何商业价值的域名	CantTrustUs.com

由于Greatdomains只考虑英文环境的情况，对于一些常用并有意义的拼音来说，按照它的划分，可能识别为3星，甚至更低，但从中文受众来看，可能并不是这样。例如：taobao（淘宝）在英文中并无任何意义，也不常用。至于全部以拼音首字母组合的情况，对于英文环境来说经常是属于既无意义也不常用的，但并不能因此而进行简单判定为0星，如ZCPG（资产评估）。

以.com为例，根据Characters和Commerce得出一个综合价值评估表（见表8-4）。

表8-4　　　　　　　　　　综合价值评估表　　　　　　　　　　单位：美元

商业价值 ＼ 域名长度	长度4星	长度3星	长度2星	长度1星	长度0星
商业价值4星	50万~1 000万	30万~500万	5万~100万	1万~25万	0~5万
商业价值3星	20万~500万	5万~100万	3万~50万	0.5万~5万	0~2万
商业价值2星	1万~15万	0.5万~10万	0.3万~7.5万	0.1万~4万	0~1.5万
商业价值1星	0.5万~5万	0.3万~2.5万	0.3万~2.5万	0.1万~2万	0~1.5万
商业价值0星	0~2万	0~1.5万	0~1万	0~1万	0~1万

（3）.com：所在的顶级域名，即域名属于哪种类型。对此，Greatdomains 给出了一个系数表（见表8-5）。其中.com的域名价值为1。

表8-5　　　　　　　　　　　　域名后缀价值系数

域名后缀价值系数	所在的顶级域名
1	.com
0.25	.net
0.1	.cn、.org、.tv、.info…

按照这种方法，例如 pconline.com.cn（太平洋电脑）在不考虑网站流量以及收入等因素情况下，单就域名价值一项来看，其域名长度和商业价值都是3星，后缀系数为0.1，其价值应当在0.5万～10万美元之间。

3C评估法对域名价值的评估较为客观，并且标准统一，可操作性较强；但不足之处在于表中的价格要随经济发展水平的变化而调整，而且该方法仅考虑了英文环境。在评估我国的一些域名价值时可能要再做具体修订。

（四）域名价值评估应注意的问题

1.注意区分域名价值评估与网站价值评估

域名资源已经被开发很多年了，现在要注册到一个好的域名基本是不可能的，一般是要从域名投资人那里高价购买已经注册的域名。现在域名投资已经渐渐成为一个新兴的投资行业，这里的投资风险、法律风险也非常大。事实上，域名投资在国外早已不是新鲜事物，例如：business.com域名，第一次注册的时候仅用150美元。第一次转卖成交价格为150万美元，第二次转卖则高达750万美元。这种巨大的价格差以及巨大的利润空间，吸引了无数域名投资者蜂拥。正是由于目前市场中存在专门以域名为投资对象的行为，并且特定的域名也的确有其特定价值，所以，本书中的域名价值评估主要针对持有域名但并未建立相应网站、主要是为了预期售出域名获取收益、带有投资目的的行为。而域名与网站是两个既有区别又有联系的概念，对于已经建立相应网站的域名价值评估将在下一小节中具体讨论。

2.应考虑具体的经济、政治、社会、文化等因素

虽然本书给出了一些影响域名价值的因素，并介绍了Greatdomains公司的价值评估方法，但是，目前我国甚至世界范围内尚没有确定的域名价值评估方法，因为有很多因素都是无法确定的。一个域名能否得到广泛的认可，有时候要受到一些特定环境因素的影响。例如，拼音域名按照英文域名的评估思路有很多都价值不高，但是在中文环境的互联网上很可能价值不菲。随着中文域名系统的建立以及汉语在世界范围内的普及，以汉语这一优秀的语言为基础的纯中文域名也可能逐渐凸显其价值。此外，经济、政治和社会生活中不断涌现的新事物都可能使一个看似普通的域名产生巨大价值。

3.注意产权纠纷问题

域名既非商标，也非组织名称，它应该是一种新的知识产权。目前包括我国在内的许多国家都已经认识到了域名的重要价值，并出台了相应的法律条文规范域名注册行

为，保护域名相关产权。虽然如此，每年仍然存在大量的域名被抢注的情况。因此，在评估时应当注意查看待评估域名是不是受法律保护的，是否与其他公司名称或注册商标，尤其是著名公司、驰名商标等发生冲突，否则很有可能引起法律诉讼。因为按照最新的域名政策，这种域名只有商标所有人才能注册并拥有。显然，这种存在产权纠纷的域名，即便本身具有高价值的种种特点，但也有可能因为存在侵权问题而导致价值贬损。

二、网站价值评估

(一) 网站的概念及组成

网站是指在互联网上，有特定的名称标识、有特定的域名指向、使用特定的规则展示特定内容的相关网页的集合。通俗地说，网站就像布告栏一样，人们可以通过网站来发布想要公开的信息、提供相关的服务或检索自己需要的信息、享受相应的服务。

建立一个可以在国际互联网上独立存在的网站，需要由网站名称、域名、网站源程序和网站空间四部分构成。

网站名称就像是一个人或者组织的名称一样，非常类似于电视台、报刊的名称。网站名称一般出现在网站首页的醒目位置上，以达到区别和宣传的目的。

在国外，网站名称与域名有时候是相同的。在我国由于网站名称一般是中文的，域名和网站两者虽然可能存在对应关系，但并不一定完全相同。网站名称必须像商标、报刊名称、电台或电视台名称一样受到保护，而域名在合法注册之后，主要通过技术手段予以保护。

网站源程序是指用于表现网站具体内容的一系列计算机代码。

网站空间是专门用于存放这些代码的地方，通常由独立服务器或租用的虚拟主机承担。

因此，域名是网站的一个组成部分。

目前，互联网上有大量的组织或者个人建立的网站，它们利用网站来进行自我宣传、发布信息、相互交流等。在互联网发展的初期，网站仅能提供单纯的文本。近些年来，随着技术的进步，图像、声音、动画、视频，甚至3D技术开始慢慢流行起来，网站也慢慢地发展成我们现在看到的图文并茂的样子，越来越多地融入现代社会和经济生活中，并发挥着巨大的作用。

(二) 网站的分类

根据不同的分类标准，网站可以有许多种分类。评估师只有首先分清网站类别，才能够制订适当的评估计划、收集相应的资料。网站的分类包括但不限于以下几个方面：

根据网站是否以营利为目的，可以分为营利性网站和非营利性网站。

根据网站所用编程语言不同，可以分为 asp 网站、php 网站、jsp 网站、asp.net 网站等。

根据网站的用途不同，可以分为门户网站（综合网站）、行业网站、娱乐网站等。

根据网站的持有者不同，可以分为个人网站、商业网站、政府网站等。

根据网站提供的服务和内容不同，可以分为搜索（如百度）、资讯（如新华网）、资源（如华军软件园）、图片（如图片天下）、音乐（如百度MP3）、视频（或影视）、商务（如阿里巴巴）、网店（如淘宝）、咨询（如威客）、博客、个人主页等。

（三）影响网站价值的因素

判断一个网站的好坏有很多标准，如网站的规划、设计、所采用的技术与设备、功能、发展前景等。但从评估师的角度来讲，主要应当关注以下三个方面：

1.网站流量

通常说的网站流量是指网站的访问量，是用来描述访问一个网站的用户数量以及用户所浏览的网页数量等的指标，常用的统计指标包括网站的独立用户数量、总用户数量（含重复访问者）、单位时间访问量、网页浏览数量、每个用户的页面浏览数量、用户在网站的平均停留时间等。一个网站有效流量的大小意味着有多少用户对该网站予以关注。通常这些指标越高，网站价值越大。

2.营利方式

互联网的营利方式有很多，举不胜举，只要是能想到的，只要是用户需求的，都有可能成为有价服务的组成部分，都有可能成为网站营利的来源，如在线交易、广告投放、特殊信息收费、软件下载、网络游戏等。评估师只有了解一个网站的营利模式，才能有针对性地收集评估需要的资料。

3.建设成本

对于不以营利为目的的网站来说，网站的建设成本构成了网站价值的主要方面。

（四）网站价值评估方法

1.最早评价门户网站的模型就是市值比访问量模型

市值比访问量模型是美国证券分析师史蒂夫·哈默（Steve Harmon）提出的。该方法运用上市网络公司市值总值与该网站访问人数的比值，来分析估算网络股的合理市场价值。运用市值比访问量模型只需要知道被评估网络公司的股票的市值和访问量这两类数据，其中市值可以用评估时的股价乘以流通股股数得出，而访问量数据通常由一家叫作Media Metrix的网站研究公司发布。下面以雅虎为例予以说明。

据统计，1998年10月份有2 520万人至少访问过雅虎一次，当时雅虎的市值为197亿美元，那么，雅虎的市值访问量比为782美元/人（197亿美元/2 520万人）。它反映的是每名访问者所代表的一种"价值"，它必须通过横向比较才能判断一只股票的价值是被高估还是被低估。我们拿雅虎的竞争对手Lycos公司和Excite公司来作比较。计算结果表明，这两家公司的市值访问量比值分别为135美元/人和165美元/人，再将雅虎的782美元/人拿来作比较，差别就非常明显了。雅虎的访问者所代表的价值远远超过Lycos公司和Excite公司，如果这种情况能够持续，那么市场给予雅虎一定的溢价就是合理的。

事实上，该方法是用来评估上市网络公司的价值的方法，而非评估网站价值的方法。但由于所评估的对象是以网络为主要获利工具的公司，公司即网络，网络即公司，所以未尝不可。并且，该评估结果和评估思路可以作为同种类型的市场法评估的参照。

2.实际成本法

实际成本法是指以建设网站所支付的实际成本为基础进行计价的方法。该方法主要适用于组织或者个人自己持有的，且主要不以营利为目的的网站的价值评估。

（1）对于组织或者个人自己申请域名、购买或租用设备、自主设计开发的网站可采用以下公式计算网站价值：

$$\frac{自创网站}{价值} = \frac{域名注册}{费用} + 购置/租用设备费用 + \frac{网站设计与}{开发费用} + \frac{网站维持维护}{费用} + \frac{其他}{费用}$$

其中：域名注册费用包括与域名注册相关的注册费、手续费、代理费等。购置设备费用包括设备买价、安装调试费用以及其他合理税费。租用设备费用主要包括租金和相关收费。网站设计与开发和网站维持维护如果是外包完成，则该项费用按实际发生金额计算，如果是自行设计开发和维持维护，则按主要参与人的日工资额乘以工作天数计算，或通过市场询价计算。

（2）对于组织或个人购买的网站，可采用以下公式计算网站价值：

$$外购网站价值 = 买价 + 佣金 + 网站维持维护费用 + 其他费用$$

3.收益折现法

商业网站价值评估还有一个不可忽视的方面就是对未来的预期分析。网络公司代表了未来的商业模式，很多上市网络公司如 Amazon 等，在早期上市的几年中连续亏损，其估价应当会非常低，但事实是其股价高得惊人。这表明市场对其未来收入的一个预期。因此收益折现法是评估网站价值的一个最重要的方法，但是目前该方法在具体运用上存在很多难题。

由于网站创造收益的模式多种多样，因此，该方法目前仅适用于以营利为目的，并且收益直接来自网站或者综合收益中能够确定网站收入分成的情况。例如，广告收入可以认为是直接来自网站的，而销售实物商品或一般劳务的收入，则非完全来自网站，但我们可以设定某种分成比例来确定网站的收益贡献。

此外，对于一个成功的商业网站来说，它经常是"越用越值钱"的。一个生存期越长的网站，拥有的客户通常也越来越多，其收益也会呈现为指数或者其他某种方式增长。

在具体的计算上，收益法可以套用很多成熟的折现模型，或者稍加修改。但由于网站及其营利模式都具有多样性，并且如何具体确定网站的收益额和收益期都因为其多样性而变得非常复杂。限于篇幅，本书在此只提出这样一个简单的思路，而不再做更深入的探讨。

（五）网站评估应注意的问题

1.网站价值的评估首先应当注意分清评估的目的和网站的类别

这对选择什么样的评估方法、具体制订评估计划和收集相应的评估资料至关重要。因为网站的建设成本和网站的实际商业价值之间经常存在很大的差异。从纯商业的观点来看，一个访问量巨大的网站往往蕴含着巨大的商业价值。但并非所有的网站都是出于商业的目的。例如，一个政府或者一个非营利组织的网站，其建立可能仅仅是为了更好地提供信息和服务，由于人们对其提供的信息和服务的关注，随之会有巨大的访问量。但如果其中掺入了商业利益，那么就可能会产生很多法律、社会和政治等问题。这些问题的后果可能无法用经济价值来全部衡量。由此带来的结论就是，我们经常要对一些网站的价值采用成本法评估。

2.网站与域名价值的差异

网站与域名的价值是不一样的，这个问题在上一小节中已经提及。在很多的教材和文献中，对于这个问题并没有很好地区分，经常把它们混为一谈，这是一种非常错误的倾向。对此，本书再次强调其差异，同时指出：（1）本书所提到的网站价值的评估不管是采用何种具体评估方法，都是指评估包含域名在内的一个综合体。（2）网站名称、域名、网站源程序和网站空间都是可以被单独转让的，但网站收益实际上是网站各组成部分综合作用的结果。网站名称就像是一个注册商标，因此它最终起到了承载网站价值的功能，网站源程序和网站空间则主要起到了实现网站价值的技术功能，域名则兼具两者的功能。

3.在采用收益法评估时，还应当注意区分网站的收益实现模式

在有些案例中，来自网站的收益很容易区分。例如，广告收入、注册用户群收入、访问量收入等。但在很多情况下，尤其是以网站作为电子商务平台的情况中，网站实际上是收益实现的一个重要平台。如何衡量因为网站而产生的超额收益是一个棘手的问题，有时候可能需要评估师对没有网站的收益状况做一个合理估计。在某种商品或服务存在除了网站之外的其他销售和宣传手段的情况下，这个问题会更加棘手。

4.目前互联网上存在很多网站价值评估的专业机构及评估模型和思路

目前互联网上存在很多网站价值评估的专业机构及评估模型和思路，其中有很多都是可以借鉴的。例如，近年来，虚拟社区、博客等的风靡使得内容的黏性日渐变成评价指标，由此产生一些与用户停留时间相关的评估模型。此外，有研究表明，网站注册客户是更具有价值的群体，因此也有评估方法对注册用户增长率进行分析，并把注册客户带来的无形收益进行统计，分析客户的支付率和支付能力，进而确定网站价值。尽管如此，仍有许多具体问题需要有针对性地分析。因为每个网站价值增值的内容都不同，有的靠流量，有的靠用户群，有的则靠实体产品或者服务的销售。

任务四　合同权益类无形资产评估

任务描述

通过对合同权益类无形资产概念、特征的基本认识，了解合同权益类无形资产价值评估原则，掌握合同权益类无形资产价值评估方法。

相关知识

一、合同的概念

（一）合同的定义

合同是平等主体的自然人、法人、其他组织之间设立、变更、终止民事权利义务关系的协议。婚姻、收养、监护等有关身份关系的协议，适用其他法律的规定。

（二）合同的特点

合同具有以下特点：

1.合同是平等主体的自然人、法人和其他组织所实施的一种民事法律行为

其目的在于表达设定、消灭或变更法律关系的愿望和意图。这种愿望和意图是当事人的意思表示，通过这种意思表示，当事人双方或多方产生一定的权利义务关系。但这种意思表示必须是合法的，否则，合同没有约束力，也不受国家法律的保护。

2.合同以在当事人之间产生权利义务为目的

合同当事人的协商，总是为了建立某种具体的权利义务关系，而一旦合同依法成立，这种对当事人有约束力的权利义务关系就建立起来了。任何一方当事人都必须履行自己所应履行的义务，如果不履行合同规定的义务，就是违反合同，就要承担相应的法律责任。

3.合同是当事人双方或多方相互的意思表示一致，是当事人之间的协议

其主要表现为：合同的成立必须有两方或两方以上的当事人；当事人双方或多方必须互相意思表示；当事人的意思表示必须一致。

（三）合同的分类

依据不同的标准，可以对合同作出不同的分类，这种分类不仅可以针对不同的合同确定不同的规则，并且有助于司法机关在处理合同纠纷时准确地适用法律，正确地处理合同纠纷。一般来说，合同可以作出如下分类：

1.双务合同和单务合同

根据合同当事人是否互相负有给付义务，合同被分为双务合同和单务合同。

所谓双务合同，是指当事人双方互负给付义务的合同，即一方当事人愿意负担履约义务，旨在使他方当事人因此负有给付的义务。或者说，一方当事人所享有的权利，即为他方当事人所负有的义务，例如买卖、互易、租赁合同等均为双务合同。

所谓单务合同，是指合同当事人仅有一方负担给付义务的合同。

2.有偿合同与无偿合同

根据当事人是否可以从合同中获取某种利益，合同被分为有偿合同和无偿合同。

有偿合同是指一方通过履行合同规定的义务而给对方某种利益，对方要得到该利益必须为此支付相应代价的合同。有偿合同是商品交换最典型的法律形式。在实践中，绝大多数反映交易关系的合同都是有偿合同。

　　无偿合同是指一方给付某种利益，对方取得该利益时并不支付任何报酬的合同。无偿合同并不是反映交易关系的典型形式，但由于一方无偿地为另一方履行某种义务，或者另一方取得某种财产利益都是根据双方的合意而产生的，因此，无偿合同也是一种合同类型，并应受到《民法典》调整。在无偿合同中，一方当事人要承担义务，如借用人无偿借用他人物品，应负有正当使用和按期返还的义务。

　　3.有名合同与无名合同

　　根据法律上是否规定了一定合同的名称，合同被分为有名合同与无名合同。

　　有名合同，又称典型合同，是指法律上已经确定了一定的名称及规则的合同。如《民法典》所规定的合同，都属于有名合同。

　　所谓无名合同，又称非典型合同，是指法律上尚未确定一定的名称与规则的合同。根据合同自由原则，合同当事人可以自由决定合同的内容，因此即使当事人订立的合同不属于有名合同的范围，只要不违背法律的禁止性规定和社会公共利益，也仍然是有效的。

　　4.诺成合同与实践合同

　　所谓诺成合同，是指当事人一方的意思表示一旦经对方同意即能产生法律效果的合同，即"一诺即成"的合同。此种合同的特点在于当事人双方意思表示一致，合同即告成立。

　　所谓实践合同，是指除当事人双方意思表示一致以外尚需交付标的物才能成立的合同。在这种合同中，仅凭双方当事人的意思表示一致，还不能产生一定的权利义务关系，还必须有一方实际交付标的物的行为，才能产生法律效果。

　　绝大多数合同都是诺成合同，实践合同是特殊合同。诺成合同与实践合同的区别，并不在于一方是否应交付标的物，而在于两者成立与生效的时间不同。诺成合同自双方当事人意思表示一致（即达成合意）时起即告成立；而实践合同则在当事人达成合意之后，还必须由当事人交付标的物以后，合同才能成立。

　　5.要式合同与不要式合同

　　根据合同是否应采取一定的形式，合同被分为要式合同与不要式合同。

　　所谓要式合同，是指根据法律的规定应当采取特定方式订立的合同。对于一些重要的交易，法律常要求当事人采取特定的方式订立合同。例如，中外合资经营企业合同，属于应当由国家批准的合同。

　　所谓不要式合同，是指当事人订立的合同依法并不需要采取特定的形式，当事人可以采取口头方式，也可以采取书面形式。要式合同与不要式合同的区别在于某些法律和行政法规对合同的形式要求会影响合同的生效。

　　6.主合同与从合同

　　根据合同相互间的主从关系，合同被分为主合同与从合同。

　　所谓主合同，是指不需要其他合同的存在即可独立存在的合同。

　　所谓从合同，就是以其他合同的存在为前提的合同。由于从合同要依赖主合同的存在而存在，所以从合同又被称为附属合同。从合同的主要特点在于其附属性，即它不能独立存在，必须以主合同的存在并生效为前提。主合同不能成立，从合同就不能有效成立；主合同转让，从合同也不能单独存在；主合同被宣告无效或被撤销，从合同也将失去效力；主合同终止，从合同亦随之终止。

主、从合同是相对而言的，没有主合同就没有从合同，没有从合同，也就无所谓主合同。尽管主合同的存在并生效将直接影响从合同的成立及效力，但从合同不成立或失效，一般并不影响主合同的效力。

二、合同权益概述

（一）合同权益的定义

合同权利是指作为社会个体的自然人、法人（不包括国家）及其他社会经济组织依据法律或合同所享有的权利。它维护的是社会个体的利益。

合同义务是指与权利、权力相对应的法律义务、法律责任、无资格等法学范畴。它的社会内容与合同权利所体现的利益相反，它的物质内容与合同权利所体现的财富价格总量相等但本身却为负数的东西。

合同权利带来的是权益和价值，而义务带来的是成本和损失，一方的合同权益是合同给该方带来的收益减去取得合同花费的成本的差额。

（二）合同权益的特点

根据合同权益的定义，合同权益和合同权利、义务的关系，分析得出合同权益具有以下特点：

1.权利与对应义务的性质正好相反，而绝对值相等，所有的合同权益相加等于零

权利与义务性质相反是说权利体现着利益的获得、财产的增加，而对应义务则体现了负担和利益或财产的丧失。所谓权利与对应义务的绝对值相等，是说一个社会法律权利所体现的社会财富的总量与义务所表现的社会义务的总量数值是相等的，只不过权利总量是正数，而义务总量为负数而已。如在买卖合同中，买方有支付10万元货款的义务，同时有获取价值10万元商品的权利；卖方有收取10万元货款的权利，同时有交付价值10万元商品的义务。那么，该买卖合同中权利的数量是10万元，义务的数量也是10万元，两者相等，不过前者是正数，后者为负数。

2.权利与对应义务的关系实质上是权利与权利关系的表现形式

权利与对应义务的关系通常表现为权利内部或不同权利之间的交换、协调、对立等。合同关系是典型的以一种权利与另一种权利交换的关系。如买卖合同，其内容为以货币体现的权利与以商品体现的权利的交换。在物权关系中，每一权利人都对自己的所有物享有所有权，各主体之间的关系表现为所有权不受侵犯的权利之间的交换。

3.权利与对应义务实质上为社会个体之间的利益关系

权利体现了法律承认和保护的个体的利益，而其对应义务则体现了同社会个体利益相对应的负担或利益。由于权利与对应义务的关系实质上是利益和利益的关系，因此，权利意味着权利人可以取得、收获某种利益，而对应义务则意味着义务人将失去、付出某种利益，即权利与对应义务的关系为用属于自己的一种利益换取属于别人的一种利益的关系。

（三）合同权益的分类

合同权益可以分为合同正权益和合同负权益两种。

1.合同正权益

合同正权益是指合同的一方给该方带来的收益减去取得合同花费的成本的差额是正值。在一些单务合同中，如赠与合同，受赠方只有接受赠与权利，没有义务，是合同的正权益。

2.合同负权益

合同负权益指合同的一方给该方带来的收益减去取得合同花费的成本的差额是负值。又例如赠与合同，除非法律有特别规定的权利外，赠与方只有赠与的义务，对于赠与方来说，他的合同权益是负值。

三、合同权益价值的评估原则

合同权益作为一种行为权利类无形资产，一般不能转让，转让需要征得合同双方当事人的同意，合同权益受损害时，可以要求补偿。因此，对合同权益的鉴定，有着一定的特殊性。对合同权益价值进行评估应遵循以下原则：

（一）谨慎原则

谨慎原则也就是稳健、保守原则。评估直接涉及各方当事人的权益，给一方估高一分，另一方就会损失一分，收益计算要以稳健为原则，应尽可能地计算相关的收入和成本，要估计所有可能的损失和费用，预计所有的风险，假设条件要充分、严格。

合同权益的风险有：

1.市场风险

经济波动、原材料价格变动、竞争者的加入、产品的供求变化等造成的风险。

2.技术风险

新技术的快速出现，使原有的技术过时造成的风险。

3.政策风险

政府的各种政策变动给经济发展带来的风险。如产业政策鼓励某种产业发展，或限制、禁止某种产业发展从而带来的风险。如国家提高环保要求，给化工类企业带来较大的风险。又如物价政策，政府定价提高或限制某种产品的价格，从而给企业带来成本、收益等风险。

4.资金风险

对需要筹集较多资金的项目，遇到国家改变信贷政策、收缩银根、利率变动、资金供应不上的情况，就会带来一定的风险。如我国在20世纪90年代实行宏观调控，给房地产类公司带来资金风险。

5.其他风险

其他风险主要指自然灾害、公司管理等风险。

（二）可行性原则

有些无形资产评估基于特定的目的，评估值动辄上亿元甚至上百亿元。而出于产权变动目的的合同权益价值评估结果，通常要受市场潜在有效购买力的检验。对某一合同的权益进行价值评估，我们应做到如下几点：

1.结合案情进行分析

评估专业人员应对相关情况作一定的了解，以具体分析涉案合同权益的具体内容、范围、限制条件、发生时间、涉及地域、背景等，并了解评估目的、具体要求等情况，以便为制订评估方案打下基础，必要时可听取各方当事人的陈述和意见，收集当事人提供的证据、资料，了解存在争议的主要问题，同时注意进行独立的分析，不可偏听某一方的意见。

2.结合有形资产进行整体分析

合同权益与合同所规定的有形资产有密切的联系。它必须与有形资产相结合才能发挥作用，从总的收益中剥离有形资产应得的收益后，才能得出无形资产的价值。撇开现实客观条件评估无形资产，就会成为空谈。

3.界定产权

评估专业人员应对合同权益的法律地位进行界定。了解其合法所有人，受保护法定期限是否过期，批准机关，有无法律证书等。合同权益应在产权持有人实际拥有或法律保护的范围之内，处于争议状态的无形资产产生的超额收益会受影响，应谨慎对待。

（三）预期原则

预期原则是指通过预测资产未来提供的收益，以之作为评估的重要依据。预计收益是将来能实现的而现在还没有得到的收益。无形资产可能现时收益较低或为负，如果未来收益会有较大的增长，则其价值仍会较高。对未来收益的预测，离不开对过去和现在实际情况的分析，并应以现实为基础，由评估专业人员运用知识、经验、能力、智慧进行分析判断。预测无形资产的未来收益，应将不是无形资产形成的收益分离出来，如工人劳动创造的价值、投入资金应得的利润等。

（四）外部因素原则

资产某一部分的价值取决于它对资产的整体贡献，这一比例不会太高。外部因素原则指外部因素对资产价值的影响。如新技术的出现使原有的资产价值降低。

（五）替代原则

相互可以替代的资产会影响彼此的价格，从而使它们的价格趋于一致。

（六）供求原则

资产的价格与需求成正比，与供给成反比。资产处于买方市场则不易出售，价格会被压低；处于卖方市场，价格易于抬高；处于均衡市场，资产价格则处于合理的水平。

四、合同权益价值的评估方法

合同权益价值的评估方法有成本法、市场法和收益法。

（一）成本法

合同权益价值评估的成本法即计算重新签订一份合同所付出的代价。尽管不会有完全相同的合同存在，但有可能取得一份类似的合同。比如啤酒供货合同，甲乙双方签订合同后，甲方违约，那么乙方与另外一家啤酒公司签订类似的一份合同所付出的代价，可以近似地看作甲乙双方的合同权益价格。这符合替代原理，即相同或相似的物品，彼此价格会相互影响，并使价格趋向于一致。

$$重置价＝各项费用之和$$

费用包括办公费、人员工资、差旅费、信息资料费。

（二）市场法

运用市场法对合同权益进行评估一般较少，但在特殊条件下可以运用。比如签订合同后，一方转包其合同给另一方，其转让价可以视作合同权益。这种方法被运用较少是因为很少有合同权益会像商品一样被出售，所以很少有可比较的交易案例。

（三）收益法

收益法是合同权益评估运用最多的方法。通过计算合同双方在认真履行合同的条件下，预测合同带来的收入、成本、费用、税金，求出利润。难点在于收入的计算。如以啤酒供货合同为例，乙方收到供货后，在当地市场上是否确实可以顺利如期出售，其中存在较大的风险。商业活动本身具有一定的风险性，不能认为签订合同后就一定有利润可赚，也有亏的可能，不会稳赚不赔。在风险较大的情况下，不应过高地估计收入，应对收入考虑风险折扣。评估报告作为一种专家意见，可以对几种情况进行假设：乐观、一般、悲观，然后分别计算几种假设条件下的合同权益值。

任务五　人力资本类无形资产评估

任务描述

通过对人力资本类无形资产的基本认识，了解影响人力资本类无形资产价值的因素，掌握评估人力资本类无形资产价值的方法。

相关知识

一、人力资本类无形资产评估概述

人力资本类无形资产评估是对企业所拥有的人力资本价值形态的量化，是企业人力资本价值的货币表现。企业人力资本价值评估的目的主要是对人力资本进行合理、有效的管理，实现人力资本的优化配置，满足企业发展及改组、改造的需要。

（一）人力资本类无形资产的概念

首先，人力资本在本质上符合无形资产的内涵，能给企业带来经济效益，即能够"提供未来经济利益"；其次，企业通过契约等形式取得或控制了人力资本的使用权，满足为特定个体所"拥有或控制"；最后，人力资本的取得和其他资产的取得一样必须花费相应的成本。

因此，人力资本类无形资产可定义为企业在一定时期拥有或控制的，能以货币计量的，可以为企业带来未来经济利益的人力资本。

从社会的角度看，人力资源是整个社会全体人口所拥有的劳动能力的集合；对于企业而言，人力资源是指其拥有或控制的、在一定时期内可以使用的全体人口的劳动力。

当人力资源被用于生产过程，作为赚取利润的手段时，即被赋予了资本的内涵。由于人力资本能够创造超过其自身的新价值，能给企业带来经济效益，能够被企业通过采取契约等方式取得或控制其使用权，其取得与其他资产一样必须花费相应的成本，人力资本具有显著的资产性特点；并且人力资本不可分割地依附于其载体，成为企业的一项可以单独确认的无形资产，是现代企业获得竞争优势、赚取超额利润的根本。

在评估中，人力资本类无形资产一般包括企业家人力资本、企业的管理团队、集合劳动力等，这些人力资本类无形资产通常通过企业与员工签订各类合同的形式被企业拥有和控制，如劳动合同、非竞争性协议等。

（二）人力资本类无形资产的分类

人力资本具有非同质性，根据人力资本所具有的一般能力、完成特定工作的能力、组织管理能力和资源配置能力的不同，人力资本类无形资产可分为以下三种类型：

1.训练有素的集合劳动力

训练有素的集合劳动力具有社会平均的知识存量和一般能力水平。现代经济学认为，对这种生产型的集合劳动力，其能力和努力程度一般被置于一种基本的可观测状态，大致可以认为是一种公开的信息。在传统经济学中，这些劳动力是作为一项生产要素投入的，其价值在当期由支付的工资得到补偿，即视为可变资本。根据经济学中的市场价格均衡原理，由于生产型人力资本的可观测性，在一个有效的完全竞争市场里，这类人力资本的价值存在一个基本的均衡状态。其价值通常采用按现行市价进行重置的成本来计量。

2.经营管理型人力资本类无形资产

经营管理型人力资本是指企业经营管理层人力资源及企业家才能。在西方经济学中，企业家才能同资本、土地和劳动并列为四大生产要素。在马克思的经济理论中，只有人力资本才创造超额剩余价值，但如果没有企业家及经营管理人员的成功参与，人力资本的超额剩余价值还只是一种潜在的可能。企业家及经营管理人员的介入可极大地改善企业对包括人力资源在内的各种资源的选择、占有、管理、开发和使用，使企业的潜能得到充分发挥。企业家创造的剩余价值不仅有当期的剩余价值，还包括后期的剩余价值。由于这类人力资本不仅稀缺，且努力程度无法考察，所以对其价值的确认一般可采用收益分成、股票期权等方法进行。

3.技术研发型人力资本类无形资产

技术研发型人力资本的价值体现在其创新能力上，一方面，不断增加企业的技术要素数量和质量；另一方面，也保证了企业产出的技术优势和持续性。由于这类人力资本对企业盈利能力的贡献需要较长时间才能显现，而且其努力程度也很难衡量，所以对其价值的确认也可采用与经营管理型人力资本类似的方式，如股票期权等。

（三）人力资本类无形资产的特点

人力资本作为企业的一项无形资产，除了具备一般无形资产的特点外，还具有以下特点：

1.与其所有者不可分离

人力资本的一个显著特性是其"不可分割地属于其载体"。美国著名经济学家舒尔茨认为："人力资本的显著标志是它属于人的一部分，没有人能把他同他所拥有的人力资本分开。他必将始终带着自己的人力资本，无论这笔资产用于生产还是用于消费。"

2.能动的创造性

人力资本与企业的其他资产相比，其最大的特性是人的能动创造性。人在处理问题时，主观上都存在着积极与消极、作为与不作为的选择，这便导致了企业对于人力资源控制的不完全性。同时，这种能动的创造性也正是企业能获得超额收益的源泉。

3.非同质性

由于每个人的禀赋是有差异的，能力及创造力也不相同，这就导致人力资本在使用中会发挥不同的作用，其价值有很大的差别。

4.社会性

人力资本的物质载体是人本身，而人存在于特定的社会环境中，受各种社会条件制约。因而人力资本除受各种经济条件和生理条件的约束外，还受社会条件和特定生产方式的制约，具有鲜明的社会属性。

（四）影响人力资本类无形资产价值的因素

1.劳动力与企业之间的劳务协议

企业只能拥有人力资本的使用控制权，所以企业对其控制的人力资本资产并不具有完全的占有权。企业通过与人力资本的所有者签订的劳务协议来实现对人力资本资产的控制。这些协议的内容及约束力对企业所拥有的人力资本类无形资产价值有很大影响。

2.人力资本类无形资产的稳定性

人力资本会随着其载体的流动而流动。不同的行业，人力资本的流动速度也不一样。在评估时，应考虑企业的行业特征、企业的人员流动频率、人员的结构等因素。

3.影响人力资本价值的其他因素

影响人力资本价值的其他因素包括企业所属行业、所处的经济体制等。不同的行业或产业，其本身的行业收益率是有差别的。有时，受所处的经济体制影响，人力资本的价值会被抑制。

二、人力资本类无形资产的评估原则

人力资本价值评估的原则，主要体现在以下方面：

（一）独立性原则

人力资本价值评估应坚持独立的立场，不能偏于价值评估双方的任何一方，评估工作不能受外界干扰和委托者意愿的影响。

（二）客观性原则

在人力资本价值评估中，应该排除人为因素的干扰，以充分的事实为依据，按照公正、客观的态度和方法进行。

（三）科学性原则

在人力资本价值的评估过程中，必须依据特定的目的，选择适用的标准和科学的方法，制订科学的评估计划，使人力资本价值的评估结果更加准确、合理。

（四）综合性原则

企业人力资本价值的评估，不仅取决于企业人力资本所具有的实际价值，还取决于其他相关因素对企业整体价值的贡献。对企业人力资本价值的评估，必须综合考虑其在企业整体经营活动中的重要性，不能简单、孤立地确定人力资本的价值。

（五）替代性原则

在对人力资本价值进行评估时，需要考虑人力资本的替代性。如果存在效用相同的人力资本，企业决不会支付高于具有相同效用的替代资源的费用。因此，人力资本的可替代性是评估中必须考虑的一个重要因素。

三、人力资本类无形资产评估的方法

（一）成本途径评估人力资本类无形资产

运用成本途径评估人力资本类无形资产，通常是采用重置成本法评估训练有素的生产型集合劳动力的价值，因为这类人力资本类无形资产通常具有可替代性，其价值与取得成本的相关性较强。重置一个集合劳动力的成本包括招聘、雇用和培训替代劳动力的费用。

1.招聘和雇用的费用

招聘和雇用的费用包括：

（1）在招聘替代员工过程中所支付的公司员工工资和福利费；

（2）在面试替代员工过程中所支付的公司员工工资和福利费；

（3）在招聘和雇用替代员工过程中所发生的与这些员工有关的管理成本；

（4）直接招聘和雇用支出（广告费用和应聘人员的差旅费、住宿费、安家费）。

2.培训费用

培训费用一般包括：

（1）在培训替代员工过程中所支付的公司员工工资和福利费；

（2）在培训替代员工过程中所发生的与这些员工有关的管理成本；

（3）替代员工接受培训直至上岗期间的工资和福利费；

（4）直接培训支出。

在评估中，招聘、雇用和培训费用通常是按照员工报酬的一定比例来测算的，一般先划分员工级别，分别估计招聘、雇用和培训费用，然后用不同级别员工的全部报酬乘以招聘、雇用和培训的估计成本比例，得到企业训练有素的集合劳动力的价值。须注意应对员工劳动报酬按劳动力市场现行市价进行相应调整。

（二）收益途径评估人力资本类无形资产

经营管理型和技术研发型人力资本类无形资产能够对企业未来获得超额收益产生重要贡献，可考虑运用收益法对其价值进行评估。其依据是人力资本的价值是其预期能带来的超额价值收益资本化价值。具体方法有三种：未来工资收益贴现法、经济价值法和超额收益分成法。

1.未来工资收益贴现法

企业对人力资本的拥有实际上是通过契约对人力资本使用权的占有。对人力资本的真正所有者——劳动者——来说，其价值为通过出售人力资本的使用权而获得的未来预期工资收益的现值。对于训练有素的集合劳动力（生产型人力资本）来说，由于其能力和努力程度通常是可观察的，在一个竞争性的劳动力市场上，其价值存在一个基本的均衡状态，所以，这类人力资本对其所属企业来说，其现值仍然可用其未来工资收益的贴现值来表示。以上分析表明，未来工资收益贴现法一般仅适合对训练有素的集合劳动力进行评估。其计算公式为：

$$P_n = \sum_{t=n}^{m} \frac{I_t}{(1+r)^{t-n}}$$

式中：

P_n——n年龄职工的人力资本价值；

I_t——职工退休前的年度平均工资；

r——折现率；

n——职工当前年龄；

m——职工退休时的年龄。

此法在运用时，先根据企业目前的工资支出情况及劳动力市场上的工资水平，考虑工资的自然增长和通货膨胀因素，估算出企业职工的未来年平均工资水平，然后用上述公式计算出企业单个职工的价值，最后加总得到企业训练有素的集合劳动力的价值。这种方法忽略了职工个人可能因为其他原因离开企业，人力资本类无形资产随人力资本投资的增加而随时变化，以及企业从劳动力市场不断获取此类人力资本补充等因素的影响，从总体上保持一定的均衡，具有实际操作意义。

【例8-5】假设某企业聘任了5名年龄为35岁的高管，年薪50万元，公司规定：高管离职年龄为45岁。假定适用的折现率为10%，试估算该企业5名高管的人力资本价值。

解：评估过程如下：

根据资料，该企业的人力资本价值可以采用收益法中的未来工资收益贴现法进行评估。

$$P_{35} = \sum_{t=35}^{45} \frac{5 \times 50}{(1+10\%)^{t-35}} = 1\,786(万元)$$

该企业5名高管的人力资本价值为1 786万元。

2.经济价值法

经济价值法以"人力资本对企业的价值在于它未来能对企业提供的收益"为基础。这种方法不考虑人力资本的交换价值即职工工资，而只估算其对企业未来收益的贡献，能真实反映人力资本资产对企业的价值。其计算公式为：

$$V = \left[\sum_{t=1}^{n} \frac{R_t}{(1+r)^t} \right] \cdot H$$

式中：

V——用未来盈余现值表示的群体人力资本价值；

R_t——第t期企业未来净收益；

n——收益年限；

H——人力资本投资占总资产投资的比例，H=$\dfrac{\text{人力资本投资总额}}{\text{物力资本投资总额} + \text{人力资本投资总额}}$；

r——折现率。

3.超额收益分成法

超额收益分成法就是根据收益现值标准，在被评估企业家载体（企业）持续经营的情况下，对产生的预期收益考虑折现因素，引入分成率的概念来确定企业家价值的一种评估方法。其评估模型为：

$$P = \beta \sum_{t=1}^{n} \frac{R_t}{(1+r)^t}$$

式中：

P——企业家价值评估值。

β——分成率，即企业家对企业收益的贡献程度。

$$\beta = V\overline{\beta}$$

式中：

V——企业家综合素质评价值。

$$V = \sum_{i=1}^{n} W_i \alpha_i$$

W_i——指标权重。

α_i——指标评分标准。

$\overline{\beta}$——企业家对社会贡献的平均值。

R_t——第 t 年预期收益。

n——经营年限。

r——折现率。

运用这一模型对企业家价值进行评估的难点在于分成率的确定。

（三）股票期权评估法

股票期权是对人力资本的一种激励方式，它赋予股票期权所有者在未来一定时期内，按某一特定履约价买进或卖出其所持股票的权利。对于企业家、管理层人员及研发类技术人才等类型的人力资本来说，因为其能力及工作努力程度具有难以观察性，所以，通过股票期权激励，可使其价值最大化。同时这些股票期权价值也体现了他们自身的价值。

企业家、管理层及技术研发类人力资本资产对企业的价值可被认为是一种期权价值。它赋予企业物质资本所有者权利，在期权合约到期日当天按履约价格卖出某一特定数量的相关资产，这是一个虚拟过程。如果企业家经营企业资产，在一定期间内其资产价值低于某一价值，这时资产所有者有权利要求人力资本所有者按某一履约价格接受这一资产，从而把风险转嫁给人力资本所有者（减少人力资本直至为零，甚至为负值）。一般来说，人力资本所有者是看跌期权的卖出者，获得期权权利金（它相当于人力资本价值）。这样，人力资本的价值评估就是对这种期权的定价问题。根据 Black-Scholes 期权定价模型，所评估的人力资本资产在 T 期间对企业的价值为：

$$P = \{S [N(d_1) - 1] - Xe^{-rT} [N(d_2) - 1]\} \cdot n$$

式中：

S——当前股票价格。

X——到期日股票价格。

n——T期的企业股票数量。

$N(d_i)$ ——d_i的正态分布积分函数。

$$d_i = \frac{\ln(S/X) + (r + \sigma^2/2)\cdot T}{\sigma\sqrt{T}}$$

$$N(d_i) = \int_{-\infty}^{d_i} f(z)dz$$

式中：

f(z)——标准正态分布函数。

σ——股票价格变动率的自然对数的标准差。

一般来说，对期间T可考虑不同行业及评估的对象，分别取值5~10年。

【例8-6】B公司高级管理层拥有的总股票数为10 000万股，n＝10 000万股，S＝8元/股，X＝9元/股，r＝7%，σ＝10%，该公司高级管理层人力资本经营期为8年，即T＝8，试评估该公司高级管理层人力资本类无形资产的价值。

解：根据案例内容，该公司高级管理层人力资本价值可以采用股票期权评估法进行评估。

$$d_1 = \frac{\ln(8/9) + (7\% + 0.01/2) \times 8}{0.1 \times \sqrt{8}} = 1.704$$

$d_2 = d_1 - 0.1 \times \sqrt{8} = 1.704 - 0.2828 = 1.421$

$N(d_1) = 0.9554$

$N(d_2) = 0.9222$

$P = [8 \times (0.9554 - 1) - 9 \times e^{-0.07 \times 8} \times (0.9222 - 1)] \times 10\,000$
$= 431.5$（万元）

即B公司高级管理层人力资本价值为431.5万元。

四、人力资本类无形资产评估应注意的问题

(一)评估方法的合理选择

尽管所有的评估方法都可以用来评估人力资本类无形资产，但实际应用中应注意选择。由于成本和形成超额收益的弱对应性，成本法无法准确体现人力资本类无形资产的价值。收益法的应用可能出现的问题是，如果人力资本交易价格等于预期总收益，那么在未来若干年内，人力资本购买者将无利可图，加之市场的风险及产品的生命周期，因此购买人力资本将是毫无意义的行为。由于混淆了人力资本自身的价值和由人力资本带来的价值，收益法成为关于人力资本预期收益的评估方法，而不是关于人力资本价值的评估方法。市场法从理论上讲应是人力资本评估的首选方法，因为它体现了人力资本的市场价值，体现了市场对经济资源的主导配置作用。但是由于人们学识水平、社会阅历、实践经验等综合素质的差别，难以在市场上找到相应的可比参照物。所以我国资产评估界学者认为，由于

我国人力资本的市场不发达，缺乏交易对象与交易主体，就人力资本个体而言，缺乏资源的供给者即缺乏经理、高级技术人员，就人力资本的全体价值而言，缺乏资源的需求者，加上人力资本市场的透明度由于人力资本的独特性、垄断性、保密性而较低，因此，采用市场法评估人力资本缺乏现实的条件，无法在现实的人力资本评估中普遍应用。

（二）劳动力与企业之间的劳务协议对人力资本价值的影响

由于人力资本与其载体的不可分割性，企业只能通过协议拥有人力资本的使用控制权，这些协议的内容及约束力影响着人力资本类无形资产的价值。

（三）对人力资本类无形资产的分类评估

人力资本具有异质性，在评估中可参照企业的岗位设置情况对人力资本资产分类，分别采取相应的评估方法。如生产型人力资本可采用成本法或未来工资收益贴现法；经营管理层及技术研发型人力资本可采用超额收益分成法等。

（四）人力资本资产的稳定性

人力资本与其载体不可分割，随着载体的流动而流动。不同的行业中人力资本的流动速度不同。评估时应考虑企业的行业特点、企业人员的流动频率、人员的结构等因素。

任务六　特殊类无形资产评估案例

任务描述

通过对特许经营权评估案例的分析，掌握特许经营权类无形资产评估过程、评估方法的运用，进一步熟悉收益法在无形资产评估中的运用。

相关案例

公路收费权评估案例①

一、基本情况

被评估高速公路是经国务院主管部门批准建设的利用世界银行贷款修建的高速公路，是××省"十一五"交通重点建设项目。该地段位于××地区，沿线为平原微丘区及山岭重丘区，东起××，向西连接××，对促进沿线地区的经济发展起着重要作用。

经国务院交通主管部门批准，该高速公路的公路收费权拟对外转让，转让期为20年，评估基准日为2019年6月30日。

本案例委托评估的公路途经××地区，至××，全长98.913千米，设计标准为四车道、全封闭、全立交的高速公路。桥涵设计车辆荷载为汽车——超20级、挂车——120，设

① 刘伍堂，崔劲. 无形资产评估案例［M］. 北京：中国财政经济出版社，2004：203-210（编者有改动）.

计时速为100千米或120千米。全线设有6个收费站，1个管理处，并设有完善的交通设施、服务设施、管理设施。线路途经的平原微丘区长61.169千米，路基宽24.5米（其中：水泥混凝土行车道宽28.5米，水泥混凝土硬路肩宽22.25米）；山岭重丘区长37.744千米，路基宽21.5~23米（其中：水泥混凝土行车道宽28.5米，水泥混凝土硬路肩宽22.25米或22.15米）。其中：

1.A段：于2009年3月8日开工，2011年9月20日竣工，全长87.827千米，统一里程桩号为K205+293—K293+120；

2.B段：于2010年1月1日开工，2011年11月10日竣工，全长11.086千米，统一里程桩号为K293+121—K304+206。

高速公路近年来日均车流量及收费情况见表8-6。

表8-6　　　　　　　　　　高速公路近年来日均车流量及收费情况表

年份	车流量（辆/日）						收入（元/年）
	一类车	二类车	三类车	四类车	五类车	合计数	
2014	2 271	934	271	1	0	3 477	
2015	2 421	1 064	233	20	3	3 741	
2016	2 475	1 074	229	29	20	3 827	
2017	2 434	1 059	224	29	19	3 765	
2018	2 393	1 053	568	10	6	4 030	

二、技术思路

（一）计算模型

运用收益法评估收费权是从收益角度出发，通过估算被评估收费权未来n个年度可获得的净现金流量，采用适当的折现率折算成现值得到评估值。用公式表达如下：

$$P = \sum_{t=1}^{n} \left\{ \left[R_t \times (1 - f) - C_t - \frac{P}{n} \right] \times (1 - T) + \frac{P}{n} \right\} \times (1 + r)^{-t}$$

式中：

P——特许权评估值；

R_t——第t年公路车辆通行费收入；

C_t——第t年公路养护与管理费用；

T——所得税税率；

n——收益期限；

f——税金及附加的税（费）率；

r——折现率。

（二）收益法评估收费权适用的前提条件与假设

1.委估资产价值依据涉及持续经营能力；

2.考虑追加投资形成新增资产所取得的追加收益；

3.评估所依据的政策、法规等无重大调整；

4.公路所处地区的经济环境保持正常发展。

三、收费权价值评估步骤及各项参数取值说明

（一）收入预测

1.收费标准的预测

根据××省物价局、××省交通局、××省财政厅联合发布的有关××至××路段收费标准的文件，目前，××至××路段所执行的车辆通行费收费标准为小型车每车每千米费率为0.5元，其他各车型的收费标准以小型车每车每千米费率为基价并按各车型的收费系数具体确定。

根据相关研究的结果及历次收费标准的调整情况，结合当地的物价水平和其他地区的收费标准，考虑不同车型对收费标准的敏感程度以及现行的标准，本次评估对未来年度收费标准的调整执行如下方案：转让期间收费标准按每×年调整一次，每次调整金额根据车型分别确定。

2.交通量的预测

根据调查资料及交通量观察资料，按四阶法预测××至××路段远景设计平均日交通量（见表8-7）。

表8-7　　　　　　　　　　××至××路段日均交通量预测表　　　　　　　　单位：辆

年份	小客货	中客货	大客货	特客货	特货	合计
2019				8	4	
2020				9	5	
2021				11	5	
2022				12	6	
2023				13	7	
2024				15	8	
2025				17	9	
2026				19	9	
2027				21	10	
2028				23	11	
2029				25	12	
2030				28	13	
2031				31	13	
2032				33	14	
2033				36	15	
2034				39	16	
2035				42	18	
2036				45	19	
2037				48	20	
2038				53	22	
2039				54	23	

3.车辆通行费收入的预测

以××至××路段远景设计日均交通量预测作为基础，乘以收费标准得到车辆通行费收入。由于存在一些免费车辆，如军用车、消防车及交通管理车等，实际收费交通量略小于通行量。根据对××至××路段运营的统计分析，收费交通量的比例为通行量的97%。

（二）通行养护成本费用

该支出项目主要包括日常养管支出和大修理费用。

日常养管支出包括：公路小修保养、一般性公路维修工程、公路防护排水工程、公路绿化、公路通信监控支出、公路安全设施支出、工程抢修费、工程测试费、征收机构支出、养路其他费用和管理费用等。除非正常项目的支出外，2016年日常养管支出占全年车辆通行费收入的12%；2017年日常养管支出占全年车辆通行费收入的13%；2018年日常养管支出占全年车辆通行费收入的11%，综合考虑测算，转让期内年日常养管支出占全年车辆通行费收入的12%。

参考设计使用年限和设计、验收标准，结合公路的养护情况，本路段综合成新率为65%。按照行业主管部门颁布的文件规定并结合本路段的实际情况，拟每12~13年安排大修一次。按照《中华人民共和国公路法》的规定，公路收费权转让期结束后，公路应当处于良好的技术状态，需对路面进行翻修，参照现在同类工程造价并适当考虑物价变动因素估算每年每千米大修费用为20.62万元。

根据企业会计准则的要求，大修理费用采用在大修理间隔期内摊销的方法核算，第二次大修理费用在公路收费权转让结束前摊销完毕。

（三）税金及附加

增值税：收入的5%；

城市维护建设税：增值税的7%；

教育费附加：增值税的3%；

税金及附加合计：收入的5.5%。

（四）收费权价值摊销

假设收费权受让企业将有偿取得的收费权作为"无形资产"列支，按照会计制度的规定应在其经营期内按直线法摊销，即按2019年6月30日的评估值在转让期内平均摊销。年摊销费计算公式为：

$$年摊销费＝收费权价值÷转让期$$

（五）土地租赁费摊销

土地租赁费的摊销按与土地管理部门签订的收费标准计算，在转让期内平均摊销。

（六）所得税

根据我国现行法律规定，企业分年度获得的经营利润需依法缴纳所得税。评估中按照所得税税率25%进行预测。

（七）折现率的选择

从评估角度看，折现率等于无风险报酬率加上风险报酬率。

其中，无风险报酬率指资产在一般条件下的获利水平，无风险报酬率一般取经计算后的长期国债利率。

风险报酬率＝经营风险报酬率＋行业风险报酬率＋其他风险报酬率

根据该路段的实际情况对收费权风险做如下分析：

1. 经营风险

（1）通行费收费水平的现值。车辆通行费标准的制定和调整权在××省政府。因此，该项收费标准的调整幅度及调整时间能否及时地随物价水平调整将在一定程度上影响车辆通行费的收入。

（2）路面标准的限制。目前阶段尚不存在更新改造的风险，但不排除随我国经济繁荣、需求发展带来的汽车流量大幅度增长产生的交通瓶颈问题对路面标准出现新的需求的因素，从而增加改造工程的成本支出，减少公司利润。

（3）自然条件的限制。公路的运营情况与气候条件及自然灾害有着一定的相关性，如在雾、雪、雨天气下，车流量相应减少；地震、洪水、水灾、交通事故也会在不同程度上对车流量产生负面影响，甚至存在路面、路基被毁的风险。

2. 行业风险

（1）产业政策的限制。在我国经济的不同发展时期，国家和地方的产业指导性政策会有不同程度的调整。

（2）业内竞争。与××至××路段平行方向的××国道，虽然等级稍差，但仍可以吸引相当一部分车流，一些正在规划中的路线可能会对××至××路段的车流造成部分分流。同时，也要考虑铁路、航空对分散公路运输量的影响。

（3）行业依赖。车辆通行费收入的增减与其沿线周边城市经济发展有着密切的相关性，因此要考虑周边城市经济萎缩因素给公路行业带来的不良影响。

3. 其他风险

其他风险主要指通货膨胀因素。受国际国内多种因素的影响，我国经济目前仍基本处于通货膨胀状态。由于收费权的拟转让期限长达20年，不排除转让期间出现通货膨胀的可能，这将对通行费收入造成不良影响。

经上述计算分析，将折现率确定为9%。

（八）评估结果

经以上评估过程，××至××路段收费权价值评估结果为97 800.36万元（根据转受让双方协议确定并经相关政府部门批准，转让期限为20年）。

四、特殊说明

受所依据资料的局限性以及评估专业人员的能力所限，以上评估结果仅在上述所有假设条件下成立。

思政园地

走出中国特色知识产权发展之路

全面建设社会主义现代化国家，必须从国家战略高度和进入新发展阶段要求出发，全面加强知识产权保护工作，促进建设现代化经济体系，激发全社会创新活力，推动构建新发展格局。

来自世界知识产权组织的报告显示，2022年，我国全球创新指数排名已由第35位提升至第12位，位居中等收入经济体之首，是世界上进步最快的国家之一，《专利合作条约》（PCT）国际专利申请量连续三年位居世界首位，进入全球百强的科技集群数量跃居全球第二。

2022年上半年，我国知识产权高质量创造关键指标稳中有进——发明专利授权39.3万件，受理PCT国际专利申请3.3万件；我国发明专利有效量为390.6万件，同比增长17.5%。

2022年上半年，我国高新技术企业、专精特新"小巨人"企业15.5万家，以占国内企业47.8%的数量产生了国内企业63.3%的有效发明专利量，国内企业创新活力强劲。

深度参与世界知识产权组织框架下的全球知识产权治理，推动完善知识产权及相关国际贸易、国际投资等国际规则和标准，推动全球知识产权治理体制向着更加公正合理的方向发展。

资产评估行业在创新的浪潮中，应该积极把握机遇，作为一名资评人，深化运用多年来在知识产权价值评估方面所积累的研究经验与课题成果，科学公允地衡量知识产权价值，为科技创新提供重要的价值准绳，推动我国科技创新成果得到公平回报。

资料来源：王琳琳，董雪，吴慧珺. 走出中国特色知识产权发展之路［EB/OL］.［2022-08-14］. http：//www.news.cn/politics/2022-08/13/c_1128912457.htm.

项目小结

特许权、人力资源和客户资源等都是较为特殊的无形资产，是构成企业竞争力的重要因素，具有巨大的市场价值。评估这些特殊的无形资产，一般应关注其取得成本和对企业的贡献，主要采取成本途径和收益途径进行评估。

特许权也即专营权，是政府或企业授予的准许特定主体在一定地区、一定期限内生产经营某项业务或某类产品的特别权利。根据特许权取得的方式不同，评估中可以使用拍卖途径和收益途径。通过拍卖方式进行特许权转让，通常将拍卖价格作为资产评估值。对于以转让、招商、联营、入股等为目的的特许权评估，可以采用收益提成法和贴现现金流量法进行。

人力资本类无形资产是指企业拥有或控制的，渴望给企业带来未来经济利益的人力资本。其具有与所有者不可分离、能动的创造性、非同质性和社会性等特征。在评估中，其一般包括企业家人力资本、企业的管理团队、集合劳动力等。通常，劳动力与企业之间的劳务协议及其稳定性是影响人力资本类无形资产价值的主要因素。评估人力资本类无形资产主要通过两种途径：一是成本途径；二是收益途径。

客户泛指企业产品或劳务的购买者。其同样可以在市场上交易，给拥有者带来可预期的经济收益。客户类无形资产评估中，可以采用成本法、收益法和市场法。评估客户类无形资产最常用的方法是收益法——估计客户关系在剩余年限产生的未来预期收益的现值。在评估时，首先对客户类无形资产能带来的未来预期收益进行估计，然后以适当的折现率折算成现值，从而得到该客户类无形资产的价值。由于成本资料不易收集，故在客户类无形资产评估中很少采用成本法；由于寻找可比交易案例较为困难，在客户类无形资产评估中应用市场法具有很大的局限性。

实训设计

一、实训目标

通过对特许权、人力资本和客户等非常规无形资产评估的实际操作训练，同学们在掌握一般无形资产评估方法的基础上，从评估思路和技能方面有更广更深的拓展，增强胜任能力，更好地适应评估实践的需要。

二、实训项目与要求

1.实训组织

首先，将学生分组，每组10人左右，指定组长负责，明确目标和任务；然后，分组开展业务训练，写出实训过程和结果；最后，实训结束后，组长总结汇报实训活动。

2.实训项目

包括特许权评估、人力资本类无形资产评估和客户类无形资产评估三方面。

3.实训要求

（1）要求熟悉非常规无形资产评估中收益法、市场法和成本法的适用性，会合理选择评估方法并熟练确定相关参数。

（2）熟练运用收益提成法和贴现现金流量法评估特许权的价值。

（3）熟练掌握成本途径和收益途径评估人力资本类无形资产价值的具体应用方法。

（4）掌握客户类无形资产评估中收益法的应用。

三、成果检测

1.同学个人书面总结实训情况。

2.各组组长组织同学互相评价实训情况，提出同学的实训建议成绩。组长撰写小组实训报告，在班级进行交流汇报。

3.教师汇总实训所取得的成绩和存在的问题，提出今后的改进措施，并根据学生自评、互评情况和组长的建议，确定学生的实训成绩。

项目九
无形资产评估报告

【学习目标】
- 了解无形资产评估报告的含义、特征及作用；
- 熟悉无形资产评估报告的基本组成及格式。

【能力目标】
- 掌握无形资产评估报告的编制程序；
- 掌握无形资产评估报告的编制方法。

【思政目标】
- 树立诚信意识，按规定程序，实事求是出具评估报告；
- 树立正确的价值观，在编制资产评估报告时坚持职业操守，不为利益所驱动；
- 遵守职业规范，树立经济强国战略思想。

项目导入

如何编写无形资产评估报告

　　××有限公司股东拟用 AB 实用新型专利投资入股，委托中青资产评估师事务所对该公司所持有的 AB 实用新型专利在 2022 年 11 月 30 日的市场价值进行评估，以确定 AB 实用新型专利的市场价值，为此次经济行为提供价值参考意见。

　　中青资产评估师事务所接受该项评估业务，并根据国家有关资产评估的法律和国家其他有关部门的法规与规定，本着独立、公正、科学和客观的原则，实施了必要的评估程序，采用收益现值法对××有限公司股东投入的 AB 实用新型专利进行了评估，并得出如下评估结论：××有限公司股东投入的 AB 实用新型专利在评估基准日 2022 年 11 月 30 日的评估值为 104.33 万元人民币。

　　请思考：中青资产评估师事务所以何种方式将评估结果传递给××有限公司？评估报告应包含哪些内容？在无形资产评估报告编写过程中应注意哪些事项？应说明哪些事项？作为评估师，你将如何撰写此份评估报告？

　　【思政融通】面对复杂烦琐的无形资产评估报告撰写工作，无论是分类整理工作底稿、归集有关资料、汇总数据，还是计算评估值，每一步工作都需要脚踏实地地去做，需要团队的精诚合作。

任务一　无形资产评估报告概述

任务描述 ●●●

　　通过对无形资产评估报告的基本认识，了解无形资产评估报告的作用，掌握无形资产评估报告的编制程序。

相关知识 ●●●

一、无形资产评估报告的概念及种类

（一）无形资产评估报告的概念

　　无形资产评估报告是指资产评估机构及其资产评估专业人员遵守法律、行政法规和资产评估准则，根据委托履行必要的无形资产评估程序后，由资产评估机构对评估对象在评估基准日特定目的下的价值出具的专业报告。

　　资产评估专业人员应当根据无形资产评估业务的具体情况，提供能够满足委托人和

其他评估报告使用人合理需求的评估报告，并在评估报告中提供必要信息，使评估报告使用人能够合理理解评估结论。无形资产评估报告应当按照一定格式和内容进行编写，反映评估目的、对象和范围、价值类型、基准日、假设、程序、依据、方法、结果及适用条件等基本信息。

（二）无形资产评估报告的分类（见表9-1）

表9-1 无形资产评估报告的分类

分类标准	报告种类
按《资产评估法》规定的法律定位划分	法定评估业务评估报告
	非法定评估业务评估报告
按评估对象划分	单项资产评估报告
	整体资产评估报告
按报告基准日划分	现时性评估报告
	预测性评估报告
	追溯性评估报告
按监管主体的要求划分	国有资产业务评估报告
	非国有资产业务评估报告

二、无形资产评估报告的编制步骤

无形资产评估报告的制作是评估机构与资产评估专业人员完成评估工作的最后一道工序，也是无形资产评估工作中的一个重要环节，编制无形资产评估报告有以下几个步骤：

（一）分类整理工作底稿和归集有关资料

无形资产评估现场工作结束后，资产评估专业人员必须着手对现场工作底稿进行分类整理，同时对诸如被评估无形资产的背景材料、可供参考的数据记录、技术取得情况和价格取证等有关资料进行归集和登记。对于现场未予确定的事项，还须进一步落实和核查。工作底稿和有关资料是编制无形资产评估报告的基础。

（二）汇总无形资产评估明细表的数据

完成现场工作底稿和有关资料的归集后，资产评估专业人员应着手汇总无形资产评估明细表的数据，确定适当的汇总程序，采取自上而下逐级带入、先明细后汇总的方式，目的是保证最终结果的真实可靠。逐级汇总是指从委托评估的无形资产占有单位各基层核算单位、无形资产各类明细表起步，层层汇集委估无形资产的全部信息。在汇总过程中应反复核对有关表格的数字的关联性和各表格栏目之间的数字钩稽关系，防止出错。

（三）分析讨论无形资产初步评估数据

完成评估明细表的汇总工作后，得出无形资产评估的初步数据，评估专业人员应对初步数据进行分析讨论。首先，对被评估无形资产的增减值趋势、范围、原因等进行综合分析，如发现其中有不妥之处，要及时找出原因并进行必要的调整。其次，将采用一种方法得出的评估结果与采用另一种方法得出的结果进行比较分析，一般是将成本加和法的结果与收益现值法的结果进行对比分析，对两种结果产生的差异作出合理的解释并得出正确的结论，否则应该进一步检查直至将问题解决。

（四）编写无形资产评估报告

对无形资产评估初步数据经过分析和讨论，并对有关部分的数据进行调整后，由具体参加无形资产评估的各组负责人草拟出各自负责部分的评估说明，同时提交给全面负责此次评估的项目负责人，由项目负责人草拟无形资产评估报告（初稿），然后将无形资产评估的基本情况和评估报告初稿的结论经评估机构三级审核后与委托方交换意见，听取委托方的反馈意见后，在坚持独立、客观、公正原则的前提下，认真分析委托方提出的问题和建议，若评估报告中确实存在疏忽、遗漏或错误，应该进行修正，修正完毕即可撰写正式的无形资产评估报告。

（五）签发、送交无形资产评估报告

无形资产评估报告经审核无误后，由负责该项目的资产评估专业人员或评估师签章（两名或两名以上），并加盖机构公章。

无形资产评估报告签发盖章后即可连同评估说明及评估明细表送交委托方，并要及时、齐全和保密。

三、编制无形资产评估报告的要求

（一）陈述的内容应当清晰、准确，不得有误导性的表述

无形资产评估报告既是一份对被评估无形资产价值发表专业意见的重要法律文件，又是一份用来明确资产评估机构和评估专业人员工作责任的文字依据。其文字表达要求既要清晰、准确，又要提供充分的依据说明，还要全面地叙述整个评估的具体过程；表达内容必须明确，不得使用模棱两可的措辞；报告陈述既要简明扼要，又要把有关问题说明清楚，不得使用带有任何诱导、恭维和推荐性的陈述。

（二）应当提供必要信息，使无形资产评估报告使用人能够正确理解和使用评估结论

无论单独出具无形资产评估报告，还是将无形资产评估报告作为资产评估报告的组成部分，都应当在资产评估报告中披露必要信息，使资产评估报告使用人能够正确理解评估结论。资产评估专业人员应当根据每一个评估项目的具体情况和委托方的合理要求，确定评估报告中所提供信息的范围和程度，使评估报告使用人能够正确理解和使用报告的结论。判定一份评估报告是否提供了必要的信息，就要看评估报告使用人在阅读评估报告后能否对评估结论有正确的理解。这也是判定资产评估专业人员是否尽到了勤勉尽责的义务。

（三）合理确定评估报告的详略程度

委托人和其他评估报告使用人是评估报告的服务对象，因此评估报告内容的详略程度要考虑报告使用人的合理需求。作为理性的评估报告使用人，可能会要求资产评估专

业人员在评估报告中不仅提供评估结论，还要提供形成评估结论的详细过程，或者要求在评估报告中对某些方面提供更为详细的说明。因此，资产评估报告的详略程度是以评估报告中提供的必要信息为前提的，应当根据《资产评估执业准则——无形资产》披露要求、评估对象的复杂程度、委托人的合理需求来确定。

（四）评估程序受限对评估报告出具的要求

评估报告是在履行评估程序的基础上完成的。现实工作中，由于资产的特殊性、客观条件限制等原因，评估程序的履行可能存在障碍，需要资产评估专业人员采取相关的替代程序。因法律法规规定、客观条件限制，无法或者不能完全履行资产评估基本程序，经采取措施弥补程序缺失，且未对评估结论产生重大影响的，可以出具资产评估报告，但应当在资产评估报告中说明资产评估程序受限情况、处理方式及其对评估结论的影响。如果程序受限对评估结论产生重大影响或者无法判断其影响程度，不应出具资产评估报告。执行无形资产评估业务，应当合理使用评估假设和限制条件。

（五）签字印章要求

根据《资产评估执业准则——资产评估报告》的要求，资产评估报告应当由至少两名承办该项业务的资产评估专业人员签名并加盖资产评估机构印章。法定评估业务的资产评估报告应当由至少两名承办该项业务的资产评估师签名并加盖资产评估机构印章。

（六）语言及汇率要求

资产评估报告应当使用中文撰写。需要同时出具中外文资产评估报告的，以中文资产评估报告为准。

资产评估报告一般以人民币为计量币种，使用其他币种计量的，应当注明该币种在评估基准日与人民币的汇率。

（七）评估结论的使用有效期

评估结论反映评估基准日的价值判断，仅在评估基准日成立，所以资产评估报告应当明确评估结论的使用有效期。超过有效期限，评估基准日的评估结论很可能不能反映经济行为发生日的评估结论。

在基准日后的某个时期经济行为发生时，市场环境或资产状况未发生较大变化，评估结论在此期间有效，一旦市场价格标准或资产状况出现较大变动，则评估结论失效。对于现时性资产评估业务，通常只有当评估基准日与经济行为实现日相距不超过一年时，才可以使用资产评估报告。当然，有时评估基准日至经济行为发生日尽管不到一年，但市场条件或资产状况发生了重大变化，评估报告的结论不能反映经济行为实现日价值，这时也应该重新评估。

（八）评估报告的复核及反馈

资产评估报告的复核与反馈也是资产评估报告制作的一项具体要求。评估专业人员通过对工作底稿、评估明细表和报告正文的文字、格式及内容的复核和反馈，可以使有关错误、遗漏等问题在出具正式报告之前得到修正。对于评估专业人员来说，资产评估工作是一项由多个评估专业人员同时作业的中介业务，每个评估专业人员都有可能因能力、水平、经验、阅历及理论方法的限制而产生工作盲点和工作疏忽，所以，对资产评估报告初稿进行复核就成为必要。

　　大多数资产评估委托人和占有方对委托评估的无形资产比评估机构和评估专业人员更熟悉，所以在出具正式报告之前应征求委托人意见，收集反馈意见也很有必要。

　　对无形资产评估报告必须建立多级复核和交叉复核制度，明确复核人的职责，防止流于形式的复核。收集反馈意见主要是收集委托人或评估对象产权持有人等熟悉资产具体情况的人员的反馈意见。对委托人或者产权持有人的反馈信息，评估专业人员应谨慎对待，本着独立、客观、公正的态度处理其反馈意见。

　　【提示】撰写无形资产评估报告除了需要掌握上述八个方面评估报告的制作要求外，还应注意以下几个事项：

　　1.实事求是，切忌出具虚假报告

　　评估报告必须建立在真实、客观的基础上，不能脱离实际情况，更不能无中生有。报告拟定人应是参与该项目并全面了解该项目情况的主要评估人员。

　　2.坚持一致性做法，切忌出现表里不一

　　无形资产评估报告采用的格式和编制的内容应遵循资产评估报告准则，涉及企业、金融企业国有资产评估的，还应该分别遵循《企业国有资产评估报告指南》和《金融企业国有资产评估报告指南》的有关规定。

　　评估报告的文字、内容前后要一致，摘要、正文、评估说明、评估明细表的内容与格式、数据要一致。

　　3.关注评估对象法律权属

　　资产评估专业人员在执行资产评估业务时，应当关注评估对象的法律权属，并在评估报告中对评估对象法律权属及其证明资料的来源予以必要说明。资产评估专业人员不得对评估对象的法律权属提供保证。

任务二　无形资产评估报告的内容

任务描述

通过了解无形资产评估报告的格式、内容，掌握无形资产评估报告的编制方法。

相关知识

　　财政部于1999年颁布了《资产评估报告基本内容与格式的暂行规定》，2018年中评协修订了《资产评估执业准则——资产评估报告》（中评协〔2018〕35号）和《企业国有资产评估报告指南》（中评协〔2017〕42号），对资产评估报告的基本内容进行了规范。无形资产评估报告由标题及文号、目录、声明、摘要、正文、附件、评估明细表和评估说明构成。

一、标题及文号、目录、声明、摘要

（一）标题及文号

标题及文号是无形资产评估报告封面须载明的主要内容。

（1）资产评估报告封面书写规范要求：资产评估报告封面的左上方标示"本资产评估报告依据中国资产评估准则编制"。在其下方的中部依行书写评估报告的标题、文号、册数（包括装订总册数、装订册序号）、评估机构名称和无形资产评估报告日。具体见"任务五 无形资产评估报告案例"中无形资产评估报告封面。

（2）无形资产评估报告的标题格式规范要求："企业名称＋经济行为关键词＋评估对象＋资产评估报告"，如××有限公司拟投资入股涉及的实用新型专利资产评估报告。

（3）文号格式要求：包括资产评估机构特征字、种类特征字、年份、报告序号，如××评报字（202×）第××××号。

【提示】只有符合资产评估报告定义的无形资产评估报告，才能以"评估报告"标题出具。资产评估机构及其资产评估专业人员执行与估算相关的其他业务时，虽然可以参照评估报告准则出具相关报告，但此类报告并不是评估报告，不得以"评估报告"标题出具，以免给委托人和报告使用人造成误解。

（二）目录

目录应按评估报告各个组成部分的前后次序，列出其标题及对应的页码，以便报告使用者检索、阅读。无形资产评估报告的次页需要以目录形式列示评估报告的构成内容。

目录包括每一部分的标题和相应页码，一般只列明评估报告的一、二级标题。

（三）无形资产评估报告声明的内容

《资产评估执业准则——资产评估报告》第十二条中对资产评估师必须披露和声明的内容作出了明确的规定，这些声明既是资产评估师在评估过程中必须遵守的法律、法规及工作原则，应当承担的法律责任，也是资产评估师对所进行评估工作某些事项方面的承诺及对报告使用的限制。这些声明既对资产评估师起到合理保护的作用，也有利于引导评估报告使用者正确、恰当地使用评估报告。一般置于评估报告目录之后，摘要之前，根据准则的要求，无形资产评估报告声明主要包括下列内容。

（1）评估报告编制依据。评估报告应当声明，本资产评估报告依据财政部发布的资产评估基本准则、中国资产评估协会发布的资产评估执业准则和职业道德准则编制。

（2）使用评估报告的法律责任。评估报告应当明确，委托人或者其他资产评估报告使用人应当按照法律、行政法规规定和资产评估报告载明的使用范围使用资产评估报告；委托人或者其他资产评估报告使用人违反前述规定使用资产评估报告的，资产评估机构及其资产评估专业人员不承担责任。

（3）评估报告使用人的限制。评估报告应当规定，资产评估报告仅供委托人、资产评估委托合同中约定的其他资产评估报告使用人和法律、行政法规规定的资产评估报告使用人使用；除此之外，其他任何机构和个人不能成为资产评估报告的使用人。

（4）评估报告的合理使用。评估报告应当提示，资产评估报告使用人应当正确理解评估结论，评估结论不等同于评估对象可实现价格，评估结论不应当被认为是对评估对象可实现价格的保证。

（5）评估报告特别事项。评估报告应当提醒，资产评估报告使用人应当关注评估结论成立的假设前提、资产评估报告特别事项说明和使用限制。

（6）遵循的评估工作原则。评估报告应当承诺，资产评估机构及其资产评估专业人员遵守法律、行政法规和资产评估准则，坚持独立、客观、公正的原则，并对所出具的资产评估报告依法承担责任。

（7）其他需要声明的内容。评估机构及评估专业人员可以根据评估委托合同及评估业务的具体情况，确定评估报告声明的其他内容，并予以表述。

【提示】上述所列的7项声明内容是《资产评估执业准则——资产评估报告》所要求的一般性声明内容，资产评估专业人员在执行具体评估业务时，还应根据无形资产评估的具体情况，调整或细化声明内容。

（四）无形资产评估报告摘要

无形资产评估报告摘要是评估机构以较少的篇幅，将评估报告中的关键内容摘录并刊印在评估报告正文之前的部分，其作用是使各有关方了解该无形资产评估报告提供的主要信息，方便企业在注册等情况下使用。摘要应当简明扼要地反映无形资产评估的经济行为、评估目的、评估对象和评估范围、价值类型、评估基准日、评估方法、评估结论及使用有效期、对评估结论产生影响的特别事项等关键内容。摘要必须与评估报告揭示的结果一致，不得有误导性内容，并应当采用下述文字提醒使用者阅读全文："以上内容摘自资产评估报告，欲了解本评估项目的全面情况，应认真阅读资产评估报告全文。"（详见本项目任务五 无形资产评估报告案例）

二、无形资产评估报告正文

评估报告的正文是评估报告的主体，需要详尽阐述评估委托情况、评估基本事项、评估过程、评估结论、特别事项说明、使用限制说明等。评估报告正文前面应当有首部和绪言。根据《资产评估执业准则——资产评估报告》的规定，评估报告的正文应当包括以下基本内容（详见本项目任务五中无形资产评估报告正文内容和格式）。

1.委托人及其他资产评估报告使用人

评估报告应当介绍评估报告使用人的概况。使用人包括委托人、资产评估委托合同中约定的其他资产评估报告使用人和法律、行政法规规定的资产评估报告使用人。评估报告正文应分别介绍，主要包括：（1）单位名称、注册地址、主要经营场所地址、法定代表人、历史情况简介；（2）企业资产、财务、经营状况；（3）行业、地域的特点与地位以及相关的国家产业政策。同时还须写明委托方和资产占有方之间的隶属关系或经济关系，如无隶属或经济关系，则写明发生评估的原因。如资产占有方为多家企业，须逐一介绍。

2.评估目的

评估报告应当说明本次评估的目的及其对应的经济行为。应写明本次无形资产评估是为了满足委托方的何种需要及所对应的经济行为类型；评估报告载明的评估目的应当唯一，简要、准确地说明该经济行为的发生是否经过批准，如已获批准，则应写明已获得的相关经济行为批准文件，含批件名称、批准单位名称、确立日期及文号。

3.评估对象与评估范围

评估报告中应当载明评估对象和评估范围，并描述评估对象的权利状况及法律、经济、技术等具体特征。评估范围通常包括：产权因素、获利能力、成本因素、市场因素、有效期限、法律保护、风险因素等相关因素。根据具体经济行为，谨慎区分可辨认无形资产和不可辨认无形资产，单项无形资产和无形资产组合。应当要求委托人根据评估对象的具体情况与评估目的，对无形资产进行合理的分离或者合并，恰当进行单项无形资产或者无形资产组合的评估。如专利资产评估业务的评估对象是指专利资产权益，包括专利所有权和专利使用权；文化企业无形资产评估对象是指文化企业无形资产的财产权利或者特定无形资产组合的财产权利。

4.价值类型

评估报告应当明确价值类型及其定义。一般情况下可供选择的价值类型包括市场价值、投资价值、在用价值、清算价值等。如果选择市场价值以外的价值类型，还应当说明选择的理由。评估专业人员应当根据评估目的、评估对象、市场条件等选择适当的价值类型，注意价值类型与评估目的相匹配。在评估报告中，应当明确本次评估的价值类型，并给出价值类型的定义。

5.评估基准日

评估报告应当载明评估基准日，并与资产评估委托合同约定的评估基准日保持一致，可以是过去、现在或者未来的时点。这部分应该写明评估基准日的具体日期；写明确定评估基准日的理由或成立的条件；揭示确定评估基准日对评估结果的影响程度；须申明评估中所采用的价格是不是评估基准日的标准，如不是则说明原因；评估基准日的确定应由评估机构根据经济行为的性质由委托方确立，并尽可能与评估目的的实现日接近。

6.评估依据

评估报告应当说明评估采用的法律法规依据、准则依据、权属依据及取价依据等。法律法规依据包括无形资产评估的有关文件及涉及无形资产评估的有关法律、法规等，如《资产评估法》《专利法》《商标法》《民法典》等；准则依据包括本次评估所依据的资产评估基本准则和相关的具体准则、指南、指导意见等；权属依据包括评估无形资产的产权登记证书和其他权属证明文件等，如专利证书、专利要求书、注册商标证书、合同等；取价依据包括无形资产评估中直接或间接使用的、企业提供的财务会计经营方面的资料和评估机构收集的国家有关部门发布的统计资料和技术标准资料以及评估机构收集的有关询价资料和参数资料等。对无形资产评估项目中所采用的特殊依据应在本部分内容中披露。

【提示】国有资产评估报告的评估依据还包括行为依据，主要有进行无形资产评估的项目委托方的申请、股份企业董事会决议及无形资产评估立项批复等。

7.评估方法

确定无形资产价值的评估方法包括市场法、收益法和成本法三种基本方法及其衍生方法。评估报告应当说明所选用的评估方法及其理由，因适用性受限或者操作条件受限等而选择一种评估方法的，应当在资产评估报告中披露并说明原因。

如采用两种以上的评估方法，应适当说明原因并说明该评估结论确定的方法。根据《资产评估执业准则——无形资产》，无形资产评估报告应当说明有关评估方法的下列内容：（1）评估方法的选择及其理由；（2）各重要参数的来源、分析、比较与测算过程；（3）对测算结果进行分析，形成评估结论的过程；（4）评估结论成立的假设前提和限制条件。

8. 评估程序的实施过程和情况

评估报告应当说明资产评估程序实施过程中现场调查、收集整理评估资料、评定估算等主要内容。这部分应反映评估机构自接受无形资产评估项目委托起至提交评估报告的工作过程，包括接受委托、资产清查、评定估算、评估汇总、提交报告等过程。接受委托中应明确反映接受项目委托、确定评估目的和评估对象及范围、选定评估基准日、拟订评估计划的过程；资产清查中应反映指导无形资产占有方清查资产与收集准备资料、检查核实无形资产与验证资料的过程；评定估算中应反映现场检测与鉴定、选择评估方法、收集市场信息、具体计算的过程，在该部分应针对评估方法反映评估过程的特点；评估汇总中应反映评估结果汇总、评估结论分析、撰写说明与报告、内容复核的过程。

9. 评估假设

评估报告应当披露所使用的资产评估假设。评估结果是在一定的假设前提下得出来的，评估专业人员执行无形资产评估业务，应当科学合理使用评估假设。无形资产评估假设主要包括公开市场假设、持续使用假设和清算假设。

10. 评估结论

评估报告应当以文字和数字形式表述评估结论，并明确评估结论的使用有效期。评估结论通常是确定的数值。经与委托人沟通，评估结论可以是区间值或者其他形式的专业意见。这部分是评估报告正文的重要部分，应包括评估结果汇总表、评估后各无形资产占有方的份额和评估机构对评估结果发表的结论。评估结论须使用表述性文字完整地叙述无形资产的账面价值、调整后账面价值、评估价值及增减幅度，并含有"评估结论详细情况见评估明细表"的提示；评估结果除文字表述外，评估报告中还须按统一规定的格式列表揭示评估结果。存在多家资产占有方的项目，应分别说明评估结果。

11. 特别事项说明

特别事项是指评估专业人员在评估过程中发现的，可能影响评估结果的事项。这部分主要包括：（1）权属等主要资料不完整或者存在瑕疵的情形；（2）委托人未提供的其他关键资料情况；（3）未决事项、法律纠纷等不确定因素；（4）重要的利用专家工作及相关报告情况；（5）重大期后事项；（6）评估程序受限的有关情况、评估机构采取的弥补措施及对评估结论影响的情况；（7）其他需要说明的事项。这些事项主要表现为在已确定评估结果的前提下，评估人员揭示在评估过程中已发现可能影响评估结论，但非评估人员执业水平和能力所能评定估算的有关事项。资产评估报告应当重点提示资产评估报告使用人对特别事项予以关注。

12. 评估报告使用限制说明

使用限制是对评估报告的用途、使用者、有效期等所做的限定，评估报告的使用限制说明通常包括下列事项：

（1）使用范围；

（2）委托人或者其他资产评估报告使用人未按照法律、行政法规规定和资产评估报告载明的使用范围使用资产评估报告的，资产评估机构及其资产评估专业人员不承担责任；

（3）除委托人、资产评估委托合同中约定的其他资产评估报告使用人和法律、行政法规规定的资产评估报告使用人之外，其他任何机构和个人不能成为资产评估报告的使用人；

（4）资产评估报告使用人应当正确理解和使用评估结论，评估结论不等同于评估对象可实现价格，评估结论不应当被认为是对评估对象可实现价格的保证。

13.评估报告日

评估报告载明的资产评估报告日通常为评估结论形成的日期，可以不同于资产评估报告的签署日。评估报告日需要在评估报告中明确，以公历年、月、日的形式表现。评估报告日不同于评估基准日。

14.签字盖章

出具评估报告时应有资产评估专业人员的签名并加盖资产评估机构的印章。评估报告应当由至少两名承办该项业务的资产评估专业人员签名，法定评估业务的评估报告应当由至少两名承办该业务的资产评估师签名。

三、无形资产评估报告附件

评估报告附件是附在无形资产评估报告后面的文件与资料。评估报告使用者可以根据评估报告中披露的附件的名称以及附件内容判断评估报告的合法性，并在相应的评估工作底稿以及相关法律、行政法规和部门规章中找到相应的评估依据。附件内容应当与评估目的、评估方法、评估结果相关联。在评估过程中形成的一些无关的操作资料不应当作为评估报告的附件。评估报告附件至少应包括如下基本内容：

（一）评估对象所涉及的主要权属证明资料

在评估报告的正文中，评估专业人员已经阐述了评估的权属依据，评估报告中所涉及的权属证明材料名称、原件或复印件需要装订在附件中。权属依据证明材料主要包括专利证书、专利维持费缴款凭证、专利检索报告、商标权证书、特许经营权证书、著作权证书等。

（二）委托人和其他相关当事人的承诺函

在无形资产评估中，评估机构及其评估专业人员、委托人、相关当事人均要对自己的行为负法律责任，承诺其行为合法、真实、有效。评估机构及其评估专业人员的承诺已经在评估报告的"评估报告声明"中阐述，委托人和相关当事人的承诺函则要列在附件中。委托人和相关当事人应当承诺，无形资产评估所对应的经济行为符合国家规定，出具的无形资产权属证明文件合法有效，提供的资料真实完整，在评估操作过程中不干预评估专业人员独立、客观、公正地执业。委托人和相关当事人的承诺函由委托人和相关当事人签字、盖章。

（三）资产评估机构及签名资产评估专业人员的备案文件或者资格证明文件

评估机构承接评估业务必须具备相应的专业资格，在规定的范围和等级内从事评估业务。资产评估师从事法定评估业务，应当通过考试取得资产评估师资格及其他相应的资格。在无形资产评估报告中，应当将评估机构法人营业执照副本、评估机构资格证书复印件，以及签字资产评估师资格证书复印件作为附件装订。

（四）无形资产评估汇总表或者明细表

如果评估对象为多种无形资产或无形资产组，为使评估报告使用者能够更详细地了解委托评估无形资产的构成及具体情况，评估专业人员应当以附件的形式提供无形资产评估汇总表或者明细表。

无形资产评估明细表是反映被评估的无形资产评估前及评估后明细情况的表格。它是无形资产评估报告的组成部分，也是无形资产评估结果得到认可，评估目的的经济行为实现后作为调整账目的主要依据之一。

无形资产评估汇总表、无形资产评估明细表等具体格式见表9-2和表9-3。

表9-2　　　　　　　　　　　　无形资产评估汇总表

评估基准日：　　年　月　日

被评估单位（或者产权持有单位）：　　　　　　　　　　　　金额单位：人民币元

编号	科目名称	账面价值	评估价值	增减值	增减值率（%）
4-12-1	无形资产——专利资产				
4-12-2	无形资产——商标				
4-12-3	无形资产——其他无形资产				
	无形资产合计				
	减：无形资产减值准备				
	合　计				

被评估单位（或者产权持有单位）填表人：　　评估人员：　　填表日期：　年 月 日

表9-3　　　　　　　　　　　　无形资产评估明细表

评估基准日：　　年　月　日　　　　　　　　　　　共　页，第　页

被评估单位（或者产权持有单位）：　　　　　　　　　金额单位：人民币元

序号	无形资产内容或名称	取得日期	法定/预计使用年限	原始入账价值	账面价值	尚可使用年限	评估价值	增减值	增减值率（%）	备注
	合计									

被评估单位（或者产权持有单位）填表人：　　评估人员：　　填表日期：　年 月 日

注：（1）表头应当含有被评估无形资产名称、被评估单位（或者产权持有单位）、评估基准日、表号、金额单位、页码。

（2）表中应当含有具体无形资产的名称（明细）、发生（购、建、创）日期、账面价值、评估价值、评估增减幅度等基本内容。必要时，在备注栏对技术参数或者经营业务、事项情况进行注释。

（3）表尾应当标明被评估单位（或者产权持有单位）填表人员、填表日期和评估人员。

（五）资产账面价值与评估结论存在较大差异的说明

这部分应说明评估结果与调整后账面价值的比较变动情况，包括绝对变动额和相对变动率；分析评估结果与调整后账面价值的比较变动原因。在评估结论成立的条件中写明评估结论系根据正文中描述的评估原则、依据、前提、方法、程序得出的；写明评估结论仅为本评估目的服务；写明评估结论系对评估基准日无形资产公允价值的反映；写明评估结论只有在上述原则、依据、前提存在的条件下成立；写明是否考虑了国家宏观经济政策发生重大变化以及遇有自然力和其他不可抗力的影响；写明是否考虑了特殊交易方式对评估结论的影响；写明评估结论是本评估机构出具的，受本机构评估人员的执业水平和能力的影响。

评估报告附件置于无形资产评估报告的正文之后，以目录的形式列出附件的名称，并将具体的文件、证明材料、函件、清单、证书等材料的原件或复印件装订其后。相关附件应当清晰、完整，内容应当与评估报告摘要、正文一致。如果附件为复印件，应当保证其真实性，内容与原件一致。

【提示】企业国有资产评估报告和金融企业国有资产评估报告根据《企业国有资产评估报告指南》和《金融企业国有资产评估报告指南》的规定，均由标题、文号、声明、摘要、正文、附件、评估明细表和评估说明构成。

同普通资产评估报告相比，企业国有资产评估报告增加了评估明细表和评估说明两个项目。对于企业国有无形资产评估项目，评估专业人员应当根据国有资产行政管理部门的要求，另行提供相关明细表和评估说明，作为国有资产评估核准备案专用材料的一部分。评估明细表是反映被评估资产明细情况的表格。评估专业人员应当编制评估明细表，分类列示评估对象的构成情况。评估说明是对评估对象进行核实、评定估算的详细说明，供国有资产监督管理机构、相关监管机构和部门使用。评估说明应当做到内容完整、表述清晰，并充分考虑不同经济行为和不同评估方法的特点。

除增加了评估明细表和评估说明两个项目外，企业国有资产评估报告与一般资产评估报告相比还存在一些差异。《企业国有资产评估报告指南》对编制和出具企业国有资产评估报告行为进行了规范，结合企业国有资产评估的特点对评估报告的具体内容与构成进行了细化。此项指南指出了企业国有资产评估报告的基本要求，对企业国有资产评估报告的标题、文号、声明和摘要、正文、附件、评估明细表、评估说明、出具与装订方法做出了详细的说明，并以附件的形式对评估报告的编制进行了指引。如果涉及的无形资产评估属于国有资产评估业务，评估机构及其评估专业人员需要参照该指南的要求编制评估报告。

四、无形资产评估报告中应介绍无形资产的相关知识

根据《资产评估执业准则——无形资产》，无形资产评估报告应当说明下列内容：

1.无形资产的性质、权利状况及限制条件

资产评估专业人员或评估师应对无形资产的全部情况与特征进行披露，包括无形资产的类型；无形资产的权利范围；无形资产的外部特征，如法定名称、法定标识、有效范围、法定期限、剩余有效期限等内容；无形资产的内涵与特点等四个方面。

评估报告中需真实反映无形资产的权属情况，从两方面关注权属问题：其一，说明各权利人之间协议变更的签署，变更协议书数量或具体人员，在国家法定机关登记变更，导致权属的变化。其二，因无形资产的交易而变动，包括以该无形资产投资、转让和入股等，使无形资产的权属发生变动。

2.对无形资产实施的地域限制、领域限制及法律法规限制条件

我国《专利法》《商标法》《著作权法》等法律法规对专利权、商标权、著作权等实施的地域、领域、使用时效、使用条件等做出了相应规定，而这些无形资产实施的地域、领域、使用时效、使用条件等会对其价值产生较大影响。因此，在评估报告中要进行说明。

3.与无形资产相关的宏观经济和行业的前景

资产评估专业人员或评估师在对无形资产的前景和未来收益能力进行预测时，需要对国家宏观经济前景和行业前景进行分析和预测，即宏观经济前景是微观预测的前提和基础，之后再分析无形资产所在行业的发展趋势，进而为被评估无形资产未来的前景预测打下基础。资产评估专业人员在报告中对宏观经济和行业前景的分析必须明确说明。

4.无形资产的历史、现实状况与发展前景

无形资产的历史状况是指被评估无形资产过去研究、开发、评审、注册登记、试验与应用和成长的过程。通过说明有助于了解无形资产的现实状况。

竞争的存在对无形资产价值构成产生重要的影响，因为技术市场上的竞争导致获得该项技术的成本下降，产品市场的竞争导致该项技术所创造的收益下降，因此，竞争对无形资产的评估结论将产生显著的影响，在评估中对可能存在的竞争情况需广泛了解，予以披露。

资产评估专业人员在对宏观经济、行业前景与所评估的无形资产的内容与特点和竞争状况作出综合分析预测的基础上，要对无形资产的前景进行预测。这种定性预测结论，对评估计算的定量分析的预测将起决定性作用。

5.评估依据的信息来源

资产评估专业人员或评估师应对在评估计算过程中所使用的各种信息的来源渠道作出必要的说明。

6.其他必要信息

其他必要信息包括无形资产以往的交易情况等。在市场经济趋于成熟的条件下，无形资产的交易也日趋频繁，它是实现价值的重要手段之一，这些因素导致了实施主体和实施范围的多样化和广泛性。格外关注以往的交易情况，对每次交易的影响作出详细的披露和说明，便于资产评估专业人员正确判断和预测无形资产价值，同时也有利于投资人或报告使用人正确应用和理解评估结论。

任务三 无形资产评估报告的分析与使用

任务描述

通过对无形资产评估报告如何进行分析的学习，掌握相关部门如何使用无形资产评估报告。

相关知识

一、无形资产评估报告的分析

无形资产评估报告作为一种信息来源，使用者通过对报告进行分析，可以判断资产评估机构业务能力的强弱以及无形资产评估意见是否科学、评估价值是否合理、评估结果是否真实可靠。无形资产评估报告的分析可以从以下三方面进行：

（一）对无形资产评估报告进行逻辑分析

逻辑分析是指报告使用者根据所掌握的资料，从以下三方面进行的分析：从无形资产评估目的、评估依据的前提条件与评估方法选择之间是否具有一致性进行的分析；从评估范围与资产之间是否具有一致性进行的分析；从无形资产作价的前提条件与作价依据之间是否具有一致性进行的分析。通过三方面的分析，判断评估思路是否清晰、评估结论是否符合客观实际。

（二）对无形资产评估运用的市场信息资料进行对比分析

市场信息资料的对比分析，主要是指报告使用者在占有大量可靠的市场资料的基础上，分析评估机构选择的无形资产参照价格及价格构成因素与评估前提条件是否吻合；分析评估机构选择的参照价格及有关资料是否准确可靠，其中包括计算收益现值所选择的折现率、运用的价格变动指数等。通过分析判断无形资产评估值的合理性。

（三）对无形资产评估计算表格数据进行分析

对计算表格数据的分析，主要是指对无形资产评估运用的计算方法是否严谨科学、成本构成是否合理、计算数字是否准确、分项计算与汇总结果是否吻合、计算思路与文字报告是否一致等方面进行的分析，通过分析判断无形资产评估结果的准确性、可靠性。

二、无形资产评估报告的使用

（一）委托方对无形资产评估报告的使用

委托方在收到评估机构送交的无形资产评估报告及有关资料后，可依据报告中所揭示的无形资产评估目的、评估结论，合理使用无形资产评估结果。委托方对无形资产评估报告的使用主要体现于以下四个方面：

1.作为无形资产产权交易作价的依据

当资产占有单位需要进行无形资产转让或投资等业务时，一般应进行无形资产评估，其评估资料可以作为委托方确定无形资产价格的参考，或作为各方确定出资价格、出资比例的证明材料。

2.作为法庭辩论和裁决时确认无形资产价格的举证材料

通常在发生涉及无形资产的经济案件时，无形资产评估结果可以作为法庭作出裁决的证明材料。

3.作为企业进行无形资产账务处理的依据

委托方可以根据无形资产评估报告及各类评估明细表中的有关数据，在资产交易方或投资各方确认的情况下，作为企业进行无形资产会计记录并据以登记会计账簿的依据。

4.作为支付无形资产评估费用的依据

当无形资产评估的材料及结果符合相应条款，委托方对无形资产评估报告及相关资料无任何异议时，应该以无形资产评估报告为前提和依据向受托方支付评估费用。

（二）资产评估管理机构及相关部门对无形资产评估报告的使用

需要使用无形资产评估报告的机构除了资产评估管理机构外，还包括证券监督管理部门、保险监督管理部门、市场监督管理部门、税务机关、金融机构和法院等。

资产评估管理机构主要是指对资产评估行业进行行政管理的主管机关和对资产评估行业进行自律管理的行业协会。这些机构对无形资产评估报告的使用表现在两个方面：一是将无形资产评估报告作为一种动态信息资料，随时了解评估动态以及评估机构无形资产评估工作情况，判断评估机构进行无形资产评估的业务能力和组织管理水平，评价无形资产评估结果的质量，以利于对评估机构的管理；二是将报告作为研究分析、完善和改进无形资产评估工作的资料，同时也可以在上级部门检查工作或发生纠纷时备查使用。

其他相关管理机构分别依据其各自目的对无形资产评估报告加以使用，以实现各自的管理职能。

任务四　无形资产评估档案

任务描述 ●●●

本任务主要介绍无形资产评估档案的概念及工作底稿的概念、作用、基本内容、编制方法，以及归档的管理要求，通过学习，掌握无形资产评估工作底稿的编制和归档管理。

⬤⬤ 相关知识 ◆◆◆

一、无形资产评估档案的基本概念

无形资产评估档案，是指资产评估机构开展无形资产评估业务形成的，反映无形资产评估程序实施情况、支持评估结论的工作底稿、无形资产评估报告及其他相关资料。

无形资产评估档案的具体内容包括：向委托人出具的无形资产评估报告（包括附件）、工作底稿的内容、评估机构及其专业人员认为有必要保存的其他评估资料。

纳入无形资产评估档案的无形资产评估报告应当包括初步无形资产评估报告和正式无形资产评估报告。

资产评估机构在提交评估报告后，应当按照法律、行政法规和《资产评估执业准则——资产评估档案》的规定建立健全资产评估档案管理制度并妥善管理资产评估档案。

二、无形资产评估工作底稿的概念、分类及作用

工作底稿是评估档案的重要组成部分，是以书面记录的形式完整反映评估工作的全过程。

（一）无形资产评估工作底稿的概念

无形资产评估工作底稿是指资产评估专业人员在无形资产评估过程中，计划评估工作、执行评估程序和报告评估意见的过程中形成的工作记录，它以书面的形式完整反映无形资产评估工作的全过程。资产评估机构和人员应当将资产评估程序的组织实施情况记录于工作底稿，并将主要资产评估程序执行情况在资产评估报告中予以披露。

（二）无形资产评估工作底稿的分类

1.按照工作底稿的载体分类

按照工作底稿的载体分类，可以分为纸质文档、电子文档和其他介质形式的文档。

资产评估委托合同、资产评估报告应当形成纸质文档；评估明细表、评估说明可以是纸质文档、电子文档或者其他介质形式的文档。

同时以纸质和其他介质形式保存的文档，其内容应当相互匹配，不一致的以纸质文档为准。

资产评估机构及其资产评估专业人员应当根据资产评估业务具体情况和工作底稿介质的理化特性谨慎选择工作底稿的介质形式，并在评估项目归档目录中按照评估准则要求注明文档的介质形式。

2.按照工作底稿的内容分类

按照工作底稿的内容，可以分为管理类工作底稿和操作类工作底稿（详见本任务二中的无形资产评估工作底稿的基本内容）。

（三）无形资产评估工作底稿的作用

1.无形资产评估工作底稿是形成评估报告的直接依据

无形资产评估工作底稿记录了被评估无形资产的状态，以及评估方法、作价依据和作价计算过程等，因而是形成评估报告最直接的依据。

2.无形资产评估工作底稿是评估和考核无形资产评估人员专业能力和工作业绩的依据

无形资产评估人员在进行评估作业时，是否实施了必要的评估操作程序、所选用的评估方法是否恰当、依据的作价标准是否正确、执业判断和计算结果是否准确等，都会通过工作底稿反映出来。通过检查评估工作底稿，可以较为客观地评价资产评估师的专业能力，考核资产评估师的工作业绩。

3.无形资产评估工作底稿是界定无形资产评估人员责任的依据

规避评估风险和澄清评估责任是评估机构和资产评估师在执业过程中需要特别关注的重要问题。完整的工作底稿是澄清评估师是否按行业标准进行评估操作以及有关方面是否提供了真实准确的法律文件的证据。

4.无形资产评估工作底稿是控制评估质量和监控评估工作的手段

按照一定的规范格式和内容编写评估工作底稿，是约束无形资产评估专业人员的执业行为和控制质量的重要手段。

三、无形资产评估工作底稿的基本内容

《资产评估执业准则——资产评估档案》第九条规定，工作底稿通常分为管理类工作底稿和操作类工作底稿。

（一）管理类工作底稿

管理类工作底稿是指资产评估专业人员在执行评估业务过程中，为受理、计划、控制、管理资产评估业务所形成的工作记录及相关资料。资产评估档案准则规定的管理类工作底稿通常包括以下内容：

1.无形资产评估业务基本事项的记录

承接无形资产评估项目，首先应尽可能了解委托方、相关当事方的有关事项。有关事项主要有：（1）评估项目的洽谈人，委托方名称、联系人，相关当事方（主要是资产占有方）名称、地址、法定代表人、企业性质、注册资金、经营期限、经营范围、联系人等基本情况；（2）相关当事方与委托方的关系；（3）评估报告使用者与委托方、资产占有方等相关当事方的关系；（4）评估目的；（5）评估对象和评估范围；（6）委估无形资产状况；（7）价值类型；（8）评估基准日；（9）评估假设、限制条件；（10）评估报告的类型、提交时间和方式，以及评估服务费总额、支付时间和方式。

2.无形资产评估委托合同

无形资产评估委托合同工作底稿应当反映评估委托合同签订以及评估目的、评估对象和范围、评估基准日、价值类型、评估服务费、评估报告类型、评估报告提交时间和方式等发生变更的过程。

3.无形资产评估业务计划

评估业务计划工作底稿主要包括以下主要内容：（1）项目经理对实施评估程序的步骤、时间进度、人员落实、费用预算等安排；（2）项目经理在评估过程中根据情况变化保存调整记录；（3）评估机构负责人的审核、批准意见。

4.无形资产评估业务执行过程中重大问题的处理记录

无形资产评估业务执行过程中重大问题处理记录的工作底稿，应当反映评估项目实施中，无形资产评估专业人员遇到重大问题向评估机构负责人请示，经评估机构负责人会同有关部门商定签发处理意见，由评估专业人员根据批示意见处理的记录。

5.无形资产评估报告审核情况

评估报告审核工作底稿，应当反映评估机构内部各级审核情况，明确列示审核意见。评估报告审核是评估机构保证评估质量、降低评估风险的重要手段，是必经的内部控制程序。

6.无形资产评估专业人员在评估中形成的其他管理类工作底稿

无形资产评估专业人员在评估中形成的其他管理类工作底稿，应当在归档时一并保存。其他管理类工作底稿包括：与委托方、相关当事方和其他中介机构往来的资料，委托人提供的反馈意见、管理部门提出的评审意见以及资产评估专业人员对相关意见的处理信息，项目核准或备案文件，专家讨论会记录，无形资产评估人员认为需要保存的其他相关资料。

无形资产管理类工作底稿一般由项目负责人编制，应贯穿无形资产项目评估的全过程。

（二）操作类工作底稿

操作类工作底稿是指在履行现场调查、收集评估资料和评定估算程序时所形成的工作记录及相关资料。操作类工作底稿的内容因评估目的、评估对象和评估方法等的不同而有所差异。操作类工作底稿按评估内容分类，通常包括以下几方面：

1.现场调查记录

（1）委托人或者其他相关当事人提供的资料，如无形资产评估明细表，评估对象的权属证明资料，与评估业务相关的历史、预测、财务、审计等资料，以及相关说明、证明和承诺等。

（2）现场勘查记录、书面询问记录、函证记录等。

（3）其他相关资料。委托方提供的资产评估申报资料。

2.收集的评估资料

收集的评估资料包括：市场调查及数据分析资料，询价记录，其他专家鉴定，专业人士报告，其他相关资料。

3.评定估算过程记录

评定估算过程记录包括：重要参数的选取和形成过程记录，价值分析、计算、判断过程记录，评估结论形成过程记录，与委托人或者其他相关当事人的沟通记录，其他相关资料。

一般而言，操作类工作底稿大都产生在无形资产清查和评定阶段。

【提示】资产评估专业人员收集委托人或者其他相关当事人提供的资产评估明细表及其他重要资料作为工作底稿，应当由提供方对相关资料进行确认，确认方式包括签字、盖章或者法律允许的其他方式。资产评估项目所涉及的经济行为需要批准的，应当将批准文件归档。

四、无形资产评估工作底稿编制的原则和要求

（一）无形资产评估工作底稿编制的原则

工作底稿应当反映评估程序实施情况，支持评估结论。因此，在编制无形资产评估工作底稿时应遵循以下几项原则：

1.真实性原则

无形资产评估工作底稿的内容必须真实，应真实地反映和记录评估全过程，在评估过程的每一阶段，工作底稿都必须以每一项工作的真实情况为依据，是无形资产评估专业人员工作过程的如实记录和反映，内容真实可靠。

2.完整性原则

无形资产评估工作底稿的内容应覆盖无形资产评估工作的全过程，无形资产评估专业人员在执行评估业务过程中，应当在每个具体的工作过程中都形成工作底稿，工作底稿是用来反映评估过程有关资料、数据内容的记录，其目的是支持评估结论。所以，与支撑评估报告有关的所有资料均应当收纳为工作底稿。

3.一致性原则

无形资产评估工作底稿必须是支持评估结论的。所以，无形资产评估工作底稿中所涉及的每一事项和专业判断均应与评估报告中提出的评估意见一致。

（二）无形资产评估工作底稿编制的要求

1.遵守法律、行政法规和资产评估准则方面的要求

无形资产评估工作底稿编制应当遵守法律、行政法规和资产评估准则等要求：一方面，应当遵守工作底稿编制和管理涉及的法律、行政法规，如《档案法》《资产评估法》《国有资产评估管理办法》《国有资产评估管理若干问题的规定》等；另一方面，应当遵守相关资产评估准则对编制和管理工作底稿的规范要求，如《资产评估基本准则》《资产评估执业准则——资产评估程序》《资产评估执业准则——资产评估档案》等。

2.无形资产评估工作底稿编制的内容要求

根据《资产评估基本准则》，工作底稿应当真实完整、重点突出、记录清晰，能够如实反映无形资产评估程序实施情况、支持评估结论。

（1）真实完整。

工作底稿反映的内容和情况应当是实际存在和实际发生的，强调评估委托事项、评估对象、评估程序实施过程的真实性。

工作底稿所反映的评估内容是完整的。不仅要求工作底稿内容真实，而且要求全面反映评估程序实施过程，不能遗漏。如评估对象的现场调查和评定估算等都应有真实完整的记录。

真实完整的要求，突出了事件的真实性。它不是杜撰的，评估委托事项、被评估资

产和评估行为都是真实可信的，它要求工作底稿所反映的评估内容是完整的，每一项评估程序的执行，对每一个评估对象的现场调查、评估估算，都有一个完整的记录。

（2）重点突出、繁简得当。

无形资产评估工作底稿应重点反映对评估结论有重大影响的内容。工作底稿应当真实完整，并不排斥非重点无形资产的现场调查、评定估算可以简略。《资产评估执业准则——资产评估程序》第十二条指出，资产评估专业人员可以根据重要性原则采用逐项或抽样等方式进行现场调查。

重点突出是要求对工作底稿中支持评估结论的底稿材料突出，凡对评估结论有重大影响的文件资料和现场调查、评定估算过程，都应当收集归档。无形资产评估工作底稿应根据记录内容的不同繁简得当，即对重要内容详细记录，对一般内容简单记录。

（3）记录清晰。

一是记录内容要清晰，使审核人员、工作底稿使用者通过查阅对评估过程的描述，对评估过程有清晰的认识。二是记录字迹要清晰。现场调查的工作底稿大都在现场撰写。有些评估师现场调查后，记录下的字自己都认不清，这样的工作底稿如何让别人复核，如何作为支撑评估结论的依据。所以，记录清晰是工作底稿的一个基本要求。

（4）工作底稿必须如实反映和记录评估全过程，支持评估结论。

在评估程序实施的各个阶段，如订立评估委托合同，编制资产评估计划，进行评估现场调查，收集整理评估资料，评定估算形成结论，编制出具评估报告等各阶段，都应当将工作过程如实记录和反映在工作底稿中。

工作底稿是用来反映评估过程有关资料、数据内容的记录，是为最终完成评估业务服务的，其目的是支持评估结论。与评估报告有关或支持评估结论的所有资料均应当形成相应的工作底稿。

3.无形资产评估工作底稿编制的形式要求

（1）要素齐全。构成评估工作底稿的基本内容应全部包括在内。

（2）格式规范。工作底稿所采用的格式应规范，但不意味着格式统一。每一项无形资产所适用的评估工作底稿格式都可以根据无形资产自身的特点进行设计和规范。

（3）标识一致。使用的评估符号含义应前后一致，并明确反映在评估工作底稿中。

4.评估工作底稿编制的具体要求

（1）委托人和其他相关当事人提供的档案应由提供方确认。资产评估专业人员收集委托人和相关当事人提供的重要资料作为工作底稿，应当由提供方对相关资料进行确认，确认方式包括但不限于签字、盖章、法律允许的其他方式等。对所提供资料确认实际上是责任划分问题，提供资料的一方，原则上应当对资料的真实性、完整性、合法性负责。

（2）编制目录和索引号。细化的工作底稿种类繁多，不编制索引号和页码将很难查找，利用交叉索引和备注说明等形式能完整地反映工作底稿间的钩稽关系并避免重复。资产评估专业人员应当根据评估业务特点和工作底稿类别，编制工作底稿目录，建立必要的索引号，以反映工作底稿间的钩稽关系。

（3）应当反映内部审核过程。工作底稿一般是评估项目组的成员在评估时编制的，由于种种原因，编制可能产生差错、遗漏等问题，因此，在工作底稿的编制过程中，需要经过必要的审核程序，包括对文字、数字、计算过程等内容的审核。

五、无形资产评估档案的归集和管理

无形资产评估业务完成后，资产评估专业人员应将工作底稿与评估报告等归集形成评估档案后及时向档案管理人员移交，并由所在资产评估机构按照国家有关法律、法规及评估准则的规定妥善管理。

（一）工作底稿归档

在工作底稿归档的具体工作中，评估机构应做到以下几个方面：

1.评估档案归集

为了保证档案管理的规范性，资产评估机构应明确档案管理人员对评估业务档案进行管理。每项业务完成后，资产评估专业人员应及时安排完善档案归集工作，编制目录并装订成册，经检查合格后，移交档案管理人员。

2.确定档案的内容及形式

档案的形式除了纸质文件，还有电子文档或其他介质形式。对于纸质文件，应分类并装订成册。

3.电子文档的管理

由于电子文档或其他介质形式的业务档案存在被修改以及经过长时间保存或技术进步等原因导致数据难以读取等问题，因此在具体操作中，评估机构、资产评估专业人员及档案管理人员应按要求加强对电子文档的管理。

（二）评估档案保存

1.评估档案的归集期限

资产评估专业人员通常应当在无形资产评估报告日后90日内将工作底稿与无形资产评估报告等归集形成评估档案，并在归档目录中注明文档介质形式，重大或者特殊项目的归档时限为评估结论使用有效期届满后30日内，并由所在资产评估机构按照国家有关法律、行政法规和相关资产评估准则的规定妥善管理。

档案管理人员应对评估档案登记造册，整齐存放，妥善保管，并定期（如每年年底）对档案进行核对，确保业务档案的安全、完整。对于电子文档或者其他介质的评估档案，资产评估机构应当在法定保存期限内妥善保存。

2.评估档案的保管期限

根据《中华人民共和国资产评估法》的规定，一般评估业务的评估档案保存期限不少于15年，法定评估业务的评估档案保存期限不少于30年。评估档案的保存期限，自资产评估报告日起算。

《资产评估执业准则——资产评估档案》规定：资产评估机构应当在法定保存期内妥善保存资产评估档案，保证资产评估档案安全和持续使用。资产评估档案自资产评估报告日起保存期限不少于15年；属于法定资产评估业务的，不少于30年。资产评估档案应当由资产评估机构集中统一管理，不得由原制作人单独分散保存。资产评估机构不

得对在法定保存期内的资产评估档案非法删改或者销毁。

　　无形资产评估机构要有明确的档案建设和管理意识，无形资产评估工作底稿档案规范化管理的基本要求有：专人专管；按项目立卷，统一编号；资料完整；及时归档；真实可靠；安全保密。

　　（三）评估档案的保密与查阅

　　无形资产评估项目完成并归档后，资产评估机构不得对在规定保存期内的评估档案非法删改或者销毁。对违反规定并造成损失的人员，由档案行政管理部门、有关主管部门依法处理。

　　评估机构应建立评估档案保密制度，并认真履行保密责任。档案管理人员要加强保密观念，明确保密档案的范围和保密要求，严格执行公司内部的各项保密规定和纪律。

　　无形资产评估档案涉及客户的商业秘密和技术秘密的，评估机构和资产评估专业人员有责任为客户保密。按照资产评估师职业道德规范的要求，无形资产评估机构、资产评估专业人员应当为其保密。因此，无形资产评估档案的管理应当严格执行保密制度。除下列情形外，资产评估档案不得对外提供：①国家机关依法调阅的；②资产评估协会依法调阅的；③其他依法依规查阅的。

　　对无形资产评估工作底稿实行档案管理制度，是无形资产评估工作的重要组成部分，它直接关系到无形资产评估委托方的商业秘密。建立档案管理制度，有助于保护其经济利益不受非法侵害。所以，各业务人员在评估项目结束后，必须将评估业务工作过程中形成的文件材料和工作底稿，按归档要求进行整理后及时向档案管理人员移交，任何人不得拒绝归档和据为己有。

任务五　无形资产评估报告案例

任务描述

通过案例分析，掌握无形资产评估报告的编写内容、编写依据和要求。

相关案例

以项目九的"项目导入"案例说明无形资产评估报告编制的基本内容与格式（简化版）。

无形资产评估报告封面

本报告依据中国资产评估准则编制

××有限公司拟投资入股涉及的 AB 实用新型专利资产

评估报告

中青评报字〔2022〕第 100 号

（共 1 册，第 1 册）

中青资产评估师事务所

2022 年 12 月 31 日

无形资产评估报告目录

目 录

无形资产评估报告声明
声 明

1.本资产评估报告依据财政部发布的资产评估基本准则和中国资产评估协会发布的资产评估执业准则和职业道德准则编制。

2.委托人或者其他资产评估报告使用人应当按照法律、行政法规规定和资产评估报告载明的使用范围使用资产评估报告；委托人或者其他资产评估报告使用人违反前述规定使用资产评估报告的，资产评估机构及其资产评估专业人员不承担责任。

3.本评估报告仅供委托人、资产评估委托合同中约定的其他资产评估报告使用人和法律、行政法规规定的资产评估报告使用人使用；除此之外，其他任何机构和个人不能成为资产评估报告的使用人。

4.资产评估报告使用人应当正确理解评估结论，评估结论不等同于评估对象可实现价格，评估结论不应当被认为是对评估对象可实现价格的保证。

5.本资产评估机构和资产评估师提示资产评估报告使用人应当关注评估结论成立的

假设前提、资产评估报告特别事项说明和使用限制。

6.本资产评估机构及其资产评估专业人员遵守法律、行政法规和资产评估准则，坚持独立、客观、公正的原则，并对所出具的资产评估报告依法承担责任。

无形资产评估报告摘要

××有限公司拟投资入股涉及的AB实用新型专利资产评估报告

中青评报字〔2022〕第100号

摘　要

××有限公司股东拟用AB实用新型专利投资入股，中青资产评估师事务所接受××有限公司的委托，采用收益现值法对××有限公司股东投入的AB实用新型专利进行了评估，以确定AB实用新型专利的市场价值，为此次经济行为提供价值参考意见。

根据国家有关资产评估的法律和国家其他有关部门的法规与规定，本着独立、公正、科学和客观的原则，实施必要的评估程序，采用收益现值法对××有限公司股东投入的AB实用新型专利进行了评估。根据以上评估工作，得出如下评估结论：××有限公司股东投入的AB实用新型专利在评估基准日2022年11月30日的评估值为104.33万元人民币。

本评估结果是在报告所列的各项前提假设及限制条件下成立的，提请报告使用者关注"特别事项说明"对本评估结果的影响。本评估结果自评估基准日起一年内使用有效，即评估结果使用有效期为2022年11月30日起至2023年11月30日止。

以上内容摘自资产评估报告，欲了解本项目的全面情况，应认真阅读资产评估报告全文。

本摘要与资产评估报告正文具有同等法律效力。

无形资产评估报告正文

××有限公司拟投资入股涉及的AB实用新型专利资产评估报告

中青评报字〔2022〕第100号

××有限公司：

中青资产评估师事务所接受贵公司的委托，根据有关法律、法规和资产评估准则、资产评估原则，采用收益法，按照必要的评估程序，对××有限公司股东投资入股涉及的AB实用新型专利资产在2022年11月30日的市场价值进行了评估。现将评估情况报告如下：

一、委托人及其他资产评估报告使用人

委托人：××有限公司。××有限公司成立于××××年，主要经营范围是技术开发、咨询、服务、转让（机电一体化、电子与信息、生物医学工程技术及产品）等。

注册地址：××××。

法定代表人：×××。

注册资本：人民币××××万元。

公司类型：股份有限公司（上市、自然人投资或控股）。

其他资产评估报告使用人：本报告仅供本次经济行为涉及的交易方、无形资产评估经济行为的相关监管部门，以及国家法律、法规规定的报告使用者使用，不得被其他任何第三方使用或依赖。

二、评估目的

对××有限公司股东投资入股的AB实用新型专利资产提供价值参考依据。

三、评估对象与评估范围

本次评估对象：××有限公司股东投资入股的AB实用新型专利所有权；

本次评估范围：AB发电机组用新制动器。

四、价值类型

本次评估选取的价值类型为市场价值。

市场价值是指自愿买方和自愿卖方在各自理性行事且未受任何强迫的情况下，评估对象在评估基准日进行正常公平交易的价值估计数额。

五、评估基准日

本项目资产评估基准日是2022年11月30日。基准日在考虑经济行为的实现、会计核算期等因素后与委托方协商后确定。本次评估的取价标准为评估基准日有效的价格标准。

六、评估依据

（一）法规依据

1.《中华人民共和国资产评估法》

2.《中华人民共和国专利法》

（二）准则依据

1.《资产评估基本准则》（财资〔2017〕43号）

2.《资产评估执业准则——无形资产》（中评协〔2017〕37号）

3.《资产评估执业准则——资产评估报告》（中评协〔2018〕35号）

4.《专利资产评估指导意见》（中评协〔2017〕49号）

（三）权属依据

1.AB实用新型专利证书及最近一期的专利缴费凭证

2.专利权利要求书、专利说明书及其附图

（四）取价依据

1.委托方提供的《用户使用总结文集》《检验报告》《可行性报告》及近几年销售情况和有关资料

2.向有关生产厂家询价取得的资料

3.其他与评估有关的文件资料等

（五）行为依据

1.××有限公司股东会决议

2.××会计师事务所资产评估委托合同

七、评估方法

收益现值法。选取方法的理由略。

八、评估程序实施过程和情况

评估时间从2022年12月1日至2022年12月31日，经过接受委托、无形资产清查核实、评定估算、评估汇总、提交报告等过程。具体过程略。

九、评估假设

本评估报告成立的前提条件适用于持续使用假设和公开市场假设。

十、评估结论

列入本次评估范围的评估对象的评估值为104.33万元人民币。

十一、特别事项说明

1.本评估报告中涉及的有关法律文件及相关资料由委托方提供，由委托方对其真实性、合法性和完整性负责。

2.对企业存在的可能影响资产评估值的瑕疵事项，在企业委托时未作特殊说明而评估人员根据专业经验一般不能获知的情况下，评估机构及评估人员不承担责任。

十二、评估报告使用限制的说明

1.本评估结果是反映评估对象在本次评估目的下，根据公开市场竞争原则确定的现行公允市价，没有考虑将来可能承担的抵押、担保事宜以及特殊的交易方可能追加付出的价格等对评估价值的影响，也未考虑国家宏观经济政策发生变化以及遇有自然力和其他不可抗力对资产价格的影响。当前述条件以及评估中遵循的持续经营原则等发生变化时，评估结果一般会失效。

2.本评估结论仅供委托方股东投资入股这一经济目的使用，不得为其他经济目的使用。

3.本评估结论仅供委托方作为评估目的使用，评估报告的使用权归委托方所有，未经委托方许可，评估机构不得随意向他人提供或公开。

4.本评估报告结论的有效使用期限为1年，即从2022年11月30日起至2023年11月30日止的期限内有效。

十三、评估报告评估基准日期后重要事项

评估基准日后，若资产使用方式、作价标准发生变化，对评估结论造成影响时，不能直接使用本评估结论，须对评估结论进行调整或重新评估。

在评估基准日至评估报告提出日期之间，尚未发现对评估结论造成较大影响的重大事项。

十四、评估报告日

本评估报告提出日期为2022年12月31日。

资产评估专业人员：（签字）

资产评估专业人员：（签字）

中青资产评估师事务所（盖章）

2022年12月31日

思政园地

对×××评估公司"同济堂评估乌龙事件"的反思

"同济堂评估乌龙事件"："×××评估公司对同济堂进行股权价值评估，采用资产基础法，评估值为 8.7 亿元，采用收益法，评估值为 14.8 亿元，评估结果选择了资产基础法，所出具的价格却是 14.8 亿元。×××评估公司在回复上交所问询函时表示，出现差错是由于公司评估助理工作疏忽，误将校订前的《资产评估报告》扫描提交给客户所致。按其说法，其采用了收益法评估结果。"

根据资产评估基本准则第二章第五条，"资产评估机构及其资产评估专业人员应当诚实守信，勤勉尽责，谨慎从业，遵守职业道德规范，自觉维护职业形象，不得从事损害职业形象的活动"。根据资产评估基本准则第三章第十八条，"资产评估机构应当对初步资产评估报告进行内部审核后出具资产评估报告"。

从案例中可以看出，评估机构和评估人员所犯错误非常低级，所带来的后果难以估量，首先，评估结果的误导，给投资者造成了损失并引起了监管部门的关注，必然影响委托方并购重组活动的顺利进行；其次，对评估机构和评估人员声誉造成了难以挽回的负面影响，直接制约了今后评估业务的开展；最后，给行业社会形象带来负面影响。

资料来源：邹香清. "资产评估"课程思政教学的探讨 [J]. 教育现代化，2019（76）.

项目小结

无形资产评估报告是在完成评估工作后向委托方提交的说明无形资产评估过程及结果的书面报告。本项目主要介绍无形资产评估报告的基本内容、制作步骤及制作要点和如何使用。

无形资产评估报告的基本内容包括：标题及文号、声明、摘要、正文、附件；制作步骤包括：整理工作底稿和归集有关资料、评估明细的数字汇总、评估初步数据的分析和讨论、编写评估报告；评估报告的使用包括：委托方对资产评估报告的使用、资产评估管理机构对资产评估报告的使用、其他有关部门对资产评估报告的使用。

实训设计

一、实训目标

无形资产评估报告是资产评估机构与资产评估师完成对无形资产的估价，就被评估无形资产在特定条件下价值所发表的专家意见。对无形资产评估报告制作技巧的训练，使学生明确无形资产评估报告的作用及使用范围，熟悉无形资产评估报告的基本内容，掌握无形资产评估报告的制作步骤及制作要点，熟练运用无形资产评估报告的制作技术，独立、规范地完成无形资产评估报告的撰写。

二、实训项目与要求

1.实训组织

无形资产评估实训以学生为中心，分组训练，集中交流，集体总结。教师主要担任辅导者、具体组织者和观察员，向学生布置任务，进行必要指导；解答有关问题；进行进度控制与质量监督。学生按每组6~8人分为若干小组，每组为一个实训团队开展实际操作训练，每个团队分别确定一位负责人，具体组织和管理实训活动。

2.实训项目

（1）掌握无形资产评估报告的编制程序及基本要素；

（2）无形资产评估报告摘要和正文的编写；

（3）无形资产评估报告说明及明细表的编写；

（4）无形资产评估报告制作的技术要点。

3.实训要求

（1）依照《资产评估执业准则——无形资产》《资产评估执业准则——资产评估报告》规定的要求、内容、程序完成无形资产评估报告。

（2）发扬工匠精神，能够规范、正确地完成每类无形资产评估报告。

三、成果与检测

（1）每个团队分别撰写无形资产评估报告，在班级进行交流。

（2）教师与同学们共同总结无形资产评估报告实训中存在的问题，明确今后教学过程中应当改进的方面。

（3）由各团队负责人组织小组成员进行评价打分。

（4）教师根据各团队的无形资产评估报告编写的实训情况及各位同学的表现予以评分。

参考文献

[1] 刘德运. 无形资产评估 [M]. 北京：中国财政经济出版社，2010.

[2] 吴申元. 无形资产管理与评估 [M]. 3版. 北京：首都经济贸易大学出版社，2015.

[3] 沈品发，赵斌，白玉. 无形资产评估理论与实务 [M]. 上海：华东理工大学出版社，2005.

[4] 全国资产评估师考试辅导教材编写组. 资产评估实务二 [M]. 北京：中国财政经济出版社，2021.

[5] 中国资产评估协会. 资产评估执业准则——无形资产 [S]. 2017-09-08.

[6] 中国资产评估协会. 资产评估执业准则——资产评估报告（中评协〔2018〕35号）[S]. 2018-10-29.

[7] 中国资产评估协会.《资产评估执业准则——资产评估程序》（中评协〔2018〕36号）[S]. 2018-10-29.

[8] 中国资产评估协会.《资产评估执业准则——资产评估档案》（中评协〔2018〕37号）[S]. 2018-10-29.

[9] 中国资产评估协会.《资产评估执业准则——资产评估方法》（中评协〔2019〕35号）[S]. 2019-12-04.

[10] 中国资产评估协会.《专利资产评估指导意见》（中评协〔2017〕49号）[S]. 2017-09-08.

[11] 中国资产评估协会.《著作权资产评估指导意见》（中评协〔2017〕50号）[S]. 2017-09-08.

[12] 中国资产评估协会.《商标资产评估指导意见》（中评协〔2017〕51号）[S]. 2017-09-08.

[13] 中国资产评估协会.《知识产权资产评估指南》（中评协〔2017〕44号）[S]. 2017-09-08.

数字化教学资源索引

为了便于学生自主学习，我们制作了以下40个数字化教学资源，以二维码的形式添加在本教材中，用手机扫描二维码即可直接观看内容，括号内标注了二维码的具体页码。